ACTA DIURNA

Michael Klonovsky

Bunt wie ein Niqab

Reaktionäres vom Tage

Acta diurna 2017

Edition Sonderwege

Für Heiko Maas,
der so viel dafür tut, dass in Deutschland wieder
aufmerksam gelesen wird

Ich finde es übrigens gut, dass sich die Dresdnerinnen und Dresdner, die sich mit ihrer Stadt identifizieren, jetzt auch zu 'ner Aktion im Internet entschieden haben, wo sie posten, dass es ihr Dresden ist und dass sie nicht zur Pegida gehen. Und Dresden, das ist vor allem die Frauenkirche. Die ist wieder aufgebaut worden, nachdem die Nazis sie zerstört haben. Und das, finde ich, ist das Symbol, an das man heute denken sollte.
Katrin Göring-Eckardt (19. Oktober 2015)

Straftäter sind Straftäter, ob sie geflüchtet sind oder nicht.
Katrin Göring-Eckardt (31. Juni 2017)

Im Moment schicken wir uns an, die Automobilindustrie in Deutschland zu retten – weil das offenkundig sonst keiner macht.
Katrin Göring-Eckardt (31. Juni 2017)

Der erste Gegenwind kam übrigens von mir gegen mich selbst. Das war für mich eine richtige Zumutung. Ich habe an dem Morgen, an dem ich darüber nachgedacht habe, gelitten wie eine Hündin.
Katrin Göring-Eckardt (21. November 2017)

INHALT

VORBEMERKUNG

Ist es notwendig, den *Acta diurna* noch ein Vorwort voranzustellen? Die einen meinen, das sei ungefähr so sinnvoll wie Eulen zu den Grünen tragen, andere sind der Ansicht, auch eine 500-Seiten-Fuge hinge ohne Präludium gleichsam in der Luft. Nun also: ein Vorwort.

2017 war das Jahr, in welchem der kleine Eckladen endgültig aus allen Nähten platzte. Die Besucherzahl überstieg anderthalb Millionen, die Seitenaufrufe näherten sich sieben Millionen. Obwohl sein Betreiber nur stundenweise anwesend ist, schreibt der Laden schwarze Zahlen (ein langjähriger regelmäßiger Gast machte mich auf dem Sterbebett sogar zu seinem Alleinerben) und ragt geschäftlich gesünder ins Nichts als die meisten hiesigen Gazetten.

2017 war überdies das Jahr, in dem erstmals wieder eine Oppositionspartei in den Bundestag einzog, woran der Autor dieses Diariums einen zwar kaum messbaren, aber aufmerksam registrierten und womöglich gottgewollten Anteil hatte. Seine Hospitantenrolle im Dresdner Landtag endete aufgrund gewisser Verwerfungen mit einer Führungsdame, deren Verhalten ihm später in allen Punkten Recht geben sollte, im April; von Juni bis November führte ihn ein parlamentarischer Forschungsaufenthalt nach Stuttgart:

> Ich möchte nicht tot und begraben sein
> Als Kaiser zu Aachen im Dome;
> Weit lieber lebt' ich als kleinster Poet
> Zu Stukkert am Neckarstrome.
> Heine, *Wintermärchen*, Caput III.

Den Bundestag behielt der nunmehrige »Nettostaatsprofiteur«(André F. Lichtschlag) dabei stets als das vorläufige Endziel seiner Studienreise im, wie ein Qualitätsjournalist schreiben würde, Visier. Nun fällt sein Blick beinahe täglich aus seinem Büro im Jakob-Kaiser-Haus auf die begehbare Kuppel der Kathedrale des Parteienstaates, und im Lift trifft der leidenschaftliche Humanentomologe auf jenes Personal, das ihm sonst nur im Register seiner anderen Acta-Bände dermaßen versammelt vor Augen stand. Dalderaldei! Davon kann allerdings erst der nächste Teil handeln, wenn auch das Jahr 2018 vorbeigezischt ist. Oder aber, geneigter ungeduldiger Leser und gepriesene geduldige Leserin, ein erneuter Eckladenbesuch!

Dies ist der vierte Band der *Acta diurna*, geplant war keiner, nun ist kein Ende abzusehen, und der Farben sind ja noch viele! Gleichnisaffin will ich an Lance Armstrong erinnern, der sieben Mal die Tour de France gewann und dem nachträglich sämtliche Siege aberkannt wurden, weil er gewisse Grenzen der Selbstoptimierung überschritten hatte. Dies ist meine vierte Tour-Teilnahme, stets unter legalen Drogen, aber gegen ein täglich neu ausgehandeltes Reglement; ich bin jetzt schon gespannt, was man mir nach meiner siebenten Jahresrundfahrt alles aberkannt haben wird. Es steht ja einiges zur Disposition, was sich vorzustellen heute noch unter Überempfindlichkeit fällt: die Webdomain etwa, die Privatsphäre, der Verlag, das Konto, die *Amazon*-Seite, der sichere Heimweg, das Versammlungsrecht, das Auftrittsrecht, die nationale Identität, die Gleichbehandlung vor dem Gesetz, das Recht, seine Meinung frei zu publizieren. Wer freilich zurückschaut, was in den vergangenen drei Jahren hier geschehen ist, unter dem Applaus einer Mehrheit derjenigen, deren

Heimat, Geld und Gut sukzessive an fremde Stämme verteilt werden, der misst prognostischen Hypersensibilitäten ungefähr denselben Wert bei wie Festgeldbeständen, der baut auf seine Idiosynkrasien.

»Nun aber kein ernstes Wort mehr!«
Richard Wagner nach der Uraufführung der *Götterdämmerung*

Berlin, im März 2018 *Michael Klonovsky*

ACTA DIURNA 2017

2. Januar

Man freut sich doch gar sehr, wenn in der Warteschleife einmal keine Chopin-Mazurka vergewaltigt wird, sondern bloß eine Automatenfrauenstimme dazu auffordert, in der Leitung zu bleiben, wobei man es auch ohne Aufforderung täte.

* * *

»Sie sind die Stars jeder Großstadt und jedes Nestes, das sich als solche fühlen will: unsere nordafrikanischen Intensivtäter« (Bernd Zeller). Im Polizeisprech werden sie abgekürzt zu »Nafri«. In der Silvesternacht versammelten sich tausende von ihnen sozusagen vor den Toren deutscher Groß- und Mittelgroßstädte, obgleich viele »wohl gar nicht Silvester feiern wollten«, wie die *Welt* herausfand. Polizeiaufgebote in Bürgerkriegsstärke verhinderten vergleichbare Spontanpartys wie im Jahr zuvor und schützten fürs erste weniger die Keuschheit als vielmehr die temporäre Unbefingertheit der deutschen Frau. Die bange Frage stand freilich mehr im Raum als in den Medien, was denn geschehen wäre, hätten die Polizeikohorten nicht die Feiernden beschützt. Aus welcher sich die Folgefrage ergibt, ob denn fortan und bis ans Ende aller willkommenskulturellen Zeiten ständig gewaltige Polizeiaufgebote Großveranstaltungen in den Innenstädten werden abriegeln müssen, denn augenscheinlich sind diese nordafrikanischen Vielfaltsgaranten bestens vernetzt und erfüllen, zumindest was ihre Dislozierungs- oder auch nur Zusammenrottungsfähigkeiten betrifft, durchaus westliche Standards. Weshalb diese ungastlichen Gäste wahrscheinlich auch nicht abgeschoben werden.

Wir haben gelernt, der Anschlag am Berliner Breitscheidplatz habe nichts mit Merkels Politik und der Einwanderung meist unbeirrt so genannter Flüchtlinge zu tun; haben denn auch die anscheinend nur mit Großaufgeboten von Sicherheitskräften zu besänftigenden Abgesandten Nordafrikas nichts damit zu tun?

Nachdem sie erleichtert feststellen konnten, dass der Polizeieinsatz einen erneuten Exzess verhindert hatte, stimmten ein paar grüne Gaunerfiguren mit Parteisprecherin Simone Peter an der Tete ihr routiniertes Geplärr an, der Einsatz sei überzogen gewesen, man habe die Nordafrikaner vorverurteilt, unter Kollektivschuldverdacht gestellt, und vor allem sei das Kürzel Nafri, ja was denn sonst, rassistisch. Das Echo blieb mau, die Menschen da draußen im Land, insonderheit diejenigen, die schon länger hier leben, kapieren allmählich, was die Stunde geschlagen hat. Vor allem wissen sie, dass auch Frau Peter schleunigst die Straßenseite wechselte und die Beine in die Hand nähme, wenn ihr tatsächlich ein Trüpplein Nafris abends entgegenflanierte, doch dürften sich solch bunte Gesellen einstweilen noch nicht in ihr besserdeutsches Stadtviertel verirren. Polizeivertreter und Politiker widersprachen inniglich, am Ende äußerten sogar Parteifreunde von Frau Peter Verständnis für die Bullen.

Der Polizeichef hätte sagen sollen: Selbstverständlich treiben wir in solchen Fällen *racial profiling,* wir wollen ja Straftaten verhindern und nicht in den Grünen-Vorstand gewählt werden. Prompt würden ein paar grüne Spitzbuben seinen Rücktritt fordern, und wenn man denen noch einmal verdeutlichte, dass sie ihre Forderung gern an den Vatikan mailen oder an den Zentralrat der Muslime faxen könnten, sich dann aber doch bitteschön zu ihrem regelmäßigen Buschtrommelkurs trollen mögen, dann wäre wenigstens das erledigt, dann wäre wenigstens das endlich vorbei.

»Der Antirassismus ist die Grundtorheit unserer Epoche«, schreibt, einen berühmten Prätentiösen beim Widerwort nehmend, Leser ***. Und zwar, gestatte ich mir hinzuzufügen, insofern der Antirassismus nur die Larve eines neuen, diesmal eben antiweißen Rassismus ist, vertreten von degenerierten Weißen, die sich den schwächsten Gegner ausgesucht haben: ihresgleichen. Das Gegenteil von Rassismus ist Recht, nichts außerdem, vor allem nicht das verschwiemelte Ressentiment unbegabter Streber auf der Suche nach Anerkennung und Staatsknete.

3. Januar

Die Haltung Merkels gegenüber Trump erinnert an das Verhältnis Honeckers zu Gorbatschow und dessen »Perestroika«, auch wenn Erich I. das weiland öffentlich besser kaschierte. Und was ist die angekündigte Bekämpfung von *Fake News* durch versierte Newsfrisierer und -unterdrücker anderes als ein Kampf gegen *Glasnost*?

8. Januar

Mein Faible für den Taschen-Verlag und seine bemerkenswert schönen Bildbände habe ich hier schon gelegentlich vorgetragen. Gestern nun, nachdem ich den Elfenbeinturm leeren Kopfes verlassen und gegen einen Buchladen vertauscht hatte, verlor ich mich fast eine Stunde lang in einem neuen Opus aus diesem Hause: einem kiloschweren, gehwegplattengroßen Band mit nachkolorierten Fotografien namens *Deutschland um 1900*. Gerade der Mensch da draußen im »besten Deutschland, das es je gab« (so A. Merkel, aber auch P. Tauber u.v.a.m.) sollte sich, je nach Gemütslage staunend oder heulend, durch das überwundene Gesterndeutschland blättern, als dessen Städte noch mittelalterlich-düster und architektonisch reizlos waren, die Bevölkerung unbunt und uncool, die öffentlichen Plätze langweilig, die Universitäten autoritär, und die Zahl der wissenschaftlichen Nobelpreise, die in dieses Land gingen, jene, die Amerikaner erhielten, nur um ein lächerlich Geringes überstieg …

9. Januar

Das Washingtoner Pew Research Center veröffentlichte Ende 2015 eine empirische Studie zur Frage: Sollte die Regierung die Möglichkeit erhalten, beleidigende Äußerungen gegen Minderheiten zu unterbinden?

In den USA stimmten 28 Prozent der Befragten zu. Über diesem Schnitt lagen: Personen zwischen 18 und 34 Jahren (40 Prozent), Frauen (33 Prozent), Anhänger der Demokraten (35 Prozent), »Nichtweiße« (38 Prozent) und Studenten (31 Prozent). Das Rennen bei den Nationen indes machten unangefochten die Deutschen, die mit 70 Prozent Zustimmung zu wohlmeinenden staatlichen Zensurmaßnahmen alles abräumten (vor Italienern und Polen mit ebenfalls beachtlichen Zustimmungen oberhalb der 50 Prozent; der europäische Schnitt lag bei 49 Prozent, die Briten mit 38 Prozent kamen den Amerikanern am nächsten).

Gegen die unbeschränkte Meinungsfreiheit – es gibt keine andere – wurde also überdurchschnittlich häufig in genau jenen Personenkreisen votiert, bei denen man es ohnehin ahnte. Hier gilt die Regel: Je mehr von den genannten Zugehörigkeiten ein Gegenüber erfüllt, desto sinnloser wird ein politisches oder gesellschaftspolitisches Gespräch mit ihm beziehungsweise ihr. Was Letztere angeht, ist das weniger bedauerlich, weil ein Mann von Geschmack mit einer Frau ohnehin nicht über dergleichen Dinge parliert bzw., wenn sie durchaus darauf besteht, einen plausiblen Vorwand findet, sich bedauerlicherweise absentieren zu müssen.

12. Januar

Studenten der Londoner *School of Oriental and African Studies* haben gefordert, weiße Philosophen weitestgehend aus dem Lehrplan zu entfernen. Dadurch solle der Fokus der alternativ-elitären Anstalt stärker auf Asien und Afrika gerichtet werden. Sollten weiße Philosophen behandelt werden, möge dies von einem »kritischen Standpunkt« aus geschehen.

Das ist lustig. Als nächstes sollten die Werke weißer Physiker, Chemiker, Mathematiker und Ingenieure aus dem Lehrplan genommen bzw. nur noch »kritisch« studiert werden (an anderen Schulen; die Koryphäen der *Oriental and African Studies* dürften mit dergleichen diskriminierenden Wissenschaften ohnehin kaum etwas anfangen können). Wäre es doch möglich, Aktien des Ressentiments zu erwerben, was für eine sichere und mit jedem emanzipierten Erdenkind an Wert zulegende Kapitalanlage stünde einem zu Gebote.

* * *

Roger Köppel: »Kennen Sie die drei gefährlichsten Worte der deutschen Sprache? – ›Wir schaffen das!‹«

* * *

Ex oriente lux? Medien melden – also deutsche eher nicht –, dass der tschechische Innenminister Milan Chovanec das Recht auf den Besitz von Schusswaffen in der Verfassung verankern will. Zur Bekämpfung des Terrorismus sollte es jedem unbescholtenen Bürger erlaubt sein, eine Waffe zu tragen und von dieser im Fall eines Anschlags Gebrauch zu machen. Eine »aktive und rasche Verteidigung« könne Anschläge wie in Berlin oder Nizza verhindern, erklärte der Minister *Radio Prag* zufolge. Ich sehe das genauso und halte die Vervielfachung der Zahl der Waffenbesitzer für den besten Weg, Unruhen und molekulare Bürgerkriege *zu verhindern*. Kein Plünderer und kein Mob wagt sich in Quartiere, wo hinreichend viele Bewaffnete leben. Ist aber noch Zukunftsmusik. Der Weg zur Liberalisierung des Schusswaffenrechts wird mit unbewaffneten Leichen gepflastert sein. (Wie immer, wenn ich eine düstere Prognosen niederschreibe, tu' ich's auch diesmal mit dem innigsten Wunsche, mich zu irren.)

13. Januar

Die Grenzen müssten offen bleiben, denn Deutschland dürfe sich nicht »abschotten«, mahnen deutsche Politiker mit schnöder Regelmäßigkeit. Daraus folgt dreierlei. Erstens: Indem sie ihre Grenzen kontrollieren und nicht jeden, der mag, ins Land lassen, »schotten sich« die USA, Australien, Kanada, China, Japan, Russland, Polen, Ungarn, ja nahezu alle außer den Moralherrenmenschentümlern in Europas Mitte, »ab«. Dank Merkel und der Merkelianer ist Deutschland das einzige wahrhaft »weltoffene« Land der Erde. Zweitens: Jeder Mensch, der nicht seine Wohnungstür aushängt und jedem, der mag, Einlass in sein Heim gestattet, »schottet sich ab«. Drittens: Alle diese Politiker fahren, nachdem sie gegen die »Abschottung« gepredigt haben, von Bodyguards und gepanzerten Limousinen abgeschottet heim, um hinter verschlossenen Türen ihr abgeschottetes Leben zu führen und sich neue Redensarten gegen die Abschottung auszudenken.

* * *

Hamburg hat erstmals Zahlen zur Kriminalität der sogenannten Flüchtlinge veröffentlicht. Das Ergebnis fällt aus, wie es zu erwarten war: Jeder zehnte Tatverdächtige war 2016 »ein Geflüchteter«. Kaum hat die *Welt* das Fiasco vermeldet, wiegelt die Gazette ab: Man müsse die Zahlen in den Kontext setzen. »Die Gruppe von Asylbewerbern, die in der Stadt leben, unterscheidet sich in puncto Alter und Geschlecht von der Hamburger Wohnbevölkerung, das erschwert einen Vergleich. Unter den Geflüchteten sind überproportional viele junge Männer, eine Problemgruppe also, die generell ein höheres Risiko hat, Straftaten zu begehen – unabhängig von der Nationalität.«

Dass ein Journalist meint, seinen Lesern vorschreiben zu dürfen, wie sie Zahlen zu verstehen und zu kontextualisieren haben, sei hier als deutschtypischer Mediendachschaden jenem crescendierenden Publikumsgelächter anheimgestellt, von welchem u.a. auch die Verkaufszahlen der *Welt* künden. Aber zur Sache: Ich erwarte von einem Menschen, der vor Verfolgung und Bürgerkrieg flieht, dass er in jenem Land, das ihn aufnimmt, NULL Straftaten begeht, nicht mal einen Eierdiebstahl, erstens aus Dankbarkeit, der Lebensgefahr entronnen zu sein, zweitens aus Angst, bei schlechtem Benehmen wieder in die Gefahrenregion zurückgeschickt zu werden, drittens aus jenem

Gebot der Anständigkeit, dass man seinen Wohltäter nicht bestiehlt, beraubt, zusammenschlägt oder unaufgefordert an die Mimi fasst. In welches Irrenhaus sind wir geraten, wo uns auch Kriminelle und Banditen als Schutzsuchende verkauft werden und – zum Schaden der wirklich Schutzsuchenden übrigens – mit soziodemografischen Argumenten entlastet werden, die gegenüber vergleichbar fremdenfeindlich agierenden einheimischen Straftätern niemand anzubringen wagte?

***

Die epochale Forderung der Grünen nach öffentlichen Unisex-Toiletten findet zwar in mir keinen Gegner – ich kenne die Unisexifizierung der Herrenklos vom Kölner Karneval, aber was ein Kerl ist, der tritt auch mannhaft vors Urinal, wenn ihm zehn bislang noch fremde Frauen dabei zuschauen –, doch eine gewisse Unvereinbarkeit mit sonstigen grünen Prämissen scheint mir nicht von der Hand weisbar zu sein. So wähnte ich bislang, Frauen müssten nach Ansicht dieser Agenten des guten Gattungsgewissens vor dem Zugriff geiler Männer geschützt werden, statt dass man sie ausgerechnet bei der heiklen Verrichtung des Geschäfts, beim Tamponwechsel oder Näschenpudern deren dräuender Nähe ausliefert. Beziehungsweise aussetzt. Speziell für Koprophile dürfte die Unisex-Toilette ein wahres Eldorado sein – sind etwa, grüne Schwestern beiderlei Geschlechts, nach den Pädo- bei Ihnen nun die Koprophilen an der Rei…? Na, egal, wenn's Stimmen bringt. Allerdings exkludiert die Einheitstoilette für jedermann unsere frommen muslimischen Mitbürger, denn wo Mädchen nicht gemeinsam mit Jungen Sport treiben oder baden und Frauen ihr Gesicht nicht außerhalb der Familie zeigen dürfen, sollte die Kloschüsselbenutzung neben einem männlichen Ungläubigen, der nur durch eine oblatendünne Wand von der Dienerin Allahs getrennt die Endprodukte seiner unreinen Ernährung ausscheidet, für eine Muslima tabu sein. Ist die Unisextoilette am Ende also ein Ausdruck von Islamophobie? Müssen die muslimischen Männer immer zuerst das Terrain sondieren und dann draußen vor der Tür einen Sperrriegel bilden, wenn ihre Frauen die Toilette benutzen?

Den gemeinen Nafri allerdings und immerhin dürfte die Einrichtung neuer *Hotspots* der Völker- und Geschlechterverständigung uneingeschränkt erfreuen ...

* * *

»Volksverräter« ist als »Unwort des Jahres« ausgezeichnet und getadelt worden. Korrekt muss es nämlich heißen: »Verräter derer, die schon länger hier leben«.

16. Januar

Es gibt bekanntlich die nicht besonders geschätzte Küchenpsychologie; ich betreibe nun etwas Küchengeopolitik. Und lehne mich dabei ein bisschen aus dem Küchenfenster.

Trumps gestrige Ankündigungen leiten eine neue Epoche ein. Der frischgekürte US-Präsident hat erkannt, dass die Zukunft für die Staaten des Westens unter dem Motto steht: Rette sich, wer kann. Wovor? Vor einem Kolonialismus mit umgekehrtem Vorzeichen, getragen von schieren Menschenmassen, dessen fünfte Kolonnen schon überall in den Metropolen des Westens hausen und Forderungen stellen.

Mit seiner Ankündigung, Amerika zum Isolationismus zurückzuführen – es wird ohnehin nur ein eingeschränkter sein –

und die Nato fürderhin für »obsolet« zu halten, macht Trump sich mächtige Feinde im eigenen Land, vom militärisch-industriellen Komplex über die kriegslüsternen Neocons bis hin zu den aggressiven Menschheitsbeglückern vom Schlage eines Soros. Schneid hat er, der Donald.

Für die Europäer bedeutet das: Man wird aus dem Vasallenverhältnis entlassen, künftig aber für sein Schicksal zunehmend selbst verantwortlich sein. Niemand wird das härter treffen als die Deutschen, deren Eliten bekanntlich der Meinung sind, das Aufgehen ihrer Nation im europäischen, globalen, diversitären Großenganzen sei die einzige mögliche Zukunft. Daran werden sie nicht mehr lange glauben; die Frage ist nur, ob sie das Land bis dahin irreversibel wehrlos gemacht haben. Das lustige Schauspiel der düpierten deutschen Transatlantiker, denen nun ihr Herrchen und damit aller geliehene Mut abhandenkommt, ist der vergnüglichste Kollateraleffekt der neuen Lage.

Die Nato ist als Defensivbündnis gegen den Kommunismus gegründet und nach dessen Zusammenbruch immer wieder von US-Regierungen für ihre aggressive Politik missbraucht worden. Als Folge des zweiten Golfkrieges ist der Islamische Staat entstanden, obendrein haben die USA Libyen (und die Ukraine) destabilisiert, und die Migrationswelle begann, als Vorbote der wirklich drohenden Völkerwanderung Europas holde Gestade zu kosen. Wenn die Amerikaner diese Politik, an welcher sich auch der Friedensnobelpreisträger und Weltheiland Obama die Hände blutig machte, nun also beenden, kann das ein Menschen- (nicht »Menschheits«-)freund nur begrüßen, zumal Trump Israel weiterhin unterstützen dürfte.

Interessant wird sein, wer – sofern Trump nicht ermordet wird – nach dem Rückzug der Amerikaner das Machtvakuum füllt. Angeblich steht Putin bereit, das Baltikum und die

Ukraine zu annektieren. Ich glaube nicht daran. Dass Putin die Krim besetzt bzw. eine Sezession der Krim von der Ukraine inszeniert hat, war geostrategisch »alternativlos«; weiteren Hunger nach Ländereien dichtet man ihm lediglich an. Russland ist angesichts seiner dramatischen demographischen Schrumpfung bereits mit seinem heutigen Territorium heillos überdehnt. Es hat die muslimische Südflanke und damit hinreichend viele Probleme, um nicht noch obendrein eine Westfront aufzumachen.

Europa indes wird nach dem amerikanischen Rückzug verdammt nackt dastehen, mit einem derzeit noch moralisch großmäuligen Deutschland inmitten, das von einer übergeschnappten Kanzlerin geführt wird, aber tatsächlich unbewaffnet und verteidigungsunfähig ist und mit seinem Reichtum zu Landnahme und Raub einlädt. Deutschland wäre derzeit nicht in der Lage, auf den inneren Angriff von, sagen wir, 5 000 gut organisierten Dschihadisten zu reagieren. Statt aufzurüsten, zahlt der Staat Milliardensummen Schutzgeld, um potentielle Feinde, Unruhestifter und Kriminelle im eigenen Land halbwegs ruhigzuhalten.

Der ideologische und durch die Blöcke eindeutig überschaubare Ost-West-Konflikt wird ersetzt durch einen ethnisch-kulturell-religiösen Nord-Süd-Konflikt, der sich durch die Masseneinwanderung von Orientalen sukzessive auch zur potentiellen inneren Front aufbaut. Jedenfalls ist die soziale Destabilisierung der westeuropäischen Länder (Frankreich, Schweden, Niederlande, Belgien) dank der muslimischen Einwanderung im vollen Gange. Es handelt sich um eine diffuse Mischung aus demographischem und religiösem Druck, aus Völkerwanderung und Dschihad. Nur eine autoritäre Stabilisierung Nordafrikas kann Europa vor dem Schicksal Westroms bewahren. Russlands Unterstützung von Assad war dafür vorbildlich. Da Europa kaum über nennenswerte Truppen verfügt – England ist bekanntlich, wie so oft, draußen, wenngleich es das Problem längst importiert hat –, kann allenfalls deutsches Geld dafür eingesetzt werden. Amerika zieht die Zugbrücken hoch, China wird ebenso handeln, Australien ohnehin. Russland wird ein Gleiches tun und sich mit der Türkei, deren Führer ein osmanisches Reich, keine islamische Welt vorschwebt, als Vorburg verbünden. Osteuropa besitzt noch selbst die Kraft, sich zu schützen. Westeuropa wird entweder ebenfalls die Grenzen dichtmachen, massiv aufrüsten, die Geldströme aus Unterstützerländern des Dschihadismus wie Saudi-Arabien kappen, radikale Imame ausweisen, illegale Migranten in großem Stil abschieben und seine Vorstellungen des Zusammenlebens rustikal durchsetzen, oder es findet ein Ende als freier und rechtsstaatlicher christlich-abendländischer Kulturraum.

Nec spe nec metu.

18. Januar

Das Problem des zeitgenössischen Elfenbeinturmbewohners besteht darin, dass die Scheiße, die Flaubert zufolge permanent an des Turmes Mauern schlägt, heute auf elektronischem Wege förmlich in jedes Stockwerk dringt ... – sei's drum. Also:

Leser *** möchte »zur Sammlung der vielen kleinen sonderbaren Begebenheiten des derzeitigen Alltags beitragen. Für meine Erheiterung am heutigen Tage sorgte der Radiosender MDR Kultur. Nachricht 1: Der Dresdener Richter Maier hat das Wort ›Schuldkult‹ benutzt und muß nun disziplinarische

Konsequenzen fürchten. Nachricht 2 (unmittelbar danach): Die Universität Greifswald streicht ihren Beinamen Ernst Moritz Arndt.

Ich hoffe ja, der verantwortliche Redakteur wollte auf diese Weise seinen Sinn für Humor zeigen.«

Etwas deftiger drückt es Leser *** aus: »Sie versuchen es schon seit über 10 Jahren, den Namen der Universität meiner Heimatstadt abzuschaffen. Nun haben sie es getan. Ich bin zutiefst betrübt; diese Dreckschweine! (Verzeihung).«

Gewährt.

* * *

Da ich nicht akut am *Morbus Prantl* (auch bekannt als: *Morbus Kleber*) laboriere, erspare ich mir und Ihnen die x-fache Wiederholung, welcher speziell in den Jahren 1933 ff. erblühende kollektive Charakterdefekt solcher Namenstilgung zugrunde liegt; ersparen möchte ich uns ferner die Presseschau mit dem inflationären Selbstgleichschaltungsterminus »umstritten« als symbiotischer Klette am Namen des Dichterpatrioten. Arndt war ein Kind seiner Zeit und ist von der Besatzungserfahrung durch napoleonische Truppen in den rhetorischen Harnisch getrieben worden. Es ist keineswegs sicher, dass sich seine windigen und wendigen Ausmerzer der historischen Relativität des eigenen Urteils nicht sogar bewusst sind, aber ebenso bewusst ist diesen bunten Khmer, dass ihre Namen von so vollendeter Bedeutungslosigkeit sind und bleiben und sein werden, dass sie dergleichen Korrekturen an ihrem eigenen Vermächtnis niemals zu gewärtigen haben. Sie sind nichts anderes als akademische Füllsel.

Beziehungsweise, um dem Verstoßenen selbst das Wort zu erteilen:

Der Gott, der Eisen wachsen ließ,
der wollte keine Knechte,
drum gab er Säbel, Schwert und Spieß
dem Mann in seine Rechte;
drum gab er ihm den kühnen Mut,
den Zorn der freien Rede,
dass er bestände bis aufs Blut,
bis in den Tod die Fehde.

Da bleibt doch angesichts der *Damnatio*-Fatzkes und ihres knechtischen Eifers keine Frage offen.

* * *

Der Gauleiter der AfD Thüringen, B. Höcke, hat in Dresden eine Rede gehalten, die besonders schlimm gewesen sein muss. So soll er beispielsweise den gemütvollen Berliner Holocaust-Stelenwald als »Denkmal der Schande im Herzen der Hauptstadt« bezeichnet haben. Der Tenor der Medienkommentare lässt sich zusammenfassen in den Worten: Die AfD lasse – endlich – die bürgerliche Larve fallen, und das braune Antlitz trete zutage. Aber davon abgesehen, dass die Hauptstadt kein Herz hat, ist die Formulierung doch vollrohr rotgrün-, ja sogar antifa-kompatibel. Exakt diese Funktion sollte das Denkmal doch erfüllen. Rudolf Augstein schrieb am 30. November 1998 im *Spiegel*: »Nun soll in der Mitte der wiedergewonnenen Hauptstadt Berlin ein Mahnmal an unsere fortwährende Schande erinnern.« Dass die Shoa die größte Schandtat der deutschen Geschichte gewesen ist, steht ja ohnehin außer Frage. Höcke hat zunächst nichts weiter getan, als den Status quo beschrieben. Oder?

Ich habe mich zu diesem närrischen Bau wiederholt geäußert. Er soll nicht an die Opfer erinnern, sondern an seine Erbauer.

Er rührt niemanden und nutzt niemandem außer den Erbauern und deren Image. Es ist ein Denkmal für die Großartigkeit der sogenannten deutschen Erinnerungskultur, eine egozentrische Selbstfeier der angeblichen Mahner, die sich ihren wenn nicht größten, so doch schlimmsten aller Völkermorde von niemandem streitig machen lassen wollen. Jede einzelne an Israel gelieferte Maschinenpistole hat mehr mit dem Holocaust und seinen Opfern zu tun als diese Zeppelinwiese der Zerknirschungssimulanten am Brandenburger Tor. Jedes in Deutschland gebaute U-Boot, das heute im Dienste Israels das Meer pflügt, ist ein besseres Holocaust-Denkmal als dieser Betonschrott.

* * *

Die *taz* geht, wie ein Journalist formulieren würde, hart mit der politischen Führung ins Gericht. »Eine Regierung, bei der der Staatschef seinen Kurs mal eben wechselt, wenn er das Gefühl hat, dass die öffentliche Meinung es anders sieht, ist keine Demokratie mehr«, schreibt das fundamentaldemokratische einstige Regierungsblatt. Der Politikwissenschaftler Claus Leggewie blies, wie ein Journalist formulieren würde, tags zuvor in dasselbe Horn und sprach von einem »unfotogenen Gesicht« an der Staatsspitze, das den Menschen massiv (wie ein Journalist formuliert haben könnte) aufgedrängelt werde, dem aber jeder Ausdruck von »Ironie, Heiterkeit oder Ernst« mangele.

Beide Tadler meinen selbstredend Donald Trump. Elf Minuten *Standing Ovations* können in einer deutschen demokratischen Einheitspartei ja unmöglich an die falsche Adresse gerichtet gewesen sein.

* * *

Grünen-Chefin Simone Peter hat »einen Marshall-Plan für Afrika« gefordert. Warum nicht gleich für die ganze Südhalbkugel? Freund *** merkt sogleich an, dass die Grünen doch eigentlich lieber Morgenthau- statt Marshallpläne wollten, um durch sukzessive Deindustrialisierung (»Dekarbonisierung«) die Umwelt zu retten. Ob sie's verwechselt hat? »Morgenthauplan für Afrika« klänge aber fast ein bisschen rassistisch. Dann doch lieber erst einen grünen Morgenthauplan für Europa, dann einen Marshallplan für die Südhalbkugel. Wenn beides erledigt ist, hört immerhin auch die Massenmigration auf (sofern die afrikanischen Diktatoren bzw. Warlords sowie die Chinesen mitspielen). Danach räumen die Grünen die Milchstraße auf.

19. Januar

Der Koblenzer Oberbürgermeister Joachim Hofmann-Göttig (SPD) kündigt an, dass am kommenden Samstag mehr als 1 000 Menschen an einer »parteiübergreifenden Gegendemonstration« teilnehmen und durch die Stadt marschieren – nein, das macht ja nur Pegida – schlappen werden. Es ist das übliche »breite Bündnis« aus Nettostaatsprofiteuren und anderweitig staatlich Alimentierten. Sie protestieren – der durchschnittliche Nettostaatsprofiteur hat ja unendlich Zeit zum Protestieren, er muss gemeinhin weder besonders viel arbeiten, noch pflegt er ein zeitraubendes Hobby oder unterhält verzehrende Leidenschaften –, sie protestieren gegen die Tagung der ENF-Fraktion des Europaparlaments in der Rhein-Mosel-Halle. Mehr als 1 000 Polizisten sollen die friedfertigen Demonstranten vor Übergriffen von Marine Le Pen, Geert

Wilders, Frauke Petry und ihrer rüden Anhänger schützen. Die Rheinische Philharmonie will zusammen mit den Protestlern gegen 12:30 Uhr Beethovens »Ode an die Freude« anstimmen. Ich versuche eben, mich in die Lage eines Musikers zu versetzen, der keine Lust verspürt, bei dergleichen DDR-Spielereien mitzutun. Äußerte er, sei's aus konservativer Daseinsgestimmtheit, sei's aus Liberalität oder schierer antikollektivistischer Unlust, solch unfromme Gedanken, wahrscheinlich entzöge man ihm die Orchesterplanstelle für immer. Also, wie in der Zone: Krank melden! Aber unbedingt Attest vorlegen! Und in wilder Schwermut Bedauern heucheln!

Bürgermeister Hofmann-Göttig erklärte ebenfalls und wahrscheinlich sogar aufrichtig bedauernd, die mit öffentlichen Mitteln finanzierte Rhein-Mosel-Halle habe aus rechtlichen Gründen an die »demokratisch gewählte« ENF-Fraktion vermietet werden müssen. Man hätte es gern verhindert – nur am Rande: was wäre dann aus dem Wellness-Wochenende samt Feldgottesdienst geworden? –, doch die Rechtspopulisten bzw. Rechtsstaatspopulisten »hätten sich eingeklagt«. Und in diesem Fall konnte kein Privatunternehmer unter sozialen Ächtungsdruck gesetzt werden, um die Stadt populistenrein zu halten, wie das zuvor mindestens einem Koblenzer Hotelier widerfuhr. Leider ziehen noch immer nicht alle benachbarten Kommunen mit.

Die Veranstaltung steht unter dem Motto »Koblenz bleibt bunt! – Wer in der Demokratie schläft, kann in der Diktatur aufwachen!« Es beschreibt bemerkenswert exakt, aus welchem Grund und mit welchem politischen Ziel die Rechtspopulisten am Rhein zusammentreffen.

* * *

Eine an ihrem Kopftuch als solche kenntliche Muslima ist in der Stuttgarter S-Bahn von einer älteren Eingeborenen als »Bombenlegerin« beschimpft worden, melden diverse Zeitungen. »Völlig fremde Menschen« hätten sie aber spontan verteidigt, freute sich die junge Frau. Das gehört sich auch so!

Was ich nun gerne läse, wäre die Meldung: Eine junge blonde Frau ist in der Bahn von zwei Männern als »deutsche Schlampe« beschimpft worden, aber völlig fremde Menschen eilten herbei und verteidigten sie.

Lesen wir wahrscheinlich nie. Wäre auch zu gefährlich. Außerdem: Vielleicht ist sie ja eine.

21. Januar

Donald Trump ist vereidigt. Leser *** empfiehlt, sich die Weltlage – und die damit magisch verknüpfte, durchaus eindrucksvolle Bilanz seines Vorgängers Barack Obama – anzuschauen, bevor *The Donald* ins Rennen geht. Nämlich:

Weltwirtschaftswachstum rückläufig; Null- oder Negativzinsen; weltweit exorbitante Staatsverschuldung; Billionenschwere Bankenrettungen; Währungskrieg.

Schere zwischen Arm und Reich in USA größer denn je; rassisch motivierte Unruhen in mehreren US-Städten; die amerikanische Gesellschaft gespalten wie seit einem halben Jahrhundert nicht.

Der Nahe Osten buchstäblich in Flammen; »Arabischer Frühling« gescheitert; IS-Kalifat; aggressive Re-Islamisierung des gesamten Orients; größte Christenverfolgung seit Nero; Stellvertreterkrieg in Syrien; Verhältnis Israel-Palästina auf dem Tiefpunkt; Verhältnis USA-Israel auf dem Tiefpunkt; Zerstörung des

Staates in Libyen; Bürgerkriege in Mali, Jemen, Sudan; Türkei nach Putschversuch auf dem Weg in die Diktatur; Abhängigkeit des europäischen Grenzregimes von der Türkei aufgrund von Merkels Alleingängen; Terror in Afghanistan, Irak, Nigeria etc.

Migrationsflut nach Europa; zerrüttete EU; Brexit; deutscher Alleingang bei der Asylpolitik; Euro- und Wirtschaftskrise in Südeuropa; radikalislamischer Terror in den Städten des Westens.

Eingefrorene Beziehungen von USA/EU zu Russland; wechselseitige Sanktionen; gegenseitige Provokationen; schwelender Konflikt Russland-Ukraine.

Es wäre unfair, dieses Zerstörungswerk allein Obama anzulasten, aber unredlich, ihn aus seiner Mitverantwortung dafür zu entlassen. Sein Anteil kann sich jedenfalls sehen lassen und ist mit einem Nobelpreis, wie ihn ja sogar G. Grass erringen konnte – prophylaktisch vergeben an Obama, dringend in Vorschlag gebracht für Merkel –, deutlich unterbewertet.

* * *

Überall in den USA, aber auch in Deutschland und anderen europäischen Ländern sind nach dem Amtsantritt des neuen Präsidenten tausende Menschen auf die Straße gegangen, um insbesondere gegen die Unterdrückung von Frauen durch vor allem Trump zu demonstrieren. Es ist nicht bekannt, dass irgendwelche nennenswert umfänglichen Demonstrationen gegen die massenhaften Vergewaltigungen weißer Mädchen durch muslimische Männer in Rotherham und anderen englischen Städten, wegen des exorbitanten Anstiegs der Vergewaltigungen in Schweden durch Einwanderer oder wegen der massenhaften sexuellen Übergriffe in deutschen Städten stattgefunden haben.

Trump ist eben schlimmer. Er verletzt mit Worten.

Aber die deutsche Wirtschaft boomt, vor allem wegen der Bauindustrie. Größter Auftraggeber ist der Staat, der Milliarden investiert, um Migranten, die mehrheitlich keinerlei Fähigkeiten und oft nicht einmal den Willen besitzen, die technischen und zivilisatorischen Standards dieses Landes in die Zukunft zu verlängern, mit Wohnraum zu versorgen. Die holen dann ihre Familien nach – im vergangenen Jahr ist die Anzahl der Visa, die für den Familiennachzug ausgestellt wurden, um 50 Prozent von 70 000 auf 105 000 gestiegen – oder zeugen an Ort und Stelle weiteren Nachwuchs. Der Steuerzahler finanziert seine allmähliche eigene Verdrängung. Wie der Krebs wird er langsam gekocht. Die Folgen werden erst in 50 Jahren zu besichtigen sein, wenn unsere kinderlose Mutti schon in den ewigen Jagdgründen weilt. Gott gewähre ihr gleichwohl – in Anlehnung an die schöne Szene im Film *300*, da Leonidas zu Ephialtes, dem Verräter, sagt: »Mögest du ewig leben« – eine möglichst lange Verweildauer hienieden.

* * *

»Sind Sie stolz darauf, dass Kant, Goethe, Beethoven, Röntgen oder Max Planck Deutsche waren?«

»Nein, wieso? Ich habe doch an deren Leistungen keinerlei Anteil.«

»Aber für Hitler schämen Sie sich schon, nicht wahr?«

* * *

Gestern Abend Zaun- bzw. Nebentischgast beim Dinner der europäischen »Rechtspopulisten« in Mainz. Die Begleitumstände sind bizarr und ein Beleg dafür, wie schnell die bürgerlichen Freiheiten in Demokratien preisgegeben werden können. Nicht weniger als acht Hotels von Koblenz bis Wiesbaden stornieren die Buchungen umgehend wieder, nachdem aus den naturgemäß von Mitgliedern der etablierten Parteien geführten Stadtverwaltungen Druck auf die Betreiber ausgeübt wurde, keinesfalls AfD-Mitglieder zu beherbergen (die Gäste vom Front National erleben parallel Ähnliches; während das Dinner bereits begonnen hat, sind manche von ihnen noch auf der Suche nach einer Bleibe für die Nacht). Die Hoteliers werden auf Mafia-Art erpresst; man droht ihnen mit Boykott, imageschädigenden Kampagnen, verschärften Wirtschaftsprüfungen und natürlich den unkontrollierbaren Protesten junger engagierter Empörter gegen Herbergen, die dem politischen Abschaum Obdach gewähren. Sobald ein Hotel die Buchung akzeptiert hat, läuft diese Maschine an. Sogar aus Brüssel trafen Informationen bei den Stadtoberen ein, welches Gästehaus sich zu versündigen drohte und schleunigst zivilgesellschaftlich bearbeitet werden müsse. Dort, wo das schweflige Detachement schließlich unterkommt, lautet der Handel, dass eine Tschandala wie Frauke Petry weder auf der Gästeliste noch irgendwo sichtbar im Haus auftauchen darf. Also Eingang durch die Tiefgarage, keineswegs durch die Lobby. Kein Restaurantbesuch, kein Frühstück. Deutschland 2017. Das demokratisch geläuterte Land, das auf sehr deutsche Weise aus seiner Geschichte gelernt hat. Wenn eines Tages wirklich alle Hoteliers zivilgesellschaftlich beflügelt mitzuziehen gezwungen sind, können rechte Parteien nirgendwo mehr tagen, selbst wenn sie 49 Prozent der Wählerstimmen haben. Und diese Canaillen, die hier den Rechtsstaat und die Redefreiheit abräumen, behaupten, die Demokratie wäre nicht etwa durch, sondern ohne ihr sinistres Treiben bedroht.

Am Rande: Ist Ihnen, geneigter Leser, auch aufgefallen, dass in der offiziellen Rhetorik von links bis Merkel das Recht sowie die Rede- und Versammlungsfreiheit kaum mehr eine Rolle spielen?

25. Januar

Deutsche Medien frohlocken über maue TV-Quoten für die Übertragung der Inaugurations-Zeremonie Donald Trumps aus Washington. Bei der Amtseinführung Obamas anno 2009 haben zehn Millionen Deutsche zugeschaut, bei Trump nur 5,5 Millionen. Eher am Rande wird gemeldet, dass in den USA die Verhältnisse etwas anders aussahen: Knapp 31 Millionen Zuschauer verfolgten Trumps Inauguration im Fernsehen, das waren weniger als bei Obamas erster Amtseinführung (37,7 Millionen), aber doch mehr als 2013.

Ein grotesker Streit entzündete sich parallel daran, wie viele Besucher der Vereidigung Satans live beiwohnten und wie viele es weiland beim Heiland waren. Die Luftaufnahmen von 2009 zeigen eine im Vergleich deutlich größere Menschenmenge. Daraus schließen unsere Medienvertreter messerscharf, Obama sei im amerikanischen Volk eben weit populärer als Trump. Ganz so simpel liegen die Dinge allerdings nicht. Zunächst einmal ist nicht klar, ob beide Fotos ungefähr zur jeweils gleichen Uhrzeit aufgenommen wurden und nicht eines lange vor Beginn der Veranstaltung. Sodann ist Washington eine »linke« Stadt; dort haben 92,8 Prozent der Wähler für Clinton gestimmt (4,1 Prozent für Trump) und bei der Wahl zuvor 90,9 für Obama. Trumps Akklamierer stammen mehrheitlich aus den ländlichen Gegenden, ihre Anreise gestaltete sich schwieriger als für die Jubelperser der Gegenseite, die mehrheitlich aus den Metropolen oder eben direkt aus Washington kommen. Außerdem ist das gesellschaftliche Klima in Amerika allmählich ähnlich vergiftet wie hierzulande; sich als Trump-Anhänger zu bekennen, kann einem im urbanen Milieu, in Redaktionen und an Universitäten erheblich schaden, und wenn die

Falschen eine öffentliche Veranstaltung abhalten wollen, werden im *Land of the Free* inzwischen auch Blockaden, lautstarke Proteste und ähnliche zivilgesellschaftliche Totemtänze veranstaltet. Während die Republikaner den offiziellen Dienstantritt Obamas zwischenfallsfrei zur Kenntnis nahmen.

* * *

Diese Linke – die Globalisierungs-Linke – hat sich von ihrer klassischen Klientel, dem »kleinen Mann« und Proletarier, verabschiedet. Stattdessen übt sie in den urbanen Milieus eine Mentalitäts- und Gesinnungsherrschaft aus. Den von ihr mit emanzipatorischen Segnungen zu beglückenden Menschenkreis hat die Linke ständig erweitert: Frauen, Homosexuelle, Behinderte, Migranten im Land, potentielle Migranten weltweit. Die einheimische Unterschicht – der *White Trash* – gehört nicht mehr dazu. Die Trump-Wahl hat gezeigt, dass das ein taktischer Fehler gewesen sein mag. Allerdings gibt es für diese Linke kein Zurück mehr, denn der *White Trash* verkörpert, was sie um jeden Preis bekämpft: die (weißen) Völker, Nationen und Nationalstaaten. Ihr niemals offiziell bekräftigtes, aber sehr wirkungsvolles Zweckbündnis mit dem international agierenden Großkapital ist wertvoller als die Stimmen des nationalen Prekariats und des nationalen Klein- und Restbürgertums, das sowieso nicht links wählt. Dass Linke, Großunternehmen und Spekulanten dereinst ein gemeinsames Ziel verfolgen – die Auflösung der Völker und Staaten, das Fallen sämtlicher Grenzen, die möglichst endgültige Auflösung der Rassen, speziell der weißen, durch Vermischung, die Sozialisierung und Verweltstaatlichung aller befreiten Erdenkinder, die globale Gleichschaltung, die *Eine Welt,* in der »alles Ständische und Stehende verdampft, alles Heilige entweiht« ist (Marx/Engels,

»Manifest der kommunistischen Partei«) –, diese Pointe hätte Marx gefallen. Freilich hätte unser Rauschebart aus Trier gefragt, wann der finale Befreier kommt, der Würger des Kapitals …? Wer spielt den Fortinbras in diesem Stück?

* * *

Nun, ein Kandidat steht, wie man sagt, in den Startlöchern. Die zentrale *politische* Eigenschaft des Islam ist seine Weltmission, seine Unempfänglichkeit für andere Kollektive als das der *Umma,* seine Nichtakzeptanz von Völkern und Nationen als Letztbegründung kollektiver Identität, sprich sein Internationalismus. Für Teile der Linken ist der politische Islam insofern »anschlussfähig«. Gut, hier müssten sie einige Konzessionen machen, bisherige linke Betütelungskollektive wie die von Familienzwängen und Fortpflanzungsobliegenheiten emanzipierte Frau oder Homo-, Inter-, Trans- und Hypersexuelle blieben bei diesem Bündnis auf der Strecke. Aber wo gehobelt wird … Immerhin schlüge die Israel- bzw. Judenfeindschaft eine weitere Brücke zwischen den bislang so weit entfernten Ufern.

Der radikale Islam ist dem Jakobinertum und dem Bolschewismus durchaus verwandt. Er richtet seine Kriegserklärung an die westliche Welt, ihre Lebensart und ihre Wertvorstellungen sowie an die Reste der bürgerlichen Gesellschaft. Er ist antikapitalistisch und lehnt vor allem das Finanzkapital ab. Die Islamisten sind die Avantgarde eines potentiell weltumspannenden Emanzipationskollektivs. Mit den westlichen Linken gemeinsam haben sie den Auserwähltheitsdünkel, die Überzeugung, etwas moralisch Höherstehendes zu verkörpern, verbunden mit der deprimierenden Einsicht, dass die Welt doch macht, was sie will und sehr gut ohne sie auskommt, weil ihr Anteil an der materiellen Wertschöpfung minimal ist.

Ich habe an dieser Stelle schon einmal darüber räsoniert, inwieweit man den radikalen Islam als Islamobolschewismus bezeichnen könne: Es handelt sich um einen Aufstand der historisch Abgehängten, Zukurzgekommenen, sich gedemütigt Fühlenden und dabei zugleich von einer Heilsidee Durchglühten, eine von Kadern geführte Bewegung, die die Massen erfassen und in eine phantastische, vormoderne Märchenwelt hinein emanzipieren oder sogar erlösen will. Sie verheißt die Befreiung des revolutionären, durch die Idee rein gewordenen Kollektivs aus den Banden von Fremdbestimmung und Dekadenz, und sie nimmt tendenziell jeden auf, der bereit ist, ihr beizutreten und das Glaubensbekenntnis zu sprechen. Es wird interessant sein zu beobachten, wer sich in diese Bewegung so alles einreiht, wenn sie erst einmal die offen terroristische Phase hinter sich gelassen hat und anfängt, sich durch die schiere Zahl ihrer Anhänger und Sympathisanten zu etablieren, mit etwas Hintergrundterror zur Einschüchterung und Missionserleichterung. Wenn die AfD gegen die Scharia ist, warum sollten dann Leute wie Maas, Stegner et al. nicht wenigstens ein bisschen für sie sein? Wenn's denn dem »Kampf gegen rechts« dient?

PS: Wie Leser *** festhält, ließ Oskar Lafontaine, damals Fraktionsvorsitzender der Linkspartei im Bundestag, am 13. Februar 2006 die Kundschaft des *Neuen Deutschland* in einem Interview an folgender Erkenntnis teilhaben: »Es gibt Schnittmengen zwischen linker Politik und islamischer Religion: Der Islam setzt auf die Gemeinschaft, damit steht er im Widerspruch zum übersteigerten Individualismus, dessen Konzeption im Westen zu scheitern droht. Der zweite

Berührungspunkt ist, daß der gläubige Muslim verpflichtet ist zu teilen. Die Linke will ebenso, daß der Stärkere dem Schwächeren hilft. Zum Dritten: Im Islam spielt das Zinsverbot noch eine Rolle, wie früher auch im Christentum.«

27. Januar

+++ US-Newsblog +++
San Diego: Mutmaßlicher Trump-Fan hat neben schwarzer Muslima auf den Gehsteig gespuckt +++ Walt Disney stellt neue Comic-Figur vor: Barack Duck +++ Madonna: »Trump wollte Telefonsex mit mir« +++ Merkel: »Ich bin schockiert und werde seine Anrufe besser nicht annehmen« +++ von der Leyen: »Ich auch nicht!« +++ Trump-Sprecher vergleicht Merkel mit einer FDJ-Sekretärin +++ Dänischer Nato-General: Seit Trump Präsident ist, riecht es in Skandinavien nach Schaschlyk +++ Hollywood-Produzenten kündigen parallel zu den Oscar-Verleihungen einen »Donald« für den peinlichsten männlichen Darsteller an +++ San Francisco will Papiere abschaffen, um illegale Einwanderer vor Trumps Häschern zu schützen +++ Kanada bietet mexikanischen Robbenjägern Asyl +++ Wegen Trump: Islamischer Staat bricht diplomatische Beziehungen zu den USA ab +++ McDonald's ändert seinen Namen in McDiversity's +++ Hisbollah-Sprecherin nennt Trump einen Sexisten +++ Bürgermeister von Dallas schenkt Trump offenen Cadillac +++ Fansprecher von Borussia Dortmund: Wir akzeptieren nur eine Mauer, die BVB-Verteidigung – und die hält nicht mal elf Bayern ab +++ Sänger Sting und Bono planen in Köln ein Konzert zugunsten der weltweit von Trump-Sympathisanten belästigten Frauen +++

Gerücht aus gutinformierten Washingtoner Kreisen: Trump will den privaten Atomwaffenbesitz für Nichtmuslime legalisieren +++ Judith Butler: »Trump bedeutet einen Rückfall in die Heteronormativität« +++ Sawsan Chebli, Sprecherin des Auswärtigen Amts: »Mein Vater ist besser in Deutschland integriert als Donald Trump« +++ IPCC warnt: Solange Trump regiert, wird der Meeresspiegel jährlich um einen Meter steigen +++

* * *

Alexander Wendt macht mich darauf aufmerksam, dass Donna Hylton, eine US-«Aktivistin für Frauenrechte«, die unter anderem auch als Rednerin auf dem von amerikanischen und vor allem deutschen Medien gefeierten Frauenmarsch gegen Trumps widerlichen Sexismus auftrat, 26 Jahre lang im Gefängnis saß, also genau ein Jahr weniger als Nelson Mandela. Warum mag das Patriarchat die engagierte Maid so viele Sündenjährchen hinter Schloss und Riegel gesetzt haben? Zusammen mit zwei Mitschwestern hatte sie einen Geschäftsmann entführt und ihn zwei Wochen lang allmählich zu Tode gefoltert. Offenbar waren die Holden durchaus mit Genuss bei der Sache; Hylton etwa penetrierte ihren Gefangenen rektal mit einer Eisenstange (machen Kerle übrigens andauernd).

Nach dem Protestmarsch referierte die Frauenrechtlerin in einem US-Sender über die »globale Krise« der Männerherrschaft. »Ich habe mein Bestes getan und irgendeine Erwähnung der Geschichte dieser Frau in deutschen Medien gesucht, aber nichts gefunden«, notiert Wendt – während diese bizarre Personalie in den USA diskutiert werde. Ist das schon Lückenpresse? Oder nur Schutz der Persönlichkeitsrechte einer reumütig ins zivile Dasein heimgekehrten, von Sexismus und Penisneid geläuterten Sünderin? Man stelle sich vor, Clinton hätte die Wahl gewonnen, Trump-Anhänger versammelten sich zu Protestveranstaltungen, und ein fideler Frauenmörder führte vor laufender Kamera das große Wort gegen die Weiberherrschaft. Nein, stellen wir uns das besser nicht vor.

29. Januar

Zur EU euch zu bilden, ihr hofft es, Deutsche, vergebens;
Biedert, ihr könnt es, dafür selbstlos der Umma euch an.

Deutschland? aber wo liegt es? Ich weiß das Land nicht zu finden,
Wo Ralf Stegner beginnt, hört Mario Barth gerade auf.

* * *

Ich habe im Frühjahr 2016 geschrieben, dass Merkel als zweitgrößte Zerstörerin unter den Kanzlern in die Geschichte dieses Landes eingehen wird. Ein paar stutzerhafte Opportunisten und Zeitkorrekte fanden das damals ganz schlimm. Vor kurzem gestattete ich mir, die Aussage zu präzisieren: Was ich – und keineswegs nur ich – damals scheinbar keck formulierte, werde in verblüffend kurzer Zeit ein Gemeinplatz, ja eine Trivialität sein. Nun ist es soweit. Ein Heerrufer des Trivialen, bislang Vizekanzler und damit an den Geschehnissen vollkommen unbeteiligt, S. Gabriel, sagte im *stern*-Interview: »Niemals hätten Kanzler wie Helmut Schmidt, Helmut Kohl oder Gerhard Schröder Entscheidungen über die Öffnung der Grenzen getroffen, ohne wenigstens einmal mit unseren Nachbarn zu sprechen.« Angela Merkel habe Deutschland und Europa »in eine Sackgasse geführt«. Als Ursachen dafür nennt er »Naivität oder vielleicht auch Übermut«. Schau an. Der Merkel-Stellvertreter sagt, die Dame sei naiv und übermütig (ich legte mich fest auf »übergeschnappt«). Gabriels Resümee: »Europa steht vor der akuten Gefahr, zusammenzubrechen. Die Aufbauarbeit von zwei Generationen steht vor der erneuten Zerstörung.« So ein lupenreiner Rechtspopulist reist jetzt als deutscher Außenminister durch die Welt, wenn er sich nicht gerade um seine Familie kümmert!

Haben Sie Gabriels Fundamentalkritik an seiner Domina in irgendeinem Mainstream-Medium gelesen? Nein? Dabei ist vielerorts aus dem Interview zitiert worden, doch die wirklichen »Hammerstellen« (D. Bohlen) haben unsere Medienschaffenden wie auf Politbüro-Wink weggelassen. Merkwürdig, nicht wahr? Des Merkens überaus würdig.

1. Februar

Aus einem *Wikipedia*-Eintrag zu einem deutschen Juristen und Lehrstuhlinhaber: »Ferner hielt er Anfang der 90er-Jahre Vorträge vor der Deutschen Hochschulgilde Balmung zu Freiburg oder bei der 2. Weikersheimer Hochschulwoche, wo kurz zuvor bzw. danach auch Personen wie *** bzw. *** referierten, die der Neuen Rechten zugeordnet werden.«

Es gibt also neben der direkten »Kontaktschuld« – X nahm an einer Veranstaltung teil, auf welcher auch Z gesehen wurde – offenbar auch die zeitversetzte, ins Überzeitliche ausgedehnte: X trat auf, wo vorher auch schon einmal Z redete, das halten wir lexikalisch fest. Auch wenn es, wie in diesem Fall, ca. 25 Jahre zurückliegt. Kontaktschuld verjährt nicht. Worüber der Referent sprach? Wen kümmert das? (Allein dass eine

Hochschuldgilde »Balmung« heißt – der Balmung ist das Schwert Siegfrieds im Nibelungenlied –, bietet hinreichenden Anlass zum Generalverdacht. Vor einem solchen Publikum ist jedes Thema falsch.) X verkehrt am liebsten in einem Lokal, in dem auch schon Hitler gern einkehrte (*weil* auch Hitler dort gern einkehrte?). Besonders subtil der enzyklopädische Hinweis, der besagte Vortragende sei an einem Ort aufgetreten, wo *nach* ihm auch dieses oder jenes Untier zu Wort kommen durfte. Glücklicherweise haben wir inzwischen dank informeller zivilgesellschaftlicher Vereinbarungen dafür gesorgt, dass es nurmehr noch wenige Orte gibt, wo der rechtschaffene, anständig geblieben Deutsche damit rechnen muss, dass irgendwann nach ihm dort jemand auftritt, neben dem man ungern gesehen, gefilmt, abgehört oder mit Gegenständen beworfen werden möchte.

Schuldig machen kann sich der Mensch keineswegs allein durch indirekten Kontakt zu Unpersonen, sondern auch zu anrüchigen Druckerzeugnissen. Beziehungsweise – in diesem Fall muss wieder aufmerksam differenziert werden – zu relativ falschen Druckerzeugnissen in vollkommen anrüchiger Umgebung. Der aktuelle *Spiegel* berichtet – das Verb hier ironisch gemeint – über die Berliner Bibliothek des Konservatismus. Um zu illustrieren, welch geistige Konterbande dort gehegt und gehortet wird, bildet die Gazette drei Beispiele aus dem Zeitschriftensortiment ab: Die *Preußische Allgemeine, Compact* sowie die *Huttenbriefe*. Während es sich bei Letzteren wohl tatsächlich um eine extremistische Publikation handelt (ich hatte das Blatt nie in den Händen), bekommt man die beiden übrigen Gazetten in jeder anderen Bibliothek auch und in gut sortierten Zeitschriftenhandlungen sowieso. Das ist ebenfalls schlimm, aber nicht wirklich veröffentlichenswert. Es sollte sich schon summieren. X traf Z am Ort A, wo es Schriften von B zu lesen gibt und schon einmal Y sprach. Nach ihm tauchte dort übrigens H auf. Das haut richtig ins Kontor.

Um die Sache ins Persönliche zu wenden: Ich etwa tafle gern in der Osteria Italiana in der Münchner Schellingstraße, wie dies der Führer ebenfalls gern tat – schon bevor er der Führer war. Zwar ließ mich der Padrone einmal bis in den Weinkeller vor, den Hitler ähnlich indigniert mied, wie ein frommer Muslim es täte, doch die anderen Räume, die ich benutzte, frequentierte auch der Böse. Beziehungsweise: das Böse. Ob dort jemals richtig antifaschistisch ausgeräuchert wurde? (Notfalls genügte auch eine Betriebsfeier des *Süddeutschen Beobachters* mit Weizsäcker-Einspielung und Live-Gauckiade am Tag der Befreiung.) Außerdem steht in meiner heimischen Bibliothek *Mein Kampf*. Sogar zweimal, neben der deutschen noch eine englische Ausgabe. Jetzt warte ich nur noch auf Einladungen der Studentengilde »Nagelring«.

2. *Februar*

Man mache sich nichts vor: Fast jeder bedeutende Autor der vergangenen zweieinhalb Jahrtausende, von Platon bis Nietzsche, ja von Plotin bis Platen, von Homer bis Goethe, von Shakespeare bis Kleist, von Dante bis Dostojewski, auch Egon Friedell, Karl Kraus oder sogar Thomas Mann gälten, schrieben sie heute, als elitär, chauvinistisch, sexistisch und rassistisch sowieso, kurzum: als »rechts«; kaum ein Verlag würde es wagen, die Werke dieser Männer zu drucken; sie könnten nicht vor studentischem oder akademischem Publikum auftreten, ohne mit

lautstarken Protesten wegen rechtzeitig ermittelter und verbreiteter schlimmer »Stellen« rechnen zu müssen, und würden bei Preisverleihungen schnöde übergangen. Und beiden Seiten geschähe sogar recht.
(Lieschen vom Asta, sozialwissenschaftlich und gruppendynamisch vom Entelechie-Vollzug befreit, wendet ein: »Aber sie würden doch heute ganz anders schreiben!« Nein, würden sie nicht. Wahrscheinlich nicht einmal Thomas Mann.)

* * *

Frau Merkel ist für ihren Willkommensstaatsstreich geehrt worden. Am Mittwoch erhielt die Kanzlerin dank ihrer »couragierten Flüchtlingspolitik« in Stuttgart am schönen Neckarstrome den Eugen-Bolz-Preis. Eugen Bolz war ein Widerstandskämpfer gegen den Nationalsozialismus. Er saß als Abgeordneter für die Zentrumspartei im Reichstag und war bis 1933 Staatspräsident Württembergs. Die Nationalsozialisten ließen ihn wegen seiner Verbindung zur Widerstandsgruppe um Carl Goerdeler am 23. Januar 1945 hinrichten.

Die *FAZ* meldet: »Bei der Preisverleihung ging es allerdings gar nicht mehr um die Herausforderungen der Flüchtlings- und Integrationspolitik. Fast alle Redner, die Bundeskanzlerin eingeschlossen, beschäftigten sich fast ausschließlich mit der Bedrohung des westlichen Demokratiemodells durch populistische Bewegungen.«

Klar ging es nicht um die Flüchtlingspolitik, sogar in der Brust von Politikern sitzt oft noch in irgendeinem Winkel ein Schamrest, der sich gegen die *Déformation professionnelle,* die komplette Obszönität erheischt, sperrt. Dass an diesem Preis, allen edlen Willkommensbestrebungen zuwiderlaufend, Blut klebt, das Blut der Anschlags-Opfer ebenso wie das der ungezählten von sogenannten Flüchtlingen überfallenen, ermordeten, ins Krankenhaus geprügelten oder bloß vergewaltigten Einheimischen, ist auch unserer fidelen Kanzlerin und ihrer Claque klar. Deshalb zeigen sie lieber mit dem Finger auf andere. Grotesk ist allerdings, dass Merkel und die weiteren Redner ausgerechnet jene zur Bedrohung aufpopanzen wollen, die sich den Gefährdern der Sicherheit unseres Landes entgegenstellen. Die den Tausenden Opfern von eingewanderten Kriminellen eine politische Stimme geben. Die die Plünderung der Sozial- und Rentenkassen zur Alimentierung von Menschen anprangern, die nie etwas eingezahlt haben und dies mehrheitlich nie tun werden. Die eine Trennung von Asyl und Einwanderung fordern, und für Letztere vernünftige Regeln. Und die deshalb vom Establishment den permanenten Attacken der allzeit ungestraft agierenden roten SA ausgeliefert werden.

Merke(l): Wenn es brennt, ist Widerstand gegen die Feuerwehr erste Bürgerpflicht.

* * *

Linksextreme haben am Montagabend das Privathaus des brandenburgischen AfD-Landtagsabgeordneten Thomas Jung belagert. Etwa 30 Personen riefen Parolen und klingelten Sturm. Der Landtagspolitiker war nicht anwesend; nur seine Familie, darunter zwei Kinder, befand sich im Haus. Da ihr Heim in der Vergangenheit schon mehrfach von den üblichen niemals verfolgten Unbekannten attackiert worden war – sie warfen Steine und Farbbeutel gegen das Haus und luden Bauschutt davor ab –, haben sich die Kleinen gewiss routiniert in den Luftschutzkeller zurückgezogen und dort mit der Mama Nazilieder gesungen. Die Privatadresse des Politikers kursiert auf diversen linksextremen Internetplattformen – still! Hören Sie das zufriedene Brummen unseres Justizministers? Ersetzt es nicht vollkommen das eigentlich angezeigte Geräusch eines Polizei-Helikopters?

Die Regionalpresse meldete die Zusammenrottung mit gebotener Empathieferne, aber immerhin überhaupt. Die überregionalen Medien würden sich des Themas wohl erst annehmen, wenn die Kinder, ihr seelisches und sonstiges Heil zu sichern, sich neue, buntere, tolerantere Eltern suchten.

* * *

Die *Süddeutsche* mokiert sich über Düsterdeutsche, die beim inzwischen polizeilich überführten Online-Händler »Migrantenschreck« Waffen gekauft haben, um sich allen Ernstes selber zu schützen. Beziehungsweise, wie die *Alpen-Prawda* formuliert, »mit Waffen gegen Flüchtlinge« vorzugehen. Etwa wenn sich einer oder mehrere davon nachts in der Hosentasche, der Wohnungstür oder der Frau geirrt haben? Ach was! Passiert doch fast nie! Außerdem: »Migrantenschreck verschickt Waren, die in Ungarn noch legal sind – in Deutschland gehören sie zu den erlaubnispflichtigen Schusswaffen.« Weil wir das bessere, demokratischere, zivilere Land sind, also weniger persönliche Freiheiten, weniger Selbstschutz und strengere Regeln für Nichtkriminelle benötigen. »Ohne eine Waffenbesitzkarte«, so der *Süddeutsche Beobachter,* »sind Erwerb und Besitz strafbar. Das liegt auch an der Wucht, mit der die Projektile den Lauf verlassen.« Die genüge nämlich, um Menschen tödlich zu verletzen. Illegale Einwanderer sind okay, illegale Waffen nicht. Für die nunmehr von der Polizei ebenfalls überführten Kunden bedeute das: je nach der Heftigkeit des Verteidigungswunsches Geldstrafe oder bis zu fünf Jahre Haft wegen eines Verstoßes gegen das Waffengesetz. Das Sicherheitsbedürfnis der Einheimischen ist kein höheres Rechtsgut als der Schutz z.B. von Einbrechern vor Verletzungen oder tödlichen Arbeitsunfällen. »Der Erfolg von Migrantenschreck zeigt«, kommentiert das *Neue Süddeutschland,* »wie leicht sich rechte Hetze« – Polizeiberichte? PKS? Gefängnisbelegungsstatistik? Verurteiltenstatistik? – »zu Geld machen lässt.«

Mit einigen der desorientierten Waffenbesteller haben die Rechercheure sogar persönlich gesprochen. Keiner davon ist jemals niedergeschlagen oder vergewaltigt worden (dann dürften er oder sie solche Waffen übrigens auch nicht besitzen). Statt nachts in den öffentlichen Verkehrsmitteln Berührungsängste abzubauen, treiben sich diese Labilen und Verhetzten auf Internetseiten herum, die von der Masi noch nicht gesperrt werden konnten. »Wer Geschichten über ›kriminelle Asylforderer‹ liest, kauft auch Schusswaffen, um sich vor der vermeintlichen Bedrohung zu schützen«, erklärt der *Süddeutsche Willkommensbote* seiner hoffentlich unbewaffneten Leserschaft die Motivlage dieser Spinner. Im Sortiment des endlich gesperrten Online-Versandhändlers befand sich überdies noch ein sogenannter »Antifaschreck«-Revolver. Wenn jemand eine Waffe gegen die Antifa erwirbt, gibt er ja offiziell zu, ein Faschist zu sein, und verdient keine Nachsicht. Außerdem: Mit Gummigeschossen gegen Steinewerfer, das darf ja nicht mal die Polizei!

Bleibt am Ende nur die etwas grillenhafte Frage: Warum haben die ehrenamtlichen Staatsschützer der *Prantl-Prawda* nicht auch mal im Milieu der knuffigen Araberclans in Berlin, Gelsenkirchen oder Bremen nach deren illegalen Waffen recherchiert, die gemeinhin stählerne Projektile mit noch etwas mehr Wucht verschießen, als den Gummipatronen der

Migrantenschreckschusspistolen verliehen wird? Etwa weil ihnen in diesem Fall nicht einmal eine komplette Firmenlieferung von »Migrantenschreck« mit Journalistenrabatt die Hälschen gerettet hätte?

* * *

Späte Genugtuung widerfuhr nun der wegen ihres einstigen Chefs jahrzehntelang ausgegrenzten Brunhilde Pomsel, ehedem Sekretärin von Joseph Goebbels. Pomsel sei am Freitag mit 106 Jahren in ihrem Münchner Altenheim gestorben, bestätigte der österreichische Regisseur Christian Krönes, der über sie den Dokumentarfilm »Ein deutsches Leben« gedreht hat. Die alte Dame starb nicht nur pünktlich am Holocaust-Gedenktag, sondern war bis zuletzt »eine scharfe politische Beobachterin« (Krönes). Angesichts des weltweit aufkommenden Rechtspopulismus und der Wahl von Donald Trump zum US-Präsidenten habe sie ihre Lebenserinnerungen als »Warnung an die heutigen und künftigen Generationen« bezeichnet. Wie schon ihr Dienstherr im Februar 1941 feststellte: »Jenseits des Großen Teiches pflegt man deutschen Ansichten gegenüber, sie mögen noch so bescheiden vorgebracht werden, empfindlich, ja überempfindlich zu sein, wogegen man sich zum Ausgleich dafür das Recht herausnimmt, alles in Deutschland, Personen, Zustände, Vorgänge und Meinungen a priori abzulehnen und nach Bedarf und Laune mit wechselnder Tonstärke anzupöbeln. Es gehört schon ein Riesenmaß an Geduld und Langmut dazu, demgegenüber unentwegt zu schweigen.« Aber »wie sollte auch ein Präsident der USA, der in seiner Person und in seinem Namen das kapitalistische System in Reinkultur präsentiert, ein Regime lieben, in dem wenigstens der ernsthafte Versuch gemacht wird, die durch die plutokratische Wirtschaftsordnung angerichteten Schäden wiedergutzumachen und zu beseitigen!« (derselbe im Mai 1941).

* * *

Wenn Beethoven heute einer Jury seine eigenen Klaviersonaten vorspielte, man würde ihn schon nach wenigen Takten bitten, diese entsetzlich subjektive, rhythmisch falsche und historisch uninformierte Interpretation abzubrechen und sich besser einen anderen Job zu suchen, vielleicht als Szenenbegleiter an der Berliner Volksbühne.

4. Februar

Einem Ignazio Silone zugeschriebenen Bonmot zufolge wird der Faschismus, so er denn wiederkehrt, von sich behaupten, er sei der Antifaschismus. Ob Silone diese Worte tatsächlich gesagt hat, wie sein enger Freund François Bondy es überlieferte, oder ob ein anderer diese womöglich treffliche Prognose abgab, kann hier nicht näher untersucht werden. Ein weiterer Anlass, über ihren Wahrheitsgehalt zu befinden, sind die »Studentenproteste« (*Die Zeit*) zu Berkeley. Junge Enthusiasten schlagen Schreiben ein, werfen Brandsätze, sprühen unbeteiligten Frauen Pfefferspray ins Gesicht, dreschen mit Knüppeln auf sie ein und prügeln, wie in einem Videomitschnitt zu sehen, mindestens einen Passanten bewusstlos. Angeblich richten sich die »Proteste« gegen einen Auftritt des *Breitbart*-Bloggers Milo Yiannopoulos an der Universität Berkeley. Der Mann ist wahrscheinlich einfach zu kuhl, zu schrill, zu individuell, zu intelligent für die auf den Gleichschritt der *Diversity* gedrillte Belegschaft eines progressiven Campus. Die diskursive Botschaft heißt: Schnauze, verpiss dich, oder wir schlagen dir den Schädel ein! Yiannopoulos musste in Sicherheit gebracht werden. – Man kann nach einer Querlektüre der hiesigen Medien nicht erkennen, dass jemand am Skandal der durch einen prügelnden und brennenden Mob im *Land of the Free* außer Kraft gesetzten Redefreiheit Anstoß nähme; das tun sie ja im eigenen Land auch nicht.

* * *

So weit ich mich erinnern kann, agitierte, wetterte und demonstrierte die Linke in Ost und West gegen »den militärisch-industriellen Komplex« in den USA; nahezu der gesamte Antiamerikanismus der Linken und nahezu die komplette Amerikakritik der anderen deutschen Guten, ob nun bei der Friedensbewegung der 1980er oder den Protesten gegen den Golfkrieg, hatte mit diesem militärisch-industriellen Komplex und den auf dessen Geheiß angezettelten oder geplanten Kriegen zu tun.

Mit Trump ist nun erstmals ein Präsident gewählt worden, der sich diesem militärisch-industriellen Komplex in den Weg stellt, dessen Mittel zu kürzen und die profitablen weltpolizeilichen Kampfeinsätze zu reduzieren verspricht, kurzum: der als Taube gegen lauter gefährliche Falken antritt (und damit mehr Courage zeigt, als alle seine Kritiker zusammen aufbringen). Ausgerechnet dieser Präsident ist nun das Hassobjekt der Linken hierzulande wie in Übersee geworden; in Berkeley schrieben linke Randalierer »Tötet Trump!« an die Wände der Universität. Bedarf es eigentlich noch eines weiteren Beweises, dass wir es mit einem außergewöhnlich dummen, vom militärisch-industriellen Komplex längst schon indirekt gesponserten, durch bezahlte politische Prediger geheiligten und in seiner Verhetztheit hochgefährlichen Menschenschlag zu tun haben?

6. Februar

Es gibt den schönen *Brauch* der Gastfreundschaft, aber nicht den geringsten *Anspruch* darauf, willkommen geheißen zu werden.

7. Februar

»Schwangerschaftsunterbrechung« ist der Euphemismus aller Euphemismen, ein Kandidat nicht für das Unwort des Jahres, sondern gleich des Säkulums. Dieser Begriff dient einzig der Gewissensberuhigung durch die Entwertung des Embryos. Was tatsächlich geschieht, heißt: Tötung unwerten Lebens. Wer will oder muss, soll es tun, aber wenigstens zugeben, was er tut.

* * *

Ihm eilte der Ruf voraus, er sei ein Kenner und trinke nie eine Flasche Wein unter 50 Euro. – Das ist Unsinn. Den Kenner charakterisiert nicht, dass er für seinen Wein *besonders viel*, sondern dass er selten *zu viel* ausgibt. Wer keinen Wein unter 50 Euro pro Flasche trinkt, ist kein Kenner, sondern bloß ein Snob mit Geld. Es gibt viele Speisen, die sich mit Weinen über 50 Euro nicht vertragen (welcher Rote – oder, der reinen, von mir nicht geteilten neapolitanischen Lehre entsprechend, Weiße – aus diesem Segment wäre etwa zu Spaghetti aglio olio kredenzbar?); es gibt keinen einzigen Wein über 50 Euro, den man sich an einem

Sommermittag unter dem Sonnenschirm einer Dachterrasse einfach nur fröhlich reinballern will.

Ein recht knausriger ehemaliger Kollege hielt mir einmal ein Glas Brunello unter die Nase mit den Worten, den möge ich doch probieren, der schmecke »für 30 Euro sensationell«. Wer so denkt, ist verloren. Ein Wein schmeckt sensationell – oder nicht. Und doch steckt in dieser Aussage ein Kern Wahrheit. Peer Steinbrück hat sich vor einigen Sündenjährchen mit der Aussage unbeliebt gemachte, ein Wein unter fünf Euro sei nicht trinkbar. Aber er hat recht. Es gibt keinen Wein unter fünf Euro, der sich mit Genuss trinken lässt (hier bekommt der Terminus »Frustsaufen« eine doppelte Bedeutung). Es gibt unter zehn Euro manchen munteren Sauser, der einem den Tag verschönt oder die Sorgen bricht, aber keinen Wein von unverkennbarem Charakter; es gibt unter 20 Euro fast nie einen Rebsaft, bei dessen Verzehr einem Wonneschauer über den Körper jagen (wenn man doch ausnahmsweise mal einen findet, ist es ein Weißer). Aber wirklichen Kummer können einem nur Weine bereiten, die mindestens 100 Euro gekostet haben. Zwei von drei großen Bordeaux und drei von vier berühmten Burgundern enttäuschen die hohen Erwartungen beinahe zuverlässig (man muss sich detailliert informieren, um solchen Enttäuschungen aus dem Wege zu gehen, was oft nicht möglich ist, weil man Weine mit großem Namen eben auch bei Einladungen serviert bekommt). Doch der dritte bzw. vierte mundet dann wieder dermaßen überwältigend, dass sich eine umfassende Schöpfungszufriedenheit einstellt.

Ich würde mich zu der These hinreißen lassen, dass es zwischen 20 und 30 Euro exakt so viele Desillusionierungen gibt wie zwischen 120 und 130 Euro – Sie müssen natürlich die höhere Fallhöhe der Erwartung einrechnen – und formuliere hiermit das oberhalb der fünf Euro geltende Weingesetz der preisunabhängigen Konstanz der Enttäuschungserlebnisse. Ohne Anspruch auf Kennerschaft. Wer sich alltags zwischen 10 und 20 Euro herumtreibt, macht nur wenige bemerkenswerte Erfahrungen, jedoch, da die Erwartungen nicht besonders hoch sind, am wenigsten falsch. Und mit einer gewissen Erfahrung finden sich für dieses Geld Hunderte leckere Tropfen.

8. Februar

Ein deutsch-syrischer »Projektkünstler« hat drei Buswracks vor der Dresdner Frauenkirche aufgestellt, um an den Bürgerkrieg in Syrien zu erinnern, und die kalkulierte Wirkung in jederlei Hinsicht erzielt. Wütende Proteste einiger Eingeborener gegen die Verschandelung des Platzes und die dahinterstehende moralische Erpressung flammten erwartungsgemäß auf und verschafften dem »Projekt« zusätzliche – an diesem Ort gewiss ebenfalls kalkulierte – PR. Hätte der ambitionierte Schrott-Spediteur Berlin, Essen, Duisburg oder Bremen für seine »Installation« gewählt, wäre ihr weit weniger Aufmerksamkeit zuteil geworden. Zum einen hätte in diesen auf ästhetische Indolenz dressierten Kommunen niemand protestiert, zum anderen fallen dort ein paar Wracks mehr oder weniger nun wirklich nicht auf.

Halten wir fest: Gerade in Deutschland muss dringend auf das syrische Drama hingewiesen werden, gerade Deutschland hat noch nicht genug für Syrer bzw. Menschen, die sich als Syrer ausgeben, getan. Und speziell die Dresdner sollten erfahren, dass Städte in einem Krieg vollständig zerstört werden können.

Eine von Joachim Fests Maximen lautete: »Ertrage die Clowns.« Der Kulturmensch mag sich seufzend daran halten und ein paar Wochen, bis der Spuk vorbei ist, den Platz meiden; Dresden bietet ja hinreichend schöne andere Orte und Blicke. Und sich um Himmelswillen nicht aufregen.

PS: Leser *** wendet ein: »Diese ›Installation‹ wird ergänzt von einem fiktiven Friedhof von im Mittelmeer ertrunkenen Flüchtlingen vor der Semperoper und dem Spruch des erschreckend dummen Oberbürgermeisters ›Dresden war keine unschuldige Stadt‹. Man muss vielleicht die Clowns ertragen, aber die Idioten?«

Sie kennen, geehrter Herr ***, gewiss die 270. Geschichte aus tausendundeiner Nacht, »Ali Baba und die vierzig Räuber«. Was tut darin die brave Sklavin des Ali Baba, als sie bemerkt, dass ein mutmaßlich Übelwollender das Haus ihres Herren markiert hat? Sie wiederholt das Zeichen an sämtlichen Türen der Umgebung. Also: Sodom war keine unschuldige Stadt. Jericho war keine unschuldige Stadt. Rom war keine unschuldige Stadt. Bagdad war keine unschuldige Stadt (1258 *und* 2003). Tenochtitlan war keine unschuldige Stadt. Konstantinopel war keine unschuldige Stadt. London war keine unschuldige Stadt. Stalingrad war keine unschuldige Stadt. Berlin war keine unschuldige Stadt. Hiroshima war keine unschuldige Stadt. New York war keine unschuldige Stadt. Aleppo war (und ist) keine unschuldige Stadt ... Auch Lauterecken, Fladungen, Hornbach und Buttelstedt waren keine unschuldigen Städte! Zu schweigen von Schnackenburg und Ziegenrück!

* * *

Auf meine gestrige Notiz zur sogenannten »Schwangerschaftsunterbrechung« reagierten mehrere Besucher des Eckladens umgehend. »Nachdem mein kleiner Sohn mit Trisomie21 zur Welt gekommen ist – glücklicherweise ist er physisch kaum merklich beeinträchtigt und scheint auch geistig keine offenbaren Defizite zu haben, jedenfalls freut er sich jeden Tag aufs Neue, die Welt für sich zu erobern –,« schreibt Leser ***, sei er auf die Seite der Lebensschützer gewechselt, die er ehedem für leicht verschrobene Gesellen gehalten habe. »Wenn man weiß, dass die meisten Trisomie-Kinder abgetrieben werden, ohne dass feststeht, dass sie gesundheitliche Beeinträchtigungen haben, die nur ein kurzes qualvolles Leben erwarten lassen, einfach, weil sie ›Downies‹ sind, macht mich das einerseits tieftraurig und andererseits wütend. Noch viel mehr wütend mache ihn allerdings »die furchtbare Entscheidung eines französischen Gerichtes«, dass dieser wunderbare italienische Werbefilm für die Entscheidung zu einem Down-Kind wegen Verletzung der Mütterrechte nicht gezeigt werden dürfe. »Der grassierende Verfall von menschlicher moralischer Bildung scheint nicht nur auf Deutschland beschränkt zu sein, ganz Europa leidet unter den Folgen der 68er.«

Und Leser *** merkt an, ich möge nicht »Tötung unwerten Lebens« schreiben, es müsse »Tötung unerwünschten Lebens« heißen. Ich vermag den Unterschied nicht zu erkennen. Indem ich ein unerwünschtes Leben beseitige, erkläre ich es für lebensunwert. Indem ich einen absoluten Wert statuiere – »Mein Bauch gehört mir!« –, statuiere ich einen absoluten Unwert – »Er gehört nicht dem werdenden Kind!« Das muss man aushalten, o meine Menschenschwestern (und Brüder!), aus dieser Klemme führt kein Weg.

Peter Sloterdijk konstatierte in seinem Diarium *Zeilen und Tage* für das Jahr 2010, dass hierzulande «jedes dritte werdende menschliche Leben an der Wand der Unwillkommenheit zerschellte». Die Formulierung «Tötung unwillkommenen Lebens» verbietet sich freilich in den Zeiten der Willkommenskultur bzw. -diktatur. Interessanterweise sind es oft dieselben Leute, welche die Abtreibung eines naturgemäß unschuldigen, wenn auch womöglich erbsündlich prädisponierten Embryos für legitim halten, aber die Todesstrafe für Mörder oder die Abschiebung von eingewanderten Kriminellen – also Personen, die Anspruch auf jenen Lebensraum anmelden, welcher dem Fötus verwehrt wurde – schrecklich unmoralisch finden. Ich würde allerdings nicht darauf wetten, dass dieser Menschenschlag in hundert Jahren noch in großer Zahl existiert.

9. Februar

Manaf Halbouni – das ist der Hochbegabte mit den zu Dresden vertikal aufgestellten bayerischen Bussen, aus denen gerade das Öl ausläuft – hat eine Webseite, auf welcher der Bursche noch andere »Projekte« vorstellt. Eines heißt »What if«. Es ist ein »Kartenprojekt«, das gewisse Aufschlüsse darüber zulässt, welche feuchten Träume unser Import-Genie träumt und was er mit seiner Bemerkung meinen könnte, man solle seine »Installation«, so vertikal sie einem zunächst auch vorkommen mag, als »Brücke« zwischen Syrien und Deutschland verstehen. Er schreibt:

»In der Fiktiven Welt die ich erschaffen habe, hat die Industrie Revolution im Arabischen so wie Osmanischen Reich stattgefunden. Somit sind zwei Mächte hervor gekommen die die Welt mit Waffen sowie Technologische Errungenschaften beliefern. Auf der Suche nach Ressourcen und Absatzmärkte, begann man mit den Kolonialisierung Europas.

Bei der Kolonialisierung wurden neue Grenzen erschaffen um Europa unter zwei Mächten aufzuteilen ohne Rücksicht auf die Verschiedenen dort lebenden Völker.

Die entstandenen Kampfkarten, Verzeichnen den lauf der Truppen und dessen verschiedenen Verbänden so wie wichtige Militärische Ziele. Die neu Eroberten Städte werden Teils umbenannt oder übersetzt. Lädiglich ein Par Große Städte dürfen ihren Namen behalten.«

Auf »Kampfkarten« mit den arabisierten Namen speziell deutscher Städte oder der Sächsischen Schweiz kann man die Truppenbewegungen islamischer Heere durch 'schland und andere Phantasien eines ungedienten syrischen Projektemachers verfolgen. Plötzlich leuchtet auch ein, dass die originale Installation, die Busbarrikade zu Aleppo, von islamischen Radikalen aufgestellt und beflaggt wurde. Interessant, wen die kulturpolitisch Verantwortlichen hierzulande beim öffentlichen Gesinnungsschrottabladen so sponsern; die »Volksverräter«-Rufe scheinen bisweilen nicht ganz so weit hergeholt gewesen zu sein …

Wie wir wissen, sind die Araber im 8. Jahrhundert immerhin bis nach Südfrankreich vorgestoßen und haben lange in Südspanien geherrscht; die Türken wiederum standen zweimal vor Wien und hatten bis ins 19. Jahrhundert weite Teile Südeuropas unter ihrem Stiefel (wo sie einst walteten, erkennt man heute noch an einer gewissen mentalen Versteppungsgeneigtheit dortselbst); der islamische Drang nach Europa ist nicht neu, doch fanden sich weiland rüstige Männer, die ihn zurückschlugen und beendeten. Heute läuft die Landnahme bekanntlich auf dem demografischen Wege, mit höchstem Segen westlicher Offizieller und von Frau Merkel persönlich ausgehängter *Kerkaporta*, und mancher Muslim frohlockt jetzt schon vorfreudig – ob wir auf der Webseite unseres aktionskünstlerischen Wege- und Linienbus-Stirnlagerers auch mal ein Kärtchen von Israel mit ausgestrichenen hebräischen und stattdessen eingefügten arabischen Ortsnamen finden? Und dass die industrielle Revolution, man halte von ihr, was man will, dort stattgefunden haben könnte, wo unser freakig-frommer Freund sie halluziniert, was wäre wahrscheinlicher angesichts der planetarischen Neugier, des unstillbaren faustischen Dranges, der Forscher- und Entdeckertradition, der wissenschaftlichen Experimentierfreude, des Arbeitseifers, des geistig offenen Klimas und der Nobelpreisträgerdichte in dieser Weltgegend? Höchstens vielleicht die Verleihung des Nobelpreises für die Entdeckung einer revolutionären Methode subventionierter Schrott-Zwischenlagerung an Halbouni himself.

* * *

Regierte Friedrich der Große noch, all unsere vorlauten öffentlichen Willkommensforderer und Heiligenscheinpolierer in eigener Sache wären längst mit Einquartierungen aus Afrika und dem Orient versorgt worden. Es gibt durchaus gute Gründe, Monarchist zu sein.

10. Februar

Fast alle Denkmäler, die sie sich am Ende setzten, waren negativ. Meist hatten sie mit irgendeiner Schuld zu tun. Keines dieser Male brachte etwas Schönes zum Ausdruck oder war ästhetisch anspechend. Galt es einer historischen Persönlichkeit, erschien diese möglichst gewöhnlich und klein. Es waren Symbole einer grenzenlosen Sühnewollust und morbiden Verschwindensbereitschaft.

* * *

Am meisten langweilte ihn die ständige Abwechslung.

* * *

Wegen des Brandanschlags auf eine geplante Flüchtlingsunterkunft in Nauen hat das Landgericht Potsdam einen NPD-Politiker zu acht Jahren Haft verurteilt. Einen weiteren Angeklagten verknackte die Staatsschutzkammer als Mittäter zu sieben Jahren Gefängnis. Bei dem Anschlag war im August 2015 eine Sporthalle komplett niedergebrannt. Verletzt wurde niemand, der Sachschaden wird auf 3,5 Millionen Euro geschätzt. Der Vorsitzende Richter sagte in seiner Urteilsbegründung, die Täter hätten eindeutig aus fremdenfeindlichen und rechtsextremen Motiven gehandelt. »Der Anschlag sollte ein Zeichen an die Flüchtlinge sein: Ihr seid hier nicht willkommen, hier ist kein Platz für euch und ihr seid hier nicht sicher«, sagte er. Dies sei »eine tiefe Missachtung unserer Rechtsordnung«.

Damit sollte als amtlich beglaubigt gelten, was deutsche Politiker in der jüngeren Vergangenheit vielfach forderten: dass Delikt nicht gleich Delikt ist, sondern ein Brandanschlag aus fremdenfeindlichen Motiven schlimmer ist, als derselbe Brand es wäre, wenn er aus schieren materiellen Motiven (Versicherungsbetrug, Missgunst etc.) oder aus noch schiererer pyromanischer Lust gestiftet würde. Interessant wäre die Urteilsbegründung, wenn ein Linksextremist aus *fremdenfreundlichen* Motiven etwas abfackelte, einen geplanten Abschiebeknast etwa oder eine Station der Grenzpolizei. Oder den Pkw einer schlimmen Politikerin.

Die Höhe der Strafe frappiert desweiteren, weil ja niemand zu Schaden kam, wo doch deutsche Juristen bei Straftaten mit zum Teil erheblichen Personenschäden – Kollateraltote bei illegalen Autorennen, Gruppenvergewaltigungen mit nahezu Todesfolge, schwerste Körperverletzung – gemeinhin weit niedrigere Strafen verhängen und die Schlingel oftmals sogar nur auf Bewährung verurteilen.

Dass die Anwesenheit vieler sogenannter Flüchtlinge, von denen eine hohe Zahl keinen Flüchtlingsstatus besitzt noch je erlangen wird, mit der Missachtung unserer Rechtsordnung durch Kanzlerin und Regierung zu tun hat, und zwar nicht nur meiner Ansicht nach, sondern auch nach Meinung renommierter Staatsrechtler, rechtfertigt zwar keine Brandstiftung, sollte aber in eine ausgewogene Urteilsfindung einfließen, zudem es sich bei der verhandelten Straftat ja um »Gewalt gegen Sachen« und nicht gegen Menschen handelte. Der Eindruck einer Gesinnungsjustiz – nicht wegen der Verurteilung, sondern wegen der unverhältnismäßigen Höhe des Strafmaßes – ist schwerlich von der Hand zu weisen. Da wollte oder sollte wohl jemand »ein Zeichen setzen«. Ein Zeichen, auf welches gegenüber anderen Tätergruppen weidlich verzichtet wird.

In Wuppertal etwa verübten drei juvenile Palästinenser mit dieselbefüllten Brandflaschen einen Anschlag auf die dortige Synagoge. Das Wuppertaler Amtsgericht verurteilte sie im Februar 2015 wegen versuchter schwerer Brandstiftung auf Bewährung. Strafmildernd wertete das Gericht, dass sich außer dem Anschlag »keinerlei Anhaltspunkte für eine antisemitische Einstellung« der Zündler ergeben hätten. Waren die Schöffen blau? Oder wollte auch hier jemand ein Zeichen setzen? Wieviele Dezibel hätte der *#aufschrei* erzeugt, der unfehlbar erschallt wäre, hätten deutsche Jugendliche Brandsätze gegen eine Moschee geworfen, und ein Gericht hätte ihnen bescheinigt, außer dem Anschlag auf das Gotteshaus sei bei den Tätern keine islamfeindliche Einstellung erkennbar? (In diesem Falle würde sogar einer unserer couragierten Satiriker das Thema aufgreifen.)

Welche legitimen Mittel stehen nun Bürgern dieses Landes zu Gebote, wenn sie gegen die Masseneinwanderungspolitik der Regierung oder gegen die Unterbringung von Einwanderern in ihrer Straße/ihrer Nachbarschaft/der Schule ihrer Kinder protestieren wollen? »Gewalt gegen Sachen« als Form zivilen Ungehorsams schiede selbstredend auch dann aus, wenn man als Täter bloß strafverfolgt würde wie ein Linksextremist, der Autos abfackelt oder eine Polizeiwache angreift. Wie steht es um das Demonstrationsrecht? Der Bürger muss in Kauf nehmen, von Politikern, also von Menschen, die er mit seinen Steuern finanziert, als »Pack« und »Schande für Deutschland« beschimpft zu werden (geschenkt). Schwerer wiegt, dass ihn auf der Straße der indirekt staatlich alimentierte und direkt durchaus gehätschelte antifaschistische Bevölkerungszorn träfe, mit dem schwarzen Block als Ramme inmitten, wobei auch hier nicht mit einer unnachsichtigen Strafverfolgung derer zu rechnen wäre, die Steine nach ihm würfen oder ihm vereinzelte, aber oft wohl nur dritte Zähne ausschlügen. Also besser daheim am PC protestieren. Allerdings muss unser empörter Bürger genau aufpassen, dass er sich nicht gehen lässt und in *Hate Speech* verfällt, etwa mehr Abschiebungen und harte Grenzkontrollen fordert (eine Sperre sowie Sanktionen seines Arbeitgebers, seiner Facebook-Freunde, seines Golfklubs, seiner Gewerkschaft drohen!) oder *Fake News* verbreitet, etwa über kriminelle Flüchtlinge (Strafverfolgung wegen gruppenbezogener Menschenfeindlichkeit droht zusätzlich!). Also besser schweigen.

Unser besorgter Bürger könnte die einzige Partei wählen, die sich in seinem Sinne äußert. Natürlich müsste er auch darüber schweigen, Sie wissen schon, Arbeitgeber, Nachbarn, Freunde, Kollegen, Mitschüler der Kinder und so. Allerdings steht dieser Partei die geschlossene Nationale Front der anderen, etablierten Parteien gegenüber, zusammen mit allen Kirchen, Gewerkschaften, Medien, Verbänden und Räten, das heißt, sie wird, egal welches Ergebnis sie erzielt, ihre Politik nicht durchsetzen können. Und wenn alles nach Plan läuft, findet diese Partei schon bald landesweit keine einzige Halle mehr, wo sie tagen kann, finden die Delegierten eines Parteitags dieser Partei kein einziges Hotel mehr, das ihnen Übernachtungen anbietet, verfügt die Anifa bald über die Adressen sämtlicher Mitglieder und Sympathisanten dieser Partei. Und, wer weiß, man wird ja wohl träumen dürfen, fangen bald die ersten mutigen Ärzte an, Mitgliedern dieser Partei aus Gründen der Menschenrechte die Behandlung zu verweigern.

Tja, besorgter Bürger, was nun? Der Rassismus hat die Seiten gewechselt …

* * *

»Man benötigt zwei Eigenschaften, um ein zufriedenes Leben zu führen: ein schlechtes Herz und einen guten Magen.«
Fontenelle

12. Februar

Die Sonntage immer den Künsten!

Die deutsche Tennisspielerin Andrea Petkovic hat »mit großer Wut und Fassungslosigkeit« (*Süddeutsche*) auf einen »Eklat« reagiert. Bei der Eröffnungszeremonie vor der Erstrundenpartie des deutschen Fed-Cup-Teams gegen Gastgeber USA auf Maui, Hawai, hatte ein Solist die erste Strophe des Deutschlandliedes gesungen.

»Es war das mit Abstand Schlimmste, was mir im Leben, aber speziell im Fed Cup passiert ist«, schimpfte Petkovic und verlor aus Protest ihr erstes Spiel. Ursula von der Leyen drohte gegenüber glaubwürdigen Zeugen, die *Süssmuth* und die *Hamm-Brücher* in den Pazifik zu entsenden, wenn nicht binnen einer Legislaturperiode eine Entschuldigung beim Institut für Zeitgeschichte oder beim Deutschen Tennisbund eingehe. Der soeben gewählte neue Bundespräsident Steinmeier erwägt, einen Unterstützungsfonds »Opfer der ersten Strophe« zu gründen, aus dem Petkovic das entgangene Preisgeld erhalten könnte. Boris Becker sagte auf Anfrage, der Vorfall sei schon sehr schlimm, aber seine Hüftoperation sei auch nicht ohne gewesen. Da er sie aber nicht im direkten Zusammenhang mit dem Fed-Cup habe vornehmen lassen müssen, wolle er Petkovic in diesem Punkte nicht widersprechen.

13. Februar

»Die Wahl von Frank-Walter Steinmeier zum Bundespräsidenten ist für uns ein Schock. Viele Menschen in Deutschland hätten sich eine andere Präsidentin gewünscht. Ich mache mir Sorgen, dass der tiefe Riss, der durch die deutsche Gesellschaft geht, sich jetzt auf die transatlantischen Beziehungen überträgt. Steinmeier hat im Wahlkampf klargestellt, dass er weniger Verantwortung sowohl für die transatlantischen Beziehungen als auch für die Menschen, die schon länger hier leben, übernehmen will. Aber wir müssen besonnen bleiben, einen kühlen Kopf behalten und mit Vernunft auf diese politische Situation reagieren. Frank Walter Steinmeier hat einen schmutzigen Wahlkampf geführt, mit abfälligen Äußerungen über den demo-

kratisch gewählten US-Präsidenten und der Herabwürdigung andersdenkender politischer Minderheiten in Deutschland. Wir müssen jetzt aufpassen, dass nicht Respektlosigkeit und Hass in unserer Gesellschaft dominieren.«
Aus dem gerade noch rechtzeitig ausgetauschten Redemanuskript von SPD-Fraktionschef Oppermann (der Referent hatte versehentlich die falsche Vorlage verwendet).

In seiner der Öffentlichkeit zugänglichen Rede sagte Oppermann, die Bundespräsidentenwahl sei »ein Fest für die Demokratie«. Merke: Wenn einer mit 931 ausgekungelten Stimmen zum Bundespräsidenten gekürt wird, ist das ein »Fest für die Demokratie«; wenn ein anderer mit 63 Millionen anrüchigen Stimmen ins Präsidentenamt gelangt, ist es ein »Schock«.

»Zu allen Zeiten war es die feiste Frechheit des Juste Milieu, die einen Umschlag bewirkte.« (Alexander Wendt)

* * *

Die Araber werden sich übrigens noch umgucken, sollte die hiesigen Buntheitsverbreiter und geschmeidigen Streber gegen »rechts« sich eines Tages dazu entschließen, mit deutscher Gründlichkeit im Namen des Propheten zu missionieren; die deutsche Frau verschwände schneller unter der Niqab als weiland die deutschen Mädels im gleichnamigen Bund.

19. Februar

Beim Ende 2016 vorgestellten »IQB-Bildungstrend 2015«, dem deutschen Pendant zur Pisa-Studie, war das früher verlässlich unter den Besten platzierte, aber seit 2011 von den Grünen befallene Baden-Württemberg ins hintere Drittel abgestürzt.

Getestet wurden die Fähigkeiten der Schüler in Deutsch und Englisch. Ein Freund, neuerdings im Badischen lebend, berichtet von den Segnungen der grünen Bildungspolitik im Ländle. Im Deutschunterricht waren die Kinder während der fünf Jahre grüner Herrschaft im Kultusministerium gehalten, alle Worte so zu schreiben, wie sie möchten und es für richtig erachten, nach Gehör also. Seine Bemerkung beim Elternabend, er könne als Musiker nur davon abraten, sich etwas Falsches einzuprägen, weil nach seiner Erfahrung ein unangemessener Aufwand nötig werde, um von der falschen Gewohnheit wieder wegzukommen, fällt glatt durch. Aus Neugier besorgt er sich antiquarisch alte Deutschfibeln und stellt fest, dass vor einem Vierteljahrhundert die Lernziele im Deutschunterricht am Ende der ersten Klasse ungefähr jenen entsprachen, die heute für das Ende der zweiten anberaumt sind. Das Unterrichtsniveau sei eher mäßig, die Resultate seien dementsprechend, weshalb er mit der Tochter daheim zu lernen begonnen habe.

Kindern aus bildungsferneren Haushalten bleibt diese Möglichkeit gemeinhin versperrt, und sie schneiden schlechter ab, weshalb fortschrittliche Pädagogen und Gewerkschaftler inzwischen fordern, die diskriminierenden Zensuren einfach abzuschaffen. Einstweilen wird aber der Öffentlichkeit noch weisgemacht, nicht die Schule tauge immer weniger, sondern das Bildungssystem benachteilige Kinder aus »sozial schwächeren« Verhältnissen. Das ist die Crux der progressistischen Bildungsreformen: Ein funktionierendes System wird schrittweise im Namen speziell jener Lernschwachen demoliert, die lernschwach bleiben, während die besseren Schüler in ihrem Elan gebremst werden. Und als Zugabe hagelt es noch Klagen über die soziale Ungerechtigkeit, welche darin besteht, dass so ein Bildungsbürger seinem Kind daheim noch halbwegs beibringen kann, was es in der Schule nicht mehr lernt. Ließe sich das unterbinden, schnitten alle Schüler gleich schlecht ab, und endlich herrschte paradiesische Gerechtigkeit hienieden.

Parallelen zur Energiewende, wo ein funktionierendes System durch zwei dysfunktionale ersetzt wurde, sind erkennbar, aber womöglich nicht unmittelbar intendiert gewesen, ungefähr wie sich die Arbeit von Taschendieben und Trickbetrügern denn doch deutlich unterscheidet.

* * *

Am Samstagnachmittag in den badischen Weinbergen auf der Suche nach einem Händler, der noch geöffnet hat. Schließlich finden wir einen, der in seinem abseits gelegenen Probierstübchen die vier, fünf eigenen Tropfen feilbietet, ein knorriger alter Mann, von der Ehefrau assistiert und womöglich auch kontrolliert. Wir sind die einzigen Kunden und möchten vorher kosten, er holt nahezu beschwingt einen Riesling aus dem Kühlschrank, bittet um Hilfe beim Öffnen – die alten Weintrinkerfinger können nicht mehr richtig zupacken –, und stellt zwei Gläser hin. »Ich muss fahren, ich kann nichts trinken«, erklärt mein Begleiter bedauernd. Trotzdem werden beide Gläser kräftig vollgeschenkt. »Ich muss fahren, ich kann nicht«, wiederholt der Freund. »Der isch für mich«, versetzt der Winzer heiter.

* * *

Ein nie geschriebenes, niemals zu schreibendes Ruhmesblatt in der Geschichte der Energiewende wird die Halbierung der Singvogelpopulation gewesen sein.

22. Februar

Ich bin gespannt, wer der nächste Papst nach Benedikt XVI. wird.

* * *

Zu meiner dem allgemeinen Erlahmen des Vogelgesangs geschuldeten Sottise, ein nie geschriebenes Ruhmesblatt in der Geschichte der Energiewende werde die Halbierung der Singvogelpopulation gewesen sein, bemerkt Leser ***: »Gefährdet und Opfer der Windmühlen sind eher die Großvögel. Der Singvogelzug findet weitgehend unterhalb der windaktiven Querschnitte statt. Ich habe zwar schon Seeadler gefunden, bislang aber kaum Singvögel. Die immer größeren Anlagen, man ist schon bei Rotordurchmesser 140 Meter, unteres Ende der bestrichenen Fläche bei 90 m, bringen zwar eine höhere Randdrehgeschwindigkeit mit sich, die gefährlichen Momente verringern sich aber, weil die Drehzahl sinkt. (...) Die Singvögel leiden unter Katzen, Invasoren (Waschbären) und der Keulenchemie in der Landwirtschaft, die von den grünen Fortschrittsverhinderern gepäppelt wird, anstatt die intelligente Chemie (iChemei = Gentechnik) voranzubringen. Liegt natürlich viel Kapital in der Begiftungstechnologie!«

Alexander Wendt, in der hiesigen Publizistik der wohl beste Kenner der Energiewende, bestätigt diesen Befund. Allerdings kämen auch zahlreiche Fledermäuse durch die Rotoren um. Zwar seien die Flugsäuger dank ihrer Ultraschallnavigation imstande, den Rotorflügeln auszuweichen, doch der dahinter herrschende Unterdruck zerstöre ihre Lungen.

In seinem Buch *Der grüne Blackout* beruft sich Wendt auf die Beobachtungen eines Mitarbeiters der staatlichen Vogelwarte im brandenburgischen Buckow. Aus dessen Zahlen lasse sich lesen, dass es unter den Vögeln den Roten Milan und unter den Flugsäugern den Großen Abendsegler besonders häufig erwischt. Nach einer Studie im Auftrag des brandenburgischen Landesamtes für Umwelt aus dem Jahr 2013 haben Rotorflügel allein in dem östlichen Bundesland etwa 300 Rotmilane erschlagen.

Wendt zitiert Hermann Hötker vom Michael-Otto-Institut, der zu den wenigen Wissenschaftlern gehört, die Daten über die von Windrädern getöteten Vögel errechnen. Hötker geht von durchschnittlich 6,9 geschredderten Vögeln und 13,3 getöteten Fledermäusen pro Windrad und Jahr aus. »Bei insgesamt rund 24 000 Windrädern summiert sich die Tötung auf jährlich 165 600 Vögel und 319 200 Fledermäuse«, rechnet Wendt hoch. »Die Verluste dürften in Zukunft stark zunehmen: Denn neben dem Bau neuer Windkraftanlagen fördert der Staat das so genannte Repowering, das Ersetzen kleinerer Windräder durch große. Die 200-Meter-Giganten stoßen in die Zugrouten großer Greifvögel vor, und sie erzeugen mit großer Effizienz den Unterdruck, der die Lungen von Fledermäusen platzen lässt.«

Unter dem Gesamtsegen ohnehinniger Umweltfreundlichkeit – bei Verdienstmöglichkeiten von 40 000 bis 100 000 Euro pro Jahr und Windrad für den Verpächter des Grundes sowie gesicherten Subventionen für all die anderen Nutznießer der Energiewende – ist ein solcher Kollateralschaden aber spielend verkraftbar.

23. Februar

Der Historiker Rolf Peter Sieferle schied im September des vorigen Jahres von eigener Hand aus dem Leben. Er hinterließ, wenn ich recht im Bilde bin, mehrere Manuskripte, darunter als eine Art Vermächtnis das Manuskript für ein schmales Bändchen, das unter dem Titel *Das Migrationsproblem* soeben erschienen ist. Es handelt sich um eine prägnante, ungemein luzide, im besten Sinn aufklärerische Schrift. Bei der Lektüre entsteht der Eindruck, jemand habe in einem schummrigen Raum das Oberlicht geöffnet. Auf 136 Seiten betrachtet der Autor das fälschlich »Flüchtlingskrise« geheißene Phänomen der aktuellen Völkerwanderung von allen Seiten. Welche Motive haben die Migranten? Welche Qualifikation besitzen sie? Welche kulturelle Prägung? Welche Motive haben die Aufnahmeländer? Wodurch unterscheiden sich die Positionen der Europäer von denen klassischer Einwanderungsländer? Was sind die Bedingungen der Möglichkeit eines Sozialstaates? Wie konnte die Gesinnungsethik sich in Deutschland gegen die rationale Abwägung durchsetzen? Welche Rolle spielt dabei das linke Narrativ vom »Flüchtling« als neuem Proletarier? (»Ist der Jubel über die Massenimmigration von Muslimen nach Deutschland die geheime Rache der Linken für den Zusammenbruch des Sozialismus?«) Wie sehr motivieren technokratische Herrschaftsvisionen die Politik der westlichen Regierungen? Ersetzt die Technokratie die Demokratie? Oder treten tribale Strukturen an die Stelle des Rechtsstaats? Wird Europa islamisch – und wenn ja, mit welchen Folgen? Was bleibt vom Kulturraum Europa nach dem zu erwartenden Ansturm übrig?

Das weltgeschichtliche Panorama, das Sieferle zeichnet, macht zunächst einmal deutlich, wie unwahrscheinlich, fragil, ja exotisch eine Organisationsform menschlichen Zusammenlebens namens Sozialstaat eigentlich ist. Seine Voraussetzung sind die Existenz des National- und des Rechtsstaates. Mit anderen Worten: die Existenz eines Staatsvolkes in festen Staatsgrenzen –

etwas, das derzeit unter allgemeinem Beifall abgeräumt wird. »Der reale Sozialstaat beruht auf dem Prinzip der Genossenschaft, er ist also ein Club mit definierter Mitgliedschaft. Aufgrund seiner Leistungen zieht er aber Personen an, die dem Club nicht angehören, gerne aber seine Leistungen empfangen würden. Ähnlich wie die Bürgerschaftsrente ist der Sozialstaat im Kontext der Globalisierung im Grunde ein Anachronismus.« Sozialstaat und offene Grenzen schließen einander aus.

Sieferle unterscheidet drei Positionen, auf die aktuelle Völkerwanderung zu reagieren:
1. totale Abschottung wie Japan und »vermutlich« auch China. Hier setzt man eher darauf, das Problem einer stagnierenden, wenn nicht schrumpfenden Bevölkerung autochthon zu lösen, als sich mit den Risiken einer Zerstörung von kulturellem Kapital zu belasten.
2. selektive Zuwanderung: Kanada, Australien, Neuseeland, »vermutlich« die USA. Hier will man das demographische Problem auf dem Arbeitsmarkt durch selektive Zulassung von Migranten entschärfen.
3. unbeschränkte Zuwanderung: heute vor allem Deutschland und andere Teile Europas. »Dies ist eine hochriskante, geradezu abenteuerliche Politik, die in die soziale Katastrophe führen kann.«

Die hierzulande seit 1945 als verpönt und gestrig geltenden geopolitischen Grundtatsachen rufen sich mit aller Macht in Erinnerung – man kann sie ächten, ihnen aber nicht ausweichen. Europa besitzt eine lange, unübersichtliche Außengrenze und ist dem enormen Migrationsdruck der schnell wachsenden Populationen aus Afrika und dem Orient ausgesetzt, steht also vor weit größeren Problemen als die USA und Kanada, denen ein demografisch in etwa gleich starkes und obendrein katholisches Südamerika gegenübersteht, wobei die Landgrenze denkbar kurz ist. Von Australien oder Japan nicht zu reden. China und Russland wiederum sind sowohl unzugänglicher als auch vor allem unattraktiver als Europa. Die Europäer haben nicht nur die schlechtesten Ausgangsbedingungen, sondern stellen auch die mit Abstand närrischsten Funktionseliten, die keineswegs die Seegrenzen mit Satelliten und Drohnen überwachen und alle Migranten nach Afrika zurückschicken, sondern willig und verschwindensbereit ihrer Invasion und Kolonialisierung »von unten« entgegenlechzen. Das gesamte kulturelle und tatsächliche Kapital eines Erdteils steht zur Disposition. Ich gestattete mir unlängst, zur Beschreibung unseres Kontinents den Terminus *sturmreif* zu verwenden; ich nehme an, Sieferle wäre mit dem Begriff einverstanden.

Aber »seit 1918 ist ohnehin alles egal« (Frank-Lothar Kroll). Lauschen wir ohne weiteren Kommentar einigen Orakelworten von jenseits des Grabes:

»Man kann die Märkte nach außen wie nach innen liberalisieren, doch kann man nicht im Innern hohe Sozialstaatsstandards aufbauen und zugleich die Grenzen öffnen. Man handelt dann wie der Bewohner eines gutgeheizten Hauses, der im Winter Fenster und Türen weit öffnet. Wenn das zur Abkühlung führt, dreht er eben die Heizung weiter auf. Man braucht kein Energieexperte zu sein, um zu erkennen, daß dies auf Dauer nicht geht.«

»Der ›Flüchtling‹ aus der Dritten Welt hat in den letzten Jahren den ›Proletarier‹ als Heilsfigur der Linken ersetzt. Beide Konstrukte tragen aber vergleichbare wahnhafte Züge.«

»Die Zulassung der Immigration von Unqualifizierten erschwert die Immigration von Qualifizierten. Mit anderen Worten: Je mehr Unqualifizierte ein Land aufnimmt, desto geringer ist der Anreiz für Fachkräfte, in dieses Land einzuwandern. Das eigentliche Motiv der Grenzöffnung, die Versorgung der Arbeitsmärkte mit knapper werdenden Arbeitskräften, wird also durch genau diese Grenzöffnung konterkariert. (…) Wir haben hier wieder einmal den Fall einer schier unbegreiflichen ›Torheit der Regierenden‹ vor uns, die nicht auf die Folgen ihres Handelns schauen, sondern sich lieber von Gesinnungsdeppen in den Medien beklatschen lassen, in der Hoffnung, damit die nächste Wahl zu gewinnen.«

»Ein altes Rechtsprinzip lautet *ultra posse nemo obligatur*, d.h. jede Verpflichtung hat ihre Grenze dort, wo die Selbstzerstörung begänne. Das Leben wie auch das Überleben des politischen Gemeinwesens hat einen Vorrang vor abstrakten Rechtsprinzipien, auch wenn es einzelnen freistehen mag, den Selbstmord zu wählen. Die politische Führung ist dazu jedoch nirgendwo ermächtigt. Man kann, wenn man will, die andere Wange hinhalten; die Regierung darf jedoch nicht die Wange des Volkes hinhalten, das sie gewählt hat.«

»Wie konnte das geschehen? Wie konnte ein ganzes Land (nicht zum ersten Mal in seiner Geschichte) jede politische Vernunft, jeden Pragmatismus und jeden Common Sense über Bord werfen? Wie konnte dieses Volk von Geisterfahrern zugleich meinen, es vertrete die einzig legitime Position, während der Rest der westlichen Staaten im Irrtum oder in der Unmoral befangen bleibt? Wollte die Welt sich wirklich noch einmal weigern, am deutschen Wesen (der beim Wort genommenen universalistischen Moral) zu genesen?«

»Der universalistische Mainstream (trifft) die paradoxe Unterscheidung zwischen legitimer Tribalisierung (Islam) und illegitimer Abwehr dieser Tribalisierung (Pegida).«

»Die Industrieländer verstehen sich häufig als ›reich‹, doch zeigt eine nähere Betrachtung, daß sie dies nicht sind. Das gesamte Vermögen der BRD beträgt gerade einmal das Dreifache des BIP. Die fortgeschrittenen Industrieländer sind nicht reich, sondern sie sind leistungsfähig! Diese Leistungsfähigkeit beruht auf einer Vielzahl von (bislang kaum verstandenen) institutionellen und kulturellen Bedingungen. Zerstört man diese, schwindet die Prosperität. (...) Reichtum kann man konfiszieren und umverteilen, Leistungsfähigkeit aber nicht.«

»Die Industrialisierung hat sich ja schon lange von ihrem Entstehungsraum und ihrem Entstehungskontext abgekoppelt. (...) Weltregionen wie das nördliche Amerika oder Ostasien befinden sich ohne Zweifel nicht nur auf dem Niveau der Probleme, sondern sie übertreffen heute schon die europäische Lösungskompetenz. Die Menschheit ist auf Europa nicht mehr angewiesen. Vielleicht wirkt das europäische Beispiel sogar eher als Warnung und Mahnung für die ›Kompetenzfestungen‹ (Heinsohn), die daraus lernen, welchen Pfad sie vermeiden müssen. Dies könnte ein letzter wertvoller Beitrag Europas zur Menschheitsgeschichte sein.«

24. Februar

Dadurch, dass sie die großen Texte vortragen, wirken Schauspieler meist intelligenter, als sie es sind; das ist sozusagen ihr Berufsrisiko. Ich bin immer entzückt, wenn ich einen Mimen etwas Geistreiches sagen höre, das ihm selber eingefallen ist, aber wirklich warten sollte man darauf nicht.

26. Februar

Leserin*** möchte dem Lehrziel, Kindern Schreiben nach Gehör beizubringen, »eine ehrfurchtsvolle Grabrede halten«, womit die kurze Debatte über dieses Thema auch beendet sei. »Die Methode an sich hat vieles für sich. Sie ermutigt Kinder der ersten Schuljahre, sich frei auszudrücken und im Aufsatz nicht zigmal das selbe Wort zu verwenden, weil man dieses eine bereits richtig schreiben kann. Die Gefahr, sich etwas Falsches anzugewöhnen, sehe ich bei Kindern nicht, sie lernen anders als Erwachsene. So korrigieren wir ja auch anfangs nicht die drollige Kleinkindersprache aus der Befürchtung heraus, das Kind gewöhne sich ein falsches Wort an. Nur muss natürlich die richtige Schreibweise bereits sehr früh *auch* gelehrt und gelernt werden. Das geschah früher nicht nur im Schulunterricht, sondern in großem Umfang durch selbstständiges Lesen. Inzwischen ist Lesen für viele Kinder (und Erwachsene) uninteressant geworden. Für die Methode ›Lesen durch Schreiben‹ fehlt also das wichtigste Korrektiv. Deshalb funktioniert sie nicht mehr. Es ist schade drum.«

* * *

»Der Rassist gerät außer sich, weil er insgeheim den Verdacht hegt, dass die Rassen gleich sind; der Anti-Rassist, weil er insgeheim vermutet, dass sie es nicht sind.«
Nicolás Gómez Dávila

27. Februar

Ich weiß, wenn die Deutschen einmal als Kollektiv vor dem Jüngsten Gericht stehen, wird man die Karnevalsfeiern und

Büttenreden gegen sie verwenden. Wer eine Veranstaltung wie den »Blauen Bock« oder »Mainz bleibt Mainz« durchhält, muss es in Kauf nehmen, als personifiziertes Evolutionsdementi behandelt zu werden. Dies generell vorausgeschickt. Und als ein Apriori will ich überdies festhalten, dass Menschen, die einer herrschenden Gesinnung folgen wie die Sardine ihrem Schwarm, sich völlig normal verhalten; wer sich aber als Aufhetz- und Anstiftersardine aus dem Schwarm hervortut, indem er die ohnehin herrschende allgemeine Gesinnung besonders scharf einfordert und sich gegen jene in Stellung bringt, die sich der Formation bislang noch nicht angeschlossen haben, ist – völlig unabhängig von der politischen Ausrichtung – ein keineswegs ungefährlicher Lump.

Man wies mich auf gewisse Brandreden angelegentlich der Mainzer Fernsehfastnacht hin, die vor ein paar Tagen zelebriert wurde, und ich sah mir Teile des prekären Spektakels ganz ohne entomologische Neugier an. Natürlich ging es wieder gegen Trump, der als Papp-Arschgesicht mit Blondhaar auf der Bühne stand (dass aber auch keine dieser psalmodierenden Schießbudenfiguren Lust verspürt, einmal wirklich zu provozieren). Ein Redner versicherte: »Die AfD ist die Bremsspur in der Unterhose Deutschlands« und fluchte, einmal in Sportpalaststimmung gekommen, über die »braunen populistischen Kanalratten«. Ein anderer drohte: »In dem Europa, was wir uns wünschen, habt ihr keinen Platz. Packt Eure Koffer, ihr Geschichtsfälscher, ihr Kleingartenfaschisten, und macht euch auf die Reise.« So ungefähr müssen Mainzer Büttenreden auch in den Sündenjährchen 1933 ff. geklungen haben. »Die Mainzer Narren reden Klartext«, schrieb damals vermutlich der *Völkische Beobachter* und heute ganz sicher die *Frankfurter Neue Presse.* »Der Saal dankt mit donnernden Ovationen dem Narren für die klaren Worte«, oh ja, das tut ein Saal, in welchem erhöhter Gesinnungsdruck herrscht, ganz gern, wenn der Narr seine Freiheit so schnöde missbraucht. Was man auch als Indiz dafür nehmen mag, dass es sogar mit der Narrenfreiheit zu Ende ist, aber, ich wiederhole mich, ein Narr von Geschmack will die Meute nicht johlen sehen, sondern erleben, wie dem kollektiven Tier die Larven entgleiten und sich Fassungslosigkeit breit macht ...

Was nun die »braunen populistischen Kanalratten« angeht, da könnte man glatt auf Volksverhetzung assoziieren, wenn Merkel das Volk nicht gottlob eben abgeschafft hätte. Wer so redet, den gelüstet es nach Pogromen, der will durchaus Blut sehen ...

1. März

Jemand sagte: »Der Protestantismus ist ein Schuldkult, bei dem Gott am Ende die Erlösung bereithält. Der moderne Protestantismus, der sich von Gott klammheimlich verabschiedet hat, ist ein Schuldkult ohne jede Vergebungsinstanz. Er führt zwingend in die Selbstzerstörung.«

* * *

Leser *** sendet drei Grafiken, die auf *Spiegel online* erschienen sind. Eine Umfrage der Forschungsgruppe Wahlen im Auftrag des Bundesverbandes der Deutschen Luftverkehrswirtschaft ermittelte das Flugverhalten der Deutschen nach Parteipräferenz.

Die Aussage »Ich bin in den letzten 12 Monaten geflogen« trifft zu für Wähler von:

CDU/CSU	36 %
SPD	32 %
Linke	42 %
Grüne	49 %

Die Aussage »Es ist gut, dass es sich heute viele Menschen leisten können zu fliegen«, bejahten Wähler von:

CDU/CSU	77 %
SPD	77 %
Linke	69 %
Grüne	48 %

Die Aussage »Ich bin noch nie mit einem Flugzeug geflogen« trifft zu für Wähler von:

CDU/CSU	16 %
SPD	13 %
Linke	17 %
Grüne	0 %

Ich fliege gern, aber es ist nicht recht, dass alle fliegen dürfen. Indem ich grün wähle, kaufe ich mich von meiner Flugschuld frei, was mich von moralisch fragwürdigen Flugpassagieren unterscheidet. Prägnanter lässt sich die grünstichige Weltsicht kaum auf den Punkt bringen.

2. *März*

»Diejenigen, denen wir die große Ehre erweisen, bei uns einreisen zu dürfen, sollten dieses Land unterstützen und seine Menschen und Werte lieben.«

Also sprach Donald Trump in seiner ersten Kongressrede.

* * *

In der Berichterstattung über die AfD erwirbt der BRD-Journalist gewissermaßen seine Staatsbürgerkunde-Zensur. Jeder weiß, dass sie nichts wert, aber fürs berufliche Fortkommen unverzichtbar ist.

* * *

Gestern lud mich der sächsische Landtag zu einer Anhörung über die deutsche Sprache als Kulturgut. Als Experten waren außerdem vertreten: ein Jura-Professor und eine Linguistik-Professorin. Letztere widmete sich ausschließlich dem Thema »geschlechtergerechte Sprache«, welches für die Sprachentwicklung ungefähr so bedeutend ist wie der Glasstöpsel für den Weinbau, und ich ärgerte sie mit der Bemerkung Bernhard Lassahns, es müsse, wenn schon, denn schon, beispielsweise lauten: »Frauen sind die besseren Autofahrerinnen und Autofahrer«. In ihre Ausführungen flocht die Dame einen bezeichnenden Satz ein, dem heute wahrscheinlich 96 Prozent aller Geisteswissenschaftsstudenten sinnig nickend beipflichten würden, nämlich: »Sprache entsteht in einem Diskurs.« Kann auch sein, dass sie sagte, Sprache *sei* ein Diskurs. Bei solchen Gelegenheiten merkt unsereins, was ihn von diesen Leuten und dem von ihnen vertretenen Betrieb abscheidet. Nicht nur dass ich einen Plapperbegriff wie »Diskurs«, der alles und nichts meint und bevorzugt von Intellektuellen verwendet wird, die nichts zu sagen haben (und auf Staatskosten leben), allenfalls im ironischen Sinne in den Mund nähme –, er wird in diesem Kontext obendrein ideologisch gebraucht und will sagen, dass wir alle, die feministischen Linguist_innen inclusive, bei einem großen

»Diskurs« namens Sprache in gleichberechtigter Teilhabe und edler Diversity mitwirken.

Überlegen wir nun, was die russische Sprache ohne den «Diskursteilnehmer» Puschkin wäre, die englische ohne den «Diskursteilnehmer» Shakespeare, die deutsche ohne Luther und Goethe, dann fällt auf, in welch erheblichem Maße der vermeintliche Diskurs aus den Monologen der Großen besteht. Der ästhetische Wert einer Sprache, ihr Wortreichtum und ihre Nuancenvielfalt verdanken sich der eher kleinen Zahl derer, die in ihr mit Talent geschrieben und gedacht haben. Allenfalls findet ein »Diskurs« auf jene Weise statt, die Don Nicolás statuierte: »Die Worte werden im Volke geboren, erblühen bei den Schriftstellern, sterben im Munde der Mittelschicht.« Zu welcher die meisten Professoren gehören. Oder jene Sprachwissenschaftlerin, die das Fellachenidiom »Kiezdeutsch«, in dem kein komplexer Gedanke ausgedrückt werden kann, zur »Bereicherung« der deutschen Sprache erklärte. Mal sehen, wann der erste Hochbegabte aus den immer helleren akademischen Scharen die Mathematik oder die Quantenphysik zum »Diskurs« erklärt – zum Rechnen fühlt sich schließlich jeder ebenso bemüßigt wie zum Reden – und den Kiez zur Mitarbeit auffordert.

* * *

»Ist denn das klug und wohlgetan?
Was willst du Freund' und Feinde kränken?«
Erwachsne gehn mich nichts mehr an,
Ich muß nun an die Enkel denken.
Goethe, *Zahme Xenien I*

4. März

Im Ankündigungstext von Hoffmann & Campe für ein im April erscheinendes Buch heißt es: »Niemand in der deutschsprachigen Gegenwartsliteratur hasst virtuoser, fundierter und zugleich liebevoller als der Schriftsteller Maxim Biller. Mit der Kolumne »100 Zeilen Hass« begann er seine Karriere als Journalist beim Magazin *Tempo,* bevor er sich dann auch als Erzähler und Dramatiker einen Namen machte. Über 100 Mal begab er sich zwischen 1987 und 1996 Monat für Monat auf die Suche nach Wahrheit und Ehrlichkeit. (...) Erstmals erscheinen hier sämtliche Texte unverändert als Buch. Jede Kolumne ist ein pointierter Indizienprozess im Dienst nur einer Sache: dem Kampf für das Gute und gegen alles Schlechte.«

Ist das nicht drollig? Ob Biller in einem späten Anfall von Selbstironie diesen Zinnober selber verzapft hat oder doch ein Klappentextautomat des Verlags routiniert sein Programm durchzog, stehe dahin. Wichtig ist die Botschaft in Zeiten des von der Masi eifrig verfolgten *Hate Speech*: Hass ist völlig in Ordnung, wenn er sich gegen das Schlechte (= Böse = gegen rechts) richtet. Und dieses Kriterium hat Biller mit seinen Kolumnen willig und zur vollsten Zufriedenheit der Linksschickeria erfüllt. Billers Hassziele waren fast immer »rechts«, also kompatibel mit dem linken, »linksliberalen«, grünen Zeitgeist. Er lärmte nur lauter als die baumschulendicht stehende Konkurrenz und stach tatsächlich, bei aller Ähnlichkeit des Wuchses, nach einer Weile aus ihr hervor.

Ich entsinne mich seiner herzigen Formulierung, die Zerstörung Dresdens sei »hart, aber notwendig« gewesen. Und die Soldaten mit dem roten Stern auf der Mütze gehörten ohne Wenn und Aber in die Kategorie »Befreier«. Wie umgekehrt

Johannes Gross ein Kryptonazi war. Mochte Biller auch mal den Vegetarismus verspotten, geschah dies nicht ohne Hinweis auf jenen eines ehemaligen Reichskanzlers. Seine Kolumne hatte neben einer grundsoliden Aversion gegen alles traditionell Deutsche nur ein Motiv: Er begehrte den Applaus der Gesinnungsschickeria, er wollte sich nach oben hassen. Das ist nicht schön, aber Brauch und in einem gewissen Sinne legitim. Außerdem ist die Prosa der Geltungssüchtigen oft besser als die der Bescheidenen. Biller besaß durchaus Talent, seinen Hass, wie fingiert der auch gewesen sein mag, in Worte zu setzen.

Zugleich war die Berechenbarkeit seiner Meinungsbeiträge samt der ebenfalls berechenbaren Reaktionen darauf so legendär, dass immer wieder Versuche angestellt wurden, die gewaltige Lücke zu schließen, die der zunehmend schmerzlich Vermisste im kippenden Ökosystem der bundesrepublikanischen Öffentlichkeit hinterlassen hatte, nachdem ihm in den späten 1990ern die Puste für regelmäßige Hassbekundungen ausgegangen war. (Vielleicht hat Biller als Jude auch zu kapieren begonnen, worauf die weitere Forcierung des brennenden deutschen Selbsthasses, in den er so munter Öl zu gießen verstand und der sich zuletzt in der hysterischen Bewillkommnung zum Teil hochaggressiver und auch hochaggressiv antisemitischer Analphabetenmassen und Fanatikerkohorten manifestierte, eines nicht mehr allzufernen Tages hinauslaufen werde.) *Spiegel online* etwa installierte gleich vier oder fünf Klone mit dem elaboriertesten Bonsai-Biller Georg Diez mittenmang. Auch der aktuell in der Türkei im Gefängnis sitzende Journalist Deniz Yücel meldet periodisch seinen Anspruch auf die Planstelle des gehätschelten Spitzenhassers an, etwa als er 2011 auf die Sarrazin-Debatte Bezug nehmend in der *taz* schrieb: »Endlich! Super! Wunderbar! Was im vergangenen Jahr noch als Gerücht die Runde machte, ist nun wissenschaftlich (so mit Zahlen und Daten) und amtlich (so mit Stempel und Siegel) erwiesen: Deutschland schafft sich ab!« – »Woran Sir Arthur Harris, Henry Morgenthau und Ilja Ehrenburg gescheitert sind, (...) übernehmen die Deutschen nun also selbst.« – »Der baldige Abgang der Deutschen ist Völkersterben von seiner schönsten Seite.« – »Nun, da das Ende Deutschlands ausgemachte Sache ist, stellt sich die Frage, was mit dem Raum ohne Volk anzufangen ist, der bald in der Mitte Europas entstehen wird: Zwischen Polen und Frankreich aufteilen? (...) Palästinensern, Tuvaluern, Kabylen und anderen Bedürftigen schenken? (...) Egal. Etwas Besseres als Deutschland findet sich allemal.«

Selbstverständlich ist das keine Volksverhetzung, sondern nur Satire. Volksverhetzung wäre es, wenn der Schreiber ein »Rechter« und das beschimpfte Kollektiv keine »Köterrasse« wäre. Wie das Hamburger Landgericht entschieden hat, kann eine Mehrheit wie die Biodeutschen keineswegs kollektiv beleidigt und von einem Deutschtürken, sofern er nicht Akif Pirinçci heißt, auch nicht volksverhetzt werden. (Und mal unter uns: Wenn sie nicht mehr die Mehrheit stellen, ist es auch nicht mehr nötig, oder?)

Keinesfalls will ich den Anschein erwecken, ich empfände einen türkischen Knast als angemessenen Aufenthaltsort für unseren Deutschlandhasser. Yücels Verhaftung hat nichts zu tun mit seiner durchaus AKP-kompatiblen Deutschen-Aversion.

* * *

Es scheint mir bemerkenswert, dass die nüchternen Angelsachsen in der größten Krise des Westens seit dem Zusammenbruch seines kommunistischen Herausforderers pragmatisch reagierten und, wie man sagt, die Reißleine zogen – Brexit,

Trump-Wahl –, während die teutonischen Spinner munter auf dem einmal eingeschlagenen Irrweg weitermarschieren. Wobei man den Österreichern zugestehen soll, dass sie sich immerhin beinahe zur Hälfte umkehrwillig zeigten.

* * *

Alexander Wendts Buch *Der grüne Blackout* ist das Erhellendste, was ich über die deutsche Energiewende gelesen habe. Zu deren mir zuvor unbekannten Pikanterien gehört der sogenannte »Phantom-« oder »Geisterstrom«.

Wendt schreibt dazu: »Befindet sich an den Schönwettertagen viel zu viel Strom im System, dann bleibt den Netzunternehmen nicht anderes übrig, als den Überfluss an Abnehmer jenseits der deutschen Grenzen zu verschenken, um einen Kollaps zu verhindern. Oft reicht noch nicht einmal das: Dann müssen sie eine Gebühr zahlen, damit jemand die Energie überhaupt abnimmt. In einzelnen Fällen kostet das mehr als 100 Euro pro Megawattstunde. Dem Strom muss also noch eine Entsorgungsgebühr hinterhergeworfen werden. Selbstverständlich stellen die Netzeigentümer diese Kosten den Stromkunden in Rechnung. Und auch dieser Posten steigt rasend schnell, weil immer mehr Solarstrom vor allem um die Mittagszeit im Frühjahr und Sommer das Netz flutet.

Der Gesetzgeber, also der Deutsche Bundestag, hätte dieses Problem wenigstens mildern können, wenn er darauf bestanden hätte, dass Grünstromproduzenten nur für die Energie eine Vergütung bekommen, die tatsächlich von den Netzen aufgenommen und zu den Verbrauchern transportiert werden kann. Damit hätte er die Branche gezwungen, entweder in Speicher zu investieren, oder das Ausbautempo neuer Wind- und Solarparks wenigstens an den Stand der Netze anzupassen, also freiwillig zu drosseln. Stattdessen änderte die große Koalition das EEG im Jahr 2009 einfach folgendermaßen: Der Grünstrom, der nicht in die Netze passt, muss von den Netzbetreibern trotzdem bezahlt werden. Und zwar zum vollen Tarif. Sie vergüten, was Wind-, Solar- und Biogasproduzenten theoretisch bei unbegrenzter Netzkapazität hätten einspeisen können. Natürlich bekamen die Netzbetreiber im Gegenzug das Recht, die Kosten für diesen Phantomstrom an ihre Energiekunden weiterzureichen.

Allein im ersten Quartal 2016 bezahlten die Stromkunden laut Bundesnetzagentur schon 147,7 Millionen Euro für nie produzierten Strom. Dazu addierten sich im gleichen Zeitraum noch einmal 52 Millionen Euro für den so genannten Redispatch – also das schnelle Herunterfahren von Kohle- und Gaskraftwerken, um den Weg für Grünstrom freizumachen. Denn dafür müssen die Kraftwerksbetreiber entschädigt werden.«

Deshalb steht auf Ihrer von Jahr zu Jahr steigenden Stromrechnung – neben allerlei anderen Subventionsposten, die den Stromkunden aufgehalst werden, und selbstverständlich nicht als solche gekennzeichnet – Geisterstrom, der nie erzeugt wurde und keine einzige Glühlampe zum Leuchten brachte.

Das Erneuerbare-Energien-Gesetz (EEG) mag das größte Schurkenstück in der Geschichte bundesrepublikanischer Gesetzgebung gewesen sein, noch knapp vor dem ESM, und, was das Milieu der Profiteure angeht, in deren Taschen die Steuermilliarden umgelenkt werden, ein veritabler Stoff für einen Roman oder eine große Gesellschaftssatire. Als politischer Akt indes ist die Energiewende ein integraler Bestandteil der zum Teil staatsstreichartig vollzogenen Demolierung unseres Landes durch die Merkel-Administration, von der ich immer noch nicht glauben mag, dass sie intendiert ist (aber das läuft in den Resultaten auf das gleiche hinaus). Wie die Euro-«Rettung« und wie die Masseneinwanderung ist auch die Energiewende ein rein ideologisches Projekt, dem eine quasireligiöse Dimension innewohnt. Es geht schließlich um nicht weniger als die Rettung wahlweise Europas, des Friedens, der Menschenwürde, des Weltklimas etc., weshalb der weitere milliardenteure Marsch in die Illusion auch so ungerührt fortgesetzt werden kann (»desto schlimmer für die Wirklichkeit«), obwohl nun wirklich sogar jeder *Zeit*-Abonnentin zu schwanen beginnt, dass alle drei »Projekte« schnurgerade in den Kollaps und die Katastrophe führen. Aber »Deutsch sein heißt, eine Sache um ihrer selbst willen zu tun«, wie ein höchstbegabter Götterdämmerer befand, und hinreichend viele deutsche Idioten sind jederzeit bereit, die Welt Mores zu lehren. Allen drei »Projekten« gemeinsam ist, dass ein paar zehntausend Gauner materiell absahnen und ein paar hunderttausend sich moralisch spreizen dürfen, während die Rechnungen an die schrumpfende Schar der Buckelkrummmacher und Steuerzahler gehen; sie bezahlen die Energiewende als Stromkunde, sie haften indirekt als Sparer, Immobilienbesitzer oder stationärer Mittelständler für die Schulden südeuropäischer Pleitestaaten und, wenn es nach den Linken geht, für immer neue deutsche Staatsschulden, sie zahlen die Milliarden für die Alimentierung der Einwanderer plus steigender Krankenkassenbeiträge und bei immer unsicherer werdenden Rentenansprüchen inmitten verlotternder Kommunen. Zugleich muss der Allerweltsdeutsche die ästhetische Zumutung der Windräder in den einst schönsten Naturgebieten ertragen, mit der tristen Gewissheit, dass die »Schänder der Landschaftsseele« (Botho Strauß) prächtig auf seine Kosten leben, wie er auch zuweilen gewisse Zumutungen seitens uns zugelaufener *bon sauvages* ertragen muss, die in seiner unmittelbaren Nachbarschaft die eine oder andere bizarre Sitte zum Teil gewalttätig ausleben.

* * *

Was uns zurückführt zum Hass auf alles Schlechte im Namen des Guten. Der erwähnte Gevatter Yücel fingierte bekanntlich, er hasse Thilo Sarrazin so sehr, dass er sich wünsche, dessen nächster Schlaganfall möge gründlicher erledigen, was der erste versäumte. Sagte ich »fingierte«? Aber ja. Der Bub hasst ja nicht, er simuliert diesen Hass. Es lassen sich schließlich nicht nur Orgasmen vortäuschen, sondern auch so ziemlich alle anderen Gefühle. Aber wie steht es mit dem Hass auf die Verantwortlichen für die drei »Projekte«, die im Gegensatz zu Sarrazin ja tatsächlich über einen veritablen Ausbeutungs- und Zerstörungswillen verfügen? Es kostet Anstrengung und Selbstkontrolle, keinen Hass auf solche Menschen zuzulassen, denn die gute alte Aversion muss ja nicht zwingend zum Zwecke persönlichen Fortkommens fingiert werden, sondern sie entsteht bekanntlich oft ganz ohne des Menschen Zutun, breitet sich im Gekröse aus, wächst und wächst und sprengt sich schließlich den Weg aus eines Geplagten und Bedrängten Brust. Aber einmal in kultivierte Ohren gesprochen: Wer aus dem politischen Personal dieser Republik verdiente es tatsächlich, gehasst zu werden? Wer wollte sich so weit erniedrigen, dass er etwa den eitlen Esel und Bundesfreiheitsbuffo Gauck hasst? Oder den plattköpfigen Proleten Stegner? Den verdrucksten Kontrollgnom Maas? Die Ganzkörperlarve Steinmeier? Den kadavergehorsamen de Maizière? Den FDJ-Funktionärstyp Tauber? Nein, hassen, wirklich hassen, aus ganzem Herzen hassen, kann man in diesem Lande recht eigentlich nur eine Person.

5. März

Mir war nicht bewusst, dass Prokofjew und Stalin am selben Tag gestorben sind. Was für ein besonders tristes Schicksal, zeitgleich mit der Bestie zu enden, ohne es auch nur ahnen zu können!

* * *

Wir stehen im 100. Jahr nach der russischen Revolution, genauer: nach den beiden russischen Revolutionen, und was zweifellos das bedeutendste Ereignis des 20. Jahrhunderts war – ohne die Oktoberrevolution kein kommunistisches Großreich, kein Hitler, kein Zweiter Weltkrieg, keine Selbstzerfleischung und ultimative Selbstschwächung Europas, keine Shoa, kein Israel, kein Kalter Krieg, keine deutsche Teilung und deutsche Psychose (dafür aber wahrscheinlich eine deutsche Atombombe und massenhaft deutsche Nobelpreise), keine EU, kein Gender, keine Pegida-Spaziergänge mangels Anlass, keine Überproduktion dummer Abiturienten, keine massenhafter Import von Analphabeten (man gerät doch sehr ins Schwelgen), kein Hosenanzug, kein Regietheater, kein Hosenanzug (im Kleid) beim Regietheater, keine Claudia Roth, ja nicht einmal Conchita Wurst, und Sibylle Berg schriebe ausschließlich Romane statt zwischendurch Kolumnen etc. –, was, sagte ich, ohne Zweifel das einschneidendste Ereignis des vergangenen Jahrhunderts war, erscheint uns bereits heute unendlich weit entfernt. Und es ist ja keineswegs von der Hand zu weisen, dass sich aus der Perspektive des Jahres 2100 als das entscheidende Ereignis des 20. Jahrhunderts nicht mehr Lenins Staatstreich 1917 darbieten wird, sondern, sagen wir, Chomeinis Parisaufenthalt 1979 …

7. März

»Koalition erhält Goldene Kamera in der Kategorie Beste Regierung. – Grund zur Freude hatten auch Grüne und Linkspartei, sie wurden mit einer Goldenen Kamera für die beste Opposition geehrt.« Wie immer buchenswert: Bernd Zeller.

* * *

Zu meiner Notiz zum gemeinsamen Todestag von Prokofjew und Stalin erinnern mehrere Leser an die Tatsache, dass im kollektiven Taumel des Trauerns um den roten Führer (вождь) der Tod des Komponisten vollkommen unterging, ja nicht einmal Blumen für Prokofjews Sarg übrig waren. Leser *** weiß, dass der später weltberühmte Cellist Mstislaw Leopoldowitsch Rostropowitsch in den letzten drei Lebensjahren des Komponisten auf dessen Datscha lebte, und zitiert aus dem CD-Booklet von Rostropowitschs Aufnahme der *Romeo und Julia*-Suiten von 1983:

»Prokofjew starb am selben Tag und zur selben Stunde wie Stalin. Durch die beklemmende Gleichzeitigkeit blieb Prokofjews Tod von offiziellen Stellen zunächst relativ unbeachtet (…) Prokofjews Wohnung lag in der Nähe des Roten Platzes. So war es wegen der Menschenmassen, die Tag und Nacht um Stalin weinten, erst nach drei Tagen möglich, Prokofjews Leichnam von der Wohnung zur Beisetzung in das Haus des sowjetischen Komponistenverbandes zu überführen (…) Alle verfügbaren Blumen waren für Stalins Grab vorgesehen. Auch eine musikalische Würdigung des Komponisten zu seinem Begräbnis war nicht zu organisieren, so dass man schließlich auf einer alten Tonbandmaschine den Trauermarsch aus *Romeo und Julia* abspielte. – Das Tonbandgerät versagte während der Trauerfeier, und die Musik verebbte in dumpfen Geräuschen.«

* * *

Leser *** wiederum, ein »jahrzehntelang im Firmen-Finanzierungsgeschäft tätiger Banker«, klärt mich, den gestrigen Eintrag zum Anlass nehmend, auf, dass die Sache mit dem islamischen Zinsverbot in der Praxis folgendermaßen gehandhabt werde:

»Die Scharia-konforme Islambank Kuveyt Türk Bank etwa, Sitz Frankfurt am Main, verdient ihr Geld ohne Zins ganz simpel und nicht die Wirtschaft hemmend: Der Moslem möchte ein Haus kaufen; die Bank baut/kauft das Haus; der Moslem kauft der Bank das Haus mit einem verhandelten Aufschlag ab; dieser Aufschlags-Kaufpreis wird durch eine verhandelte Laufzeit geteilt; wodurch sich ein monatlich abzuzahlender Kaufpreis-Teilbetrag ergibt.

Das kann man gutwillig als Geschäft ohne Zinszahlung betrachten – oder als cleveres Finanzkonstrukt, um zumindest scheinbar Zinszahlungen zu vermeiden. Wirtschaftshemmend ist es jedenfalls nicht. Auch erscheint mir der Islam keine ressourcenschonende Ideologie zu sein; denn Ressourcen verbraucht letztlich, wer die Endprodukte verkonsumiert.«

8. März

Wenn es eines Beweises bedürfte, dass der Begriff »Lückenpresse« die Wirklichkeit getreulich wiedergibt, wäre es die Nichtverbreitung des folgenden Zitates:

»Die Energiewende steht kurz vor dem Aus. Die Wahrheit ist, dass wir die Komplexität der Energiewende auf allen Feldern unterschätzt haben. Die anderen Länder in Europa halten uns sowieso für Bekloppte.«

Also sprach der Bundeswirtschaftsminister Sigmar Gabriel am 17. April 2014 bei einem Besuch des Unternehmens SMA Solar in Kassel. Dieses schnippische Lebewohl an den bereits damals auf mindestens 500 Milliarden Euro Kosten angelegten Versuch, die gesamte Energieversorgung der drittgrößten Industrienation der Erde völlig umzustülpen, wurde mitgeschnitten von einem Lokaljournalisten, nahm seinen Weg in die Lokalnachrichten und von dort in viele Diskussionsforen. Was, geneigter Besucher dieses Eckladens, hätten Sie getan, wenn Sie ein Qualitätsjournalist bei einer der hiesigen überregionalen Premiumgazetten wären und von dieser ministeriellen Bankrotterklärung erfahren hätten? Schließlich hat Gabriel das teuerste und ehrgeizigste Projekt in der Geschichte der Bundesrepublik (bevor die Masseneinwanderung einsetzte und die Parole »Wir schaffen das« ausgegeben wurde; das könnte eventuell noch mehr kosten) für gescheitert erklärt. Nie hat einer unserer Pressstrolche Gabriel mit diesen Worten konfrontiert – er hätte sie ja immerhin dementieren können, was er bis heute nicht getan hat. Die Energiewende-Omertà funktionierte, ungefähr wie zwei Jahre später ein ähnliches kollektives Schweigen, denn meines Wissens hat auch kein Journalist Gabriel gebeten, er möge doch bitte einmal seine Worte »Europa steht vor der akuten Gefahr, zusammenzubrechen. Die Aufbauarbeit von zwei Generationen steht vor der erneuten Zerstörung« detaillierter zu erörtern, wobei diese Sätze wenigstens im *stern* gefallen waren und ein größeres Publikum sie zur Kenntnis nehmen konnte.

9. März

Es gab in der jüngeren deutschen Geschichte keinen populistischeren Akt als den Atomausstieg der Kanzlerin.

Da dieser Exitus auch die Atomenergieforschung einschloss, werden sich seine tatsächlichen Folgen erst im Laufe von Jahrzehnten enthüllen. Auch das passt zum Populismus.

* * *

Beim Betrachten der Fotos von Gender-Aktivist_innen immer die Frage, wo diese Wesen früher, in einer patriarchalischen Gesellschaft, geblieben wären. Und was unangenehmer ist: wenn eine Gesellschaft diese Armen als alte Jungfern und Spottgeburten verlacht oder wenn die Gesellschaft sie für das Aufhäufen von Theoriemüllhalden promoviert und alimentiert.

* * *

Der Mann »aus dem ehemaligen Jugoslawien«, der auf dem Düsseldorfer Hauptbahnhof mit einer Axt um sich schlug und diverse Menschen verletzte, trägt den arabischen Namen Fatmir H., ist also wahrscheinlich ein Bosniake oder Kosovare, ganz sicher aber ein »Einzeltäter« – der »Zentralrat der Einzeltäter« (Bernd Zeller) hat sich noch nicht geäußert –, und mit noch sichererer Sicherheit befand er sich in einer »psychischen Ausnahmesituation«. (Was sollte, Genossen Journalisten, eigentlich dieses: Er stammte aus dem ehemaligen Jugoslawien? Gibt es noch ein anderes Jugoslawien außer dem ehemaligen? Ganz sicher, dass es sich nicht auch um das ehemalige Osmanische Reich handelt?)

Wieder einmal fragt man sich, warum so selten christliche Neubürger oder vietnamesische Einwanderer oder echte

Eingeborene in dergleichen Ausnahmesituation geraten und wenigstens in der Öffentlichkeit amokläuferisch mit dem Waffeleisen um sich schlagen. Gibt es etwa innerhalb gewisser Menschengruppen eine spezielle Disposition dafür, in psychische Ausnahmesituationen zu geraten und darauf mit aggressiver Verwirrung zu reagieren? Dies nur mal so gefragt aus dem empirisch halbwegs unterfütterten Verdacht, dass Ausnahmen zur Regel werden können.

* * *

Wenn man sich die verfügbaren Zahlen zu den Suizidraten nach Ländern anschaut, stellt man fest, dass muslimische Länder, sofern sie überhaupt auftauchen, sehr weit hinten liegen. Was zumindest die Hypothese zulässt, dass es einen Menschenschlag gibt, der in psychischen Ausnahmesituationen eher autoaggressiv reagiert und Hand an sich selber legt, und einen anderen, der seine Aggressionen dann eher nach außen kehrt.

10. März

Ein Münchner Kino hat eine Filmreihe eröffnet, die sich »Kino für Toleranz« nennt. Als erster Streifen läuft seltsamerweise die deutsche Komödie *Toni Erdmann*. Ich habe den Film zufallshalber gesehen und weiß nicht recht, inwieweit er das Motto bedienen soll, denn kein einziger Vertreter der üblicherweise zu tolerierenden Kollektive kommt darin vor. Der Film rang mir zwei- oder dreimal ein Lachen ab, doch insgesamt verspürte ich am Ende eher den Drang, mich zu duschen. Auf eine sehr typisch gegenwartsdeutsche Weise ist das weitbeschreite und gar bis zur Oscar-Nominierung nobilitierte Werklein mit peinlichen und unappetitlichen Szenen durchsetzt, einer Firmen-Nacktparty etwa oder einer Passage, in welcher der Liebhaber der weiblichen Hauptperson vor ihren Augen auf ein Törtchen ejakuliert, welches sie dann mehr ungerührt denn genüsslich verspeist. Die Altersbeschränkung des Films liegt bei 12 Jahren. In Begleitung eines Erwachsenen, teilt das Kino auf seiner Webseite mit, dürfen aber auch schon Sechsjährige dabei zuschauen, wie der ulkige Onkel an seinem Piesimann herumrubbelt und Quatsch mit dem Naschwerk macht. Wer das nicht tolerieren mag, ist wahrscheinlich falsch im »Kino für Toleranz«.

12. März

Die Sonntage immer …

Heute Abend hospitierte ich der Pianistin Khatia Buniatishvili im Prinzregententheater, wo sie Beethoven, Schubert und Liszt darbot. Der Saal war, wie man sagt, rappelvoll – ganz anders als vor kurzem der Herkulessaal beim Auftritt von Radu Lupu, aber der ist auch bloß ein Jahrhundertpianist –, und gleich nach dem ersten Satz der *Pathetique* brach das Publikum in Beifall aus. Ich musste spontan an den Bericht eines Musikers denken, der im Weißen Haus vor dem *Inner Circle* der Kennedy-Administration ein Streichquartett gespielt hatte und leicht indigniert zur Kenntnis nehmen musste, dass die planetarische Elite nach jedem Satz brav applaudierte. Was sollen schließlich auch diese starren Konventionen?

Wie man sieht, brauchen die Trends immer etwas Zeit, um den Weg aus Übersee nach 'schland zu finden.

13. März

Mit Blick auf das 100. Jubiläum der Großen Oktoberrevolution sei hier gelegentlich eine Stalinade zitiert. Zum Beispiel jene: Jakow Jurowski, die mit der Ermordung der Zarenfamilie führend betraute schöne Seele, schlug Stalin einige Jahre später vor, ein Buch über das Massaker an den Romanows zu publizieren. Stalin lehnte die Idee ab mit den Worten: »Jakow Michailowitsch, nicht alles eignet sich zum Prahlen.«

* * *

Das größte Interesse an der Stigmatisierung und Verfolgung sogenannter *Fake News* haben hierzulande diejenigen, die das Monopol besitzen, unerwünschte Nachrichten zu beschneiden, zu zensieren oder ganz zu unterdrücken. Die angeblich gefälschten Neuigkeiten sind ja oftmals nur Gerüchte über nicht gemeldete Vorfälle, deren Inhalt – wie im Kinderspiel »Stille Post« – auf dem inoffiziellen Übermittlungsweg modifiziert, vergröbert, entstellt worden ist, ohne im Kern falsch zu sein. Wären *Fake News* komplett erfunden, ließen sie sich schließlich leicht widerlegen. Gerade weil sie glaubwürdig sind und viele in der Bevölkerung kursierende Sorgen und Befürchtungen stützen – und gerade weil die Bevölkerung weiß, dass seitens des Establishments ein Interesse an der Unterdrückung nicht genehmer Wahrheiten desto dringlicher vorliegt, je mehr es den Karren in Richtung Wand steuert –, stehen *Fake News* auch dann auf dem Index, wenn sie zur Hälfte stimmen.

14. März

»In den nächsten Tagen zeigt sich das Wetter in der Region Washington zunächst bedeckt, am Donnerstag dann teils bewölkt, teils freundlich. Dabei fällt am Dienstag Schnee. Es wird kälter in der Region Washington: Von 4 Grad am Dienstag gehen die Höchstwerte auf 0 Grad am Mittwoch zurück. Vor allem am Mittwoch weht ein zum Teil stürmischer Wind aus nordwestlicher Richtung.« So der Wetterbericht für Washington D. C., wo Donald Trump wegen eines Schneesturms für heute ein Treffen mit Angela Merkel absagen ließ, mit jener Frau, die nach seinem Wahlsieg verkündet hatte, wenn der neue US-Präsident sich an die Regeln halte, werde sie mit ihm kooperieren.

* * *

Die heutige Stalinade: Nach den Atombombenabwürfen der Amerikaner befahl der sowjetische Führer als »Aufgabe Nr. 1« die Konstruktion einer eigenen Bombe. Geheimdienstchef Beria erhielt den Oberbefehl über das Projekt. Neben zehntausenden Arbeitern und Technikern wurden auch viele bedeutende Physiker wie Kurtschatow und Sacharow unter sozusagen Edel-GULag-Bedingungen eingepfercht, um den nuklearen Pattzustand mit den USA herzustellen. Da sich Beria in alles einmischte, kam es ständig zu Auseinandersetzungen mit den Physikern. Einer von ihnen, Pjotr Kapiza, sagte dem berüchtigten Geheimdienstchef ins Gesicht, er verstünde nichts von Physik und möge sich gefälligst heraushalten. Die Sache kam vor Stalin. Der beruhigte Beria mit den Worten: »Lassen wir sie in Ruhe die Bombe bauen. Erschießen können wir sie später immer noch.«

15. März

Der Sächsische Landtag – und wohl nicht nur jener – veranstaltet eine aktuelle Stunde zu den Römischen Verträgen, die vor 60 Jahren unterzeichnet wurden und inzwischen gemeinhin als Gründungsdokument der EU gelten. Ein Bestandteil der Römischen Verträge, von dem man heute nichts hört, war übrigens die Europäische Atomgemeinschaft (EURATOM). Die EURATOM wurde am 25. März 1957 gegründet und besteht bis heute unverändert fort. Sie teilt mit der EU sämtliche Organe. Der von Angela Merkel initiierte deutsche Ausstieg aus der Atomenergie – der populistischste Akt in der Geschichte der Bundesrepublik – hat Deutschland in Europa ebenso isoliert wie die Energiewende und die Förderung der Masseneinwanderung. Die Grundidee von EURATOM ist die friedliche Nutzung der Kernenergie. Dank Merkel hat sich Deutschland nicht nur aus dieser Technologie verabschiedet und nimmt die sichersten Meiler der Welt peu à peu vom Netz, nein, das Land, in dem die Kernspaltung entdeckt wurde, hat sich auch weitgehend aus der *Kernenergieforschung* verabschiedet. Sollte irgendwann eine Technologie der Atommüll-Wiederaufbereitung entdeckt werden, stehen wir als die Deppen des Planeten da. Heute ist ein guter Tag, daran zu erinnern.

* * *

Wer war damals in Rom nicht mit von der Partie? Richtig, die Briten. Das Gründungsdokument der EU hat den Brexit quasi antizipiert.

* * *

Europa hat ein Parlament, in dem der Grundsatz »One man, one vote« nicht gilt. Eine in Schweden abgegebene Stimme zum Beispiel zählt fast doppelt so viel wie eine deutsche, nämlich 1,8fach – Schweden hat 9,5 Millionen Einwohner, und 20 Sitze im EU-Parlament entfallen auf schwedische Abgeordnete (Deutschland: 81 Millionen Einwohner, 96 Sitze). Eine griechische Stimme zählt 1,6 mal so viel wie eine deutsche (11 Millionen Einwohner, 21 Sitze), eine zypriotische 6,3fach (0,8 Millionen, 6 Sitze), eine aus Malta gar zehnmal so viel (0,5 Millionen, 6 Sitze). Was wäre das für ein Parlament, wo ein Bremer eine weit gewichtigere Stimme hat als ein Bayer und in keinem Bundesland die Stimmen soviel zählen wie im anderen?

Aber wir wollen schließlich die alten Nationalismen überwinden, insofern ist es doch egal, welchen Pass die Abgeordneten besitzen! Außerdem hat das Europarlament gegenüber den Brüsseler Spitzen noch viel weniger zu melden als der Bundestag gegenüber der Merkel-Administration; es ist also doppelt gleichgültig, wer dort seine Zeit absitzt und Diäten einstreicht.

Leser *** macht auf den Bundesrat aufmerksam, wo eine ähnliche Ungleichwertigkeit der Stimmen herrsche. In der Tat: 13 Millionen Bayern haben 6 Sitze, eine halbe Million Bremer drei. Eine Bremer Stimme ist 13mal wertvoller als eine bayerische. Ebenfalls nur sechs Sitze hat NRW bei sogar 18 Millionen Einwohnern, während Schleswig-Holsteins drei Millionen mit vier Sitzen vertreten sind. Die BRD ist eben keine Demokratie, sondern eine *repräsentative* Demokratie.

* * *

Die Stalinade des Tages: Bei einem der regelmäßigen nächtlichen Besäufnisse im Kreml – Stalin achtete sehr darauf, dass alle führenden Genossen sich gründlich betranken – forderte der вождь das Politbüromitglied Nikita Chruschtschow auf, für die Versammelten zu tanzen. Chrutschschow ließ sich nicht lange bitte und tanzte wie ein Derwisch.

»Wenn Stalin sagt: tanze«, erklärte er später gegenüber dem Politbüromitglied Anastas Mikojan, »dann tanzt ein kluger Mann.«

***

Heute tanzen manche Apparatschiks sogar schon, wenn eine Merkel pfeift, nicht wahr, Gröhe, verdruckster vaterländischer Fähnchenwedler? Doch bald werden die politischen Antänzer uns zu erzählen versuchen, dass sie damals unter der übergeschnappten Kanzlerin nur das Schlimmste verhütet hätten …

16. März

Wer Erfolg haben will, muss sich zum Komplizen des Absurden machen. Es ist eine sanfte Komplizenschaft; die meisten bemerken sie nicht einmal.

***

Bei den Wahlen in den Niederlanden haben die regierenden Rechtsliberalen um Premier Mark Rutte fünf Prozentpunkte und acht Parlamentssitze verloren (33 statt 41), der sozialdemokratische Koalitionspartner PvdA kollabierte nahezu und büßte 29 von 38 Mandaten ein. Zusammen haben die Regierungsparteien also 37 Parlamentssitze abgeben müssen, ungefähr die Hälfte ihrer Macht. So sehen medial umgarnte und beklatschte Wahlsieger aus, seit es den Rechtspopulismus gibt! Wir erinnern uns an die Landtagswahlen 2016 in Groß-Schilda, wo die Repräsentativdemokraten trotz aller Stimmverluste ebenfalls insgesamt glorreich gewonnen hatten. Die holländischen Rechtspopulisten legten übrigens von 15 auf 20 Sitze zu und wurden zweitstärkste Partei. Sie sind der klare Wahlverlierer und sollten eigentlich kollektiv in die Nordsee gehen.

»Was passiert nun mit Wilders?«, sorgt sich *Spiegel online*. Für den Oppositionsführer sei dieser Wahlausgang »wohl die bitterste Niederlage seiner Politkarriere«. Aber ein Rücktritt komme für ihn nicht in Frage, denn »was sollte der 53-Jährige den Rest seines Lebens lang machen? Freunde hat er laut seinem Bruder Paul kaum noch, mit Teilen der Familie hat er sich verkracht. Und früher oder später, so hofft er, kommt wieder seine Zeit.«

Falten wir kurz die Hände zum stillen Gebet für all jene professionellen Diener im Weinberg der deutschen Demokratie, die kaum noch Freundschaften pflegen, sich aber mit ihren Verwandten zoffen, beten wir, dass sie die schwere Last auch fürderhin schultern werden, bis wieder ihre Zeit kommt. Denn wer würde einen Politiker wählen, der mit 53 immer weitermachen will, obwohl er Krach mit Teilen seiner Familie und bei der letzten Wahl lediglich 33,3 Prozent mehr Mandate hinzuverloren hat? In keinem Parteiprogramm, nicht einmal bei den Grünen, ist dergleichen vorgeschrieben. – Gebetspause beendet.

Ja, was passiert nun mit Wilders? Mag er wirklich mit seinen bereits 53 Jahren immer weitermachen? Will er sich weiter hinter einem Wall aus Bodyguards verkriechen, anstatt sich rasch mit seinem Bruder Paul zu versöhnen und danach die Hauptrolle in einem Hinrichtungsvideo zu übernehmen, wofür er mit seinem prägnanten, blondhaarumstandenen Käskopp wie kein zweiter geeignet ist?

18. März

Die Deutsche Bischofskonferenz hat die AfD offiziell als für Katholiken nicht wählbar erklärt. Strenggenommen haben die Bischöfe, da sie ja keinem politischen Verein vorstehen, statuiert, dass jenes Christentum, wie sie es verstehen, nicht mit der AfD und ihren Mitgliedern zusammenpasst. Was die AfD übrigens von NSDAP und SED unterscheidet, aber noch herrscht sie ja nicht. Und schließlich ist nur der Papst ein *Pontifex maximus*, nicht aber die Bischöfe, die dürfen auch schon mal nach dem – übrigens von mir stammenden und von mir präferierten – Motto handeln: *Lasst uns Mauern über Gräben bauen!*

Linkspartei, Piraten und Grüne hingegen passen zu jenem Christentum der Zöllner, wie es von der deutschen katholischen Kirche verstanden wird. Am meisten aber tut dies sowieso der Islam, wie zuletzt die Chefkleriker Marx und Bedford-Strohm zu Jerusalem demonstriert haben, als sie ihre Kreuze ablegten, um in der Al-Aksa-Moschee jenem einzigen Gott ihre Aufwartung zu machen, der niemals einen Sohn gezeugt hat.

* * *

Noch nicht hinreichend gewürdigt beim beifälligen Bebrummel der Buntwerdung unseres langweiligen Landes ist ein neues Willkommensdankspiel, das an Bahngleisen stattfindet, für einen der Mitspieler sogar auf dem Bahngleis. Immer öfter werden neuerdings Menschen, die schon länger hier leben, von Männern, die noch nicht lange (wenngleich womöglich dennoch schon viel zu lange) hier leben, auf Bahngleise »geschubst« (nicht etwa »gestoßen«). Sogar in Pegida-Land, wo sonst Dunkelsachsen mit ihrer Fremdenfeindlichkeit täglich Gassi gehen: »Am frühen Freitagmorgen hat es am Haltepunkt Dresden-Zschachwitz eine körperliche Auseinandersetzung zwischen drei Männern gegeben«, meldet die *Sächsische Zeitung*. »Gegen 4.45 Uhr stieg ein 40-jähriger Mann aus der S-Bahn aus und wurde dabei von zwei Personen verfolgt, die anschließend Feuer für ihre Zigaretten verlangten. Als der Angesprochene dieser Aufforderung nicht nachkam, attackierten die beiden Männer den Reisenden. Ein Täter warf das Fahrrad des Geschädigten gegen ihn, woraufhin der Mann auf die rund einen Meter tiefer liegenden Gleise stürzte. Im Anschluss versuchte er, wieder mit seinem Fahrrad auf den Bahnsteig zu gelangen. Daran wurde er von einem der Angreifer mit Fußtritten gehindert. Parallel zu den körperlichen Attacken fuhr die S-Bahn in Richtung Dresden in den Haltepunktbereich ein. Der Lokführer bemerkte die Auseinandersetzung und leitete sofort eine Schnellbremsung ein. Der Zug kam nur wenige Meter vor dem Geschädigten zum Stehen. Die beiden Angreifer flüchteten.«

Die Bundespolizei konnte die Tatverdächtigen, einen 23-jährigen Marokkaner und einen 27-jährigen Libyer, dingfest machen. Beide Täter waren bereits »polizeibekannt«. Wir empfehlen nächtlichen Bahnreisenden eine »mürrische Indifferenz« (Herfried Münkler).

* * *

Zeitgenossen, die Windräder auf Gebirgskämmen ertragen, kommen auch mühelos über die Ekelbildchen auf Zigarettenschachteln hinweg. Das gute Gewissen der Windradaufsteller und Kampagnenmacher ist schon etwas schwerer zu ertragen.

* * *

Sultan Recep der Prächtige fordert seine in der EU lebenden Landsleute – ist das Wort noch bekannt hier? – dazu auf, mehr Nachwuchs zu zeugen. Den Krieg der Wiegen versteht er als »Antwort« auf Ungerechtigkeiten, die Türken im Westen erfahren (die jeweilige Landessprache als Hauptsprache an den Schulen statt Türkisch? Zu wenig Kindergeld? Deutsche Schlampe ruft nicht zurück?). «Macht nicht drei, sondern fünf Kinder», rief Erdogan bei einer Wahlkampfveranstaltung im westtürkischen Eskisehir.

Und weiter sagte er: »Von hier aus appelliere ich an meine (sic!) Bürger und Brüder in Europa: Da wo ihr arbeitet und lebt, ist nun Eure Heimat. Gründet noch mehr Betriebe. Schickt Eure Kinder in bessere Schulen. Lasst Eure Familien in besseren Stadtteilen leben. Steigt in die besten Autos. Wohnt in den schönsten Häusern.« Wenn sie aber alle fünf Kinder gezeugt und die Eingeborenen irgendwann verdrängt haben, wer bezahlt dann die schönsten Häuser und baut die besten Autos? Machen sie selber? Wie in der Türkei? Na dann ist ja gut.

Auf Groß-Schilda gewendet lautet die Frage: Werden die Deutsch-Türken so blöd sein, in Deutschland sukzessive Verhältnisse herzustellen, wie sie in der Türkei unter Erdogan herrschen? Und wenn ja, haben sie nichts Besseres verdient. Und die deutschen Kartoffeln, die sie gewähren lassen, sowieso nicht.

19. März

Die zweite deutsche Demokratie hat heute ihren Zenit und womöglich ihre Bestimmung erreicht. Unser Genosse Martin Schulz ist mit 100 Prozent der abgegebenen Stimmen zum neuen Vorsitzenden der SPD gewählt worden. Er bekam 605 von

605 Stimmen. Anschließend wurde er einstimmig auch zum Kanzlerkandidaten für die Bundestagswahl erklärt. »Das ist ein überwältigender Moment für mich und für uns alle«, sagte Schulz und gab damit in bester SED-Generalsekretärsmanier vor, was die Parteisoldaten zu empfinden hätten. Man muss den kollektiven, ja kollektivistischen Elan der geplagten Hellroten verstehen, ihre durchaus traditionsreiche Partei war in einigen Bundesländern auf das Level eines größeren Karnevals- oder Kegelclubs geschrumpft, die Angst vor der Einstelligkeit ging um, mochte Ralf »Freiligrath« Stegner auch twittern und reimen, was das Harthirn hergab. Nun naht aus Brüssel-Würselen der Große Bonze für den Endkampf gegen die Kanzlerin, mit der er jede Position teilt außer denen, die sie rasch noch verlassen wird. Was für ein seliges Land, das, kaum ziehen Wolken auf am fernen Horizont, zwei Politiker solchen Karats und Kalibers aufbieten kann, den Feinden der 100 Prozent-Zustimmung und Standing Ovations zu wehren!

* * *

Schulz wiederholte bei der anschließenden Grußadresse an seine Claque den der Hetzmeute die Richtung weisenden Satz, die AfD sei »eine Schande für die Bundesrepublik«, ließ aber wenig Zweifel aufkommen, dass er die Rechtspopulisten aus dieser Rolle verdrängen werde.

* * *

Jetzt mal unter uns, Betschwestern und -brüder, wenn Sie sich jemals in einem Saal aufhalten, in dem Ihnen auch nur 62 Leute unisono zustimmen und frenetisch applaudieren, dann überlegen Sie nicht lange, was Sie Dummes gesagt haben mögen, sondern machen Sie, dass Sie davonkommen. Einhelligkeit ist eine Eigenschaft von Barbarenhorden.

* * *

Oder von Kaderparteien. Das bringt mich zur Stalinade des Tages. Im sowjetischen Schriftstellerverband diskutierten die Genossen Literaten den neuen Roman von Ilja Ehrenburg *Sturm*. Dutzende von Diskussionsteilnehmern verrissen das Buch, einer sprach von »opportunistischem Mist«. Ehrenburg blieb seltsam ruhig, obwohl solche Kritiken schon mit der Verhaftung des Autors enden konnten. Er ließ die Verrisse über sich ergehen, dann holte er einen Zettel aus der Tasche. Es gebe auch andere Meinungen über sein Werk, beteuerte er. »Darf ich Ihnen ein Telegramm vorlesen? ›Ich habe den Sturm mit großem Interesse gelesen. Gratuliere zu dem Erfolg. Stalin.‹«

Lähmendes Schweigen breitete sich aus im Saal. Der Vorsitzende gratulierte Ehrenburg zu seinem großen Wurf und schloss die Sitzung.

* * *

Gestern schrieb ich von zwei uns kürzlich aus Nordafrika Zugelaufenen, die in Dresden einen Einheimischen aufs Bahngleis stießen, der nur überlebte, weil die einfahrende S-Bahn eine Notbremsung einleitete. Heute wird gemeldet, dass ein Staatsanwalt die beiden Kreaturen wieder auf freien Fuß setzte und gegen sie nur wegen gefährlicher Körperverletzung – und keineswegs wegen versuchten Totschlags – ermittelt wird. Zum Mitschreiben: Zwei Typen stoßen einen Menschen vor die einfahrende Bahn, einer versucht ihn mit Tritten daran zu hindern, auf den Bahnsteig zurückzuklettern – und diese AfD-Wahlkampfhelfer befinden sich auf freiem Fuß.

22. März

Man soll sagen: Er war ein Organismus, der Äthanol in Träume verwandelte.

* * *

In kleinerer Runde macht ein Bekannter darauf aufmerksam, dass Roland Tichy und Heiko Maas mit ungefähr der gleichen Zahl von *Followern* auf Twitter aufwarten könnten – 129 000 der eine, 130 000 der andere –, doch während die Leser des Journalisten überwiegend real seien, handele es sich bei jenen des Justizministers zu großen Teilen um digitale Gespenster. »Die Twitter-Gefolgschaft von Politikern besteht oft aus Social-Bots und Fake-Profilen«, meldete die *FAZ* vor kurzem. Auch unser oberster *Fake-News*-Verfolger versende seine Meldungen überwiegend an *gefakte* Personen: Knapp 61 000 seiner Gefolgsleute seien falsch, nur 51 000 echt. Der *Follower*-Vergleich scheint einen ehedem berühmten anderen ersetzt zu haben.

Man könnte auch so formulieren: Die Twitter-Einlassungen des Herrn Maas gehen zu einem größeren Teil an generierte als an degenerierte Personen.

* * *

Unser überwältigend neuer Bundespräsident hat in seiner ersten Rede zwar vor lauter Rechtspopulismus den islamischen Terrorismus übersehen, aber man darf Gefahren schließlich nicht an der Zahl der Todesopfer messen, denn sonst müsste Steinmeier ständig über den Krebs reden und niemals über den Atomausstieg. In seiner Rede zitierte der einstige Außenminister den einstigen israelischen Präsidenten Shimon

Peres, der die Frage einer jungen Frau, was die Zukunft bringen werde, mit einem Gleichnis beantwortete, nämlich:

»›Die Zukunft‹, sagte er, ›ist wie ein Kampf zweier Wölfe. Der eine ist das Böse, ist Gewalt, Furcht und Unterdrückung. Der andere ist das Gute, ist Frieden, Hoffnung und Gerechtigkeit.‹

Die junge Frau schaute fasziniert und fragte ganz gespannt zurück: ›Und – wer gewinnt?‹

Peres lächelte und sagte: ›Der, den du fütterst.‹«

Steinmeier folgert souverän bzw. populistisch: »Du hast es in der Hand! Wir haben es in der Hand! Das war seine Botschaft an die jungen Leute.«

Ach was. Peres wollte zu Tisch und der Maid, einer Studentin übrigens, zuvor irgendetwas Nettes sagen. Hätte die Gute ein vernünftiges Fach studiert, sie hätte als nächstes gefragt: »Aber Herr Peres, wie erkenne ich, welcher Wolf der Gute und welcher der Böse ist? Sie gleichen einander ja wie Wölfe, und nach allem, was man weiß, sind in unseren Tagen speziell die bösen Wölfe bestrebt, sich als Gutwölfe zu verkaufen. Wie vermag ich die Unterscheidung zu treffen? Und was geschieht, wenn ich den bösen Wolf füttere, weil er sich am überzeugendsten als Gutwolf zu verkaufen wusste?«

* * *

Wenn die Meinungskorridore immer enger werden, wächst die Sorge, sich an deren Wänden Schrammen zu holen. Ein Symptom dafür mag sein, dass auch eher konservative Intellektuelle inzwischen vor jedem nichtnegativen Statement über die AfD zu betonen pflegen, sie hätten mit dem Schwefel-Detachement des Politikbetriebs nichts zu schaffen (»Ich bin kein Sympathisant dieser Partei, aber wie man mit ihr umgeht, ist nicht recht«; »Man muss Frau Petry oder Herrn Gauland nicht mögen, aber was sie da sagen, ist ja nicht falsch« etc. pp). Es handelt sich um eine Art von öffentlicher ritueller Waschung, mit welcher man bekundet, noch zur akzeptierten Gesellschaft zu gehören. Sogar bei der Verurteilung von Gewalttaten kommt jenes rhetorische Mittel in Gebrauch (»Mich verbindet inhaltlich wenig mit dieser Partei, aber dass man die Autos von AfD-Politikern anzündet/die Häuser von ihnen angreift/ihre Kinder mobbt ...« etc.). Ähnlich grotesk wirkt es, wenn bei wahlprognostischen Umfragen die Zustimmung zur Tschandala-Partei niedriger liegt als bei den Wahlen selbst, weil viele Leute ihre politische Präferenz außerhalb der Wahlkabine nicht zu offenbaren wagen. Was in gewissem Sinne gegen die Kabine spricht.

Für Journalisten ist es vollkommen unmöglich geworden, neutral über die »Rechtspopulisten« und ihr Umfeld zu berichten, aber die meisten kämen ja gar nicht erst auf den Gedanken. Ein Medienschaffender von der *FAZ* hat ein Buch über die AfD geschrieben und erteilt darin den anderen Parteien Ratschläge, wie die Schändlichen zu behandeln und zu bekämpfen seien, ganz unabhängig und in allen Ehren versteht sich. Der Werbedienstleister Ströer wird genötigt, Erklärungen abzugeben, warum er die Wahlwerbung der AfD überhaupt plakatiere. Das ist zwar rechtens und Usus und gut demokratisch, doch die gesamte Zivilgesellschaft ist dagegen, und wenn Hotels den Parias den Zutritt verweigern können, dann sollten sich auch Werbeflächenvermieter zivilgesellschaftlich beflügelt in den Sturmbann couragierter Boykotteure einreihen, Herrschaftszeiten und Höcke verrecke! Die Kirchen, Gewerkschaften, Universitäten, Theater, Verlage, Parteien, Sportvereine und der Herr Schulz von der globalistischen Internationale machen es doch vor! »Auf ›ethnische

Säuberungen‹ folgen ›ethische Säuberungen‹« (Frank Lisson, *Weltverlorenheit*).

* * *

Das lauschige, für seine Toleranz und seinen Mut zur Straßenumbenennung bekannte Freiburg sei »immer noch die kriminellste Stadt« in Baden-Württemberg, meldet die *Badische Zeitung*. Weiter heißt es: »In Freiburg sind mehr Nicht-Deutsche unter den Tatverdächtigen als im Landkreis: 42,8 Prozent haben keinen deutschen Pass. Von insgesamt 4 443 tatverdächtigen Ausländern waren 1759 Asylbewerber beziehungsweise Flüchtlinge.« Tja, Rechtspopulisten und Salon-Hetzer, sogar in der kriminellsten Stadt im Ländle werden die meisten Straftaten von Deutschen begangen.

* * *

Die Stalinade des Tages: Während des 20. Parteitages der KPdSU bekam Chruschtschow einen Zettel zugeschoben, auf dem geschrieben stand: »Wo waren Sie früher, Genosse, als Stalin noch lebte?« – »Wer hat diesen Zettel geschrieben?«, fragte Chruschtschow mit drohender Stimme in die Runde. Niemand meldete sich. Darauf Chruschtschow: »Sehen Sie, Genosse, ich war früher dort, wo Sie jetzt sind.«

23. März

Was ist in der momentanen Politik das Gegenteil von Populismus? Vielleicht Infantilismus (»Wir schaffen das«, »Die Sonne schickt keine Energierechnung«, »Kein Mensch ist illegal« etc.)?

* * *

Heute am frühen Morgen, als sich gegen eins der spätabendliche Besuch vom Tisch erhob und gen Sofa strebte, nachdem das Ossobuco vertilgt war, der Nebbiolo geleert und endlich Schnaps gereicht wurde, Talisker für die Herren, Sarpa di Poli für die Mädels, setzen sich Letztere an den Flügel und sangen russische Romanzen und danach gar sowjetisches Liedgut. Auch, seufzte ich innerlich waidwund, hätt' ich doch ein strebsames biodeutsches Akademikerweib, ich könnte stattdessen Gesprächen z.B. über Frauenrechte, Gender Pay Gap, die schrecklichen Entwicklungen in Amerika oder vegane Kost lauschen!

* * *

»Poesie und Widerstand«: Unter diesem schmissigen Motto tourt der Antifaschist Konstantin Wecker, Alterspräsident der Oppositionsgruppe »Weiße Linie«, angelegentlich seines 70. Geburtstages auf Jubiläumstournee konspirativ durch deutsche Gaue. Der couragierte Kleinkünstler und bedeutende ehemalige Softporno-Statist aus der Hauptstadt der Bewegung will sich gerade in diesen Zeiten wieder einmischen und den fortgeschrittenen Anfängen wehren, denn wieder ist es fünf vor Zwölf, wieder fließt Wasser auf Mühlen, und der Schoß von Frauke Petry ist fruchtbar noch.

Aber, gepriesen seien Merkel und ihr Gesandter Maas, er ist nicht allein! Die Widerstandsgewerkschaft Verdi hat in einer kühnen Aktion überall im Netz Flugblätter hinterlassen, die »Handlungshilfe für den Umgang mit Rechtspopulisten in Betrieb und Verwaltung« anbieten, denn: »Leider muss man davon ausgehen, dass es mit der Zunahme von Rechtspopulisten in

Deutschland auch in Betrieben und Verwaltungen zu Vorfällen kommt, bei denen man sich einmischen muss.« Freilich gibt es »unterschiedliche Varianten, wie eine AfD-Mitgliedschaft oder eine Mitgliedschaft in einer anderen rechtspopulistischen oder rassistischen Organisation im Zusammenhang mit ver.di in Erscheinung treten kann«. Diese mögen bedacht und diskutiert sein, bevor man, vielleicht mit einer Ballade von Konstantin Wecker als Hintergrundmusik, gezielte Aktionen gegen diese Bastarde startet, den Ausschluss etwa, bevor es wieder zum Anschluss kommt. Rot Front, Genossen, und durchhalten!

Beeindruckend auch das antifaschistische Engagement der »Fachstelle Jugendhilfe des Kulturbüro Sachsen e. V.«, verkörpert und poesievoll geronnen in der Broschüre »Ist die Kita ein Schutzraum vor Gesellschaft und Politik? – Ein Praxisratgeber des Kulturbüro Sachsen e. V. zur interkulturellen Öffnung für Pädagog*innen im Kita-Bereich«. Die Beratung der Praktiker*innen bezieht sich, bevor es »vom Schweinefleisch zum neuen Leitbild« geht, speziell auf die Auseinandersetzung mit »Nazis« in der Kita: »In einigen Regionen Sachsens häuften sich Anmeldungen von Kindern in Kitas, deren Eltern lokal als ›Rechte‹ bekannt sind. Auch bundesweit meldeten ›Nazis‹ ihre Kinder in Kitas an. (...) Die Einführung einer Kindergartenpflicht ist umstritten. Immerhin geben etwa 90% aller Eltern ihre Kinder in die Kitas. So ist rein hypothetisch durchaus denkbar, dass genau die fehlenden 10% der Eltern die Nazis sind, die ihre Kinder nicht in den Kindergarten bringen. Einzelne Beratungsfälle, bei denen prominente Nazis dann doch ihre Kinder in Kitas brachten, lassen aber andere Schlüsse zu. So lautete eine Anfrage an uns aus einer Einrichtung in Westsachsen: ›Was tun, wenn Kinder in der Einrichtung sind, deren Eltern mir als Nazis bekannt sind?‹ Diese Einschätzung der Eltern als Nazis ist eine subjektive und beruht auf persönlichen Erfahrungen der Fragenden. Die damit verbundene Frage war: ›Gibt es eine Erste Hilfe gegen Nazis als Eltern in der Kita?‹«

Der Vorschlag wird derzeit in der Widerstandsregierung Merkel III diskutiert. Als mögliche Notrufnummern sind die 88 und die 18 im Gespräch.

* * *

»Täter war 52-jähriger Brite«, meldet *Spiegel online* zum Londoner Einzelfall. Die Zeile »Täter war ein 1,82 m großer Brite« hätte mich ähnlich enthusiasmiert. Der verwirrte Einzeltäter hieß Khalid Masood. Sein Vorname stammt aus dem Arabischen und bedeutet so viel wie der Unsterbliche. Masoud wiederum heißt der Glückliche. Ungefähr seit der Schlacht bei Culloden gelten beide Namen als britisch.

* * *

Im Zusammenhang mit den Neu-Dresdner S-Bahn-«Schubsern« weist mich Leser *** auf ein vergleichbares Urteil hin, das gegen zwei deutsche Straftäter gesprochen wurde, die einen Pakistaner auf dem Bahnhof von Zerbst (Sachsen-Anhalt) überfallen, geschlagen und verletzt auf den Bahngleisen liegengelassen hatten. Das Landgericht Dessau-Roßlau verurteilte den 23-jährigen Haupttäter wegen versuchten Totschlags und Körperverletzung zu sechseinhalb Jahren Gefängnis. Sein Mittäter bekam vier Jahre Haft. Die Staatsanwaltschaft hatte auf versuchten Mord plädiert. Auch diese Angeklagten sollen zur Tatzeit betrunken gewesen sein.

Es handelt sich um ein vollkommen angemessenes Urteil. Das Problem ist der Dresdner Staatsanwalt.

25. März

Ein Bekannter berichtet, ihm sei bei einer politischen Diskussion in Moskau freundlich bedeutet worden, er könne ganz offen sprechen, man sei ja nicht in Deutschland.

* * *

Ein Schauspieler hat syrische Flüchtlingslager besucht und wird seiner Erregung über die Zustände darin nicht anders Herr, als sich tendenzkonform gegen die AfD zu erklären. Die durchaus simple Erwägung, dass mit jedem juvenilen Glücksritter, mit jedem Ganoven, Banditen, Antänzer und militanten Muslim, der hier eindringt, einem tatsächlichen Flüchtling, einem Kind, einer Frau, einem Alten der Platz weggenommen wird – von den Verheerungen, die dies Gelichter dem Image der Migranten verschafft, einmal abgesehen –, kommt ihm nicht in den Sinn. Wer seine Grenzen nicht kontrolliert, wer die einlässt, die es gut sozialdarwinistisch eben hierher schaffen, handelt nicht im Interesse von Flüchtlingen und Verfolgten.

Und, wie gesagt: Je mehr aggressive Analphabeten in ein Land einwandern, desto weniger intelligente Fremde werden sich dort niederlassen.

* * *

Gemeinsam mit der saarländischen SPD-Spitzenkandidatin, deren Name mir entfallen ist, hat »Mister 100 Prozent« Martin Schuuuuulz Wahlplakate vorgestellt, auf welchen der AfD die »rote Karte« gezeigt wird (oh dieser Esprit, diese immer neuen und originellen Ideen!). Der SPD-«Hoffnungsträger« und mögliche nächste Bundeskanzler kämpft gegen eine im Saarland laut Umfragen im einstelligen Prozentbereich liegende ohnehinnige Paria-Partei, und zwar in derselben Woche, in welcher der türkische Sultan Deutschland und Europa mit Krieg droht, in derselben Woche, in welcher zu London der nächste islamische Anschlag stattfand, und in einer typischen willkommensdeutschen Woche obendrein, mit immer mehr Zeitungsmeldungen über »Männer«, die ihren Willkommensdank abstatten, indem sie stechen, hauen, treten, rauben, schänden oder schießen, worüber Schulz kein Sterbenswörtlein verliert. Aber die Rotstrolche haben den wahren Feind erkannt. Es ist, in der Logik der Dinge, der Feind, gegen den sich die verängstigte Gesellschaft am leichtesten mobilisieren lässt, derjenige, von dem weder Gefahr noch Gegenwehr drohen.

»Nachdem das Aas des Leviathan verzehrt ist, gehen die Würmer einander an den Kragen.« (Rolf Peter Sieferle)

* * *

Die Stalinade des Tages: Als sich Lenins Witwe Nadeshda Krupskaja gegen den Vorschlag aussprach, den Leichnam Lenins in einem Mausoleum öffentlich auszustellen, fuhr Stalin sie an: »Schweig, dumme Gans! Sonst ernennen wir eine andere zu Lenins Witwe!«

28. März

Im christlichen und auch sonst der Spiritualität verpflichteten Herder-Verlag ist eine Biographie von Marine Le Pen erschienen. Der Titel lautet: *Tochter des Teufels*. Amen.

* * *

Während der Justizminister die Brutalisierung der Sprache im Netz bekämpft, vollzieht sich die Brutalisierung der Lebenswirklichkeit (googeln Sie einfach mal unter »Messerangriff«) ohne justizministerielle Rügen. – Während ein Anmachspruch eines alten weißen Politikers an der abendlichen Bar eine landesweite Protestwelle auslöst, schweigen dieselben Lautsprecher, wenn Frauen angezündet, hinter einem Auto hergeschleift oder in Ehren gemordet werden.

Im Land der Eunuchen stößt man sich mehr an rohen Worten als an roher Gewalt.

* * *

Am vergangenen Wochenende lud das Goethe-Institut zu einer Tagung unter dem markigen Motto: »Wettbewerb der Narrative: Ist die offene Gesellschaft in Gefahr?«

Klar ist sie das, sonst hätten unsere Offenheits-Narrativler doch nicht zur Séance gebeten. Mit deren eigenen Worten:

»In einer ungewöhnlichen, aber profilstarken Allianz thematisieren das Goethe-Institut, die Heinrich-Böll-Stiftung, der Bundesverband der deutschen Industrie und das Käte Hamburger-Kolleg/Centre for Global Cooperation Research auf einer internationalen Tagung an diesem Wochenende die gegenwärtige Krise freiheitlicher Erzählungen und den weltweit zunehmenden Druck auf die offenen Gesellschaften durch autoritäre Regime.«

Woraus wir zu entnehmen gehalten sind, dass die offene Gesellschaft ihren Sitz und ihr Epizentrum exakt dort hat, wo sich Goethe-Institut, Böll-Stiftung und andere profilstarke Karyatiden der Zivilgesellschaft zu ungewöhnlichen Tagungsallianzen vereinen. Wer aber bedroht das frischfröhlichfreie Massenschunkeln mit zunehmendem Druck?

»Die aktuellen Entwicklungen in den USA, das Verhältnis zwischen der Türkei und einzelnen EU-Staaten, die Rolle Chinas wie auch die innenpolitischen Turbulenzen in Frankreich und Deutschland im Wahljahr 2017 stellen die freien Gesellschaften und viele ihrer tragenden Akteure vor neue, gemeinsame Herausforderungen. Von zentraler Bedeutung ist dabei ein mittlerweile offener Wettbewerb zwischen liberalen Narrativen und illiberalen politischen Erzählungen, die das globale Machtgefüge und unsere Gesellschaften zum Teil mit unvorhersehbarer Wucht beeinflussen.«

Wie schnell Donald Trump, das staatskapitalistische Regime Chinas sowie die Oppositionsparteien in Frankreich und Deutschland mit Sultan Recep dem Prächtigen in einem narrativen Gatter landen, wenn man nur hinreichend liberal in die Welt schaut! Und auf dieser, auf unserer, auf der guten Seite stehen vereint gegen die Phalanx des Illiberalismus die deutschen Spitzenliberalen Angela Merkel, Heiko Maas, Anetta Kahane, Aiman Mazyek und der Quoten-Irokese unter den *Spiegel online*-Kommentatoren, eskortiert auf ihren allzeit frommen Wegen von Antifa und Grüner Jugend.

»Zum Auftakt der gemeinsamen Tagung erklärte Johannes Ebert, Generalsekretär des Goethe-Instituts: ›Die aktuelle Krise liberaler Erzählungen ist gekennzeichnet durch eine weltweite Kritik am Ideal einer weltoffenen Gesellschaft.‹«

Ich verfalle in die Unsitte des Selbstzitats: Wer Abertausende zum Teil hochaggressive Analphabeten in sein Land lässt (und ihre halbwegs exzessiven Vermehrungsgepflogenheiten mit Alimenten fördert), ist nicht weltoffen, sondern geistesgestört. Und ziemlich geistesgestört ist auch, wer eine Tagung zur weltweit wabernden Illiberalität veranstaltet, ohne den fettesten und illiberalsten Gorilla auf der

Hollywoodschaukel in seinen unglaublich freiheitlichen Erzählungen zu erwähnen.

* * *

Apropos Russland: Leserin *** fragt, ob die Verhaftungen von Demonstranten in Moskau nicht in erheblichem Widerspruch zur Erzählung meines Bekannten stünden, man könne dort ungehemmt seine Meinung sagen? Ja – sollten die westlichen Medienberichte zutreffen. Und nein. Es gibt eben beides. Niemand verfiele schließlich auf die Idee, die Bundesrepublik von 1968 für unfrei zu halten, weil dort die Polizei bisweilen gegen randalierende Studenten vorging. Und wie wir vor kurzem bei den Protesten gegen einen Auftritt von Milo Yiannopoulos in Berkeley gesehen haben, können es auch zeitgenössische westliche Demonstranten sein, die aggressiv gegen Freiheitsrechte agieren. Was genau in Russland passiert ist, entzieht sich meiner Kenntnis. Dass Menschen friedlich demonstrieren dürfen sollen, wenn ihnen der Sinn danach steht, halte ich für ein elementares Recht innerhalb einer Zivilisation.

Naheliegenderweise interessieren mich allerdings die deutschen Zustände mehr als die russischen. Was die Demonstrationsfreiheit angeht, muss man konzedieren, dass hierzulande die Polizei die Demonstranten in der Regel schützt und nicht attackiert. Dennoch haben sich die Etablierten mit der Antifa eine halblegale Eingreiftruppe geschaffen, die das Versammlungs- und Demonstrationsrecht für Falschmeiner *ad libitum* einschränkt. Das Wort »geschaffen« meint hier: Diese Figuren werden nicht wirklich bekämpft, egal was sie anstellen und ob sie Staatsbeamte verletzen, und sie erhalten sowohl direkt als auch indirekt finanzielle und logistische Unterstützung. Mediale sowieso. Vielleicht sollten die Russen mal eine Delegation vorbeischicken, um zu lernen, mit welchen Methoden ein smarter Gesinnungsstaat die grobe direkte Freiheitsbeschneidung ersetzt.

29. März

»Die politische Hetze der letzten Jahre ist keineswegs als Wildwuchs im Internet entstanden; vielmehr ist sie eine genuine Leistung unserer Massenmedien.« Also sprach Egon Flaig, Odinarius für Alte Geschichte an der Universität Rostock.

* * *

Kinder beantworten die Frage nach dem Sinn des Lebens zwar nicht, aber verschieben sie auf unbestimmte Zeit.

* * *

Der deutsch-französische Pianist und Komponist Henri Herz (1803-1888) komponierte acht Konzerte für Klavier und Orchester und eine großen Zahl von Soloklavierwerken. Auf seinen Konzerttourneen wurde er weltweit gefeiert. In USA hatte Herz einen Presseagenten namens Bernhard Ullmann. Um seinem Musiker in der amerikanischen Öffentlichkeit eine immer größere Popularität zu verschaffen, verfiel Ullmann auf immer ausgefallenere und exzentrische Ideen. So schlug er Herz ein »politisches Konzert« vor, in welchem eine »Hommage an Washington« für Solisten, Chor, fünf Orchester und 1800 Sänger gespielt werden sollte, außerdem ein »Grande marche triumphale« für 40 Klaviere. Herz komponierte bloß ein Stück für acht Klaviere. »Ihre Ablehnung meines Vorschlags zeigt«, beschied ihm sein Agent, »dass Sie den amerikanischen Charakter nicht verstehen.«

***

Der Kampf um Mittelerde hat längst begonnen. Mit argwöhnischer Regelmäßigkeit streicht der Blick Saurons über das Widerstandsnest Dresden. Auch dieser Tage steigt wieder Rauch auf vom Schicksalsberg. Sowie vom Auto des Dresdner Politikwissenschaftlers Werner Patzelt – »Er stand für seine Pegida-Freundlichkeit in der Kritik«, verlautbart das *Spiegel online*-Büro Barad-dûr –, das in der Nacht zum Dienstag wahrscheinlich von Uruks aus Isengart abgefakkelt wurde. Ebenfalls »in der Kritik«, zumindest in jener der *Zeit*, steht Susanne Dagen, die »Buchhändlerin des Dresdner Bürgertums« (Saruman zu Schlangenzunge). Doch seit man ihr nachsagt, »Pegida-nah« (Schlangenzunge zu Saruman) zu sein, »wenden sich viele ihrer Kunden ab«, wispert es vergnügt aus Dol Guldur. Nazgûl wurden über der Weißen Stadt noch nicht gesehen.

***

Im Mai 2015 richtete der CDU-Abgeordnete Christian Tischner im Thüringer Landtag eine Kleine Anfrage an das Ministerium für Bildung und Sport. Dieses Ministerium wird geführt von Genossin Birgit Klaubert, seit 1974 SED-Mitglied, nach einem Lehrerstudium an der Karl-Marx-Universität Leipzig Diplom-Lehrerin für Deutsch und Geschichte, heute Linkspartei. Der Frager wollte wissen, ob und in welchem Umfang Mittel aus dem Landesetat, sprich Steuergelder, zur Finanzierung der Ausflüge von Gegendemonstranten zu »rechten« Kundgebungen geflossen seien.

In der von Frau Klaubert unterzeichneten Antwort heißt es unter anderem: »Seit dem Jahr 2011 wurden in 46 Fällen die Organisation und die Fahrt zu Gegendemonstrationen gefördert.« Dies sei ein »Beitrag zur Erreichung der interventionsorientierten Ziele und Strategien (…) des Thüringer Landesprogramms für Demokratie, Toleranz und Weltoffenheit«, in dessen Namen womöglich schon mal der eine oder andere Schädel eingeschlagen wird wie etwa der eines Dresdner Pegida-Demonstranten, den engagierte Linksfaschisten am 18. Oktober 2015 mit einer Eisenstange niederstreckten.

Daraufhin richtete der AfD-Abgeordnete Jörg Henke erschütternd unbehelligt eine weitere Kleine Anfrage an die Landesregierung, in welcher er nach den konkreten Spesensummen der Toleranz-Touristen fragte. Die Antwort lautete, dass zwischen 2012 und dem Fragezeitpunkt mehr als 40 000 Euro geflossen seien. Auffallend gehäuft tauchte als Anlass dieser weltoffenen Klassenfahrten der Begriff »Demonstration Dresden« auf. Damit dürfte ziemlich sicher sein, dass speziell Pegida-Veranstaltungen das Interventionsziel der Gegendemokraten waren – neben den üblichen »Aufmärschen« der Falschen zum Gedenken an die Opfer des alliierten Erziehungsmassakers vom Februar 1945. Bei den staatlich teilalimentierten Protesten gegen wen-auch-immer unter dem Motto »Dresden nazifrei« am 13. und 18. Februar 2012 kam es übrigens zu Ausschreitungen in bzw. aus den Reihen des extrabreiten demokratischen Bündnisses, wobei sieben wahrscheinlich übereifrige Polizeibeamte, statt zu deeskalieren, Verletzungen davontrugen. Die Kosten für die Polizeieinsätze allein an diesen beiden Tagen sollen sich auf fünf Millionen Euro belaufen haben; 7 500 Beamte waren im Einsatz. Und das alles wird spendiert von wem? Na von unseren führenden Genossen! Sie leben hoch! Hoch! Hoch!

1. April

Eine große deutsche Zeitung lud zu einem Symposion und schönen Gespräch zum Thema Populismus und mich als Quotenpopulisten dazu. Der Einwand, dass mir die populistische Pose ungefähr so anstünde wie, sagen wir, Hugo von Hofmannsthal, geht fehl, denn was ein Kerl ist, der nimmt eine ihm zugewiesene Rolle an, solange sie nur exklusiv genug ist. So saß ich denn als ein morscher Balken unter lauter Stützen der Gesellschaft, Professoren zumeist, achtbare, ehrenwerte Herren und vereinzelte Damen, um mit ihnen über ein Symptom zu diskutieren, dessen Hauptursache selbstredend vor der Tür bleiben musste (sie aber in den nächsten Jahren womöglich schwungvoll eintreten wird). Aus Princeton kam eigens der sanftstimmige Zwillingsbruder von Gilderoy Lockhart angereist, um die gefährlichen magischen Kreaturen von Orbán bis Trump hübsch in seine entomologischen Schaukästen einzusortieren, ohne zu ahnen, dass ihm ein Entomologe gegenübersaß, der ... – ich schweife ab.

Solche Runden sind meist so organisiert, dass sich unsereiner mit seinem rechtspopulistischen Irrglauben an die Sinkbarkeit der »Titanic« wie ein Spielverderber vorkommt. Ein paar exponierte Hydrophile in der Runde starrten mich dementsprechend giftig an, sobald ich mich zu Wort meldete. Ein besonders gesinnungszäher Atlant der Diversität wollte sogar »kämpfen«, seines bereits tonsurartig gelichteten Haupthaars ungeachtet, notfalls »bis zum Verbot« der übelsten Rechtspopulisten. Wenngleich auch einige Herren versammelt waren, die Zweifel an der Tauglichkeit des trendigen Schwefel- bzw. Schwafelwortes über die Stigmatisierung Andersmeinender hinaus anmeldeten und darauf insistierten, dass der Populist typischerweise immer der andere sei. Ich gestattete mir mehrfach die Bemerkung, es sei recht fruchtlos, über ein Phänomen zu diskutieren, ohne die Frage aufzuwerfen, worauf es reagiere, was aber als nicht wirklich tagungsthemenrelevanter Vorschlag ignoriert wurde. Ein knuffiger Soziologe wies mich freundlich darauf hin, dass ich in allen meinen Statements quasi dasselbe gesagt und mich damit als echter Populist präsentiert hätte. Ich schwöre hiermit *coram publico*, dass ich nie wieder an einer solchen Veranstaltung teilnehmen werde, ohne selber als Referent nominiert zu sein, denn wozu anderen lauschen, wenn man selber reden kann?

Was ich in meinen Kurzstatements vortrug, war beispielsweise Folgendes: In Deutschland sei eine Rechtspartei etabliert worden. Dabei handele es sich um einen völlig normalen Vorgang – unnormal sei der parlamentarische Mitte-Links-Zustand davor gewesen –, der nicht nur europäischen Üblichkeiten entspräche, sondern auch das Erste Gebot des demokratischen Katechismus (ich sagte wörtlich »der demokratischen Klippschule«) erfülle, nämlich dass sämtliche relevanten politischen Strömungen, die in einer Gesellschaft existieren, sich auch in den Parlamenten abbilden mögen. Allerdings sei das Mitte-Links-Establishment nicht gewillt, diesen Machtverlust einfach hinzunehmen, weshalb der neue parlamentarische Konkurrent in bewährter »Kampf gegen rechts«-Manier zur Tschandala-Partei erklärt und der Aggression der Anständigen anheimgestellt worden sei. Ein exponiertes AfD-Mitglied zu sein, bedeute: Man wird tätlich angegriffen, das Haus wird beschmiert, das Auto angezündet, die Kinder werden in der Schule gemobbt, man kommt in keinem Hotel mehr unter, Gaststätten verweigern die Reservierung, Arbeitgeber kündigen den Job und dergleichen zivilgesellschaftliche

Disziplinierungsmaßnahmen mehr. Menschen, die sich auf dergleichen einließen, seien nicht unmittelbar karriereorientiert. Sie gehörten in der Regel nicht zur Elite. Man könne unter einem praktischen Gesichtswinkel sogar sagen, sie seien nicht besonders klug. Menschen, die sich auf dergleichen einließen, seien folgerichtigerweise nicht im jenem edlen Kreise zu finden, der sich hier versammelt habe, um darüber zu befinden, ob man sie zu Recht Populisten nenne oder ob nicht andere Termini zutreffender seien. Menschen, die sich auf dergleichen einließen, hätten in der Regel nicht gelernt, ihre Worte genau abzuwägen und gewählt zu setzen, alle Fettnäpfchen der politischen Korrektheit elegant zu umtänzeln und das Stahlbad der herrschenden Euphemismen zur Bezeichnung ihrer Probleme nervlich unerschüttert zu bestehen. Diese Leute redeten vielmehr, wie ihnen der Schnabel gewachsen bzw. zurechtgesetzt worden sei, oft derb, vulgär, beleidigend, ohne den Willen zur Differenzierung* – ich hatte keine Zeit zu erwähnen, dass Politik und vor allem Medien heute im Netz nur jene Verachtung ernten, die sie jahrelang als Monopolisten und Einbahnstraßenfunker gesät haben –, und genau das bezeichne man in den besseren Rängen eben indigniert als Populismus beziehungsweise als ein Resultat desselben.

Auch diese Bemerkung fiel komplett durch. Mein Hinweis auf die Saturnalien der anständig Gebliebenen löste keine Reaktion aus. Wer will schließlich der Solidarität mit den Bösmeinern verdächtigt, selber ausgegrenzt, verfolgt, gerufmordet und nicht mehr eingeladen werden? Wie schnell das gehen kann, haben sie alle bei Safranski gesehen, bei Baberowski, sogar bei Sloterdijk, um hier nur in der Ersten Klasse zu verweilen. Ein falscher Satz kann genügen, und alle vermeintlichen Verdienste sind dahin, und das

Gift der Verleumdung wird ausgestreut. Und weil er das genau weiß, sagte ein Diskutant unbeeindruckt: Jeder könne in Deutschland seine Meinung äußern, er müsse nur mit den Folgen rechnen. Das gilt bekanntlich in jedem Land der Welt, das galt auch unter Erich dem Einzigen, wo ich, der ich ja aus der Zukunft komme, schon vor vierzig Jahren auf FDJ-Veranstaltungen in querulantischer Isolation auf meinem Armesünderstühlchen saß, nur einen Panthersprung entfernt vom Austragungsort dieses Symposions übrigens, und meinen Menschenekel nährte, vor allem jenen gegenüber, die dasselbe dachten wie ich, aber schwiegen. Dieser Ekel wuchs mit jedem Jahr und wächst und wird reiner und ist heute ungefähr so rein wie jenes Kokain, das Pablo Escobar sich für seinen Privatgebrauch vorbehielt.

Für den zweiten Tag war sogar eine leibhaftige SPD-Generalsekretärin angekündigt. Vorstellig wurde aber nur eine ihr aufs Haar gleichende aparte Sprechpuppe, die zwischen Rassismusvorwurf, Bürgernähebeteuerung und nahe der ersten Standardabweichung auf der Glockenkurve der Intelligenzverteilung ihr Biwak aufschlug. Sie verkündete, das Engagement gegen jede totalitäre, homophobe, die Rechte der Frauen einschränkende Bestrebung gehöre »zur DNA der SPD«. Als getreuer Nathanael fragte ich: »Sind Sie etwa islamophob?« Das sei doch wohl eine Provokation, versetzte die Maid. Ich hätte zurückfragen sollen, ob sie etwas gegen Provokationen habe, riet Freund *** später, aber wo denkt dieser Schelm hin, eine Dame provoziert man doch nicht, nicht einmal eine aufziehbare, man sagt: Madame, *ce pays nous ennuie,* sowohl Baudelaire als auch Ihren ergebenen Diener am Konferenztische, und wer sich auf der »Titanic« langweilt, muss ein Rettungsboot haben, woraus Sie folgern dürfen, dass ich … – aber wir wollen von schönen

Dingen reden, von Weinfesten und Listenplätzen, von Martin Schulz und Doktor Spalanzani. Doch schon war meine Olimpia entschwebt, zur nächsten Tagung und auf der Suche nach noch mehr Bürgernähe.

* »Bisweilen ist der Ruf nach mehr Differenzierung die letzte Zuflucht des Feiglings.« (Selbstzitat)

* * *

Auf der Konferenz ward auch die Frage aufgeworfen, erörtert und als letztlich nicht hundertprozentig beantwortbar zu den Akten gelegt, warum der »Populismus« nicht eher entstanden sei, etwa in den Siebzigern zu den Hochzeiten der RAF. Dabei ist die Antwort so simpel, dass man schon Soziologieschamane oder journalistischer Regenzauberer sein muss, sie zu verfehlen: Weil damals der Staat die Banditen und ihre Unterstützer bekämpfte (und nicht importierte), weil damals die Europäische Gemeinschaft ein Wirtschaftsverband war (und kein zentralistischer politischer Gleichschaltungsmoloch), weil überdies die Restdeutschen weiland mit der solidesten aller Währungen so etwas wie eine Rückgrats-Prothese besaßen, mit welcher sie die unglaubliche Last ihrer geschichtlichen Verantwortung zu tragen gelernt hatten, und weil es *last but not least* seinerzeit noch eine halbwegs konservative Union gab.

3. April

Wird das Brandenburger Tor nach dem Anschlag in St. Petersburg jetzt eigentlich aus Solidarität mit den Nationalfarben Russlands beleuchtet? Oder schert es die Elben wie immer nicht, wenn die Orks nur schnöde Menschen umgebracht haben? Oder machen sich die Berlin-Beleuchter allmählich Sorgen, dass das Tor in nicht allzu ferner Zeit jede Nacht in einer anderen Farbe erstrahlen müsste? Am besten, sie stellen einfach die Schrottbusse aus Dresden davor auf, die passen praktisch zu jeder Islam-Kirmes.

* * *

Die stellvertretende AfD-Bundesvorsitzende Beatrix von Storch hat eine Sottise von mir getwittert und auf einen Artikel verlinkt, wo sie erläutert wird. Es handelt sich um den Satz: »Die westlichen Antirassisten in Zeiten der neuen Völkerwanderung sind degenerierte Weiße, die sich den schwächsten Gegner ausgesucht haben: ihresgleichen.« Er fällt zur Sekundierung einer Bemerkung von Rolf Peter Sieferle, welche lautet: »Die letzten Menschen (gemeint im Sinne Nietzsches – M.K.) werden erstaunt sein, wie viele Alltagskonflikte plötzlich mit ungewohnter Gewalt ausgetragen werden. (...) Sie werden die Verunsicherung in innere Konfliktlinien transformieren, sie werden in den eigenen Reihen Feinde identifizieren, die leicht zu bekämpfen sind, da sie aus dem gleichen Holz geschnitzt sind wie sie selbst.«

Geradezu betörend drollig sind viele Reaktionen auf den Tweet, deren Verfasser allen Ernstes behaupten, die Sentenz sei eine Rechtfertigung des Rassismus. Wer meint, diese Art von »Antirassismus« wende sich gegen Rassisten, der glaubt wahrscheinlich auch, die Antifa bekämpfe den Faschismus. Und ein Zitronenfalter heiße Zitronenfalter, weil er Zitronen faltet.

* * *

Ein Demoskop stellte zwei statistische Befunde einander gegenüber, um die Relativität solcher Aussagen vorzuführen: In

Deutschland werde alle acht Minuten in eine Wohnung eingebrochen. – Es dauere theoretisch aber 130 Jahre, bis bei einem selber eingebrochen werde. (Man kennt dergleichen Relativierungsspielchen von Journalisten mit vorwiegend deutschen Migrationshintergrund, die sofort, wenn irgendwo ein Lkw-Unfall oder ein Messer-Unglück mit nicht mehr zu leugnendem islamischen Hintergrund stattgefunden haben, darauf hinweisen, wie statistisch unwahrscheinlich es sei, einem solchen Verwirrten persönlich zu begegnen.)

Beide Aussagen sind belanglos. Die einzig relevanten Feststellungen lauten: 1. Bei mir ist eingebrochen worden. 2. Es gibt immer mehr Einbrüche in Deutschland.

* * *

Das Hochamt der Diversity ist die Massenschlägerei. »Gruppen« oder »Familien« zelebrieren es inzwischen regelmäßig.

* * *

Mensus eram coelos, nunc terrae metior umbras.
Mens coelestis erat, corporis umbra iacet.
(»Die Himmel hab ich gemessen, jetzt mess ich die Schatten der Erde.
Himmelwärts strebte der Geist, des Körpers Schatten ruht hier.«)
Grabinschrift Johannes Keplers

6. April

Die Geduld des Progressisten mit der Demokratie endet bekanntlich schnell, sobald sie keine linken Mehrheiten produziert. Das ganz dicke Brett bohrt nun der Politikwissenschaftler Jason Brennan von der Georgetown University in Washington, der die Trump-Wahl einen »Tanz der Trottel« nennt – was das Tanzen angeht, liegt er, zumindest in meinem Fall, immerhin richtig. Der falsche Präsident habe »besonders große Unterstützung bei den Wählern, die besonders wenig über Politik wissen«, erklärt Brennan, und solche Personen würde er gern von den Wahlen ausschließen. Auch beim Brexit habe sich »klar gezeigt«: Diejenigen, die für das Verbleiben Englands in der EU gestimmt hatten, »konnten viel genauer sagen, wie viele Einwanderer aus der EU es gab, wie hoch Investitionen aus der EU waren und wie teuer Sozialhilfe. Je besser man die Fakten kannte, umso wahrscheinlicher hat man fürs Bleiben gestimmt«.

Natürlich glaube ich keine Sekunde, dass der Herr Professor seine Behauptung glaubhaft empirisch unterfüttern kann. Die weit überwiegende Mehrheit der Schwarzen und der Latinos etwa hat für Clinton gestimmt, und diese Klientel ist im Schnitt bestimmt nicht besonders gebildet, zumindest nicht besser als der *White Trash*, der Trump ins Amt hob. (Gibt es eigentlich auch einen »Black Trash« oder »Muslimic Trash«? Also dass es ihn gibt, ist bekannt, aber ein Wort dafür?) Dennoch: Als ein Mensch, der die peinlichen Rituale der Demokratie nur aus gebotener Ferne verfolgen kann und dem ganz blümerant wird bei dem Gedanken, wessen Stimme gleichviel wiegt wie seine, kann ich den Mann ganz gut verstehen. Nur an seinen Kriterien müsste er arbeiten. Warum sollte ein Mensch, der sich für Politik interessiert, eine gewichtigere Stimme besitzen als jemand, dessen Interesse der Physik oder dem Maschinenbau oder seinem Geschäft gilt? All die trostlosen Figuren, die bei der Heinrich-Böll- oder der Amadeu-Antonio-Stiftung oder in linken NGO's wimmeln – beinahe hätte ich »arbeiten« geschrieben – oder abends beim Chipsessen *Wikipedia*-Artikel linksscheiteln, können gewiss ganz gut politische 1000-Euro-Fragen beantworten, aber das erhebt sie doch nicht über wirklich nützliche Mitglieder der Gesellschaft wie Kanalarbeiter, Müllmänner, Prostituierte oder Polizisten, mögen jene auch weniger über Politik wissen, da sie ja zu tun haben. Hitler war politisch bestens informiert, Stalin desgleichen, ja und Mao erst! Und wer möchte bezweifeln, dass Frau Merkel detailliert im Bilde ist, »wie viele Einwanderer es gab, wie hoch Investitionen aus der EU waren und wie teuer Sozialhilfe«. Vielleicht ist sie ja gerade deswegen übergeschnappt.

Kurzum, ich schlage vor, dass all diejenigen, die ihr Einkommen nicht selber erwirtschaften, von den Wahlen ausgeschlossen werden, Mütter von Kindern berufstätiger Männer natürlich ausgenommen. Auch Politiker sollten nicht wählen dürfen, denn es ist peinlich, für sich selber zu stimmen. Wer vom Steuerzahler finanziert wird, etwa der gesamte politische Apparat und die Beamtenschaft, erhält nur eine halbe Stimme, was auch für geisteswissenschaftliche Professoren staatlicher Universitäten gilt, sofern sie nicht von ihren Publikationen leben. Ausgenommen von der Stimmhalbierung sind Polizisten und Soldaten, weil sie für die Gesellschaft ihre Knochen hinhalten. Persönlichkeiten, die besonders viel für ihr Land leisten, etwa naturwissenschaftliche Nobelpreisträger, können eine doppelte Stimme erwerben.

* * *

Leser ***, dem ich für den Hinweis danke, ist bei der Lektüre von Gustav Noskes Erinnerungen auf zwei Passagen über sozialdemokratisches Leben zur Zeit der Sozialistengesetze gestoßen, nämlich:

»Nur ganz wenige Wirte gaben zu Zusammenkünften mit größter Heimlichkeit ihre Lokale her, weil sie polizeiliche Maßregelung zu gewärtigen hatten. Jahrelang sind politische Besprechungen kleiner Kreise als Landpartien in den Wald aufgezogen worden.« (S. 7 f.)

»Jede geheim zu haltende Bewegung hat persönliche Rivalitäten und Stänkereien zur Folge. Dazu gesellt sich der Streit um die beste Richtung und Taktik. Von solchen Katzbalgereien wenig gebildeter, aber dafür von fanatischem Glauben erfüllter Männer habe ich reichlich in den Anfängen meiner parteipolitischen Erziehung Proben bekommen.» (S. 8)

Sehr lesenswert, fügt *** hinzu, sei auch Brigitte Seebacher-Brandts Bebel-Biografie. »Bebel war von 1881 bis 1890 Mitglied der 2. Kammer des sächsischen Landtags. Während der ganzen Zeit war das Sozialistengesetz in Kraft. Trotzdem kam es vor, dass Anträge, die Bebel stellte, von der bürgerlichen Kammermehrheit angenommen wurden (S. 199). Es waren halt andere Zeiten.«

* * *

Vergessen wir auch nicht die Stalinade des Tages:

Der ukrainische Tenor Iwan Semjonowitsch Koslowski, der als Stalins Hofsänger galt, bat den Diktator einmal, ins westliche Ausland reisen zu dürfen, wo er noch nie gewesen war.

»Wirst du nicht abhauen?«, fragte ihn Stalin.

»Ach was«, entgegnete Koslowski. »Es gibt nichts Schöneres für mich auf der ganzen Welt als mein Heimatdorf.«

»Na also«, versetzte Stalin. »Dann fahr lieber in dein Heimatdorf.

7. April

Vor vier Tagen mutmaßte ich an dieser Stelle, das Brandenburger Tor werde womöglich bald in jeder Woche in einer anderen Farbe erstrahlen dürfen. Dank des flexiblen und länderverbindenden Wirkens unserer frommen Dschihadisten wäre heute Nacht blau-gelb an der Reihe, und morgen … – wir wollen nicht vorgreifen, ein bisschen Überraschung muss sein, gerade vor Ostern. Ist es nicht begrüßenswert, dass die nach allen relevanten Zeugnissen immer mehr der Verblödung anheimgestellten Berliner Schüler auf diese Weise wenigstens die Flaggen der anderen Europäer kennenlernen? Aber welche Nationalfarben strahlen am häufigsten vom Brandenburger Tor? Wer wird den *European Attack Contest* gewinnen?

14. April

»Niemand wird als Menschenfeind geboren«, sagte ein Landtagsabgeordneter der sächsischen Linkspartei.

Und doch quälen bereits Kinder mit Wonne und neugieriger Begeisterung andere Kinder. Unsere Gene haben sich im Kampf mit Krokodilen und Höhlenbären geformt. Wir sind allesamt Nachfahren von Räubern, Totschlägern und Vergewaltigern.

Es wird auch niemand als Menschenfreund geboren.

* * *

Der Verfolger, der Typus Feind, der selber nichts ist, nichts vermag, nichts Eigenes vertritt, der ohne die von ihm angefeindete und verfolgte Person im Grunde gar nicht existiert, ist ein peinlicher Gegner, einer, gegen den man nicht punkten, auf den man sich nichts einbilden kann.

* * *

Was mich interessiert: Welche Länder werden in 30, 40 Jahren die europäischen Flüchtlinge aufnehmen? Und: Wenn endlich das ganze, wie Nicolaus Fest es treffend ausdrückt, »Gelichter« in Europa angesiedelt ist, wird der Orient dann vielleicht wieder lebenswert?

* * *

Der Vertreter eines großen Immobilienfonds wird durch Dresden chauffiert. »Wo sind denn in Ihrer Stadt die Problemviertel?«, erkundigt er sich beim Fahrer.

»Wir haben hier keine«, bekommt er zur Antwort.

Aber die Altparteien arbeiten daran, auch in Dunkeldeutschland die anderswo längst geltenden Buntheitskriterien durchzusetzen.

* * *

Heiko Maas ist ein Justizminister, um den uns unter anderem sogar die arabische Welt womöglich zu beneiden beginnt. Das »Netzwerkdurchsetzungsgesetz«, mit dem Maas Unternehmen wie Facebook, YouTube oder Twitter dazu zwingen will, »offensichtlich« rechtswidrige Inhalte binnen 24 Stunden zu löschen – ansonsten drohen Bußgelder in Höhe von bis zu 50 Millionen Euro –, wird, gleich anderen rechtswidrigen Maßnahmen des Präsidialregimes Merkel, wie ein Zäpfchen durch das sog. Parlament flutschen. Die Leute lassen sich aufschwatzen, es ginge um strafrechtlich relevante Beleidigungen und nicht um politische Kontrolle. Aber das

Internet war nie ein Ort, wo das Strafrecht nicht galt; tatsächlich will man uns bloß einreden, das Netz sei ein rechtsfreier Raum, damit es schrittweise in einen Unrechtsraum nach Maas'schem Sozialistengeschmack verwandelt werden kann. Da dies auf staatlichem Wege nicht ohne weiteres möglich ist, werden Unternehmen erpresst und zum präventiven Löschen genötigt. Gehen die Unternehmen dabei zu weit – und das werden sie zwanghaft tun –, kann unser Zensurvogt die Hände in Unschuld waschen und behaupten, das sei nicht seine Absicht gewesen. Und so etwas nennen regierungsfromme Zeitungen dann »Maas' Konzept der staatsfernen Selbstkontrolle der Anbieter«.

Das wirklich Erstaunliche freilich ist, dass unsere angeblich so protestbeflissene und zu jeder Art *#aufschrei* bereite Zivilgesellschaft die faktische Abschaffung der Meinungsfreiheit fast ohne einen Mucks hinnimmt. Eben erst ist der libanesisch-deutsche Regisseur und Journalist Imad Karim wegen seiner islamkritischen Haltung bei Facebook dauerhaft gelöscht worden. Es gibt kein »J'accuse« im Land der Diederich Heßlings und Heribert Prantls.

* * *

Wie heißt diese Sportart gleich, wo man auf den Bildschirm schaut und denkt: Die Zeitlupe dauert aber lange …? Ah, Frauenfußball!

16. April

Späte Erkenntnis eines DDR-Erfahrenen: Im Westen war tatsächlich alles besser. Sogar die Gehirnwäsche.

* * *

Man sollte einmal einen Menschen ausschließlich mit Bestsellern füttern, analog zur Erbsendiät von Büchners Woyzeck. Nach zehn Jahren darf dieser Mangelernährte eine Rede vor der Akademie halten, die dann allen Bestellerlisten als eine Art Beipackzettel angefügt wird.

* * *

So bunt wie ein Niqab.

* * *

Die Araber, hören wir immer wieder rühmen, haben während des finsteren europäischen Mittelalters die antiken Texte bewahrt. Die aus welchem Kontinent stammten?

* * *

Der Rechte: In jeder Minute, die wir uns unterhalten, wird irgendwo in unserem Land eine Frau von einem Einwanderer sexuell belästigt, bezieht irgendwo ein Einheimischer Prügel von jugendlichen Migranten.

Der Linke: In jeder Minute, in der wir uns unterhalten, wird ein Flüchtling von Einheimischen angepöbelt, gejagt oder geschlagen.

Der Rechte: Kann es sein, dass wir es mit einem Aktions-Reaktions-Schema zu tun haben?

Der Linke: Wollen Sie etwa behaupten, die Anschläge auf Asylbewerberheime seien gerechtfertigt?

Der Rechte: Nein, ich behaupte das nicht. Gott behauptet das. Die Natur behauptet das. Derjenige, der den Menschen seine Revierverteidigungs- und Überlebensinstinkte eingab, behauptet das.

Der Linke: Das ist Biologismus. Der Mensch ist ein soziales Wesen und durchaus imstande, sich mit Fremden zu arrangieren und mit ihnen zu teilen.

Der Rechte: Was aber, wenn die Fremden nicht die Absicht haben, sich zu arrangieren, sondern ganz biologistisch auf Beute aus sind?

(Wird unendlich fortgesetzt.)

18. April

Die politische Hauptaufgabe des Journalisten in der postfaktischen BRD ist praktisch wieder dieselbe wie in der präfaktischen DDR: Oppositionskritik.

* * *

Das Referendum in der Türkei ging denkbar knapp aus, das hat es mit den letzten Referenden im Westen gemeinsam. Einmal mehr zeigt sich, dass durch viele Gesellschaften ein tiefer Riss zwischen, grob gesagt, Modernisierern und Traditionalisten geht. Im Westen klafft er zwischen Nutznießern der Globalisierung und denjenigen, die die Zeche zahlen müssen. Niemand soll glauben, die türkische Version der Gesellschaftsspaltung ginge uns nichts an, weil sie rückschlägig oder -ständig sei; es könnte sich für die Europäer auch um Grüße aus der Zukunft handeln. Jedenfalls wird die Gleichzeitigkeit des Ungleichzeitigen, das Nebeneinander des einander-Ausschließenden auch im Westen immer mehr zunehmen, wovon allein die Tatsache zeugt, dass eine deutliche Mehrheit der hierzulande ansässigen Türken für Erdogans Quasi-Sultanat votiert hat.

Die Politik Receps des Prächtigen macht die EU-Mitgliedschaft der Türkei, so beflissen die verbliebenen Transatlantiker aus Nato-frommen Erwägungen immer noch dafür werben, von Tag zu Tag unmöglicher; wollen wir den Mann also nicht schelten. Außerdem erteilt er den Enthusiasten der Weltvereinheitlichung eine Lektion in Sachen Selbstbestimmungsrecht der Völker, wie es die Briten mit dem Brexit taten, wie es hoffentlich in den kommenden Jahren immer mehr Völker tun werden. Dieser Planet bleibt einstweilen ein Pluriversum, und das ist gut so. Reden wir nicht schlecht von den Nationen und ihren Eigenarten, sie sind der einzige Schutz vor dem tristen Einerlei der *Diversity*, vor dem grauen Tod, der den Völkern als »Gedanken Gottes« (Herder) im Einerlei der von Figuren wie George Soros bewirtschafteten *one world* droht. Und damit uns nicht das andere graue Einerlei noch weiter heimsucht, das von Minaretten ausgerufen wird, ist es höchste Zeit, die Zugbrücken hochzuziehen, die uns mit dem neuosmanischen Reich, Friede sei mit ihm, derzeit allzu eng verbinden.

20. April

Man muss blind sein, um hinter der Mär von der Diversity nicht den alten kommunistischen Spuk zu entdecken.

Die Diversifizierer können vor allem eines nicht ertragen: Besonderheit.

* * *

Wenn ein paar Nafris ihren Weibern elanvoll an die Wäsche gehen, stehen die braven Kölner mit angelegten Ohren daneben und schauen ergriffen zu. Aber wenn die AfD tagt, rotten sie sich in hellen Haufen zusammen, um gegen die einzige Oppositionspartei dieses Landes zu protestieren.

Was für ein Heldenstadt ist doch unser großes, heiliges Köln!

Selbstredend macht gerade ihr Kuschen vor echten Kriminellen, gegen deren Import sie nicht protestiert und an die sie Teile ihrer Stadt verloren haben, unsere Engagierten in ihrem zivilgesellschaftlichen Meutenmut erst so richtig scharf; es handelt sich um eine reine Ersatzhandlung von Courage-Simulanten, denen die eigene Feigheit mindestens unterbewusst peinlich ist.

Ginge von der AfD auch nur die geringste Gefahr aus, wir hörten keinen Mucks von diesen Wichten.

* * *

Einmal mehr wollen uns regierungsfromme Märchentanten mit Zahlen und Schätzungen für dumm verkaufen. Jeder zweite »Flüchtling«, verkündet eine Studie, könne fünf Jahre nach der Ankunft in Deutschland einen Job haben. Könne oder werde? Egal. Eine Erwerbstätigenquote von 50 Prozent unter Geflüchteten nach etwa fünf Jahren sei jedenfalls »realistisch«, teilt das Institut für Arbeitsmarkt- und Berufsforschung (IAB) in Nürnberg mit. Was mit der anderen Hälfte wird? Na die beschäftigt sich mit ihren nachgezogenen Familien und zeugt neue Mitglieder derselben, die um 2045 herum dann zu 50 Prozent einen Job haben könnten.

Erster Einschub: »Allerdings zählt das IAB auch bezahlte Praktika und geringfügige Beschäftigung als Erwerbstätigkeit«, vermeldet *Spiegel online*. Zweiter Einschub: Grundlage der Studie ist eine »Befragung« von mehr als 4 800 Flüchtlingen.

Der Untersuchung zufolge waren in der zweiten Jahreshälfte 2016 von den im Jahr davor »zugezogenen Flüchtlingen« im erwerbsfähigen Alter zehn Prozent erwerbstätig. Von den 2014 »Zugezogenen« (aber gottlob nicht Zugeknöpften) 22 Prozent, und von den 2013 glücklich Hereingeschneiten 31 Prozent.

Moment: 2015, war da nicht was? Gab es da nicht die sogenannte Flüchtlingskrise vulgo unkontrollierte Masseneinwanderung von inzwischen ca. anderthalb Millionen vorwiegend jungen Männern, darunter auch viele Schlüsseldienst-Spezialisten sowie gynäkologische und theologische Fachkräfte?

Unsere Mietstatistiker wollen also die Zahlen vor der Grenzöffnung verallgemeinern auf die Zahlen danach, damit sie auch künftig noch öffentliche Aufträge bekommen. Das ist ungefähr, als erklärte ein römischer Senator im Frühjahr 455, bisher habe man jedem zweiten Vandalen, der in Rom vorstellig wurde, ein Auskommen bei den Legionen und ein Quartier verschafft, also werde man sich mit Geiserich und seinen vor der Stadt stehenden Horden schon arrangieren.

Was man ja bekanntlich auch tat, nur war Rom halt deutlich ärmer danach, und ein paar Völkerwanderungswirren später quasi verschwunden, jedenfalls für Römer kaum mehr bewohnbar.

PS: »Werter Herr Klonovsky, als ehemaliger Anhörer beim BAMF kann ich über die Beschäftigungsprognose nur lachen«, schreibt Leser ***. »Die Angaben zur Ausbildung werden so gut wie nie mit Zeugnissen belegt, Sprachkenntnisse jenseits von Arabisch haben Seltenheitswert. Betrachtet man die Gruppen mit den höchsten Schutzquoten und den meisten Antragstellern, Syrien, Irak, Afghanistan, dann sehe ich von denen maximal – sehr wohlwollend geschätzt – 10% in 5 Jahren in der Lage, eine Beschäftigung oberhalb des Mindestlohns auszuüben. Die Masse hat maximal die Mittelschule (9. Klasse) beendet. Das entspricht der 6. oder 7. Klasse in Deutschland. Viele Kurden sind Analphabeten oder haben max. die Grundschule (6. Klasse) absolviert. Die arabische Kleinfamilie zählt 3 Kinder, normal sind 5 oder 6, nicht außergewöhnlich sind um die 10. Das korreliert signifikant mit dem Bildungsgrad. Die Leute haben alles verkauft, um nach Deutschland zu kommen. Alle haben mir erzählt, dass sie in Deutschland für immer bleiben wollen. Ein ähnlicher Lebensstandard ist für sie nirgendwo sonst erreichbar. Und das ohne Arbeit. Jeder Anhörer sieht das so, viele verstehen die Politik nicht. Die Antragsteller suchen ein gutes Leben, wer versteht das nicht. Aber was ist der Plan der Politiker und der Medien?«

* * *

Zu den Signaturen unserer Zeit gehört die Entpersönlichung der Toten. Wo das Leben immer mehr »optimiert« werden soll, haben sie und hat sogar der Tod keinen Platz mehr. Gestorben wird im Verborgenen, unter der Obhut von Fachpersonal. Die Friedhöfe sind nur unter der Erde überfüllt. Die Generation@ reserviert sich sowieso keine realen Gräber mehr, sondern strebt in die Nekropolen des World Wide Web, wo ein unsterbliches Lämpchen für sie neben Millionen gleichen anderen Lämpchen blinkt.

In seinem italienischen Reisetagebuch berichtet Joachim Fest von einem Sizilianer aus Agrigent, der sich auf dem Friedhof neben seinen Vorfahren einen Grabstein habe aufstellen lassen, mit seinem Namen, der emaillierten Fotografie und dem Geburtsdatum. Es fehle nur der Sterbetag, den der Steinmetz dann einsetzen werde. Von Zeit zu Zeit suche er sein Grab auf, um dort nachzudenken.

Der Grabstein schon zu Lebzeiten, habe der Mann erklärt, so fährt Fest fort, »sei ein alter Brauch auf Sizilien, der aber jetzt verlorengehe. Er habe sich dazu entschlossen, weil es sich besser mit dem Tod als ohne ihn lebe.«

23. *April*

Mit der Schlagzeile »Die Bauchentscheidung hat begonnen« will *Spiegel online* seine Leser schon mal auf einen nach Ansicht der Redaktion unfeinen Ausgang der französischen Präsidentschaftswahlen einstimmen. Hier muss ich intervenieren: Der Bauch entscheidet in diesem durch Migration und Macdonaldisierung immer mehr auch kulinarisch verlotternden Land kaum mehr, selbst wenn drei der vier als aussichtsreich gehandelten Kandidaten wahrscheinlich noch eine *Foie Gras d'Oie* von einer *Foie Gras de Canard* unterscheiden können.

25. *April*

Mein Text über die Heldenstadt Köln (*Acta diurna* vom 20. April) ist von Facebook entfernt worden. Viel zu spät übrigens, er wurde zuvor fast 1 000 Mal geteilt, das dauert zu lange, da hat unser Heiko Maas – er lebe hoch! Hoch! Hoch! – schon recht. Leider wurden auch die angehängten Kommentare der zahlreichen engagierten Antifaschisten und Besserkölner gelöscht, wofür ich nichts kann, aber ohne die Basis-Sottise hingen sie denn doch wohl etwas in der Luft. Sie werden sich denken können, geneigte Besucher meines Eckladens, dass ich mich dort etwas deplaciert empfinde, und zwar keineswegs, weil einem bisweilen der blanke Hass entgegenschlägt – wüsste ich ein Mittel, wie ich reinen Herzens alle Welt gegen mich aufbrächte, ich gäbe eine Flasche *Caol Illa 1983 Natural Cask Strength* dafür –, sondern weil ich nicht dauernd bei Null anfangen mag und mir für Belehrungen welcher Art auch immer der pädagogische Eros fehlt. Aber natürlich wollte ich, kindisch bis ans Ende meiner Tage, mit dem in Rede stehenden Text beleidigen und treffen.

Bei dieser Gelegenheit fällt mir auf, wie leicht, ein geringes schreiberisches Talent vorausgesetzt, sich die Facebook-Löschmotorik umgehen lässt – und da jede Art von Regel besser ist als gar keine, könnten sogar diese Zensurautomatismen eine sittenveredelnde Wirkung zeitigen. Reizwörter wie »Nafri« kann man umgehen, indem man beispielsweise schreibt: »das Gold aus den Schiffen«. Das plebejisch anmutende »Weibern an die Wäsche gehen« würde zensursicher im Bernstein der Formulierung: »an den Paradiesespforten der schon länger hier lebenden Mitbürgerinnen den Willkommensdank abstatten« oder »mit juvenilem Ungestüm die von Katrin Göring-Eckardt angekündigte Schenkungssteuer eintreiben«. Und so weiter. Allez!

* * *

Dennoch: »Wie konnte man sich über jemanden empören, der, unfehlbar, würde sterben müssen?« (Giuseppe Tomasi di Lampedusa)

* * *

Ist eigentlich irgendwem aufgefallen, dass die AfD, nachdem sie schon ihren Stuttgarter Parteitag auf den 1. Mai ansetzte, sich nunmehr an Lenins Geburtstag versammelte? Das kann doch nur eine Provokation sein!

* * *

Das älteste Volk der Welt sind – die Kopten. Sie dürfen als die direkten Nachfahren der Pharaonen gelten, als die eigentlichen Ägypter. Ihr Name und Copyright leitet sich ab vom griechischen Αἰγύπτιοι (Aigyptioi). Das Koptische bildet nicht nur eine Brücke zur Sprache des antiken Wunderlandes am Nil, sondern, wie mich vor vielen Jahren ein Ägyptologe belehrte, Koptisch *ist* Altägyptisch. Es wird nur nicht mehr mit Hieroglyphen geschrieben; während der Hellenisierung ihres Landes unter den Ptolemäern in den drei vorchristlichen Jahrhunderten übernahmen die Ägypter die griechische Schrift. Nur jene sieben Laute, für die sich im Griechischen keine Buchstaben fanden, wurden behalten. Es ist ungefähr so, als wenn man deutsch mit kyrillischen Buchstaben schriebe, diese aber um das C, H, Q, X und Z ergänzte.

Als die Araber in den Jahren nach 640 in Ägypten eindrangen, wurde das Land islamisch und die koptischen Ureinwohner (die längst christianisiert waren) immer mehr zur Minderheit. Auch dafür böte sich eine Analogie an, etwa wenn Frankreich durch Einwanderer in 100 Jahren ein islamisches Land geworden wäre, aber immer noch Frankreich hieße. Mit den Bauten der Pharaonen hatten die neuen Herrscher nichts zu schaffen, so wenig wie sich der durchschnittliche arabischstämmige Franzose für die Opéra national de Paris, Notre-Dame oder den Louvre interessiert. Sie gehörten nicht in ihre Tradition, man ließ sie verfallen, nutzte sie als Steinbrüche etc. Hätte es damals bereits die Taliban gegeben, außer den Pyramiden wäre wohl wenig vom alten Ägypten übriggeblieben, aber vielleicht haben auch die schiere Monumentalität der architektonischen und bildhauerischen Hinterlassenschaften, die Härte des Materials und die Unlust der neuen »Ägypter« zur körperlichen Betätigung Schlimmeres verhindert. Außerdem waren damals weder schwere Technik noch Sprengstoff vorhanden, worauf moderne Gottesbarbaren ja zurückgreifen, wenn sie heidnische Kultstätten demolieren. (Das ist übrigens keine »Islamkritik»; die Europäer gingen mit den Resten der Antike jahrhundertelang nicht anders um, und auch für die christianisierten Kopten waren die Zeugnisse der altägyptischen Religion kaum mehr als heidnisches Großgerümpel.)

Die ägyptischen Christen haben fast anderthalbtausend Jahre erfahren, wie es sich als religiöse Minderheit in einem islamischen Land lebt, sie erleiden gerade heute wieder Terror und Verfolgung, und doch haben sie eine bewundernswerte Zähigkeit und einen unbeugsamen Überlebenswillen bewiesen, und mit einer gewissen Genugtuung liest man in den Meldungen, dass sich die Kopten offenbar auch handfest zu wehren verstehen. Ein befreundeter Schriftsteller, der an einem Buch über die 21 koptischen Märtyrer arbeitet, die vom IS am Mittelmeerstrand von Libyen abgeschlachtet wurden, und dafür lange in Ägypten recherchierte, berichtet von einer unglaublichen Aufbruchsstimmung unter den Kopten, vom Wachstum der Christengemeinden, von neu errichteten Kirchen, von Kinderscharen und Taufen, von Optimismus, Stolz, Glaubensernst und Zukunftsgewissheit. Wenn das mitten im Orient möglich ist, warum dann eigentlich nicht hierzulande?

* * *

Einige Leser dieses Diariums haben meine rhetorische Frage, aus welchem Erdteil jene antiken Texte kamen, welche die lichte arabische Welt durch das finstere europäische Mittelalter gerettet habe, zum Anlass genommen, mir zu schreiben. Stellvertretend sei hier Leser *** zitiert:

»Die meisten islamischen Intellektuellen, oder wie immer man die größeren Geister bezeichnen möchte, waren Perser oder später Türken, welche bis heute auf den Araber als Fellachen herunterschauen. Von allen türkischen Sultanen, die sich offiziell als sunnitische Nachfolger der Kaliphen betrachten dürfen, das Kaliphat von Bagdad wurde ja 1258 von den Mongolen zerstört, sind nur ganze zwei nach Mekka gepilgert, um die heilige Hadsch anzutreten. Soviel zur türkischen Frömmigkeit vor Atatürk.

Durch die Übersetzerschulen, vor allem in Toledo und Cordoba, wurde vorwiegend das Werk des Aristoteles erschlossen und dann von Albert und Thomas kanonisiert, stark geprägt von den Kommentaren des Ibn Rushd (Averrhoes). Platons Schriften, mit Ausnahme des Timaios, der seit der Spätantike bis ins Früh- und Hochmittelalter bekannt war, wurden mit vielen weiteren antiken Autoren erst in der italienischen Renaissance wieder entdeckt und übersetzt, bzw. viele begannen nun das Studium des Griechischen, alles durch Vermittlung von Byzanz, mit Höhepunkt 1453, als Byzanz von den Türken eingenommen wurde, und die letzten Gelehrten mit ihren Büchern nach Italien flohen. Byzanz war also für die Vermittlung der antiken Schriften viel wichtiger als die ›Araber‹«.

Nicht nur Byzanz. Auch zahlreiche Mönche in den europäischen Klostern. Auch Friedrich II., der Staufer, der an seinem Hofe eine Art Gelehrtenrepublik versammelte, Juden, Araber, Deutsche, Italiener, Engländer, und 1224 in Neapel die erste nichtkirchliche Universität in Europa gründete. Dank Friedrich wurden zahlreiche Übersetzungen antiker Autoren angefertigt;

umgekehrt kamen mit seinem Segen auch Werke arabischer Gelehrter nach Europa.

Aber um solche Details ging es mir gar nicht. Ich wollte nur die Beschwärmer maurischer Generalaufgeklärtheit mit einer knappen Bemerkung von ihren fliegenden Teppichen auf den Boden zurückholen.

PS: Mir schwante schon, dass ich mit dem Thema ein Fass aufmachen würde.

Leser *** widerspricht seinem Vorredner zur Vermittlerrolle von Byzanz und schreibt: »Der französische Mittelalterforscher Sylvain Gouguenheim vertritt die These, byzantinische Christen hätten ab dem 12./13. Jahrhundert dem christlichen Mitteleuropa auf die Beine geholfen, es sei also ein innerchristlicher Prozess der Kulturvermittlung abgelaufen, keine griechisch-arabisch-lateinische Interaktion, sondern eine christliche Bewegung, gespeist aus einem Literaturstrom zwischen dem christlichen Byzanz und dem christlichen Westen. Arabische Übersetzungen seien lediglich Ergänzungen zu den bereits vorhandenen griechisch-lateinischen Übersetzungen gewesen. Der eigentliche Transfer sei also von ›Christ‹ (Byzanz) zu ›Christ‹ (Italien) erfolgt.

Diese in der Forschung als Minderheitenmeinung bewertete Interpretation, die sichtbar das Ziel verfolgt, den arabischen Beitrag zur abendländischen Kultur kleinzureden, korrespondiert weder mit den Ereignissen vom April 1182, als die Byzantiner unter den ›Lateinern‹ der Stadt ein furchtbares Massaker anrichten, bei dem an die 30 000 Menschen niedergemetzelt und über 4 000 versklavt werden, noch mit den Grausamkeiten des 4. Kreuzzuges (1202–1204), in dessen Verlauf Byzanz von den ›Lateinern‹ hemmungslos ausgeplündert wird. Bereits das Schisma im 11. Jahrhundert mit wechselweiser Exkommunikation und Verdammung dürfte das Klima zwischen Ost und West, Byzantinern und ›Lateinern‹, auf einen frostigen Tiefpunkt gebracht haben, so dass die Byzantiner kaum einen Anlass gesehen haben dürften, den lateinischen Christen bei der Suche nach kostbaren antiken Texten zu helfen.

Außerdem wäre zu bedenken, dass griechische Handschriften aus Byzanz in Mitteleuropa schon alleine deshalb auf wenig Interesse stoßen, weil Griechisch im lateinischsprachigen Mitteleuropa praktisch nicht gesprochen wird und die Juden, ein wichtiger Träger der Übersetzungen im arabischen Großreich, in Mitteleuropa verfemt sind, so dass sich der Textaustausch zwischen Byzanz und Mitteleuropa auf Einzeltexte beschränkt haben dürfte.

Angesichts der Schwächen des lateinischsprachigen Mittelalters im Umgang mit griechischer Literatur und im Bemühen, analog zur Übersetzung der »Heiligen« Schriften möglichst wortnahe zu übersetzen, sind die griechisch-lateinischen Übersetzungen häufig undeutlich und mystisch. Die arabisch-lateinischen Übersetzungen orientieren sich dagegen stärker am Inhalt, entfernen sich also vom Original. (...)

Die meisten Forscher sind der Auffassung, dass arabische Texte nicht nur häufig sorgfältiger kopiert, sondern auch in der Kommentierung und Zusammenschau vieler, auch nicht-griechischer Quellen dem byzantinischen Bücherbestand überlegen sind. Letzterer wird nach Auffassung des britischen Historikers Edward Gibbon ohnehin nur noch ›von matten Seelen, unfähig zum Denken und Handeln in leblosen Händen‹ gehalten.«

Ich sehe übrigens keinen Widerspruch darin, dass sich West- und Ostchristen an die Kehle gehen, während gleichzeitig ein paar bildungsfromme Gelehrte über die Fronten hinweg ihr Wissen austauschen; so lief und läuft es gottlob immer und hoffentlich auch fürderhin. Doch das nur beiseite gesprochen; ich besitze zur Klärung dieser Fragen nicht die nötigen Kenntnisse.

* * *

Dass es in der Geschichte der Deutschen keinen wirklich grausamen Herrscher gab, mag viel dazu beigetragen haben, dass sie auf den einen so hereingefallen sind und danach einen ganz besonderen Eifer entwickelten, diesen einen als völlig einzigartigen Schurken darzustellen.

* * *

Wir hatten lange keine Stalinade mehr im Angebot: Einer der letzten Aufsätze, die Stalin schrieb beziehungsweise sich schreiben ließ, war »Marxismus und Fragen der Sprachwissenschaft«. Das Akademiemitglied Winogradow, Verfasser des Urtextes, las eine vom вождь überarbeitete Kurzversion in der *Prawda* und erschrak zutiefst. Dort stand, dass sich die russische Sprache aus dem Kursk-Orjolschen Dialekt und nicht aus dem Kursk-Moskauer Dialekt – wie er korrekt geschrieben hatte – entwickelt habe. Winogradow rief in Stalins Sekretariat an und erklärte den Irrtum. Der Sekretär blieb völlig gelassen und sagte: »Wenn Genosse Stalin meint, dass es so war, dann wird sich die russische Sprache ab jetzt aus dem Kursk-Orjolschen Dialekt entwickelt haben.«

26. April

Wer oder was ist eigentlich »die Zivilgesellschaft«? Woher nimmt sie ihr Mandat? Was legitimiert sie? Wer hat sie gewählt? Oder sollte man gelegentlich besser fragen: Wer hat sie geschmiert? Die AfD, man halte von ihr, was man von jeder anderen Partei halte, sitzt mit meist zweistelligen Resultaten in diversen Landtagen und bald im Bundestag, sie hat heute schon das Mandat von weit über einer Million Wählern. Welches Mandat haben ein paar tausend Kölner und nach Köln auf wessen Kosten und Geheiß auch immer gereiste Demonstranten, die dort ihre ermüdend monotonen Buntheitsparolen ausschreien?

* * *

Zur Aussage von Innenminister de Maizière, sein Ministerium verzeichne bei der Kriminalitätsbelastung von »Zuwanderern« im Vergleich zum Vorjahr einen Anstieg um mehr als 50 Prozent: Hätte er 2014 als Vergleichsjahr genommen, könnte er sogar stolz eine Verdreifachung der zugelaufenen Tatverdächtigen melden. Binnen dreier Jahre hat sich die Zahl der eingewanderten Tatverdächtigen ver-drei-facht! Rechnen Sie das mal auf die nächsten drei Jahre hoch, wenn die Party erst richtig losgeht! Darf man nicht, ich weiß, jeder Tag hat seine Plag', und doch ist keiner ganz wie der andere, und so wird es auch fette und magere Jahre für hereingeschneite sozial und sexuell Verzweifelte geben. Außerdem, höre ich's aus grünen Gefilden grummeln, sind ja in den fraglichen Jahren so viele Menschen bei uns eingewandert, nein: zu uns geflohen, überwiegend junge Männer, und da ist es ja *ganz normal*, dass auch Kriminelle darunter sind, es ist ganz normal, hören Sie? Ganz normal. Vollkommen normal. Erwartbar normal. So was von normal, dass es geradezu unnormal erscheint, darüber ein großes Gerede oder Geschrei anzufangen, nach mehr Sicherheit und Grenzkontrollen zu verlangen oder gar sein Wahlverhalten zu ändern. Oder haben Sie was gegen Buntheit?

* * *

Mögen auch in diesem Falle, nach den beiden gestrigen Zuschriften zum Thema, aller guten Dinge drei sein:

Leser *** gestattet sich »ein paar Anmerkungen in Bezug auf das resonanzkräftige Thema Araber und antike Texte: Die Mauren waren im Mittelalter dem christlichen Abendland tatsächlich in praktisch allen Wissenschaften überlegen. Byzanz bzw. byzantinische Christen spielten beim östlich-westlichen Wissenstransfer nur eine untergeordnete Rolle, entscheidend waren Bagdad und Toledo. Die Übersetzerschule von Bagdad (im sogenannten ›Haus der Weisheit‹) hatte im 8. und 9. Jahrhundert aufgrund ihrer Übersetzungen von Texten aus der griechischen Antike welthistorische Bedeutung, da in nicht wenigen Fällen die dort übersetzten Texte das einzige Zeugnis von Texten sind, die im griechischen Original verloren gegangen waren. Sponsoren dieser Übersetzungen bzw. Wissensweitergabe waren abassidische, also arabische Kalifen, insbesondere Harun al-Rashid und al-Ma'mun; die geistige, übersetzerische Arbeit hingegen wurde in vielen Fällen von syrischen Christen übernommen, die sowohl des Arabischen als auch des Griechischen mächtig waren. Um nur zwei Namen zu nennen: Hunayn ibn Ishaq, ohne dessen Übersetzungen von Galen und Hippokrates die mittelalterliche Medizin wohl ganz erbärmlich ausgesehen hätte; und Thabit ibn Qurra hat mit seinen Übersetzungen von Euklid, Archimedes und Ptolemäus die Arithmetik und Astronomie weit vorangebracht ... Drei Jahrhunderte nach Bagdad wurde dann das maurische Toledo in Spanien zum Zentrum der Wissensvermittlung: Im 12. und 13. Jahrhundert wurden hier alle bedeutenden Schriften aus den Bereichen Wissenschaft und Philosophie aus dem Arabischen ins Lateinische übersetzt. Hier waren nun kaum noch ›waschechte‹ Araber an den Übersetzungen beteiligt, sondern vielmehr wurden diese von Mozarabern, also Christen, die sich im muslimischen Spanien in religiöser, sprachlicher und kultureller Hinsicht an die Mauren angepasst hatten, oder von Juden und Christen angefertigt. Üblicherweise übersetzte ein Mozaraber oder ein arabischkundiger Jude den arabischen Ausgangstext mündlich in die damalige romanische Umgangssprache, und ein christlicher Kleriker übersetzte dies ins Lateinische.«

* * *

Also gut, einer noch: »Bei den genannten ›Arabern‹ handelt es sich um Leute, die das antike Wissen ungemindert weitertragen konnten, da der Orient bekanntlich keine Völkerwanderung kannte. Sie haben also nichts ›übernommen‹, sondern waren, speziell Syrer und Nordafrikaner, ehemalige Angehörige des Römischen Reichs. Das antike Wissen war damit ihr Wissen.«

29. April

Zitat des Tages 1:
»Ihre Sprache lassen sie verkommen. Ihre Jugend lassen sie verkommen. Ihre Kultur lassen sie verkommen. Ihre Sitten lassen sie verkommen. Ihr Land lassen sie verkommen. Ihr Volk lassen sie verkommen. Ihre ungeborenen Kinder schmeißen sie in den Abfall. Nur ihren Müll sortieren sie fein.« (Netzfund)

Zitat des Tages 2:
Katharina Szabo untersucht auf *achgut.de* die Ankündigung des österreichischen Bundespräsidenten Alexander Van der Bellen, er werde der »um sich greifenden Islamophobie«, wenn das so weitergehe, eines Tages oder irgendwann mit der an alle

Österreicherinnen gerichteten Bitte entgegentreten, sie mögen »aus Solidarität« mit den Muslimas ein Kopftuch tragen. Ob er sich an die Geschichte des Ali Baba aus Tausendundeiner Nacht erinnert hat, dessen kluge Dienerin, nachdem sie bemerkte, dass irgendwer das Haus ihres Herren aus womöglich sinistren Motiven mit einem Kreuz gekennzeichnet hatte, sämtliche Häuser in der Nachbarschaft ebenso markierte? Frau Szabo stellt indes die wohlbegründete Frage, ob Van der Bellen auch die österreichischen Männer dazu aufrufen wird, sich als Bekenntnis gegen die Islamophobie eine minderjährige Zweitfrau zuzulegen. Und nun kommt der Satz des Tages in einem Leserkommentar; er lautet: »Hunde wie Bellen beißen nicht.«

(Aber mal unter uns helldeutschen Betschwestern gefragt: Ist es nicht zum Schießen, was für eine steindumme Figur das österreichische Establishment an die Spitze seines Volkssturms gegen den Populismus einberufen hat?)

30. April

Die Sonntage immer den Künsten!

Dieser Tage vor sechzig Jahren lag ein sizilianischer Aristokrat, ein Fürst, todkrank darnieder und verschickte das Manuskript seines Romans – es war der einzige Roman, den er je geschrieben hatte – an eine Tochter Benedetto Croces. Als keine Antwort kam, sandte er eine Kopie an einen Lektor bei Einaudi. Der lehnte das Manuskript mit der Bemerkung ab, es sei zu essayistisch. Der Fürst erhielt die Antwort auf dem Sterbebett, sagte »Schade!« und ging kurze Zeit später zu den Vielen.

Das andere Manuskript fand mit Verzögerung seinen Weg zu Feltrinelli. 1958 erschien das Buch und wurde ein überwältigender Erfolg.

In Rede steht der Roman *Il Gattopardo* von Giuseppe Tomasi di Lampedusa, ein Werk höchsten literarischen Karats und eines meiner Lieblingsbücher. Der polyglotte und vielbelesene Adlige hat darin die Geschichte seiner eigenen Familie verarbeitet. Ende 1954 begann er mit der Niederschrift. Am 23. Juli 1957 starb er an Lungenkrebs.

Il Gattopardo ist der Sizilienroman schlechthin, natürlich auch ein Gesellschaftsroman – was die tiefe Einsicht in zwischenmenschlich-gesellschaftliche Konstellationen angeht, bewegt sich dieses Buch durchaus auf einer Ebene mit Prousts »Recherche« –, ein Epochenwechsel- und Endzeitroman – als Vergleich und vielleicht etwas allzu plakativ ins Deutsche gedreht: »Buddenbrooks« mit einem gehörigen Schuss Spengler –, aber vor allem hielt mit Lampedusas *Opus postumum* die größte Insel des Mittelmeers Einzug in die Weltliteratur.

Der Roman schildert das *Risorgimento* aus der Perspektive des Fürsten Don Fabrizio Salina. Dieser Fürst ist eine imposante Gestalt, ein *Mannsbild,* wie man früher sagte, Vater von sieben Kindern, ein so herren- wie hünenhafter Patriarch, aber von zärtlicher Wesensart, blitzgescheit und melancholisch, mit astronomischen Interessen, erotischen Bedürfnissen und einer Raubkatze auf dem Wappen. Folgen wir ihm zunächst kurz in den Garten seines Palastes, eine gute Gelegenheit, sich am Sprachvermögen seines Schöpfers und Klassengenossen zu erbauen:

»Die Paul-Neyron-Rosen, deren Stecklinge er persönlich in Paris gekauft hatte, waren degeneriert: zunächst getrieben, danach erschlafft von den kraftvollen trägen Säften der sizilianischen Erde, von den apokalyptischen Julimonaten versengt, hatten sie sich in eine Art obszöne fleischfarbene Kohlköpfe verwandelt, die dafür einen betäubenden, ja fast erotischen Duft verströmten, den kein französischer Züchter zu erhoffen gewagt hätte. Der Fürst hielt sich eine unter die Nase, und ihm war, als rieche er den Schenkel einer Ballerina der Pariser Opéra.«

Der Roman beginnt im Frühjahr 1860. Der Guerillaführer Giuseppe Garibaldi ist mit seinem Heer von Freiwilligen auf Sizilien gelandet, um die Bourbonen zu vertreiben und für die Einheit Italiens zu kämpfen. Einen sizilianischen Adligen wie Don Fabrizio kümmern die Herrscherwechsel normalerweise wenig. Bislang hat sich sein Geschlecht – wie die gesamte Bevölkerung der Insel – mit den immer neuen Machthabern stets zu arrangieren gewusst. Doch diesmal ist es anders. Ein grundlegenderer Wandel kündigt sich an als der zwischen zwei fremdländischen Steuererhebern. Die Gesellschaft als ganze wird umgestürzt. Ein neuer Menschenschlag betritt die Bühne. Er wird *peu à peu* die gesamte alte Oberklasse verdrängen und sich an ihre Stelle setzen, ohne die Lücke ganz ausfüllen zu können, die jene Klasse hinterlässt. Vom Schmerz dieser Lücke handelt der Roman. »Wenn eine Aristokratie untergeht, zerfällt sie in tausend kraftvolle Individuen, die gewaltsam in die Geschichte geworfen werden; wenn eine Demokratie untergeht, schrumpft sie wie ein Gummiball«, schrieb Nicolás Gómez Dávila; womöglich ist diese Sentenz eine Scholie zu Lampedusas Meisterwerk gewesen. Was den zweiten Teil betrifft, wird sich ihr prophetischer Wert in den kommenden Jahren zeigen.

Das Exemplar jenes aufsteigenden Menschenschlages, mit dem sich der Fürst konfrontiert sieht, ist Don Calogero Sedára, ein umtriebiger Geschäftsmann und korrupter Verwalter, ein

Mensch ohne Kultur, ohne Empathie, schlau, verschlagen, skrupellos, der mit ganz unsizilianischem Eifer – »Von jeder Erdscholle stieg fast greifbar ein Verlangen nach Schönheit auf, das von der Trägheit rasch ermattet wurde« – seinen Reichtum mehrt.

Als sich die Familie Salina wie jedes Jahr für drei Monate auf den Landsitz nach Donnafugata zurückzieht, ist Don Calogero dort inzwischen zum Bürgermeister und Oberhaupt der Liberalen aufgestiegen. Nach alter Sitte lädt der Fürst die lokalen Notabeln zum Dinner. Aus Zartgefühl gegenüber denjenigen unter den Gästen, die keinen besitzen, verzichtet er auf den Gesellschaftsanzug. Doch dann platzt der 16-jährige Sohn Paolo in den Salon und ruft, Don Calogero sei angekommen, und er sei »im Frack«.

Normalerweise würde sich einer wie Don Fabrizio über den *overdressed* erscheinenden Emporkömmling amüsieren. »Jetzt aber, besonders empfänglich für Vorahnungen und Symbole, sah er in jenem weißen Krawättchen und in den zwei schwarzen Rockschößen, die die Treppe seines Hauses hinaufkamen, die Revolution selbst. Nicht nur war er, der Fürst, nicht mehr der alleinige Herr von Donnafugata, sondern er war überdies gezwungen, im Gehrock einen Gast willkommen zu heißen, der, mit Fug und Recht, im Gesellschaftsanzug erschien. (…) Dessen Anblick milderte jedoch seinen Kummer. Als politische Demonstration zwar vorzüglich geeignet, war Don Calogeros Frack jedoch als schneiderische Leistung eindeutig eine Katastrophe. Das Tuch war von feinster Qualität, die Machart nach der neuesten Mode, der Schnitt aber schlicht monströs. Londons Wort war unsäglich kläglich in einem grigentischen Schneider Fleisch geworden, an den sich Don Calogeros hartnäckiger Geiz gewandt hatte.«

Fürst Salina hat einen gutaussehenden, einnehmenden und talentierten Neffen, Tancredi mit Namen, den er mehr liebt als seine leiblichen Kinder, Don Calogero wiederum ist Vater einer atemberaubend schöne Tochter namens Angelica. In Viscontis Verfilmung *Der Leopard* aus dem Jahr 1963 werden die beiden gespielt von Alain Delon und Claudia Cardinale, das Casting war in Ordnung, den Film insgesamt können Sie getrost vergessen. Der Regisseur hat das tragische Epos über den Niedergang des sizilianischen Adels in einen sentimentalen Kostüm- oder Revuefilm verwandelt; kein Abgrund, nirgends; vom grandiosen Stoizismus des Originals, dieser Mischung aus Grandezza, Melancholie und Untröstlichkeit, vermittelt der Film wenig. Ach, hätte doch ein Kubrick …

Kurzum: Wenige Besuche später verlässt der Parvenü mit stolzer Brust den Palast, »während, von oben herab, die ragende Gestalt des Fürsten dem kleiner werdenden Häufchen aus List, schlecht sitzenden Kleidern, Gold und Ignoranz nachschaute, das jetzt fast zur Familie gehörte«. Die rustikalen Methoden des Quasi-Schwiegersohns als Verwalter verschaffen dem Fürsten einige Einkünfte mehr (und schaden seinem Ruf); im Gegenzug bringt er Don Calogero ein paar Manieren bei, aber das ist nur Schminke. Der Paradigmenwechsel ist unaufhaltsam. Was er bedeutet, beschreiben zwei kurze Passagen nahezu erschöpfend. Die erste: »Jahrhundertealte Bräuche verlangten, daß sich die Familie Salina am Tag nach der Ankunft ins Kloster Santo Spirito begab, um am Grab der seligen Corbèra zu beten.« Dieser reizende Imperativ – das unhinterfragbare geistige Ritual, das Existieren in Zusammenhängen über viele Generationen, das sich-Fügen in formfordernde Unbequemlichkeiten als Voraussetzung für alle Kultur – verliert jede Dignität. Er stirbt aus.

Die zweite Passage beschreibt den Blick des Fürsten auf seinen Quasi-Enkel: »Die Bedeutung eines Adelsgeschlechts beruht voll und ganz auf der Tradition, auf den lebenswichtigen Erinnerungen; und er, er war der letzte, der ungewöhnliche Erinnerungen besaß, ganz andere als die der übrigen Familien. Fabrizietto würde banale Erinnerungen haben, die gleichen wie seine Mitschüler am Gymnasium.«

Am Ende des Romans zieht der Don Fabrizio Bilanz: »Wir waren die Pardel, die Löwen; die uns ersetzen, werden die Schakälchen sein, die Hyänen; und wir allesamt, Pardel, Schakale und Schafe, werden uns weiterhin für das Salz der Erde halten.«

Hier ist ein zoologischer Einschub fällig. Des Italienischen auch nur halbwegs Kundige stellen sich automatisch die Frage, warum Viscontis Film in Deutschland unter dem Titel *Der Leopard* lief. Der Gattopardo ist ja der Pardel oder Serval, ein kleinerer und durch irgendein Spezifikum im Rachenraum sogar des Brüllens unkundiger Bruder des Leoparden. Lampedusas Roman führt den von ihm geschilderten Verfall also ironisch im Titel mit, aber den Filmverleihern war das vermutlich zu artifiziell und zugleich zu banal. Einschub beendet.

In einer der Szenen, die der Einaudi-Lektor möglicherweise als »zu essayistisch« empfand, besucht der Sekretär der Präfektur, ein Norditaliener, den Fürsten, um ihm einen Platz im Senat anzudienen. Salina schlägt statt seiner Don Calogero vor. Die Gründe, mit denen der Fürst ablehnt, sind eine Beschreibung der sizilianischen Mentalität, die dortzuland rasch kanonisch wurde. In Sizilien sei es belanglos, ob jemand richtig oder falsch handele, erklärt der Fürst, die einzig unverzeihliche Sünde bestehe darin, überhaupt zu handeln: »Schlaf, das ist es, was die Sizilianer wollen, und sie werden denjenigen hassen, der sie wecken möchte.« Den neuen parlamentarischen Herren stehe die Idee vor Augen, Sizilien zu modernisieren, doch ein modernes Sizilien, das sei »wie eine Hundertjährige im Rollstuhl, die man zur Weltausstellung geschleppt hat, die nichts versteht und der alles egal ist«.

Alle sizilianischen Handlungen, führt Don Fabrizio weiter aus, »sind geträumte Handlungen, auch die gewalttätigsten, unsere Sinnlichkeit ist Verlangen nach Vergessen, unsere *lupare* und unsere Messerstechereien sind Todessehnsucht; Sehnsucht nach wollüstiger Erstarrung, also wiederum nach Sterben; (...) unser meditativer Anschein ist der des Nichts«. Die Sizilianer »werden nie den Wunsch haben, sich zu verbessern, aus dem einfachen Grund, weil sie glauben, vollkommen zu sein; ihre Eitelkeit ist stärker als ihr Elend«. Niemand und nichts könne »ihr selbstzufriedenes Warten auf das Nichts in Frage stellen«.

Und: »Diese Heftigkeit der Landschaft, diese Grausamkeit des Klimas, diese andauernde Spannung, wohin man blickt, auch diese Monumente aus der Vergangenheit, herrlich, jedoch unverständlich, weil nicht von uns gebaut, und die uns umgeben wie prachtvolle stumme Gespenster; all die zu den Waffen greifenden und wer weiß woher gelandeten Herrscher, die, sofort zufriedengestellt, schon bald gehaßt und immer unverstanden, sich uns bloß anhand von rätselhaften Kunstwerken und mittels handfester Steuereintreiber mitgeteilt haben, mittels Steuern, die dann woanders ausgegeben wurden; all dies hat unseren Charakter geformt, der von äußeren Fügungen geprägt bleibt und überdies von einer erschreckenden Inselmentalität.«

Auf Sizilien, unter einem Himmel, aus dem es die Hälfte des Jahres, wie Salina es in einem biblischen Bild ausdrückt, *Feuer regnet,* gleicht mehr als anderswo auf der Welt ein Tag dem anderen. Der 10. Juli 1943 sollte eine Ausnahme werden.

Es begann die Operation »Husky«, mit der die Amerikaner ihre Landung auf der Insel vorbereiteten, und wenn Amerikaner eine Bodenoperation vorbereiten, pflegen sie denen an besagtem Boden bekanntlich möglichst viele Bomben auf die Köpfe zu werfen. Eine davon traf den Palast der Lampedusa in Palermo und vernichtete in Sekunden alles, was diese Familie in Jahrhunderten aufgebaut und geliebt hatte – die kostbare Bibliothek, den Garten, die Säle mit ihren Fresken: »An der Decke schauten die über goldene Wolkenbänke geneigten Götter lächelnd herunter, unerbittlich wie der Sommerhimmel. Sie wähnten sich ewig: eine in Pittsburgh, Pa., hergestellte Bombe sollte ihnen 1943 das Gegenteil beweisen.« Insgesamt zerstörten die Luftangriffe allein in Palermo mehr als sechzig Kirchen und Paläste.

Giuseppe Tomasi Caro, Fürst von Lampedusa, Herzog von Palma, hat versichert, er schreibe nur, um mit seiner Traurigkeit fertig zu werden.

4. Mai

Immer mehr Arten sind vielfaltsbedroht.

* * *

Was gibt's Bewährtes aus der Lückenpresse? Man könnte zunächst einmal den Hype um die neuesten BKA-Zahlen zur Kriminalität der sogenannten »Flüchtlinge« bewundern – haben Sie nichts bemerkt? Nachdem im vergangenen Jahr, als es auch schon ein garstig Märlein war, nahezu sämtliche Medien verkündet hatten, Zugelaufene seien nicht krimineller als diejenigen, die zufällig schon länger hier herumlungern, scheint man sich diesmal aufs Beschweigen der (freilich nur das sog. Hellfeld abbildenden) Tatsache verständigt zu haben, dass die Kriminalitätsbelastung von »Zuwanderern« um 53 Prozent gegenüber dem bereits rekordverdächtigen Vorjahr gestiegen ist. Vereinzelt las man's, aber die großen Wortführer fanden die Nachricht nicht so wichtig, geschweige denn skandalös; sie stünden ja sonst als Lumpen da. Nächstes Jahr werden unsere Medienschaffenden erst recht schweigen. Und was die »Flüchtlinge« angeht: Weniger als drei Prozent der in Italien übers Mittelmeer Hereinschneienden seien tatsächlich »Refugees«, melden diverse nichtdeutsche Zeitungen; auch das halten die verdienten Genossen von der Lückenpresse offenbar für nicht besonders verbreitenswert.

Bemerkenswert indes ist ein internes Papier aus dem Staatsrundfunk unter dem Motto »Ist dein Kollege ein Rassist?«. Die Gebrauchsanleitung für den kleinen öffentlich-rechtlichen Denunzianten zur Überführung bislang eher okkulter rassistischer Einstellungen im Kreise der Mitarbeiter liest sich wie folgt: Es beginne mit Fragen wie: »Hast Du auch Angst, deine Frau abends noch U-Bahn fahren zu lassen?«, dann werde das Gespräch auf »erfundene« oder verallgemeinerte Einzelfälle gelenkt, und, pardauz!, schon sei der Kollege bei der »fremdenfeindlichen Propaganda« angelangt und ein Fall für die Personalabteilung, wenn nicht für den Volksgerichtshof. Rassistische Äußerungen sind ein Kündigungsgrund!

Und noch eine Trouvaille, diesmal aus der Kategorie Canaillenpresse: Der (gebührenfinanzierte) *Deutschlandfunk* meldet, unter Trump sei die Pressefreiheit in den USA in Gefahr geraten; nach einem aktuellen Ranking von »Reporter ohne Grenzen« (RoG) sei das *Land of the Free* auf Rang 43 »abgerutscht, hinter Burkina Faso«. Das einzige, was an dieser

Meldung stimmt, ist Rang 43. Das RoG-Ranking listet in der ersten Kategorie (»gut«) ein Dutzend Länder, in Kategorie zwei (»zufriedenstellend«) folgen dann beispielsweise Frankreich, Australien, Kanada, Großbritannien, Spanien, die USA. Und Burkina Faso! Freilich sind die Amerikaner gar nicht besonders »abgerutscht«, sondern sie lagen 2015 etwa acht Plätze schlechter. Wer regierte damals? Der Messias? Na so was. Aber das war's immer noch nicht ganz mit der Desinformazia. Die aktuelle RoG-Auswertung erfasst nämlich den »Zeitraum vom 1. Januar 2016 bis zum 31. Dezember 2016«. Trump wurde im Januar 2017 vereidigt. (Dies journalistische Haileid fand ich auf der immer wieder lesenswerten Seite *Die Spoekenkiekerei.*)

5. Mai

Die Frage, warum ausgerechnet viele Hollywood-Stars psychische Probleme haben, beantworten Psychologen gemeinhin mit dem Umkehrschluss, dass eben oft Menschen mit Verhaltensauffälligkeiten Stars werden. Zu einem vergleichbaren Resultat gelangt der Militärhistoriker Martin van Creveld bei der Analyse des Phänomens, dass immer mehr Frauen beim Militär beschäftigt sind: Nicht deren massenhafte Rekrutierung habe die westlichen Armeen bis zur Kriegsunfähigkeit geschwächt – *Pussycats* heißt van Crevelds neues Buch zum Thema –, sondern die Truppen seien, von ein paar Eliteeinheiten abgesehen, bereits kriegsuntauglich gewesen, als sie begannen, den Frauen die Kasernentore zu öffnen.

Die Existenz von Soldatinnen in großer Zahl signalisiert: Wir wollen keinen Krieg, wir wollen strenggenommen nicht einmal kämpfen, außer vielleicht mit Drohnen und Robotern und Seit' an Seit' mit Gleichstellungsoffizierinnen gegen den alltäglichen Sexismus. Wie der Westen insgesamt befinden sich auch seine Armeen weltweit auf dem Rückzug.

Die Bundeswehr, immerhin die Nachfolgerin der unbestritten besten Armee, die die Welt je gesehen hat, ist heute eine besonders exemplarische Kasperltruppe, in Narrenkleider gehüllt, miserabel bewaffnet, kaputtgespart, geführt von feigen Generälen und einer Ministerin, der man vielleicht besser die Chefredaktion der *Brigitte* anvertrauen sollte. Die Neu- und Restdeutschen wollen bekanntlich alles zu hundert Prozent anders machen als die Nazis, was speziell beim Militär auf das Paradox einer pazifizierten, friedfertigen, handzahmen Truppe hinauslaufen musste, die offiziell keine Feinde mehr kennt, und so sieht der Laden denn auch aus: Die Soldaten sind gehalten, sogar unter Feuer brav ihren Müll zu trennen, die Panzer werden schwangerentauglich, die Kasernen kindergerecht ausgestattet, die Artillerie wird demnächst nur noch biologisch abbaubare Munition verschießen, nicht einmal beim Häuserkampf darf die Wehrmacht mehr das Vorbild sein, sondern vielleicht besser die Berliner Antifa, und wer eine Soldatin in allen Ehren anmacht, wird in Unehren entlassen. Deutschlands »schimmernde Wehr« hat keinen Schimmer, wie sie ihr Land im Ernstfall verteidigen sollte. Dass da und dort noch ein paar Kampfflieger, Afghanistan-Infanteristen und KSK-Männer einen guten Job machen, ist unbenommen, aber Arnold Gehlens Vorschlag, die Bundeswehr möge sich »Leben und leben lassen« aufs Koppelschloss schreiben, darf praktisch als durchgesetzt gelten.

Und nun attestiert also eine Emnid-Umfrage im Auftrag von N24 der Bundeswehr ein Rechtsradikalismus-Problem: 49 Prozent der Deutschen sehen ein solches – unter den Anhängern der Grünen sind es naturgemäß 90 Prozent, bei den

SPD-Sympathisanten 75 Prozent. Selbst in dem sagenhaften Atlantis brüllten in der Nacht, als das Meer es verschlang, die Ersaufenden nach ihren Sklaven, und so werden die Roten und die Grünen dereinst nach Schutz brüllen, und sie werden es, *inschallah* und gottlob, gewiss vergeblich tun. Die Bundeswehr hat in der Tat ein gewaltiges Problem, aber das hat mit Extremismus nichts zu tun – es fällt übrigens auf, dass die vor kurzem beim Bund aufgeflogenen islamischen Extremisten nicht ein Achtel der Medienaufmerksamkeit bekamen wie jetzt dieser dubiose »Völkische« namens Franco A. –, sondern damit, dass sie keine Armee mehr ist. Jede normale Armee ist nämlich in gewisser Weise »rechtsradikal«, insofern das Militärische, das Martialische, der Drill, die Manneszucht, die organisierte Brutalität, die ganze Kunst des Tötens samt der Bereitschaft, fürs Vaterland zu sterben, »rechtsradikal« sind – oder von mir aus, Genosse Trotzki, Genosse Shukow, »linksradikal« –, aber eben nicht »grün« oder »feministisch« oder »bunt« oder »diskursiv« oder »tolerant« oder »zivilgesellschaftlich« …

* * *

Vor kurzem fragte mich die *Junge Freiheit*, ob ich einen Artikel über Ralf Stegner schreiben wolle resp. könne. Angesichts der Tatsache, dass Ludger Lütkehaus ein ganzes Buch über das Nichts zustandegebracht hat, stellte ich mich kühn der sogenannten Herausforderung und brachte Folgendes quasi zu Papier:

Im Grunde kann ein Artikel über Ralf Stegner nur mit dem Satz beginnen: Zu Ralf Stegner fällt mir nichts ein. Niemandem fällt zu Ralf Stegner etwas ein. Nicht einmal Ralf Stegner selber.

Bevor die AfD auf der politischen Szenerie erschien, wusste kaum ein Mensch, wer Ralf Stegner ist. Inzwischen hat sich der

Sozialdemokrat als eine feste Größe im Talkshow- und Twitter-Zirkus dieser Republik etabliert. Sein hölzernes Gesicht mit den nach unten gezogenen Mundwinkeln ist zur Marke geworden, zu einer Art Emoji. Stegner erscheint wie eine *Commedia dell'arte*-Figur, die sich im Jahrhundert und im Genre geirrt hat.

Den Aufstieg in die Glamourwelt des Gefragtseins und sogar -werdens verdankt Stegner den rechtspopulistischen Schwefelbuben, deren Bekämpfung er mangels anderer Alternativen zu seiner Obsession erklärt hat. Und auch die »rechtsextreme AfD-Bande« oder »die AfD-Idioten«, wie er sie liebevoll nennt, profitieren von der symbiotischen Anhänglichkeit ihrer sozialdemokratischen Klette: Von Stegners Genossen Heiko Maas abgesehen, besitzen sie zur Zeit keinen verlässlicheren Wahlkämpfer als den stellvertretenden SPD-Bundesvorsitzenden und Wiedergänger des Mr. Beaker (»Mimimi«) aus der Muppet-Show.

Das wirklich Drollige, ja Hochkomische an der Konstellation Stegner-AfD besteht ja darin, dass der Sozi habituell genau jene Eigenschaften verkörpert, die er der politischen Konkurrenz unterstellt: Er wirkt frustriert, dumpf, hasserfüllt und hartnirnig. Stegners Charme gehört in eine Liga mit der Virilität von Anton Hofreiter und der Selbstironie von Martin Schulz. Gäbe es eine rechte »heute-Show«, er wäre deren personifizierter *Running Gag*.

Wer der SPD Arges will, muss nichts weiter tun, als Stegner ins Fernsehen einzuladen. Optimisten kalkulieren um die 10 000 Minusstimmen für die Sozialdemokraten pro Talkshow-Auftritt von Stegner. Nie wirken Rechtspopulisten sympathischer, als wenn der Kastenschädel aus Bordesholm/Kreis Rendsburg-Eckernförde neben ihnen sitzt und ein Gesicht macht, als habe er ein Stück Gammelfleisch im Mund.

Eine zweite Möglichkeit, der SPD zu schaden, besteht darin, Stegner zu zitieren.

»Die rechtsgerichtete politische Instrumentalisierung der Terroranschläge ist widerlich«, twitterte er am 14. November 2015 nach den Massakern islamischer Radikaler in Paris. Einen Monat zuvor hatte er das Messerattentat auf die Kölner Oberbürgermeisterin Henriette Reker mit den Worten kommentiert: »Pegida hat mitgestochen.« Dieser ethische und auch logische Spagat bereitet unserem roten Rabauken nur wenig Mühe. Im September 2016 erklärte er in einem Interview, die AfD sei ein Fall für den Verfassungsschutz, weil »die Brandreden der Rechtspopulisten zu Brandsätzen zum Beispiel gegen Flüchtlingsunterkünfte werden«. Die Partei trage »eine politische Mitverantwortung für das, was durchgeknallte Rechtsextremisten machen, denn sie bereitet verbal den Boden«. Und er?

»Fakt bleibt, man muss Positionen und Personal der Rechtspopulisten attackieren, weil sie gestrig, intolerant, rechtsaußen und gefährlich sind«, hatte er schon am 8. Mai 2016 getwittert, um 0:33 Uhr übrigens, da war der grobianische Spross eines Gastwirts-Ehepaars vielleicht schon etwas beschickert. Wer ihn wegen solcher Äußerungen angesichts der ständigen körperlichen Attacken auf AfD-Politiker einen geistigen Brandstifter nennt, geht dennoch fehl; geistig und Stegner, das ist wie eloquent und Merkel.

Stegners Wahrnehmung der Wirklichkeit ist oft von exklusiver Art. »Wenn Leute hinter einer Naziflagge hinterherlaufen, finde ich es falsch, so zu tun, als wüssten die nicht, was sie täten«, erklärte er am 18. November 2016, vergaß aber zu erwähnen, wo er dergleichen beobachtet haben will (gab es vielleicht ein Länderspiel?). Am 13. Dezember 2016 empfahl der promovierte Politikwissenschaftler: »Wer vor der Islamisierung Deutschlands warnt, braucht medizinischen Rat, keinen politischen. Hier wird man doch eher vom Blitz erschlagen, als dass man einen Islamisten auf der Straße trifft.« (Immerhin machte er keinen Unterschied zwischen Islam und Islamismus.) Sechs Tage später ermordete ein Dschihadist am Berliner Breitscheidplatz zwölf Menschen, verletzte 55 weitere zum Teil schwer und versaute unserem Statistiker die Pointe, denn an Blitzschlag sterben im Schnitt nur zehn Deutsche pro Jahr. In kecker Unbeirrtheit schob er am 23. Dezember nach: »99,9 Prozent der Flüchtlinge haben mit Terrorismus genauso wenig zu tun wie 99,9 Prozent der Deutschen.« Mit anderen Worten: Deutsche und Flüchtlinge sind zu exakt gleichen Teilen für den Terrorismus verantwortlich.

Was dagegen hilft, weiß Stegner auch. »Schweinefleisch in Kantinen, Abschiebe-TV: Dieser ganze konservative Quark zeigt den Unterschied zu uns auf. Wir wollen eine Politik für sozialen Zusammenhalt für alle Menschen, die hier leben«, gab er am 2. Januar 2017 zum Besten. Notfalls eben ohne Schweinefleisch.

»Ich bin jemand, der sagt, was er denkt«, vertraute Stegner im Januar 2014 der *Badischen Zeitung* an. Wenigstens kennt er sein Problem.

6. Mai

Alexander Wendt hat auf seiner Facebook-Seite eine kurze Replik zu Aiman Mazyeks Bemerkung veröffentlicht, die Leitkulturdebatte dürfe nicht dazu führen, »dass eine deutsche Vergangenheit, die es so nie gegeben hat, als romantisches

Vorbild gesehen wird«. Denn so etwas führe zu einer »gefährlichen Ausgrenzungssemantik«.

Wendt sekundiert: »In der Tat: als erstes muß erst einmal die gefährliche Erinnerung an Zeiten beseitigt werden, in denen die Dortmunder Nordstadt noch nicht eine Kloake aus Schmutz und Kriminalität mit einem Ausländeranteil von 60 und einer Arbeitslosigkeit von 24 Prozent war, in der die Polizei auch in Neukölln und Wedding einigermaßen respektiert wurde, in der muslimische Jurastudentinnen nicht darum eiferten, als erste Referendarin mit Kopftuch in die Justizverwaltung einzuziehen und keine Schülerin in Niedersachsen das Recht durchboxte, vollverschleiert zum Unterricht zu erscheinen, in der das Oktoberfestgelände nicht abgezäunt war, Weihnachtsmärkte nicht von Polizisten mit Maschinenpistolen bewacht wurden und Silvesterfeiern nicht durch Polizeihundertschaften abgesichert werden mussten, Zeiten, in denen nicht ›die Bedingungen unseres Zusammenlebens täglich neu ausgehandelt‹ wurden (Özoguz), in der Aiman Mazyek noch als Funktionär einer winzigen obskuren muslimischen Vereinigung gesehen wurde (…) Diese romantisch verklärten Zeiten, liebe Bürgerinnen und Bürger (…) diese Zeiten hat es nie gegeben. Es gibt nämlich überhaupt kein Gestern, sondern nur ein ewigwährendes Morgen.«

Der Mazyek-Satz ist linker Standard, dergleichen kann man seit Jahren in jedem Blatt von der *Zeit* bis zur *taz* lesen, aus jedem grünen oder roten Funktionärsmund sowie von progressistischen Professoren hören. Seit ca. 1968 findet in der bundesdeutschen Öffentlichkeit ein Krieg gegen die Vergangenheit statt, in den sich nun unser Muslim-Funktionär tendenzkonform einschaltet. Die Vergangenheit soll als Flucht- und vor allem als Vergleichsraum beseitigt werden. Alle linkstotalitären

Diktaturen seit 1789 haben diesen Krieg geführt, um sich selber als die Vollstrecker des Fortschritts darzustellen und ihr Monopol auf die Rechtleitung in die Zukunft einzuklagen. Erst wenn die Vergangenheit diskreditiert ist, kann die Gegenwart als alternativlos gelten. Der kommunistischen Heilslehre zufolge, wie sie unter anderem in der DDR verbreitet wurde, begann die wahre Geschichte erst 1917 mit der Großen Sozialistischen Oktoberrevolution, alles Frühere galt als primitive und kriminelle Vorgeschichte, als etwas marxlob endlich Überwundenes, und ein ähnlicher Impetus durchglüht die fromme Gemeinde der gegenwärtigen Denunzianten des Vergangenen, die sich als historische Sollbruchstelle zwischen Verwerflichkeit und Verheißung einen etwas späteren Termin ausgedacht haben.

Je schlechter jedenfalls das Gestern, desto besser das Heute, desto tolerabler dessen Übel, Untaten, Blödheiten und Kümmernisse. Deswegen wird die deutsche Historie ständig zu einer Unheilsgeschichte umgelogen, mit dem Dritten Reich als schlechthinniger Teufelsherrschaft, allen anderen Regimes als dessen Vorläufer resp. Wegbereiter und der Adenauer-Ära als diabolischem Nachhutgefecht, deswegen ist die Geschichtsdeutung ein Schlachtfeld, deswegen kann man heutzutage kaum einen Gedanken zur Vergangenheit äußern, der nicht im Handumdrehen politisiert und entlang der bekannten manichäischen Kategorien geheiligt oder verworfen würde.

Die Behauptung, wer die Geschichte nicht kenne, sei dazu verdammt, sie zu wiederholen, ist erstens Unsinn – Geschichte kann sich nicht wiederholen, weil sich die Ausgangsbedingungen ständig ändern – und zweitens progressistische Verleumdung – wieso hieße es sonst »verdammt«? Jede Generation betrachtet die Geschichte neu und schreibt sie zu ihrer Selbstvergewisserung nach ihren Kriterien um, das ist so normal, wie ein maßvolles Oszillieren zwischen Verklärung und Kritik normal ist. Die wichtigste Erkenntnis, die sich aus der Geschichtsbetrachtung ziehen lässt, besteht in der Einsicht in die eigene Relativität, in das Zwischenstufenhafte, historisch Bedingte und schon bald selber historisch Gewordene der eigenen Existenz. Kurz gesagt: Man lernt aus der Historiographie, die eigene Epoche für nicht allzu besonders und beispielhaft zu halten. Doch die Krone des Baums sollte sich der Wurzel bewusst sein – mit den treffenden Worten Odo Marquards: *Zukunft braucht Herkunft.* Wer einen Mörder in der Familie hatte, wird nicht gleich den ganzen Stammbaum abhauen; wer es dennoch tut und damit moralische Überlegenheit für sich reklamiert, ist ein Verleumder, der bloß Interessen hat.

Vor 15 Jahren veröffentlichte der Historiker Jörn Rüsen ein Buch mit dem Titel *Kann gestern besser werden?* Mehr als das: Es muss sogar.

* * *

Man habe in einem Zimmer der Bundeswehrkaserne Donaueschingen Wehrmachts-Devotionalien gefunden, kein »strafrechtlich relevantes«, aber doch »kriegsverherrlichendes« Material, meldet, unmittelbar vor dem umgefallenen Sack Reis in der Provinz Jangxi, die *Tagesschau.* Kriegsverherrlichendes Material in der deutschen Armee! Man stelle sich das vor! Das ist ja wie Dildos im Bordell! Halal-Tofuburger bei der Grünen Jugend! Synonym-Wörterbücher bei Jakob Augstein! (Bilden Sie weitere Beispiele!)

* * *

Ein (jüdischer) Leser sendet mir ein Gleichnis, das mich mit vergnügtem Grimm auflachen lässt: Er berichtet von einer angeheirateten Verwandten, »die, ohne ihre Beobachtung zu belegen, behauptete, die deutschen Medien würden Israel nicht kritisieren wegen der Nazi-Zeit« und zugleich »auf die Erwähnung von Straftaten, die durch Flüchtlinge begangen werden, in etwa so reagiert, wie, den Familienerzählungen zufolge, ihre eigene Nazi-Großmutter auf die Erwähnung der Shoa«.

* * *

Leserin *** wiederum ergänzt meine gestrigen bzw. ewiggestrigen Ausführungen über die Bundeswehr und äußert »die dringende Bitte, diesmal die Polizei betreffend, man möge beim Personenschutz für Politiker eine Frauenquote einführen. Das wird man doch wohl noch fordern dürfen ...«

9. Mai

Souverän ist, wer über den Inhalt der öffentlichen Lippenbekenntnisse entscheidet.

* * *

Wer in seinem Haus eine Vergemeinschaftung der Schulden vorschlüge, den würden die Nachbarn auslachen, für verrückt erklären und, sofern derjenige darauf beharrt, den Verkehr mit ihm einstellen. In Frankreich wird man mit solchen Vorschlägen zum Präsidenten gewählt. Mindestens eine Mietpartei glaubt also daran, dass der Schuldenkommunismus die jeweiligen Probleme im gemeinsamen Haus lösen könnte, und da es letztlich darauf hinausläuft, dass die ärmeren und fauleren Mieter den reichen Nachbarn zur Ausgleichszahlung bitten, dürfen sie, wenn erst einmal das hinderliche Recht abgeschafft und durch den unter Ganoven üblichen Modus der Schutzgeldzahlung ersetzt worden ist, bestimmt bald damit rechnen.

* * *

Wenn »Nazi-Schlampe« keine Beleidigung sei, wie der NDR zur »satirischen« Klassifizierung von Alice Weidel meint, dann, hält Leser *** fest, könne man doch getrost die alternativlose Gesellin an der Staatsspitze als »FDJ-Schlampe« bezeichnen.

* * *

Leser *** schlägt vor: »Souverän ist, wer über den Inhalt *seiner* Lippenbekenntnisse entscheidet.« Auch gut.

* * *

Neues Wort: Kontaktschuldgefühle.

11. Mai

Je älter Zeitungen werden, desto interessanter werden sie zugleich. Parallelen treten zutage, die dem Zeitzeugen naturgemäß verborgen blieben, und auf manches sinistre Gelichter fällt in der Rückschau ein überdeutlich grelles Licht.

»Links von der Mitte des politischen Spektrums der Bundesrepublik machen sich seit Wochen Aversionen gegen die Zuzügler breit«, meldete der *Spiegel* am 23. Oktober 1989. »Die Front der Flüchtlingsfeinde reicht von kommunistischen Sektierern über alternative Abgeordnete bis hin zu strammen SPD-Linken. Am feindseligsten gebärden sich Radikale, etwa aus dem Kommunistischen Bund (KB). DDR-Übersiedler, heißt es

im KB-Sprachrohr Arbeiterkampf, seien ›Spießerschrott‹, dem es nur um die schnelle Westmark gehe. Den ›Zoni-Zombies‹ wurden zur Abschreckung Schläge angedroht: ›Euch hätten wir gleich auf dem Bahnsteig gern die Fresse poliert.‹ (…)
Die Ressentiments gegen Übersiedler erhalten beinahe täglich Nahrung durch neue Reizbilder in den Medien. Wenn die Ankömmlinge im Westfernsehen aufgekratzt Deutschland-Fähnchen schwenken, ihre DDR-Kennzeichen am Wartburg bis aufs bloße ›D‹ durchstreichen und die neuerworbenen Bundespässe voller Nationalstolz in die Kamera halten, graust es vielen Grünen, die sich auf ihre internationalistische Gesinnung viel zugute halten. ›Die Zonis küssen ja den BRD-Boden wie der Papst‹, beobachtete entgeistert ein Mitglied der Hamburger Grün-Alternativen Liste.

Weil Zehntausende von DDR-Bürgern ganz offensichtlich das kapitalistische System einem sozialistischen vorziehen, flüchten sich viele Westlinke in Sarkasmus. So feierte die alternative *Tageszeitung* die Mauer kürzlich als ›Berlins nützlichstes Bauwerk‹ (…)

Schwierigkeiten im Umgang mit den SED-Flüchtlingen haben westdeutsche Linke auch deshalb, weil der Massenansturm Arbeitslosigkeit und Wohnungsnot weiter verschärft. Heimische Zukurzgekommene fühlen sich durch die Neubürger zusätzlich benachteiligt.

Der nordrhein-westfälische Arbeitsminister Hermann Heinemann (SPD) sah sich letzte Woche genötigt, vor einer ›Verhätschelung‹ der DDR-Übersiedler zu warnen: Hiesige Arbeitslose müßten ›mit Bitterkeit‹ registrieren, daß den Zuwanderern Arbeitsplätze ›auf dem goldenen Tablett‹ serviert würden. In West-Berlin, wo das Gerangel um Arbeitsplätze und Wohnungen besonders heftig ist, haben grüne Politiker bereits eine

Zuzugsbegrenzung für DDR-Übersiedler ins Gespräch gebracht. (...)

Einzelnen SPD-Politikern kommt die Massenflucht mittlerweile ebenfalls ungelegen. Mit Hinweis darauf, daß die DDR nicht ausbluten dürfe, forderte der West-Berliner Abgeordnete Ehrhart Körting, die Übersiedlung per Gesetz zu erschweren, etwa durch eine Abschaffung der Rentenberechtigung. Wer die DDR verändern wolle, müsse sicherstellen, argumentiert Körting, daß die kritischen Bürger auch dortblieben.«
(Aus: »Fettleibig mit Dauerwelle«, *Der Spiegel* vom 23. Oktober 1989.)

* * *

Eine CDU-Landtagsabgeordnete erzählt in kleiner Runde, Unions-Fraktionschef Kauder habe auf einer Strategie-Versammlung seiner Partei die Direktive ausgegeben, man müsse dafür sorgen, dass Migration und Kriminalität in der öffentlichen Wahrnehmung voneinander getrennt werden.

Die Idee, der Bevölkerung vorzuschreiben, was sie auf welche Weise und in welchen Zusammenhängen wahrzunehmen habe, erinnert an Vorgaben des Reichspropagandaministeriums oder der Agitationskommission der SED und erfreut all diejenigen, die auf Konstanten im deutschen Nationalcharakter vertrauen. Auch die dahinterstehende Gewissheit, die Medien so weit unter Kontrolle zu haben, dass man dergleichen ganz unbefangen unterbreiten könne – es geht immerhin gegen die Alltagserfahrung von mittlerweile Hunderttausenden, wenn nicht bereits Millionen Staatsbürgern –, atmet den noblen Geist großer deutscher Volkserzieher aus noch größeren Zeiten.

* * *

Von 2015 auf 2016 gab es nach Angaben des BKA bei den Vergewaltigungen durch Gruppen (»Männer«) gemäß §§ 177 /2 StGB eine Zunahme um 106,3 Prozent von 254 auf 524 Fälle resp. Einzelfälle. Dieses klassische Haushaltsdelikt der deutschen Leitkultur – Vater und seine Kumpels gehen nach dem Volksfestbesuch bierselig Mutter an die Wäsche – entfaltet nunmehr seine integrative Kraft. Auf, Brüder, ins *Land of Rape and Honey*!

* * *

Im Gespräch sagt Jörg Friedrich einen Satz von so weiser Bescheidenheit und großer Einsicht, dass man ihn, vielleicht etwas ins Allgemeinverständliche modifiziert, über die Portale sämtlicher sozialen Schwätzwerke einmeißeln sollte, den Daumenhebern und vor allem -senkern zur Rechtleitung. Nämlich: »Unter den Komponisten, mit denen ich nichts anzufangen weiß, steht Max Reger ganz an der Spitze. Das hat mit Reger allerdings nicht das Geringste zu tun und liegt ausschließlich an mir.«

14. Mai

Die Sonntage immer den Kühnsten!

Es ist nicht nur lästig, sondern auch unfein, sich zu wiederholen, so weit, so gewiss. Doch erstens hat mein großes schriftstellerisches (und menschliches!) Vorbild Herib. Prantl dank seiner Begabung zur Echolalie sowohl eine Professur als auch einen Ruf wie Donnerhall errungen, zweitens ist die Galerie gemütvoller Exorzisten in den deutschen Massenmedien in diesen Tagen um einen weiteren Gerechten (»Zaddik«) bereichert worden – und wenn etwas genuin Deutsches in später Blüte steht, gehört es für alle Zeiten in den Bernstein dieses Diariums, so wie der Entomologe pflichtbewusst auch das trivialste Insekt für die interessierte Nachwelt in seine Schaukästen spießt.

Wolf Biermann hat einmal erzählt, wie er, damals noch nicht lange bzw. noch lange nicht im Westen angekommen, in irgendeiner Zeitung einen Artikel las, dessen Verfasser sich an ihm abarbeitete und ihm allerlei Schlimmes attestierte. Nach der Lektüre sei er bestürzt gewesen, und er habe darauf gewartet, dass es an der Tür klingele. Ihm sei damals noch nicht aufgegangen, dass »im Westen« eben jeder Journalist jeden – nein, jeden natürlich nicht, aber zumindest ihn, den Wolf Biermann – nach Belieben lobpreisen oder anpinkeln konnte, ohne dass ein SED-Politbüromitglied zuvor den Artikel in Auftrag gegeben hatte und die Stasi die Sache in die Hand nahm. Es lebe die freie Welt, mag sich der DDR-Dissident gedacht haben, als ihm die Funktionsweise ihrer Medienöffentlichkeit bewusst wurde.

Inzwischen ist alles ein bisschen anders geworden – und politisch motivierte mediale Hexenjagden, jenen Anfängen zu wehren, denen kein Zauber innewohnt, gab es natürlich auch schon in der guten alten Kohl-BRD. Heute kann ein Artikel den darin eines Gesinnungsdeliktes Überführten beruflich vernichten, und wenn er Pech hat, kommt zwar nicht die Stasi, aber immerhin die Antifa zu ihm nach Hause. Was wiederum die Bevölkerungsausschnüffelung betrifft, bei der heutzutage noch breitere zivilgesellschaftliche Bündnisse den Staatsorganen zur Hand gehen als in der DDR, so werden die alten MfS-Kämpen neidisch auf die elektronischen Möglichkeiten schauen, die ihren Kollegen zu Gebote stehen, während sie noch in mühevoller Alltagsarbeit Briefe öffnen mussten. *Tempi* gottlob *passati*. Ein Jungbauer aus Coswig bei Dresden etwa, dem sechs Schafe gestohlen und zum Teil direkt auf der Weide brutal geschlachtet – näherhin: geschächtet – worden waren, hatte die Täter kulturunsensibel als »Drecksvolk« geschmäht und dabei deren weitere Traumatisierung billigend in Kauf genommen, aber »ein Internet-Ermittler der Polizei entdeckte den Facebook-Eintrag« (*Bild*) und brachte den hetzerischen Hirten vor einen einstweilen noch deutschen Kadi. Und so lange Sie, liebe angeblich konservative Mitbürgerinnen und Mitbürger, weiter die Schlepper- und Spitzelparteien wählen, wird das so weitergehen. Aber ich schweife ab … und damit zurück zum Thema: Heute wachsen einem tendenzkonformen Journalisten beinahe wieder dieselben Möglichkeiten beziehungsweise Aufgaben zu wie einem Medienschaffenden im irdischen Sozialistenparadies Erichs des Einzigen. Ein charakterfester, im Dienste der *FAZ* stehender Scyomant namens Jan Grossarth hat nun versucht, den Geist des Historikers Rolf Peter Sieferle, der unlängst von eigener Hand aus dem Leben geschieden ist und sich damit seinen irdischen Richtern und ihren journalistischen Schöffen entzogen hatte, vor den Tätervolksgerichtshof zurückzubeschwören.

Die *Tortura noctis* erreichte die gebildete Öffentlichkeit unter der Überschrift: »Am Ende rechts: Rolf Peter Sieferle war ein poetischer Freigeist und großer Wirtschaftshistoriker. Als die Flüchtlinge kamen, schrieb er giftige, rechtsradikale Bücher. Dann nahm er sich das Leben. Die Geschichte einer spätbürgerlichen Verbitterung«. Deren Anbräunung vollzog sich nach demselben langweiligen Muster, mit dem in *Spiegel, Zeit, Süddeutscher, taz* et al. Gesinnungsverbrecher angeprangert werden, und wäre kaum der Rede wert, wenn nicht – wir sind ja in der DDR 2.0 – Amazon unmittelbar nach dem Erscheinen des Artikels Sieferles postum erschienenes Buch *Finis Germania* aus seinem Sortiment genommen hätte. Der hier bereits thematisierte schlaue Trick des Monopolisten aus dem *Land of the Free* besteht darin, den Antiquariaten und *Second-hand*-Händlern den Vertrieb eines inkriminierten Buches weiterhin zu gestatten und so zwei Fliegen mit einer Klappe zu schlagen: Autor und Verlag können nicht mehr daran verdienen, aber niemand kann Amazon vorwerfen, man habe ein Opus aus politischen Gründen gänzlich aus dem Verkehr gezogen.

Nun ist dieses kleine Buch – ich las es gestern zum ersten Mal – allerdings von einer neiderregenden analytischen Brillanz und überdies, hier nimmt ja ein Mensch seinen Abschied, von göttlicher Rücksichtslosigkeit. Verteilte man den Geist des Verblichenen sozial gerecht auf die zehn merkelfrömmsten *FAZ*-Redakteure, ein Grossarth käme sich wie ein plötzlich Erleuchteter vor und strawanzte stolz durch die Redaktionsflure (nebenbei: Ich wäre mit einem solchen Anteil auch zufrieden). Der feile Bub ist Träger des Axel-Springer-Preises und des »Medienpreises Politik des Deutschen Bundestages«, und exakt so schreibt er. Da neuerdings auch progessistisches Publikum in meinem kleinen Ecklädchen vorstellig wird, bislang aber wohl wenig zu kaufen fand, will ich Grossarths Text als Lektion für künftige Anwärter auf diese Preise empfehlen, denn auch sie könnten eines Tages vor der seit 1933 in unserem Land virulenten Frage stehen: Wie denunziere ich als artgerecht gehaltener Medienschaffender einen himmelhoch überlegenen Kopf?

Nun, zunächst einmal, indem man die Kriterien »eher wahr« vs. »eher falsch« durch »korrekte Gesinnung« vs. »böse Gesinnung« ersetzt und sodann anhand des Lasterkatalogs durchbuchstabiert. Immerhin erspart das dem Leser, die Argumente des Begabten in einer Version wiedergekäut zu bekommen, der man eben anmerkt, dass sie zuvor einen etwas engen Kopf passieren mussten.

Das klingt dann wie folgt: »Die politische und gesellschaftliche Entwicklung, mutmaßt Sieferle, ziele darauf, ›daß eine kulturelle Formation, nämlich das indigene Volk, zugunsten anderer Volksgruppen auf seine spezifische Identität verzichten soll‹. Es liest sich so, als gebe es ein Geheimprogramm einer ethnischen und kulturellen Auslöschung. Der ›Auschwitz-Mythos‹, wie Sieferle in toll-dreisten Anführungszeichen behauptet, verlange nach dem Verschwinden der Deutschen. Der ›nationale Sozialismus‹, spekuliert Sieferle, habe ›vielleicht nur kontingenterweise‹ – also nicht notwendig – zu ›Ungeheuerlichkeiten‹ geführt. Widerwärtig ist ihm die Demokratie: ›Die Politiker bilden nur noch den Scheitelkamm großer Wanderdünen.‹«

Die Lektüre des Originals, wo auf wenigen Seiten ein atemberaubender Abriss der Kultur- und Mentalitätsgeschichte des Westens skizziert wird, überführt den Pressbengel Zeile für Zeile der Denunziation.

Ad 1: Zum »Auschwitz-Mythos« schreibt Sieferle, er ruhe in Frieden:

»Es gibt noch Mythen, und es gibt noch Tabus. Nacktheit und Sexualpraktiken aller Art gehören nicht dazu, ebensowenig die gute alte Blasphemie. Die christlichen Götter etwa dürfen beliebig gelästert werden, ohne daß dies die geringsten Konsequenzen hätte. Ein Tabu steht jedoch unverrückbar: Es ist der Antisemitismus. (…) Die Gründe dafür liegen auf der Hand.

Der Nationalsozialismus, genauer Auschwitz, ist zum letzten Mythos einer durch und durch rationalisierten Welt geworden. Ein Mythos ist eine Wahrheit, die jenseits der Diskussion steht. Er braucht sich nicht zu rechtfertigen, im Gegenteil: Bereits die Spur des Zweifels, die in der Relativierung liegt, bedeutet einen ernsten Verstoß gegen das ihn schützende Tabu. Hat man nicht gar die ›Auschwitzlüge‹ als eine Art Gotteslästerung mit Strafe bedroht? Steht hinter dem Pochen auf die ›Unvergleichlichkeit‹ nicht die alte Furcht jeder offenbarten Wahrheit, daß sie verloren ist, sobald sie sich auf das aufklärerische Geschäft des historischen Vergleichs und der Rechtfertigung einläßt? ›Auschwitz‹ ist zum Inbegriff einer singulären und untilgbaren Schuld geworden.«

Und an anderer Stelle: »›Auschwitz‹ oder ›die Nazis‹ stehen innerhalb dieser ideologischen Figur für die totale Negation des ›Menschen‹, die einst historisch real geworden ist. Mit Hitler und seinen Komparsen sind der säkularisierte Teufel und das Personal der Hölle leibhaftig auf der Erde erschienen. Dieser Teufel hat eine singuläre Tat vollbracht, die Massenvernichtung der Juden, welcher die folgende Bedeutung zugeschrieben wird: Es handelte sich um nichts Geringeres als die praktische Negation des humanitären Universalismus. Hitler hat jedoch nicht etwa ›den Menschen‹ als solchen vernichtet, sondern das Gegenteil dieser Allgemeinheit, die ›Juden‹, d.h. eine Partikularität. Gerade dieser Versuch der Vernichtung einer (völkisch-rassischen) Besonderung im Namen einer anderen (völkisch-rassischen) Besonderung ist aber das extremste Dementi des humanitären Universalismus bzw. der Idee der Menschheit und ihrer unveräußerlichen Rechte. Mit dem Faschismus ist daher der Anti-Mensch aufgetreten, so daß der Anti-Faschismus zu einer Religion des Menschen werden kann, die ihre Symbole in ebendieser Negation des Menschen findet.

Dies erklärt den Eifer, mit dem jede ›Historisierung‹, ›Relativierung‹ und ›Vergleichbarkeit‹ von Auschwitz bekämpft werden soll. Wer ›Auschwitz‹ relativiert, relativiert die totale Unmenschlichkeit und somit die Integrität des Menschen. Damit würde aber das einzig Absolute, welches die moderne Gesellschaft, die von Relativismen und Perspektivismen aller Art zerfressen ist, besitzen könnte, ebenfalls relativiert. Die Festschreibung des Auschwitz-Mythos kann daher als Versuch verstanden werden, einer skeptischen Welt Gewißheiten zurückzugeben. (...) Es ist dies eine sensationelle Wende der europäischen Geistesgeschichte: Dreihundert Jahre Erkenntniskritik werden von einer historischen Offenbarung dementiert!«

Ad 2: Was die »Kontingenz« der Untaten des nationalen Sozialismus betrifft, muss man wissen, dass Sieferle sich auf den Seiten zuvor mit dem zeitgenössischen Totemglauben an historische Kausalitäten und Gesetzmäßigkeiten beschäftigt. Der Narr *in historicis* ist ja leicht daran zu erkennen, dass er aus dem, was geschehen ist, herleiten zu können meint, dass es geschehen *musste*. Bei antideutschen Linken steht die Kausalitäts-Mythologie deshalb hoch im Kurs. Kontingenz ist die Klippe, an welcher der Marx'sche »historische Materialismus« immer wieder Schiffbruch erleidet und wie der fliegende Holländer nicht erlöst werden kann – und ein Kernbegriff in Sieferles Denken. Insofern ist der in böser Absicht zitierte Satz für ihn bloß eine erkenntnistheoretische Binse. Ein Beispiel:

»Die wirklich entscheidenden Vorgänge der Wirklichkeit können nicht entschieden werden, sondern sie vollziehen sich autonom. Dies wird etwa im Zerfall der Familie deutlich, der kulturellen Differenzierung der Generationen. ›Gewollt‹ hat dies, von einigen Außenseitern abgesehen, niemand, und nirgendwo sind die Weichen dafür gestellt worden; noch weniger ist es möglich, diesen Vorgang rückgängig zu machen. Wir können bestenfalls versuchen, zu verstehen, was da geschehen ist. (...) Die Auflösung der Familie, deren Abschluß wir in diesem Jahrhundert erleben, schneidet das Individuum von seinen Ahnen, von der Geisterwelt, vom Absoluten ab. Es verbleibt ein Elementarteilchen in einem endlosen kalten und finsteren Raum. Älterwerden bedeutet dann, in eine Zone persönlichen Hoffnungsschwunds zu geraten; die Möglichkeiten blieben ungenutzt, die Gelegenheiten vertan. Man treibt in einen sich verengenden Korridor hinein, aus welchem es nur noch kontingente Auswege gibt.«

Außer für in die Jahre, aber nicht zu Verstand gekommene Denunzianten. Da hat Gevatter Grossarth aber noch ein bisschen Zeit.

Ad 3 sei der Vorwurf an Sieferle wiederholt: »Widerwärtig ist ihm die Demokratie: ›Die Politiker bilden nur noch den Scheitelkamm großer Wanderdünen.‹«

Im Original lautet der Passus, der dieser Aussage vorausgeht, so: »Der ›Mensch‹ im alten Sinn ist bereits verschwunden, und er hat die Räume mitgenommen, in denen er gelebt hatte und die auf seine individuell-familiären Dimensionen zugeschnitten waren. Die Leidenschaften etwa, die ihn einst bewegt hatten, sind in irrelevante Zonen der Privatheit oder der öffentlichen Unterhaltung abgesunken – in Teilsegmente der Wirklichkeit also, die fern von den Achsen des Geschehens liegen. War es etwa einmal möglich und sogar üblich, politische Vorgänge auch aus persönlichen Eigenschaften, aus Merkmalen, Vorlieben und Versäumnissen großer Individuen abzuleiten, so ist dies heute schlicht unplausibel geworden. Der letzte Heros dieser Art war der unzeitgemäße Bösewicht Adolf Hitler. Heute beißt niemand mehr in den Teppich. Die Politiker bilden nur noch den Scheitelkamm großer Wanderdünen, die von Elementarkräften bewegt werden.« Fragen?

Appendix: »Manche Behauptungen sind schon die Gegenwart betreffend haltlos«, weiß der *FAZ*-Autor. »Von Hunderttausenden Dschihadisten unter den Migranten von 2015 ist die

Rede, davon, dass schon in fünf Jahren so viele junge Muslime im Land sein würden wie junge deutsche Männer. Dem Abebben der Migrationswelle, das er erlebte, widmet Sieferle keinen Satz.«

Die fragliche Passage im (bei Amazon skandalöserweise noch normal erhältlichen) Buch *Das Migrationsproblem* lautet:

»Ist der Jubel über die Massenimmigration von Muslimen nach Deutschland die geheime Rache der Linken für den Zusammenbruch des Sozialismus? Islamisten und Linke haben ja ein gemeinsames Feindbild: Amerika, Israel, den ›Westen‹. Diese Feinde der Linken sollen den Kalten Krieg gewonnen haben? Da importiert man lieber Hunderttausende von Dschihadisten in der Hoffnung, daß diese dem verhaßten Westen den Garaus machen werden. Ist der islamistische Scharia-Staat, der daraus resultieren wird, aber tatsächlich das Ziel der Linken? Oder hoffen sie in ihrer unendlichen Geschichtsblindheit, sie könnten die Dschihadisten gegen den gemeinsamen Feind, den Westen, den Imperialismus, den Neo-Liberalismus instrumentalisieren, um aus den Trümmern der alten Gesellschaft schließlich die sozialistische Weltrepublik aufsteigen zu lassen? Was sie dabei übersehen ist die Tatsache, daß die Dschihadisten stärker sein werden als sie selbst – so wie die ›wahren‹ Sozialisten und Anarchisten sich nach 1917 bald im Gulag wiederfanden, werden auch sie bald Bekanntschaft mit dem Säbel des Dschihad machen.«

Wir sehen also, dass die hunderttausenden Dschihadisten als *potentielle* Kämpfer angesprochen werden, dass sich die Zahl auf den gesamten Westen bezieht, und wenn man in Rechnung stellt, dass allein in Deutschland dank Merkel nunmehr zwischen 5,5 und 6 Millionen Muslime leben und in Umfragen regelmäßig mindestens die Hälfte von ihnen die Gesetze der

Scharia für verbindlicher erklärt als die des Landes, in das sie eingewandert sind, ist Sieferles quantitative Prognose völlig korrekt. Niedlich überdies die Behauptung, die Migrationswelle sei «abgeebbt» – als ob man im drei Meter tiefen Wasser weniger solide ertränke als im acht Meter tiefen –, denn immer noch kommt jeden Monat eine Kleinstadt rechtswidrig ins Land, der Sommer und die Familienzusammenführung stehen bevor, die Bundeswehr betätigt sich als Schlepperhilfsorganisation, und die Alltagskriminalität explodiert allerorten (Ungläubige googeln bitte: «Messer»); wirklich «abgeebbt» ist mithin nichts.

Einen gewissen Unterhaltungswert bescheren dem Artikel die namenlosen »Freunde« des Verstorbenen, die der Autor als Zeugen der Anklage zitiert, einen zum Beispiel mit den Worten, dass Sieferle vor allem sein letztes Buch niemals hätte schreiben dürfen, und sei es auch nur, weil besagter »Freund« auf diesem Level keine drei Zeilen hinbekäme. Sela, Psalmenende.

Ich meine, diese Beispiele genügen. Wenn Mollusken mit entstellten Zitaten die Demokratie zu verteidigen vorgeben, steht es wahrscheinlich ziemlich schlecht um Letztere. Die »ganze eingespielte Maschinerie von Verdächtigung, Anschuldigung, Denunziation, Besserwisserei und Heuchelei« (Sieferle) namens bundesdeutsche Öffentlichkeit mag einen Menschen von Geschmack leicht dazu verführen, dass er gleich das gesamte Land verachtet und ihm jene Veränderung ins Nicht-mehr-Wiederzuerkennende durch die massenhafte Einwanderung viriler Analphabeten gönnt, die Sieferle in Thukydides'scher Nüchternheit prophezeit hat, doch, geneigter Leser, bedenken Sie den deutschen Opportunismus und die deutsche Servilität: Wenn sich die Lage ändert, ändern sich auch die Mehrheiten, und nur aus der Angst, es könne so schnell geschehen, dass am Ende doch noch autochthone Mehrheiten zustande kommen, erklärt sich die zunehmende Raserei der Konsensvollstrecker in Politik und Medien. Ihre Zeit läuft ab.

Ich bin am Ende meines sonntäglichen und leider nicht den Künsten gewidmeten Sermons und schließe mit einem letzten Zitat aus dem Buch: »Die Vollendung der Zivilisation ist das kulturelle Tierreich: das Reich der niedrigen Bedürfnisse und ihrer unmittelbaren Befriedigung. Hier stirbt keiner mehr für ein Ideal, sondern man bringt sich durch Raubüberfälle oder in Bandenkriegen um, in denen es um Rauschgiftreviere und Schutzgelderpressung geht. Der Naturzustand steht am Ende, nicht am Anfang der bürgerlichen Gesellschaft. Nachdem das Aas des Leviathan verzehrt ist, gehen sich die Würmer gegenseitig an den Kragen.«

Und solange die Möglichkeit – in zunehmendem Maße sogar: die Wahrscheinlichkeit – besteht, dass dieses Schicksal auch gewissen schreibenden Würmern blüht, ist Gerechtigkeit, ist Hoffnung, ist Zärtlichkeit. Ist Nemesis.

16. Mai 2017

Auf der Webseite von *openDemocracy* widmet sich ein Beitrag dem in chinesischen Online-Foren vagabundierenden Terminus *baizuo* (白左), »or literally the ›white left‹« (ich danke Leser *** für den Hinweis). Der Begriff sei erstmals vor etwa zwei Jahren aufgetaucht und gehöre inzwischen zu den am meisten gebrauchten »derogatory descriptions for Chinese netizens to discredit their opponents in online debates«. In China kann also jemand geschmäht werden, indem man ihn als »weißen Linken« bezeichnet – ist das nicht skurril? – bzw. diesem Menschen vorwirft, wie ein solcher zu argumentieren. Aber selbstredend findet die für Langnasen ungewöhnliche Verbindung eines schlimmen Wortes mit einem Gutwort vornehmlich auf sie selber Anwendung, insofern sie eben der Kategorie »white left« zugeordnet werden.

Doch wer gehört in diesen edlen Kreis? Ein Online-Portal stellte die Frage und bekam zur Antwort, das Wort *baizuo* werde gemeinhin verwendet, um diejenigen zu beschreiben, die sich um «Themen wie Immigration, Minderheiten, LGBT und Umwelt» kümmerten und «keinen Sinn für die wirklichen Probleme in der Welt» besäßen; «heuchlerische Humanitaristen», die sich für Frieden und Gleichheit einsetzten, «um ihr Gefühl moralischer Überlegenheit zu befriedigen». Wer «white left» sage, referiert der Autor des Artikels, insistiere auf ein Symptom «westlicher Schwäche». Texte des Tenors «The white left are destroying Europe» seien im chinesischen Netz weit verbreitet.

Im Mai 2016 bezeichnete *Amnesty International* China als »the most welcoming country for refugees«. Die Pekinger *Global Times* fragte ihre Leser, was sie von dieser Aussage hielten, und das Ergebnis war das genaue Gegenteil: 90,3 Prozent sagten »Nein« zu der Frage »Würden Sie Flüchtlinge in ihrem eigenen Haushalt akzeptieren?«, 79,6 Prozent lehnten »Flüchtlinge in ihrer Stadt oder Nachbarschaft« ab. Viele Netizens hielten die *Amnesty*-Behauptung für den »Teil einer ausländischen Verschwörung mit dem Ziel, die chinesische Regierung unter Druck zu setzen, mehr Flüchtlinge aufzunehmen«.

Die Karriere des Begriffs, heißt es weiter, hänge mit der europäischen »Flüchtlingskrise« zusammen, und Angela Merkel »was the first western politician to be labelled as a *baizuo* for her open-door refugee policy. Hungary, on the other hand, was praised by Chinese netizens for its hard line on refugees, if not for its authoritarian leader.« Ein zweiter – ebenfalls abfälliger –

Titel, der neben *baizuo* benutzt werde, sei *shengmu* (圣母), was soviel wie »heilige Mutter« bedeute. (Die Chineser blicken durch; in Deutschland beschreibt diese Chiffre praktisch die einzige Alternative zur Realpolitik.) Doch auch Obama und Mrs. Clinton habe man den Ehrentitel *baizuo* verliehen. Trump indes «was taken as the champion of everything the ›white left' were against, and *baizuo* critics naturally became his enthusiastic supporters«.

Bezeichnend ist folgender Passus: »Viele chinesische Studenten und Jobsucher in Europa halten es einfach für unfair, dass sie ›so hart arbeiten müssen, um bleiben zu dürfen, während diese Flüchtlinge einfach kommen und Asyl beanspruchen‹.« Aus der innenpolitischen Perspektive liege die Anti-*baizuo*-Haltung auf einer Linie mit dem brutalen Pragmatismus im postsozialistischen China, wo Darwins »logic of ›survival of the fittest‹«gelte (ich will freilich darauf hinweisen, dass Darwins Modell keineswegs so simpel angelegt ist und eben auch »the choice of beauty«, die für ihn quasi schon im Vogelreich beginnende Kulturfähigkeit, einschließt). In China gelte der Grundsatz, dass jeder für seine Misere verantwortlich sei und jeder sich selber helfen müsse.

Beim Online-Dienst *Weibo* – quasi dem chinesischen Pendant zu Facebook – wurde ein Essay mehr als 7 000 Mal geteilt, dessen Verfasser, ein »fantasy lover Mr. Liu«, die europäische Philosophie »von Voltaire und Marx zu Adorno und Foucault« mit den »white left« als Abschluss eine »geistige Epidemie auf dem Weg zur Selbstvernichtung« nennt. So nah ist uns das Reich der Mitte!

Wenn man jetzt einen Kameraschwenk auf das chinesische Engagement in Afrika macht, offenbart sich das europäische Dilemma in aller Deutlichkeit. Die Chinesen investieren, kaufen Land und Rohstoffe, beschäftigen die Einheimischen zu niedrigen Löhnen, treiben also eine Art Kolonialkapitalismus zum eigenen Nutzen, bei dem für die Einheimischen einiges abfällt. Die (West-)Europäer haben zuerst jahrzehntelang mit ihrer Entwicklungshilfe vor allem afrikanischen Diktatoren deren Schweizer Bankkonten gefüllt, jetzt importieren sie im großen Stil und unter Beteiligung z.B. der Bundeswehr als staatliche Schlepperorganisation sogenannte Flüchtlinge aus Afrika und dem Orient, für deren Versorgung die einheimische Bevölkerung aufkommen muss. Statt auf dem schwarzen Kontinent zu investieren und Afrikanern dort, wo sie leben und in einem gewissen Sinne auch hingehören, Jobs zu verschaffen, holen europäische Regierungen mit *shengmu* an der Spitze afrikanische Analphabeten nach Europa, damit die Europäer für sie arbeiten. Praktisch findet ein umgekehrter Kolonialismus statt, die Europäer penetrieren nicht mehr, sondern lassen sich penetrieren, was sich hierzulande am besten mit dem Personalwechsel von Bismarck, Moltke oder Hindenburg zu Mutti, Flinten-Uschi und Volker Beck verdeutlichen lässt.

China aber, das Land, in dem vor hundert Jahren an den Parks von Shanghai noch Schilder standen »Zutritt für Hunde und Chinesen verboten!« – wer hat's erfunden? Die Deutschen waren's nicht –, das in den Opiumkriegen kolonialisierte, von den Angelsachsen tief gedemütigte China ist augenscheinlich nicht schulddurchglüht und willens, denselben Weg zu gehen. Vielleicht, Genossen, ist es an der Zeit, das alte Kampflied neu zu intonieren: »Der Osten erglüht, China ist jung!« Auch wenn dort keine Kulturrevolutionen und Massenmorde mehr stattfinden, sondern nur die »Kompetenzfestungen« (Gunnar Heinsohn) der Zukunft errichtet werden. Niemand soll meinen, ich wünschte, in eine davon einzuziehen. Aber das Epöchlein des Optativs, die bundesrepublikanische Märchenwelt der Wünschbarkeiten, könnte bereits weit hinter uns liegen.

* * *

PS: »Sehr geehrter Herr Klonovsky, als kleine Ergänzung zu Ihrem Eintrag vom 16.5. in den acta diurna sei angemerkt, dass die Chinesen der heiligen Mutter (圣母 Shèngmū) in dem entsprechenden Kontext noch ein wenig höfliches Biǎo (婊= Schlampe) als Anhang verpassen. So wird die heilige Mutter zur scheinheiligen Mutter ...

Herzliche Grüße aus China, Guangzhou

***«

* * *

Bezugnehmend auf das heutige Zitat aus *openDemocracy*: »Viele chinesische Studenten und Jobsucher in Europa halten es einfach für unfair, dass sie ›so hart arbeiten müssen, um bleiben zu dürfen, während diese Flüchtlinge einfach kommen und Asyl beanspruchen‹« schreibt Leser ***:

»Das gilt nicht nur für Chinesen. Ich hab viel mit Japanern zu tun (meine Frau ist Japanerin), und alle, mit denen ich darüber gesprochen habe, denken genau so. Das böseste Beispiel: ein Japaner hat in DE eine Schreinerei eröffnet und Leute eingestellt, Deutsche. Er hat Arbeitsplätze geschaffen. Er zahlt Steuern und Abgaben bis zum Abwinken. Dennoch muss er seine Aufenthaltserlaubnis jährlich verlängern lassen, ohne einen Rechtsanspruch darauf zu haben. Falls sein Betrieb mal nicht mehr läuft und er auf Transferleistungen angewiesen sein sollte, droht ihm die Ausweisung. Und natürlich wird das Land NRW eher ihn ausweisen statt irgendwelche kriminellen Libanesen, einfach weil von ihm dabei keinerlei Gefahr ausgeht.«

18. Mai

»Eine spezifisch deutsche Kultur ist, jenseits der Sprache, schlicht nicht wahrnehmbar.« Also sprach die Integrationsbeauftragte der Bundesregierung, Aydan Özoguz (SPD). Pedanten könnten jetzt fragen: Für wen nicht wahrnehmbar? Und einwenden, dass es am Ende mehr Dinge zwischen Himmel und Erde gibt, als Frau Özoguz wahrzunehmen imstande ist. Doch halten wir uns damit nicht auf, sondern fragen wir weiter: Ist für sie auch eine spezifisch türkische (arabische, japanische, iranische etc. pp.) Kultur, jenseits der Sprache, nicht identifizierbar? Und würde sie diese Erkenntnis auch in den besagten Ländern keck vortragen?

19. Mai

Zwei Tage lang lief in den Staatsmedien von *Tagesschau* bis *taz* die Meldung rauf und runter, einer Studie des »Göttinger Instituts für Demokratieforschung« zufolge breite sich im ohnehin zivilgesellschaftlich zurückgebliebenen Osten die Buntheitsverweigerung nunmehr endemisch aus. Immerhin die Ost-Beauftragte der Bundesregierung, Iris Gleicke (SPD), hatte der erschüttert aufächzenden Öffentlichkeit zwar nicht gleich einen Generalplan Ost, aber immerhin eine Studie namens »Rechtsextremismus und Fremdenfeindlichkeit in Ostdeutschland« präsentiert, die, wie etwas genauere Leser derselben als die trendkonformen Huschelchen der Wahrheits- und Qualitätspresse feststellten, auf 40 Interviews aus zwei sächsischen Regionen fußte. Nun, was ist denn gegen die Vierzig zu sagen? Vierzig lautet die Symbolzahl der Prüfung, vierzig Tage dauert im Alten Testament der Regen der Sintflut, vierzig Tage verhandelte Moses auf dem Berg Horeb mit Gott und versuchte vergeblich, ihm das sechste Gebot auszureden, vierzig Tage verweilte der von den Toten erstandene Jesus noch auf Erden, bevor er zum Himmel aufstieg, vierzig Jahre war Mohammed alt, als er die ersten Visionen empfing, vierzig ist das Mindestalter des Bundespräsidenten, vierzig Räuber rückten dem Ali Baba auf die Pelle, und nun zeugen vierzig Gerechte gegen Dunkeldeutschland, wobei sich unter den repräsentativen Vierzig auch einige grüne, linksparteiliche und asyllobbyistische Ausgewogenheitsgaranten befanden. Allerdings ist nach neueren Erkenntnissen die Symbolzahl gefährdet. Die Webseite *ScienceFiles* schreibt: »Auf der Liste der Personen, die vom Göttinger Institut für Demokratieforschung interviewt worden sein sollen, tauchen Namen von Personen in bestimmten Positionen auf, die es nicht gibt.«

Na so was! *Fake News,* »Hetze« und »gruppenbezogene Menschenfeindlichkeit« vom Allerfeinsten?

* * *

»Jenseits ihrer Religion und ihrer SPD-Mitgliedschaft ist bei Frau Özoguz schlicht keine spezifische Kultur identifizierbar.«
Alexander Wendt

22. *Mai*

Unter dem appetitmachenden Motto »Vom Freigeist zum Rechtsradikalen« veröffentlichte die *FAZ* in der Ausgabe vom 12. Mai einen Artikel von Jan Grossarth über den Historiker Rolf Peter Sieferle (siehe ausführlich dazu mein Notat vom 14.

Mai). Der im September 2016 auf eigenen Entschluss aus dem Leben geschiedene Gelehrte wird in dem Text als ein bedeutender Kopf gewürdigt, der aber am Ende seines Lebens wegen einer schweren Krebserkrankung, einer drohenden Erblindung und der weitgehenden Nichtanerkennung durch das tonangebende akademische Milieu verbittert »nach rechts gerückt« sei, also praktisch zwar nicht direkt den Verstand, indessen doch die Zurechnungsfähigkeit verloren habe, denn dass einer zugleich Freigeist *und* rechts sein könne, übersteigt die Vorstellungskraft hiesiger Feuilletonisten ungefähr so sehr wie die transzendentale Deduktion.

»Die Gedanken des erblindenden Historikers überschreiten die Grenze zur bitteren Verschwörungstheorie«, steht in dem Text zu lesen (man darf es nicht verwechseln mit der essigsauren und der salzigen Verschwörungstheorie); manche seiner Sätze »ähneln plötzlich wie ein Zwilling der NS-Propaganda« (na was denn sonst!). Die zwingende Folge: »Sieferles Freunde sind irritiert.« Und zwar alle drei. Jene im Artikel zu Wort kommenden »Freunde« wollen allerdings anonym bleiben; so weit geht die postume Freundschaft schließlich nicht. »›Ich wusste nicht, was in ihm vorging, wie weit er nach rechts gerückt war‹, sagt einer. ›Er hat viel Quatsch geschrieben.‹« Immerhin: »Sieferle soll bei klarem Verstand gewesen sein.« *Soll.* Die »Zeitung für Deutschland« bei der Arbeit an Artikeln für die DDR 2.0.

Ein vermutlich falscher und deswegen auf Anonymität nicht bestehender Freund Sieferles, der in der Schweiz lehrende Sinologie-Professor Raimund Th. Kolb, hat einen Leserbrief an die *FAZ* geschrieben, in dem er auf die Petitesse hinweist, dass mindestens jede zweite biografische Angabe bzw. Spekulation in dem Artikel, unter anderem auch die angebliche

Krebserkrankung, nicht stimmt. Anstatt diesen für deutsche journalistische Verhältnisse respektablen Schnitt zu würdigen, insistiert er auf eine Richtigstellung, ohne sich allerdings Illusionen über deren Veröffentlichung zu machen:

»Sehr verehrte Damen und Herren der Redaktion,

mein Leserbrief richtet sich gegen die ehrenrührigen Anwürfe, die Herr Grossarth in seiner nachrufenden Portraitierung meines alten Freundes erhebt; es mangelt mir dabei an Naivität, zu glauben, daß meine Entgegnung in unseren Zeiten wenn überhaupt, dann unversehrt zur Veröffentlichung gelangen wird.«

Da liegt der Mann richtig, mag man sich in der Redaktion gedacht haben. Wozu sollte man schließlich erst eine Denunziation drucken, wenn danach ein Vertrauter des Denunzierten die Möglichkeit erhielte, den ganzen schönen Rufmord wieder kaputtzumachen? Außerdem schaden solche Briefe dem Image der Qualitäts- und Wahrheitspresse. Und nicht zuletzt: Wer will schon einen, wie man sagt, gestandenen Professor der Naivität überführen? Die *FAZ* lehnte den Abdruck des Leserbriefs ab.

Dieses Briefs:

»Als langjährigem Freund Rolf Peter Sieferles, der mit ihm bis zum Vortag seines Freitodes intensiven Kontakt pflegte, bescherte mir die Lektüre von Jan Grossarths Artikel ›Am Ende rechts‹ neben passagenweise begrüßenswerten Einlassungen nicht wenige empörende Provokationen. Leider gestattet das Leserbriefformat nur eine selektive Entgegnung.

Abgesehen vom bisweilen flegelhaften Stil des Skribenten wurden ganz wesentliche Eigenschaften und Äußerungen des Nachgerufenen falsch oder verzerrt dargestellt. Die Recherchen zur Person basieren erklärtermaßen auf anonymen Aussagen, die zumindest in einem mir bekannten Fall durch erworbenes Vertrauen und dessen Mißbrauch zustandekamen. Manches stammt aus der linken Ecke ehemaliger Freunde, die von Heidelberg bis Wien und sonstwo reicht. Gerade dort scheint man blind gegenüber den politischen Ansichten des Freundes gewesen zu sein, die sich mit dem *Epochenwechsel* (1994) deutlich manifestiert hatten und sich im weiteren lediglich auf dem Weg der Differenzierung und Zuspitzung befanden. Sieferle war nicht nur Historiker, sondern auch Soziologe und Politologe, also im besonderen Maße berufen, sich als zoon politikon über unsere Gegenwart Gedanken zu machen.

Laut Grossarth soll sich Rolf Peter Sieferle bei ›klarem Verstand‹ befunden haben, als er den Weg des linken Heils verließ. Folgerichtig wird eine bürgerliche Kindheit emotionaler Entbehrungen konstruiert, die ihn auf dieses Ziel hin dirigiert. Rolf Peter Sieferle befand sich nicht auf dem Weg der Erblindung, es sei denn man erklärt eine operable Glaskörpertrübung dazu, und war schon gar nicht krebskrank; er war kein academicus superciliosis, also alles andere als ein Narziß wie insinuiert wird, sondern stets überaus bescheiden, zurückhaltend, liebenswürdig und enorm hilfsbereit. Er soll gegen Ende ›verbittert, todernst, vereinsamend‹ gewesen sein, so wird angeblich behauptet. Dies ist schlichtweg unwahr und vermutlich das Revancheurteil von politisch Enttäuschten oder Wichtigtuern.

Als Umwelthistoriker und mit Garrett Hardin war für Sieferle seit jeher klar, daß wir in einer Welt begrenzter Ressourcen leben (living within limits), uns aber gegensätzlich verhalten. Als Verantwortungsethiker mußte er deshalb von der Migrationskrise tief beeindruckt sein. Er wußte, was es heißt, wenn Nationalstaaten ihre Grenzen zur Aufnahme

von ›youth bulges‹ aus Afrika und dem Nahen Osten mit hoher Bevölkerungswachstumsrate öffnen und diese damit noch verantwortungslos befördern. Das Schwinden des Nationalstaates, der für ihn größten Leistung menschlichen Organisationsvermögens, die politisch-systemische Befindlichkeit unseres Landes, die schroffe politische Lagerbildung, der Verlust jeglicher Diskussionskultur u.a.m. stellten für ihn keine Lebensfreude generierenden Entwicklungen dar. Wie sehr er darunter litt, konnte man nur zwischen persönlichen Zeilen ahnen.
Grossarth reitet jenseits seines historischen ›level of incompetence‹ auf dem Zeitgeistkaltblüter, hie und da die Nazikeule schwingend, gegen den toten Apostaten R.P.S. an, indem er ihn mittels sinnentstellenden Zitatfragmenten und frei schwebenden Unterstellungen auf ebenso leichtfertige wie rufschädigende Weise zum spät bekennenden Nationalsozialisten erklärt. Da genügt es z.B. vom ›Virus‹ des Relativismus zu schreiben, also über den nihilistischen Relativismus, und schon betreibt man ›NS-Propaganda‹. Sancta simplicitas! Widerwärtig soll Sieferle die Demokratie gewesen sein – keineswegs Herr Grossarth, nur deren deutliche Degradationen bereiteten ihm Sorge und ließen ihn über die fatalen Folgen nachdenken.
›Prole drift‹, jene enorme Schubkraft hinter der Auflösung bürgerlicher Lebensweisen, inkludiert die Umgangsformen, auch die mit politisch Andersdenkenden. Nach Auffassung des Verstorbenen sollte es sich bei Kritik in einer kritischen Zeitung ›um Unterscheidung, um genaues Hinsehen, und um eine faire Auseinandersetzung im Geiste intellektueller Redlichkeit‹ handeln (am 22. Febr. 1996 an die Redaktion der *FR*), noch dazu, wie ich meine, im Falle einer Person, die leider nicht mehr zu antworten vermag.«

23. Mai

Der Militärische Abschirmdienst (MAD) der Bundeswehr ermittelt gegen einen Stabsoffizier wegen möglicher umstürzlerischer Bestrebungen, berichten mehrere Medien. Es besteht aber keinerlei Anlass zum Optimismus; der Mann hatte während eines Lehrgangs im Ausbildungszentrum Hammelburg bloß gesagt: »Ich habe es so satt, dass 200 000 Soldaten unter Generalverdacht gestellt werden wegen zwei Verrückten. Die Ministerin ist bei mir unten durch, das muss man ansprechen oder putschen.«

Andere Bürger in Uniform informierten hurtig den Disziplinarvorgesetzten über die Äußerung, der wiederum den MAD einschaltete. Nun ermittelt der Bundeswehr-Geheimdienst wegen möglicher »Bestrebungen, die gegen die freiheitliche demokratische Grundordnung, den Bestand oder die Sicherheit des Landes gerichtet sind«. Gegen wen der MAD in diesem Punkte eigentlich ermitteln müsste, liegt zwar auf der Hand, aber wenn ein Land auf gewissermaßen demokratische, zumindest von den Umfragen immer wieder bestätigte Weise beschlossen hat, den Hochverrat zur Staatsräson zu erheben, wäre es gerade von den Diensten zuviel verlangt, dagegen vorzugehen.

Anfang dieses Monats hat Verteidigungsministerin Ursula von der Leyen 100 Führungskräfte der Bundeswehr in den Bendlerblock geladen, wo sich der arme Graf Stauffenberg für jenes Deutschland hat erschießen lassen, dessen Verteidigung seit 2015 offiziell beendet ist, und zwar zu einem »Krisentreffen« (die Krise selber kam nicht zur Sprache, aber das ist ja längst Brauch in der DDR 2.0). Dieses Treffen wird in die Annalen der deutschen Armee womöglich als der symbolische Termin ihrer Abschaffung eingehen. Die Generäle, Admirale und Ministerialdirigenten wurden am Eingang des Konferenzsaales vom MAD in Empfang genommen und gefilzt. Sie mussten ihre Mobiltelefone und Laptops abgeben. »Nicht einmal Smartwatches am Handgelenk wurden geduldet«, notierte die *Welt*. Offiziell geschah das, um »eine möglichst offene interne Diskussion unter den Anwesenden zu befördern«. Gürtel, Strickzeug und Handtäschchen durften die Herren immerhin behalten. – Keines dieser Ehrenhainzypressenduplikate protestierte gegen eine solche Ehrabschneidung, keiner dieser Helden reiste wegen einer solchen Demütigung ab oder reichte seinen Rücktritt ein.

So sieht die militärische Führungsspitze einer Gesellschaft aus, die ihren Altvorderen vorwirft, sich nicht gegen die NS-Diktatur gewehrt zu haben. Es ist echt gemein, gegen einen Angehörigen dieser Molluskenschar unter dem Vorwand zu ermitteln, es bestünde der Verdacht, er besäße ein Rückgrat.

* * *

Freund *** trifft eine plausible Prognose zur Zukunft der deutschen Sozialdemokratie. Die SPD werde sich in den nächsten Jahren als die Partei der Migranten anbieten und ihre bisherige Klientel mit der Verheißung von Steuergeschenken, dem Verzicht auf übermäßige Integrationsleistungen und der Hege einer speziellen Religion allmählich gegen die eingewanderte austauschen. Nur so könne sie sich, da ihr ja die deutsche Steuerzahlerpopulation ohnehin sukzessive abhanden komme – teils auf biologischen Wege, teils durch deren Wechsel v.a. zur AfD –, irgendwann zur Kanzlerpartei emporarbeiten. Der Bevölkerungsaustausch finde dann seinen Niederschlag im Bäumchen-wechsle-dich-Spiel einer Partei, die das personell ja schon da und dort vorexerziere, beispielsweise mit einer Bundesintegrationsbeauftragten, die sich recht unverhohlen als türkische Statthalterin aufspiele. Kein Sozialdemokrat werde in 20 Jahren noch verstehen können oder wollen, warum man jemals Anstoß an kopftuchtragenden Lehrerinnen oder Richterinnen nahm. Am Ende werde aus der SPD die IPD. Was dabei alles auf der Strecke bleibe, könne sich jeder an den Fingern abzählen.

* * *

Was der Vormarsch der sogenannten *Identity Politics* in den USA wirklich zeigt: Die Hautfarbe darf so lange keine Rolle spielen, bis die Weißen in ihren Ländern zur Minderheit geworden sind; dann kann man sie anklagen, abmelken, herabwürdigen und zuletzt wahrscheinlich schlachten.

»Der Farbige durchschaut den Weißen, wenn er von ›Menschheit‹ und ewigem Frieden redet. Er wittert die Unfähigkeit und den fehlenden Willen, sich zu verteidigen. (...) Sie haben den Weißen einst gefürchtet, sie verachten ihn nun. (...) Einst packte sie Entsetzen vor unserer Macht – wie die Germanen vor den ersten römischen Legionen. Heute, wo sie selbst eine Macht sind, reckt sich ihre geheimnisvolle Seele auf, die wir nie verstehen werden, und sieht auf den Weißen herab wie auf etwas Gestriges. Aber die größte Gefahr ist noch gar nicht genannt worden: Wie, wenn sich eines Tages Klassenkampf und Rassenkampf zusammenschließen, um mit der weißen Welt ein Ende zu machen?« (Oswald Spengler, *Jahre der Entscheidung*, 1933)

* * *

Freund Alexander Wendt las im thüringischen Wöhlsdorf nahe Saalfeld aus seinem Buch *Der grüne Blackout. Warum die Energiewende nicht funktionieren kann.* Auf die Frage aus dem

Publikum, wie er es mit dem Klimawandel halte, erwiderte Wendt, der Klimawandel sei eine Naturkonstante, das Klima habe sich zu allen Zeiten gewandelt und werde es auch künftig tun. Die *Ostthüringer Zeitung* überschreibt ihren Artikel über die Veranstaltung mit der Schlagzeile: »Von einem, der auszog, den Klimawandel zu leugnen«. Das erinnert an eine Überschrift in der *Welt*: »Fremdenfeindlichkeit macht Ostdeutschland zum Risiko-Standort«, der im Text die Information folgte: »Ob die Pegida-Märsche und Meldungen über fremdenfeindliche Übergriffe die Konjunktur im Osten schädigen, lässt sich an den offiziellen Zahlen nicht festmachen.« Aber die Richtung hat doch gestimmt!

Während der Lesung gönnte sich Wendt das Vergnügen, eine Collation falscher Vorhersagen zur sogenannten Energiewende vorzutragen, etwa Frau Merkels immer noch viel zu selten zitierte Prognose vom Juni 2011, die EEG-Umlage solle nicht über die damals aktuelle Größenordnung von ca. 3,5 Cent pro Kilowattstunde steigen. Heute sind es 6,88 Cent. In den Worten der *Ostthüringer Zeitung*: »Der Autor prügelt von weit Rechtsaußen auf alle ein, die sich an erneuerbaren Energien erwärmen.«

25. *Mai*

Indem sie von Tag zu Tag nachdrücklicher vor den Radikalen warnten, gelangten die Radikalen schließlich an die Macht.

* * *

Die Gesamt- oder Gemeinschaftsschule in Berlin-Friedenau, aus der sich Ende März ein 14-jähriger jüdischer Schüler sicherheitshalber verabschiedete, weil ihn Mitschüler wegen seiner (strenggenommen natürlich wegen ihrer) Religionszugehörigkeit mehrfach beleidigt und schließlich angegriffen hatten, ist Mitglied im Netzwerk »Schule ohne Rassismus«.

Wenn sich sämtliche Schüler, selbstverständlich nach Geschlechtern getrennt, gemeinsam zum Mittagsgebet einfinden, ist die »Schule ohne Rassismus« am Ziel.

* * *

Interessanter Beitrag auf Facebook über die Zustände in einem Asylantenhaus, in dem 21 Afghanen untergebracht sind. In der letzten Heizperiode seien laut Auskunft des Eigentümers über 10 000 Liter Heizöl verbraucht worden, der Stromverbrauch für ca. ein Jahr habe bei 35 000 Kilowattstunden gelegen, die Müllgebühren hätten sich nahezu verdreifacht, da die Bewohner nicht in der Lage sind, ihren Müll zu trennen.

Die Heizung seien das ganze Jahr über voll aufgedreht; wenn es den Bewohnern zu warm werde, öffneten sie einfach die Fenster. Sämtliche elektrischen Geräte seien im Dauerbetrieb, das Licht brenne die ganze Nacht. Der von der Kommune verpflichtete Reinigungsdienst werde der Lage nicht mehr Herr.

Ich kann den Bericht nicht verifizieren, halte ihn aber für glaubwürdig. Mir erzählte vor kurzem ein leitender Angestellter eines Stadtwerkes, dass der Wasserverbrauch in den Asylantenheimen enorm sei und etwa viermal über dem Durchschnitt liege. Wenn man bedenkt, dass viele dieser uns »geschenkten Menschen« (Katrin Göring-Eckardt) auf einem intellektuellen Niveau beheimatet sind, wie es ein deutscher Hilfsschüler erst nach einer halben Flasche Schnaps erreicht, kann das kaum verwundern; eher wundert mich, dass so wenig davon an die Öffentlichkeit durchsickert.

PS: »Nehmen Sie die Schilderungen des fb-Posts durchaus für bare Münze«, schreibt Leser ***. »In meinem Zuständigkeitsbereich befanden sich (...) ca. 30 Asylantenheime, und wenngleich ich nicht direkt fachlich für die Instandhaltung zuständig war, sondern für Ausländerrecht allgemein, hatte ich doch vielfach Kontakte mit den Heimverwaltungen. Die überwiegende Zahl jener, mit denen ich sprechen konnte, bestätigten mehr oder weniger die gleichen oder ähnliche Zustände. Allerdings etwas abhängig von der Belegung. Also je mehr Frauen, Familien und Kinder, desto besser, je mehr alleinstehende Afrikaner o.ä. Cliquen, desto schlimmer.

Warum auch nicht? Nachweisen kann man fast nie etwas, und wenn, dann gibts – mit viel Pech, denn erstens ist die Heimleitung nicht immer im Haus, und wenn, hat sie besseres zu tun – eine Anzeige wegen Sachbeschädigung. Na und? Ergebnis ist häufig nicht mal Geldstrafe, die nicht bezahlt wird, die Regressforderung auch nicht, pfänden kann man nicht, außerdem ist Behördenpapier diesen Leuten sch...egal, nichts was sie tun, hat irgendeinen Einfluss auf das Asylverfahren, auf ihre Ansprüche und die Dauer ihres Aufenthalts. Mit anderen Worten, Zerstörungswut hat fast nie auch nur die allergeringste Konsequenz; außer der, dass die Behörde für Ersatz sorgen muss und zwar unbegrenzt, denn die Unterkünfte müssen ja bewohnbar bleiben. (...)

Das ist alles ein offenes Geheimnis unter denen, die damit zu tun haben. Sagen dürfen sie natürlich nichts (die Zeitungen hätten auch gewiss kein Interesse an Veröffentlichung), sonst fliegen sie, außerdem haben die meisten schon resigniert. (...) Niemandes Phantasie, der nicht beruflich in die Geheimnisse der Asylantenverwaltung einsteigen muss/kann, reicht aus, um sich die Zustände in dieser Parallelwelt vorzustellen, und dies nicht begrenzt auf die Heime, sondern auf die Verwaltung insgesamt – das Beispiel »Franco geht zum Bundesamt« hat ein bezeichnendes Schlaglicht auf einen Teil dieser Verwaltung geworfen. Offenes Desinteresse, Scheißegal-Mentalität, Kultur des Wegsehens, Druck von oben, Druck von den Anwälten, Druck von überall. So etwas kann überhaupt nur in einem politischen Klima wie bei uns um sich greifen, in einem post- (oder prä-?) totalitären System, worin ein falsches Wort gegenüber den falschen Leuten zum Vorwurf der Ausländerfeindlichkeit, damit zur sozialen Ausgrenzung führen kann.«

* * *

»Der menschliche Verstand ist durch die ›Studie‹ abgelöst worden. Es wäre zum Lachen, wenn diese Entwicklung nicht nachhaltigen Einfluss auf unser aller Leben haben würde.« (Aus einem Leserkommentar auf *Spiegel online*.)

27. Mai

So dumm kann am Ende niemand sein, dass er die Chance nicht ergreifen würde, seine Begabungsmängel als Diskriminierung zu verkaufen.

28. Mai

»Wer immer strebend sich bemüht, den können wir besteuern.«
Niklas Luhmann

* * *

Donald Trump hat einer Handvoll europäischer Führungs-Versager erklärt, dass sie nicht in der Lage sind, ihren Kontinent zu schützen, weder vor dem kleinen Problem des islamischen Terrorismus noch vor dem weit schwerwiegenderen der orientalisch-afrikanischen Landnahme, und die versammelten Führungsversager sind sauer und lassen das durch ihre Medien-Claque auf allen Kanälen verbreiten. Dass sie dabei das Schein- und Nebenthema Klimapolitik in den Vordergrund schieben, ist so typisch wie Trumps Reaktion darauf angemessen; es gibt nach wie vor keinen einzigen Beweis dafür, dass die Erderwärmung menschengemacht ist, aber dass durch Völkerwanderungen Zivilisationen bis zur Unkenntlichkeit überformt oder völlig zerstört werden, dafür liefert die Geschichte hinreichend viele Exempel. Wer das eine Problem kleinredet und das andere aufbläht, legt seine Unredlichkeit offen und verdient keine Nachsicht.

Woher in diesem Zusammenhang der politische Wind künftig verstärkt wehen wird, zeigen die Einlassungen von NGO-Sprechern, die den Gut- und Leichtgläubigen unter den (West-) Europäern nun einzureden bzw. sie auf routinierte Weise moralisch zu erpressen versuchen, indem sie ihnen suggerieren, sie stünden in der Pflicht, Millionen »Klimaflüchtlinge« bei sich zu beherbergen und rundumzuversorgen, weil unter anderem ihr teuflischer Kohlendioxidausstoß diese armen Menschen in die Flucht getrieben habe. Auch in diesem Fall ist die Argumentation extrem unredlich, denn wenn Menschen in Dürregebieten hungern, die Bevölkerungszahlen dort aber zugleich explodieren, liegt der Zusammenhang für jeden Hilfsschüler auf der Hand. Die afrikanische Bevölkerung hat sich in den vergangenen 100 Jahren nahezu verzehnfacht; nicht das Klima treibt diese Menschen fort, sondern ihre schiere Masse. Ein deutscher

Unternehmer, der in Südafrika lebt, hat vorgeschlagen, afrikanischen Frauen Prämien zu zahlen, wenn sie sich nur für ein Kind entscheiden; vielleicht ist das der plausibelste Weg, um die demographischen Probleme dieses Kontinents zu lösen. Europa jedenfalls wird es nicht leisten können und höchstens so närrisch sein, sich selber in ein nördliches Anhängsel Afrikas mit levantinischem Einschlag zu verwandeln.

Die kinder- und zukunftslose Frau Merkel jedenfalls scheint einer solchen Entwicklung nicht abhold zu sein. Nach derzeitigen Umfragen liegt sie wieder bei 40 Prozent Zustimmung. Mehr Stimmen hatte auch Hitler nicht, zumindest nicht, solange gewählt wurde, und man kommt schon ins Grübeln darüber, warum in unserem verhängnisempfänglichen Volk Führerfiguren, die an dessen Wohlergehen vollkommen desinteressiert sind und weit »Höheres« im Sinn haben, anscheinend verlässlich – jedenfalls wiederholt – auf solche Zustimmungsraten stoßen können. Während die Generation, die dieses Land nach dem Krieg wiederaufgebaut hat, heute mit kärglichen Renten ihr Dasein beendet, erwirbt jeder, der seinen Fuß auf deutschen Boden setzt und nie etwas für das deutsche Gemeinwesen getan hat, ein Anrecht auf Grundversorgung samt Familiennachzug – sofern er nicht aus einem Land stammt, aus welchem Politiker, die alle Tassen im Schrank haben, ihre Einwanderer holen würden. Nein, um in Deutschland von der Asylindustrie gepampert zu werden, muss man schon möglichst: nichts können, nichts wollen, aber viel fordern. Eine Schar fröhlicher Gauner kassiert die Provisionen dafür, dass sie von Deutschen erwirtschaftetes Geld an die künftigen Neudeutschen umleitet. Eine andere fröhliche Gaunerschar – Überschneidungen sind möglich – kassiert über die EEG-Umlage die Deutschen, denen diese edlen Seelen vorher ein schlechtes Gewissen eingeredet haben, bei der Finanzierung der sogenannten Energiewende in Milliardenhöhe ab. Milliarden kosten auch die Einwanderer und die Eurorettungsschirme. Als Zuschlag gibt es die Nullzinsen, auf dass auch die Sparguthaben rasch entwertet werden. Proteste? Demonstrationen? Aufstand? Ach was. Immer mehr Import-Kriminelle, immer mehr No-Go-Gebiete, hin und wieder ein Terroranschlag, aber Verschärfung des Waffenrechtes und der Internet-Zensur für die Eingeborenen, die nicht glauben sollen, sie dürften sich zur Wehr setzen. Und die traurigen Figuren, die das alles mit sich machen lassen, mokieren sich über Trump.

Die Leistungsfähigkeit der Deutschen – Rolf Peter Sieferle hat darauf hingewiesen, dass Deutschland keineswegs »reich« ist, wie immer schalmeit wird, sondern bloß leistungsfähig – ist zugleich ihr Fluch. Nicht nur, weil sie den Neid auf sich lenken und die Absahner anziehen. Es ist vor allem ihre Ausnutzbarkeit für große Ziele, für Amokläufe welcher Art auch immer, und jene hat damit zu tun, dass die politischen Romantiker und fundamentalistischen Ideologen stets, neben einer großen opportunistischen Nachbeterschar, auf eine brave Herde von Buckelkrummmachern und Steuerzahlern zählen dürfen, die sich für dergleichen Ziele ausplündern lassen, statt eine Revolte anzuzetteln und die Ideologen zum Teufel zu jagen. Immerhin diesen perversen Mechanismus wird die Masseneinwanderung beenden, indem sie die Leistungsfähigkeit beendet. Wenn es allen gleich schlecht geht, ist Deutschland von seinem Streber-Fluch erlöst.

* * *

Passt auch gut dazu: »Die Reformationsbotschafterin Margot Käßmann hat in einer Bibelarbeit auf dem Kirchentag in Berlin die AfD angegriffen. Die Forderung der rechtspopulistischen

Partei nach einer höheren Geburtenrate der ›einheimischen‹ Bevölkerung entspreche dem ›kleinen Arierparagrafen der Nationalsozialisten‹, sagte die ehemalige hannoversche Landesbischöfin am Donnerstagmorgen. ›Zwei deutsche Eltern, vier deutsche Großeltern: Da weiß man, woher der braune Wind wirklich weht‹, kritisierte die ehemalige Ratsvorsitzende der Evangelischen Kirche in Deutschland (EKD) unter tosendem Beifall«.

Eine Kirchenfunktionärin weiß entweder nicht, was sie redet, weil sie schon einen geschnasselt hat, oder sie hält es für »braun«, dass einer vier deutsche Großeltern hat. Also praktisch jeder zweite Eingeborene und wahrscheinlich auch sie, Käßmann, selbst. (Und was ist bei vier arabischen Großeltern? Vier nigerianischen?) Käßmann sagt, es sei voll Nazi, wenn jemand fordere, die Deutsche sollten sich vermehren. Und 5 000 evangelische Deppen, darunter auch einige mit vierfacher Nazi-Ahnentafel und darob schwerst zerknirscht, spenden solcher exemplarischen Hasssprache »tosenden« Applaus. Was für eine gemütsverrottete, was für eine abbruchwürdige, was für eine sturmreife Kirche, die solches in ihrer Mitte schwären und eitern lässt! Man versteht täglich immer besser, warum das evangelische Milieu bei den Nazis besonders begeistert mitzog, auf welcher Psychomotorik sein geiler Konformismus beruht(e). Mag der Islam sie platt machen! Dort ist wenigstens noch Stolz.

29. Mai

Die Wahrheitspresse hat die Weltformel gefunden: Merkel ist jetzt die »Verteidigerin Europas«. Gegen Trump. Das hätte der

Völkische Beobachter nicht durchtriebener postulieren können. Endlich hat die Regentin, die mit Erdogan paktiert, der jeder Musulmane ein willkommener Gast ist und die Europa ungefähr so wertschätzt wie Süleiman der Prächtige, einen Gegner gefunden.

* * *

Wir sind gehalten, in Treue fest daran zu glauben, dass die Identitären ganz besonders gefährliche Gesellen sind.

»In einem unauffälligen Gebäude des Verfassungsschutzes, in einer stillen Straße Magdeburgs, am Ende eines Gangs, der mit geräuschschluckendem Gummi ausgelegt ist, befindet sich eine Akte über eine junge Frau aus Halle. Name: Melanie Schmitz.

Alter: 24 Jahre.

Beruf: Studentin der Kommunikationswissenschaften.

Verdacht: rechtsextrem«,

präludiert, ja tremoliert der *Spiegel* sozusagen *ad usum Delphini,* sein Publikum auf den Auftritt der Orks einstimmend. »Schreckliches wird geschehen« (Page zu Narraboth, *Salome*).

Die Aktionen der Finstermänner und -maiden sind spektakulär, doch bislang ist nicht *eine* Gewalttat der Identitären bekannt; was sie tun, war früher links und schick und nannte sich »ziviler Ungehorsam«. Dass sie staatsgefährdend schlimme Dinge fordern, etwa, wie der Name vermuten lässt, das Recht auf Identität und auf, kein Witz!, Heimat – dabei hat doch Merkel gesagt, Heimat ist dort, wo möglichst viele Menschen leben, egal woher sie kommen, wenn nur von weit her, sonst ist diese sog. Heimat nämlich nicht mehr ihr Land, und Schäuble sagt, Heimat ist, wo du von Moslems lernen kannst, was Toleranz ist, und wo du dich nicht abschotten darfst, weil du sonst in Inzucht degenerierst, wie Europa es die letzten 2000 Jahre auf übelste Weise vorgemacht hat, und Maas sagt, Heimat ist dort, wo du bespitzelt wirst, wenn du was dagegen hast, dass dort möglichst viele Menschen leben –, dass sie, diese Identitätskriminellen und Heimatverbrecher also mit »völkischen«, völkervermischungshinderlichen, wenn auch nicht wirklich grundgesetzkonträren Ansichten Sand ins Getriebe der allgemeinen Buntwerdung streuen, lasen wir zuletzt da und dort, wenn nicht überall. In welcher Weise die Identitären aber gegen geltende Gesetze verstoßen, diese Information ist man uns bis heute schuldig geblieben. Mehr als das bedrohliche Tremolo war fürs erste nicht zu haben.

Ganz anders die fidelen Rabauken von der Antifa. Die brechen im Wochentakt Gesetze und verletzen Beamte oder »Rechte«, beschmeißen Polizisten mit Steinen, demolieren die Unterschlupfe und Neidhöhlen von Falschmeinern, eilen der Masi hilfreich zur Seite, wenn AfD-Hetzer das längst anachronistisch gewordene Recht auf Versammlungsfreiheit zu instrumentalisieren wagen. Nie lasen wir oder hörten von Merkel, Maas, Schwesig oder Stegner, diese Lausbuben seien eine Gefahr für die Bunte Republik, diese Frechdachse stünden im Verdacht, schlimme Linksextremisten zu sein, denn was wäre das auch für ein Verdacht, wenn er, zumindest auf der Sympathisantenebene, gegen die halbe Regierung der Hauptstadt oder die Thüringens ebenso erhoben werden könnte? Es handelt sich schließlich um die Kinder des eigenen, des rotgrünen Milieus, da muss man differenzieren, die Spreu vom Weizen trennen, sich Strategien des Miteinander ausdenken, deeskalieren, das Kind nicht mit dem Bade ausschütten, die guten Absichten erkennen, und vor allem: alimentieren.

30. Mai

Seit der böse Donald im Weißen Haus waltet, liegt er, zumindest nach Auskunft der deutschen Presse, im Zwist mit fast allen anderen Staatsführern, ganz besonders aber mit zweien: Angela Merkel und Kim Jong-un. Der Qualitätsjournalist Ulf Poschardt hat nun in der *Welt* in einem witzigen Kommentar das Verbindende zwischen den beiden Trump-Antipoden herausgestrichen, indem er über die eine Führerin im Stile der Jubelpresse des anderen Führers geschrieben hat, und zwar unter anderem dieses:

»Beim G-7-Gipfel in Taormina drängelten sich die Macher der freien Welt um die Kanzlerin, allen voran die Politpopstars Emmanuel Macron und Justin Trudeau suchten ihre Nähe. Merkel, die routinierteste der Staatschefs, gibt die Chefin. (...)

Merkels Aura lässt auch einen Trudeau um sie wie um den archimedischen Punkt der liberalen Demokratie balzen. Sie selbst bleibt dabei ruhig. Studiert den Pfauentanz der vermeintlich mächtigen Männer um sie herum in Seelenruhe, wie eine Ornithologin. (...)

Wer Merkel in der vergangenen Woche als inoffizielle Führerin der freien Welt studiert hat, kann sich schwer vorstellen, dass die Mehrheit der Deutschen etwas wie Wechselstimmung spürt. Anders als vor drei Landtagswahlen gedacht, tritt die SPD nicht gegen eine ›lame duck‹ an, sondern gegen eine Ikone des Westens.«

Man merkt, es braucht noch ein paar Sündenjährchen Übung, um sich geschmeidig wie ein Zäpfchen durch die Peristaltik des sozialistischen Hurra-Journalismus zu bewegen, »wie ihn sich in Europa zuletzt Nicolae Ceausescu gegönnt hat, wobei der nur das ›Genie der Karpaten‹, nicht gleich der ganzen Welt war« (Maximilian Krah). Aber ein Anfang ist gemacht. Am besten wäre es, wenn Poschardt sich für den nächsten *Eurovision Song Contest* (einen *Globalvision Song Contest* gibt es ja leider noch nicht, vielleicht kümmert sich die Ikone des Westens mal darum) mit einem sog. Revival des Stones-Titels »Angie« – neuer Titel: »Angie, Icon Of The West« – anmeldet (wenn er singen kann, wie er schreibt, reicht das hin). Die DDR hat bislang noch keinen Vertreter nominiert.

* * *

»Die Zeiten, in denen wir uns auf andere völlig verlassen konnten, die sind ein Stück vorbei. Das habe ich in den letzten Tagen erlebt. Und deshalb kann ich nur sagen: Wir Europäer müssen uns ausgewogener ernähren und mehr Sport treiben. Wir müssen selber für unsere Gesundheit und unser Gewicht sorgen.« Sagte in etwa A. Merkel. Die Weltpresse rätselte, was sie gemeint haben könnte, der *Spiegel* – »Jeder Satz ein Treffer« – weiß wie immer Bescheid.

PS: Sollten die Amis irgendwann keine Information ihrer Geheimdienste mehr nach *Good Old Germany* weiterleiten, dann Gute Nacht, Merkel, Gute Nacht, Deutschland.

1. Juni

Von »rechtskonservativen Dekadenztheorien à la Heidegger«, schreibt einer in der *Zeit,* habe er die Nase jetzt aber voll. Ungefähr wie ich von Ozeanen »à la Pazifik«.

* * *

Bemerkte ich schon, dass ich in zärtlicher Liebe entflammt bin zu Charlotte Corday?

2. Juni

»Im Exil zu sterben ist eine Garantie dafür, nicht völlig mittelmäßig gewesen zu sein«, notierte Don Nicolás.

One world nennt sich das Gefängnis, aus dem kein Weg in ein rettendes Exil mehr möglich ist.

* * *

Als die europäischen Länder mit dem schlimmen Deutschland inmitten noch autoritär, patriarchalisch, jedes auf seine Weise grau und allesamt praktisch ewiggestrig waren, mussten die jungen Menschen, wenn sie ihren Familienkäfigen abends einmal entfliehen wollten, mit den Eltern, Tanten und Gouvernanten zu Konzerten, in Opernhäuser oder ins Theater gehen, wo ihre unverdorbenen Gehirne mit Seitenthemen, Fugen, Passacaglien und Doppeldominant-Septakkorden geschulmeistert, mit Terzetten, Jamben und Stabreimen geschurigelt, wo ihre zarten Seelen in die spanischen Stiefel der Hochkultur geschnürt wurden. Das ist gottlob vorbei. Ungefähr um das Jahr 1968 begann die westliche Jugend aufzumucken und den alten Trödel abzuräumen. Wo früher peinlich befrackte Virtuosen ihre Instrumente notzüchtigten und Mimen mit sogenannten Klassikertexten groß taten, standen nun halbnackte, mit Drogen aufs Köstlichste zugedröhnte junge Männer auf der Bühne und zertrümmerten grölend ihre Instrumente (sowie später ihre Hotelzimmer), aus Protest gegen das Establishment und seine bedrückenden kulturellen Konventionen natürlich, umjohlt von endlich freiem Volk, das auf freiem Grunde höchste Augenblicke genoss und sich tags darauf zuweilen sogar daran erinnern konnte. Befreite Maler kippten ihre Farbe über die Leinwand oder verspritzten gleich Blut an die Wände der

Galerien, kühne Regisseure befreiten Antigone, Gretchen und Ophelia von ihren Kleidern, ihrem Anstand und ließen sie auf die Bühne kacken. Alles wendete sich zum Guten, Wahren und Schönen.

Heute, im besten Deutschland, das es jemals gab, umgeben vom besten Europa, das je existierte, und vom Süden her sanft überspült von den besten Menschen, die je einem Kontinent geschenkt wurden, ist die Jugend inzwischen auch von den letzten Konventionen befreit, weshalb sie, außer gegen »rechts«, im Grunde gegen nichts mehr protestieren muss und sich in vollendeter Zwanglosigkeit vergnügen kann. Zum Beispiel auf den Konzerten der Ariana Grande oder der Eagles of Death Metal.

4. Juni

Nach jedem Terroranschlag veröffentlicht *Spiegel online* routiniert einen Artikel, der mit der Zeile überschrieben ist: »Anschlag in XY: Was wir wissen – und was nicht.«

Korrekt müsste es heißen: Was wir wissen – und was wir nicht wissen wollen.

* * *

Die Ehefrau des rheinland-pfälzischen AfD-Vorsitzenden Uwe Junge, Claudia Junge, hat einen offenen Brief an Landtagspräsident Hendrik Hering (SPD) geschrieben. Darin heißt es, sie habe es satt, sich als AfD-Mitglied »von Ihnen und Ihresgleichen beschimpfen zu lassen. Bürger, die Veranstaltungen der AfD besuchen wollen, werden abgedrängt und verprügelt, AfD-Politiker werden zusammengeschlagen, ihre

Autos und Häuser mit Farbe besprüht, Fenster eingeschlagen, ja sogar an Häusern Feuer gelegt. Die Privatadressen von AfD-Mitgliedern werden veröffentlicht und ihre Kinder werden in der Schule isoliert, eingeschüchtert und genötigt. Wirte, die der AfD Räume für Veranstaltungen zur Verfügung stellen, werden bedroht und ihre Immobilien beschädigt. Nicht die AfD ist gefährlich, sondern Menschen wie Sie, Herr Hering.«

AfD-Mitglieder und -Wähler, fährt Frau Junge fort, »zünden keine Autos an, brechen keine Kiefer und beschädigen kein Eigentum. Wir sagen, was uns stört und was wir besser machen wollen. Von uns geht aber niemals Gewalt aus. Der Brandanschlag auf mein Auto und unser Haus sowie der Überfall auf meinen Mann veranlaßte Sie und Ihre Genossen nur zu einem müden Telefonanruf. Eine öffentliche Stellungnahme oder gar ein Thema im Parlament – Fehlanzeige. Der obligatorische Blumenstrauß ins Krankenhaus, verbunden mit Genesungswünschen an meinen Mann – Fehlanzeige.«

Stattdessen stachelten Hering und Genossen die Linksextremisten noch extra an. »Was muß noch passieren, ehe Sie und das Parlament sich von diesen politisch motivierten Straftaten distanzieren? Wann haben Sie vor, Ihrer Bestürzung öffentlich Ausdruck zu verleihen? Muß es erst Tote oder Schwerstverletzte geben?«

Außer der *Jungen Freiheit* und einer Mainzer Regionalzeitung fühlte sich kein – kein! – deutsches Wahrheits- und Qualitätsmedium bemüßigt, diesen Brief auch nur zu erwähnen.

Merke, zum Ersten und Wiederholten: Die Macht der Presse zeigt sich vor allem darin, was sie verschweigt.

Merke, zum Zweiten und noch öfter Wiederholten: Der Begriff »Lückenpresse« darf von Fall zu Fall mit ruhigem Gewissen durch den Terminus »Lumpenpresse« ersetzt werden.

5. Juni

»Die Wellen schlugen gegen die betonierten Wände des schmalen Kanals, der durch die Insel zum Hotel ›Excelsior‹ gelegt ist.« So steht's geschrieben im *Tod in Venedig*, und so verhält es sich noch heute. Allerdings stiegen anno 1911 sowohl der Dichter als auch später sein Geschöpf Gustav von Aschenbach nicht im ›Excelsior‹ ab, sondern ließen sich ins ein paar hundert Meter weiter nördlich gelegene »Grand Hotel des Bains« chauffieren, zu dem man von der Lagune her ebenfalls über diesen Kanal anreist. Aschenbach »betrat das weitläufige Hotel von hinten, von der Gartenterrasse aus und begab sich durch die große Halle und die Vorhalle ins Office«, heißt es, von wo ihn ein Hotelangestellter in ein Zimmer mit Aussicht aufs offene Meer geleitete, welches – das Meer, nicht das Zimmer – »niedrige, gestreckte Wellen in ruhigem Gleichtakt gegen das Ufer sandte«. »Menschenarm« präsentierte sich der Strand des Lido di Venezia dem Gast aus der Münchner »Prinz-Regentenstraße«, und auch heuer bietet sich der Lido erstaunlich menschenleer dar, obwohl es doch Pfingsten ist und die Sonne schon zeigt, was sie drauf hat.

Am Vormittag Spaziergang den Strand entlang von dem einen Hotel zum anderen, wobei das seit nunmehr fast sieben Jahren geschlossene ›des Bains‹, in dem auch Visconti Teile seines Filmes drehte, den denkbar trostlosesten Eindruck vermittelt. Mit vernagelten Fenstern, bröckelnden Fassaden und einer Freitreppe, aus deren Fugen das Gras spießt, erzählt der Bau mit dem Belle-Epoque-Charme an einem der schönsten und elegantesten Strände Italiens die Geschichte einer Fehlinvestition. Angeblich stehen jetzt arabische Investoren bereit. Ob das im kulturellen Sinne Gutes verheißt, ist eine müßige Frage in einer

Stadt, deren historische Kulisse regelmäßig von Ozeanriesen überragt wird, die dort anlegen, wo Othello sein »Esultate!« gerufen haben könnte, um die Altstadt mit Touristenscharen zu ersticken.

Gestern bei der mitternächtlichen Fahrt mit dem Hotelschiff vom Markusplatz zum Lido halten zwei männliche Passagiere Händchen, was wieder Assoziationen an die Novelle wachruft. Als *Der Tod in Venedig* im Erstdruck erschien, 1912, waren homosexuelle Handlungen noch strafbar, träumerische homoerotische Obsessionen gegenüber Minderjährigen galten, aller gebildeten Graecomanie ungeachtet, als extrem anstößig, und man kann die völlig unbeanstandete und skandalfreie Veröffentlichung einer Erzählung über die durchaus skandalöse erotische Leidenschaft eines gestandenen Mannes zu einem Vierzehnjährigen als ein Zeugnis für die erstaunliche Liberalität des Kaiserreichs betrachten, wo ja auch die in London und New York verbotene *Salome* ein paar Jahre zuvor unzensiert über die Opernbühne gehen konnte. Es handelt sich freilich im selben Maße um einen Beleg für die schöne Narrenfreiheit des Künstlers, der sich in jede Rolle hineinphantasieren oder unter dem Vorwand des bloß-Fingierten aus den moralisch verwerflichen Regionen seines seelischen Souterrains berichten darf, ohne dafür in Verantwortung genommen zu werden. Sofern er sich nicht mit blasphemischen Darstellungen des Korans oder des Propheten versündigt wie weiland Salman Rushdie oder als bundesrepublikanischer Autor »rechtes« Personal auftauchen lässt, ohne dessen Abscheulichkeit und notwenige Bekämpfung zu proklamieren. Doch da passen die Verlage schon auf. Sexuelle Obsessionen indes sollte jeder Gegenwartsautor ohne Hemmungen offenbaren, ausgenommen vielleicht den perversen Kult der monogamen Ehe.

Das ›Excelsior‹ ist ein großzügiger Bau in maurischem Stil. Ein Innenhof erinnert mit seinen Säulen, Bögen, Palmen und Springbrunnen an die Alhambra, en miniature natürlich. In diesen, wie ein Journalist formulieren würde, Nobelherbergen verkehrt heutzutage in der Regel ein Publikum, das sich rein äußerlich, von einigen dezenten Reichtumssignalen abgesehen, kaum von den Besuchern eines mallorquinischen Proletenstrandes oder einer beliebigen Lidl-Filiale unterscheidet. Es ist ein neuer Erfolgsmenschenschlag, eine zu Geld gekommene soziale Mittel- und kulturelle Unterschicht, deren einzelnen Vertretern man weder am Strand noch beim Dinner ansieht, ob sie Kleinmillionäre oder Sozialhilfeempfänger sind. Auch die Physiognomie liefert keinerlei Aufschlüsse mehr. Einzig der Aufenthaltsort erzeugt Distinktion. Genau dieses *Ich scheiße auf Stil* ist heute der Stil derer, die es sich leisten können. »Er nahm eine Zeitung vom Tische, ließ sich in einen Ledersessel nieder und betrachtete die Gesellschaft, die sich von derjenigen seines ersten Aufenthaltes in einer ihm angenehmen Weise unterschied. Ein weiter, duldsam vieles umfassender Horizont tat sich auf. Gedämpft vermischten sich die Laute der großen Sprachen. Der weltgültige Abendanzug, eine Uniform der Gesittung, faßte äußerlich die Spielarten des Menschlichen zu anständiger Einheit zusammen.« Das ist passé, da ist auch nichts mehr zu machen, wir leben definitiv »nach den Kulturen« (Frank Lisson).

Am schönsten sind die Fahrten mit dem Wassertaxi durch die Lagune und natürlich durch Venedig selbst. Idealerweise mietet man eines ganz für sich allein und nimmt eine Flasche Champagner (oder Wein) mit, um jener morbiden Märchenstadt zuzutrinken, die seit Jahrhunderten verfällt, ohne es je wirklich zu tun, und die davor das Zentrum der Erde, so etwas wie London und Paris – oder New York und Washington – gleichzeitig war.

Am Sonntagabend klärt Dirk Schümer, der seit vielen Jahren in Venedig lebt und ein angenehmes Lokal ausgewählt hat, wo wir zu viert einen vor den aggressiven Mücken geschützten Platz finden, nicht nur darüber auf, dass der Pfingstmontag in Italien kein Feiertag ist, sondern liefert den stichhaltigen Grund gleich mit: Die Ausschüttung des Heiligen Geistes sei für den durchschnittlichen Italiener, der nach konkreter Sinnlichkeit verlange, ein viel zu abstrakter Termin. Ungefähr so abstrakt wie der Staat, mit dem der Italiener auch nichts anfangen könne. Ganz anders als der durchschnittliche Deutsche, der seinen Staat wunder wie ernstnehme, ja verehre, und dessen Führern in Ergebenheit treu bis ins Verderben folge. Den Kapitalismus hingegen, so Schümer, bewundere er sehr; wie er jetzt die ihm doch eigentlich feindlich gesinnten Linken in seine Dienste nehme, sie in der sog. Flüchtlingskrise als willige Helfer mehr oder weniger engagiert habe, um das gesellschaftliche Klima moralisch aufzuheizen, auf dass immer mehr Steuergelder als subventionierte Fernstenliebe schließlich in die Taschen der Wirtschaft flössen, das sei schlechterdings genial.

7. Juni 2017

Ein Bekannter schickt mir einen Link zur ZDF-Sendung »Was nun, Frau Merkel?« vom 13. November 2015. Darin fällt ein Satz, der für meine Begriffe außerhalb der linksextremen Szene nicht hinreichend Beachtung gefunden hat. Die Kanzlerin sagt: »Ich kämpfe für meinen Plan, (...) aus Illegalität Legalität zu machen«. Eine in mehrerlei Hinsicht bemerkenswerte Aussage.

Ihr Willkommensputsch gegen jenen deutschen Souverän, auf den sie ihren Amtseid abgelegt hat, resultiert also keineswegs nur aus Gewurstel, Angst vor schlimmen Bildern, Starrsinn und Idealismus zu Lasten Dritter, sondern folgt einem Plan und ist, wie wir am täglichen Einsickern immer neuer Menschengeschenke durch die porösen deutschen Grenzen beobachten dürfen, keineswegs beendet. Dass sie Illegalität in Legalität umwandeln will, beweist wiederum, dass ihr weder der Begriff noch die Tatsache des illegalen Handelns fremd sind, sie aber einen Weg kennt und zu weisen entschlossen ist, auf dem sich dieses unerfreuliche Faktum aus der Welt schaffen lässt. Der kann nach der so elastischen wie aggressiven und vor allem rechtswidrigen Überdehnung des Asylrechts nur in der so elastischen wie aggressiven Erweiterung des Staatsbürgerschaftsrechts bestehen. Illegalität in Legalität verwandeln heißt: Der große Bevölkerungsaustausch steht erst am Anfang und wird von diesen Figuren unbeirrt fortgesetzt. Für Merkel gibt es ohnehin kein Leben nach Merkel. Aber wie ist das bei den Merkel-Wählern?

Wie sehr sich die Kanzlerin um die Deutschen und deren Probleme schert, kann man am Ende der Sendung studieren, wo sie mit Zuschauerfragen konfrontiert wird. Mit keinem Satz geht sie auf die Nöte der einheimischen Geringverdiener und Kleinrentner ein, die den Stoß der von ihr losgetretenen Masseneinwanderung auffangen müssen. Umstandslos ist sie mit ihren Antworten wieder bei den Problemen der Welt und der gebotenen Alimentierung derer, die noch nicht so lange hier sind. – Immer wieder die Frage: Wer wählt so was?

PS: Leserin *** hat sich den Tort angetan, Merkels Äußerungen, auf die ich hier anspielte, exakt zu stenotypieren:

Moderatorin verliest die Frage einer Bürgerin: »Frau Merkel, Sie sagen, Deutschland schafft das finanziell. Aber warum wird dann nicht Geld für marode Schulen und Kindergärten verwendet, wieso müssen die Gemeinden jeden Cent zweimal umdrehen, und warum bekomme ich, wenn ich in ein paar Jahren nach 45 Arbeitsjahren im Gesundheitswesen in Rente gehe, kaum 700 Euro? Mir wird schlecht, wenn ich daran denke.«

Frau Dr. Merkels Antwort: »Ich sag ihr erst mal, dass äh, sie natürlich Sorgen hat wie viele Menschen in Deutschland, und diese Sorgen werden wir natürlich nicht vergessen, wir haben heute zum Beispiel 'ne Pflegereform verabschiedet im Deutschen Bundestag, die den ... die gesamte Pflegeleistung verbessert, den Pflege-Begriff auch auf Demenzkranke ausweitet ... das sind alles Schritte, die wir machen müssen, weil ich weiß, dass es wirklich nicht jedem in unserem Land gut geht. Unbeschadet dessen isses aber auch so, dass es auch unser Prinzip ist, Menschen in Not zu helfen und ... jetzt geht's ja um die Angst. Die Angst, dass wir's vielleicht finanziell nicht stemmen; ich glaube, wir sind im Augenblick gut aufgestellt, wir konnten jetzt sogar wieder einen Haushalt verabschieden, ähm der keine neuen Schulden aufnimmt, jedenfalls im Bereinigungs ... des Haushaltsausschusses, 's war gestern so ... und jetzt geht es um die richtige Integration ... und da, glaub' ich, haben wir in der Vergangenheit Fehler gemacht, die vielleicht auch manche Sorgen der Menschen jetzt hervorbringen; wir haben bei den Gastarbeitern nicht sofort Sprachkurse gemacht, nicht sofort Integrationskurse, und ich sag ihr ähm auch ganz klar: Wer zu uns kommt, muss sich auch an unsere Regeln halten ... manche denken auch, wird das dann mit der Gleichberechtigung von Mann und Frau weiter klappen, da muss man von Anfang an auch klare Zeichen setzen.«

Moderatorin: »Sagen Sie ihr auch: Es wird nicht ohne Opfer gehen? Viele meinen doch, wenn man ... wir sozusagen so viel

Geld haben, wenn wir's zusätzlich stemmen können … aber wird es ohne Opfer gehen? Müssen Sie da nicht ein klares Wort an die Bürger richten?«

Frau Dr. Merkels Antwort: »Nein, dieses Denken in Opfern finde ich auch falsch. Es wird eine Anstrengung sein, es wird an einigen Stellen auch eine große *Bereicherung* für uns sein, es wird vielleicht auch ähm uns neue Erfahrungen bringen. Wir müssen's richtig anstellen, es gibt uns große Aufgaben auf, da will ich überhaupt nicht drumrumreden, aber wenn wir das auch gut machen, dann wird die Demokratie und dann wird das, was uns auszeichnet, und warum Menschen gerne in Deutschland leben, vielleicht auch über unsere europäischen Grenzen hinaus Akzeptanz bekommen – das ist auch ein Prinzip … und dann haben wir vielleicht weniger Kriege, und dann haben wir vielleicht weniger Leid auf der Welt.«

Nach dem Drama des Dritten Reichs und mit jenem ursächlich verbunden folgt das Satyrspiel, nach der Explosion die Implosion; eine stammelnde, sabbelnde, in einem Deutsch, für das es in einer vernünftigen Schule Stockschläge gesetzt hätte, technokratisches Bla-Bla-Bla absondernde Führerin – Fremden-Führerin – gibt eine der ehemals bedeutendsten Kulturnationen der Invadierung und Ausplünderung preis und darf sich dabei einer nicht unbedingt allgemeinen, aber zum Wahlsieg hinreichenden Zustimmung eines neurotisierten, schicksalsergebenen, auf ein schlechtes Gewissen in Permanenz dressierten Bevölkerungsvolkes sowie eines verlässlich siegheilbrüllenden Escortdienstes der Medien gewiss sein. Was für ein gestörtes, was für ein dummes, was für ein närrisches, was für ein lustiges Land.

* * *

»Natürlich hat der Terror nichts mit dem Islam zu tun. Wer etwas anderes behauptet, gefährdet unsere Sicherheit«, schreibt in der *Huffington Post*, neben *Bento* das Standhafteste, was deutscher Wahrheits- und Qualitätsjournalismus momentan zu bieten hat, ein Journalist mit dem Märtyrernamen Sebastian Christ. Wer etwas anderes behauptet, gefährdet zumindest *seine* Sicherheit. Doch unser Namenschrist will mehr: »Wir sollten den Islam als unseren wichtigsten Alliierten im Kampf gegen den Terror begreifen.« Wie die SPD im Kampf gegen die Antifa? Die Tabakindustrie im Kampf gegen den Lungenkrebs? Die *Huffington Post* im Kampf gegen den Leserschwund?

Was uns der Alliiertensucher vermutlich sagen will, ist: Wir sollten den Islam als wichtigsten Verbündeten im Kampf »gegen rechts« begreifen. Ansonsten gehört dieser Kommentar in die endlose Reihe der journalistischen Statements, die unter der Maxime verfasst werden: Wie kann ich mit einer peinlich feigen Aussage möglichst mutig wirken? (Heinrich Mann hat den Typus Diederich Heßling als Karikatur erfunden, doch erst in der zweiten deutschen Republik wurde er mehrheitsfähig und konnte sich an die Spitze der Gesellschaft hinabschleimen.)

* * *

In einem Therapie-Zentrum für Flüchtlinge in Saarbrücken ist ein Mitarbeiter des Deutschen Roten Kreuzes von einem Syrer umgebracht worden. Der Flüchtling war mit dem Berater in Streit geraten und hatte ihn dann mit einem Messer niedergestochen. Der 30 Jahre alte Psychologe starb noch an seinem Arbeitsplatz. Aber er hatte immerhin einen! Über den Auslöser des Streits konnte die Polizei keine Auskunft erteilen, gewiss sei allerdings eines: »Terror ist überhaupt nicht im Spiel.« Natürlich nicht. Nicht mal Islam! Nur andere Mentalität. Höchstens

Psychoterror seitens des Vernehmers. Merke: »Du gehst zum Psychologen? Vergiss das Messer nicht!«

* * *

Der sogenannte Frontmann einer Combo namens *Die toten Hosen*, Campino geheißen, nimmt Anstoß daran, dass sich die Schlagersängerin Helene Fischer nicht politisch äußert, was er selber offenbar für des Künstlers, quatsch: des Komödianten – oder wohl doch eher: des Kaspers – dringlichste Aufgabe hält. Das sei zwar ihr gutes Recht, »und ich will das auch gar nicht bewerten«, sagte der Herr Campino dem Kölner *Express*. »Aber was wäre, wenn sie sagen würde: ›Ich bin gegen die AfD und gegen die rechtsextreme Stimmung?‹«

Dann, Gevatter, würde sie couragiert dasselbe tun, was alle etablierten Parteien mit Kanzlerin und Bundespräsident an der Tete tun, außerdem sämtliche Zeitungen und TV-Sender, alle Kirchen, Gewerkschaften, zivilgesellschaftlichen Organisationen, Unternehmen, Vereine, Zentralräte, Theater, Schulen, Universitäten, die Antifa, ja sogar viele Kneipen (»Kein Bier für ...«). Vielleicht ist das ein bisschen zuviel deutsche Volksgemeinschaft für eine Schnulzensängerin mit Migrationshintergrund? Und eher eine Aufgabe für eine wahrhaft rebellische Punkband?

8. Juni

Bei den britischen Unterhauswahlen 2015 entfielen 36,9 Prozent der Stimmen auf die Tories unter David Cameron. Mit Theresa May als Spitzenkandidatin gewannen die Konservativen nun die Wahlen mit 42,4 Prozent der Stimmen, büßten aber aufgrund der Besonderheit des relativen Mehrheitswahlrechts die absolute Mehrheit im Parlament ein. 42,4 Prozent, das ist noch ein Prozent mehr, als Merkel 2013 bei den Bundestagswahlen holte. Im Vergleich zu Cameron gewann Theresa May 5,5 Prozent Stimmen hinzu.

Wie kommentiert die deutsche Wahrheits- und Qualitätspresse dieses Ergebnis? »Sie ist die große Verliererin und will trotzdem Premierministerin bleiben« (*Spiegel online*); »Nach dem Debakel: Theresa May kündigt Regierungsbildung an« (*Focus online*); »Welches Desaster!« (*FAZ*); »Das Ergebnis ist verheerend« (*Süddeutsche*); »May-Debakel« (*Tagesspiegel*) etc. pp. im immergleichen Tonfall.

Wie gesagt: 5,5 Prozent Zuwachs und mehr Stimmenanteile als Merkel bei ihrem Rekordergebnis. Was für ein Debakel!

* * *

Er habe, sagt Freund ***, seit längerem wieder mal deutsche TV-Nachrichten geschaut. »Aber das sind ja keine Nachrichten mehr. Dort werden ja nur Kommentare vorgelesen.«

9. Juni

Amerika wird oft wegen seines Brauchs der Todesstrafe beneidet.

Im neuerdings bunten brandenburgischen Senftenberg hat einer, der noch nicht besonders lange hier lebt, zuerst mehrfach mit dem Messer auf seine Frau eingestochen, sie danach, obwohl sie schrie und sich wehrte, aus dem Fenster gestoßen, um der Sterbenden schließlich vor dem Haus die Kehle durchzuschneiden. Das Landgericht Cottbus verurteilte den edlen Wilden für dieses Malheur zu 13 Jahren Gefängnis.

Der Vorsitzende Richter erklärte in seiner Urteilsbegründung, dass der Mann davon ausgegangen sei, dass seine Frau ein Verhältnis mit einem Bekannten habe und sie deshalb umbrachte. Dies sei nach hiesigen Wertvorstellungen ein niederer Beweggrund und damit ein Merkmal für Mord. Allerdings hege die Kammer Zweifel, ob der Angeklagte die Niedrigkeit seiner Beweggründe erkannt habe. Daher laute das Urteil auf Totschlag. Der Angeklagte selber soll gesagt haben, wenn eine Frau fremdgehe, habe der Mann das Recht, sie zu töten; das sei nicht nur in seiner Heimat Tschetschenien geltendes Recht, sondern stehe auch im Koran. Andere Länder, andere Sitten, wie der abgeklärte Tourist zu sagen pflegt. Oder wie eine andere Kapazität bemerkte: Was gestern Recht war, kann heute nicht Unrecht sein. Das Gericht entschied sich mit nahezu orientalischer Weisheit für eine Art Kompromiss.

Deutschland wird nicht nur von einer beispiellosen Welle willkommener Gewalt überspült – es folgt ihr auch eine neue und zumindest für diese Republik bislang beispiellose Rechtsprechung.

In Brandenburg/Havel fiel ein »Brandenburger« (*Märkische Allgemeine*) – näherhin: ein in Brandenburg lebender 23-jähriger türkischer Drogenhändler – in seiner Wohnung und offenbar nach gewissen Proben aus seinem Sortiment über eine »Bekannte« her, klemmte ihren Kopf zwischen die Gitterstäbe am Kopfende des Bettes und mauselte die Widerstrebende über vier Stunden lang (Respekt!) so rabiat, »dass sie in den folgenden beiden Wochen nicht richtig laufen konnte«. Staatsanwalt und Gericht hatten zwar keinen Zweifel daran, dass die durchaus beeindruckende Darbietung nicht im Sinne des Opfers war, die entscheidende Frage für den Ausgang des Strafprozesses sei jedoch gewesen, ob der Angeklagte dachte, seine Besucherin sei einverstanden gewesen. »Das könnte sein, ließ die Zeugin das Gericht wissen. Sie könne nicht beurteilen, ob er mit der Mentalität des türkischen Kulturkreises das Geschehen, das sie als Vergewaltigung erlebte, vielleicht für wilden Sex gehalten hat«.

Der Angeklagte wurde freigesprochen.

Zartere Gemüter könnten solche Urteilsbegründungen für rassistisch halten, weil sie von der Prämisse ausgehen, man müsse identische Taten je nach der Herkunft des Täters unterschiedlich bewerten und verschieden hart bestrafen. Man mag diese Konstellation angesichts gewisser gottgefälliger Enthauptungen gar nicht bis zu Ende denken. Erstaunlich ist die Nichtskandalisierung solcher Fälle – erinnern wir uns zum Beispiel an das landesweite, ja kontinentale Geplärr um Brüderle oder Strauss-Kahn –, das bemerkenswerte Schweigen, Abwiegeln oder gar das plötzlich aufsprießende Verständnis für gewisse rustikale Migrantensitten, aber die Mädels können schließlich gut unterscheiden, wann ein *#aufschrei* ihnen wohlfeiles Renommee verschafft und wann ihre Erregung nicht nur nichts bringt, sondern am Ende sogar Courage erforderte (fragen Sie Alice Schwarzer, die längst zur Kryptorassistin *downgegradete* einstige Pionierin des neuerdings erstaunlich kuschbereiten Feminats).

In die Reihe der kultursensiblen juristischen Lockerungsübungen gehört auch, dass die sechs uns aus Syrien zugelaufenen Jugendlichen, die in Berlin einen schlafenden Obdachlosen »mit einem Feuerchen erschrecken wollten«, nicht etwa wegen versuchten Mordes angeklagt werden, sondern wegen versuchter schwerer Körperverletzung. Fünf der sechs Lauser befinden sich inzwischen wieder in jener Freiheit, in die sie schließlich unter Lebensgefahr – zumindest für einen deutschen Obdachlosen – geflüchtet sind. Desgleichen gehört in diese Kategorie der Fall der beiden Asylbewerber, die in Dresden-Zschachwitz einen schon länger hier Lebenden vor den einfahrenden Zug aufs Gleis »schubsten« und ihn mit Tritten daran hinderten, sich zurück auf den Bahnsteig zu retten. Die beiden gelangten fast so schnell wieder auf freien Fuß, wie der Lokführer eine Notbremsung hinbekam, wurden nach Protesten aus der dunkeldeutschen Öffentlichkeit (Sachsen!) neuerlich verhaftet, dürfen aber damit rechnen, allenfalls wegen versuchten Totschlages und keineswegs wegen versuchten Mordes angeklagt zu werden. Unser Heiko Maas – er lebe hoch! Hoch! Hoch! – will den Nazi-Tatbestand »Mord« sowieso relativieren, zumal der moderne und speziell der eingewanderte Totmacher ja keine niedrigen Beweggründe mehr kennt, wie der Senftenberger Afghane mit dem Hinweis auf den Koran andeutete, und überdies weit öfter von heißblütiger Leidenschaft übermannt wird als der seine Schändlichkeiten kühl kalkulierende, aber seine kriminelle Energie aus Altersdurchschnittsgründen sukzessive einbüßende biodeutsche Gewalttäter.

Das hiesige Rechts- bzw. Unrechtsempfinden war auch nicht anzuwenden auf Ali D., 29, aus dem Irak, der in der Nacht zum 6. November 2016 eine 13-jährige Schülerin im Hamburger S-Bahnhof Jungfernstieg in einen Raum gezerrt und vergewaltigt hat; das Mädchen war noch Jungfrau (Jungfernstieg!). Die Tat wird voraussichtlich nicht als Kindesmissbrauch bestraft; Gericht, Staatsanwaltschaft und Verteidigung gehen davon aus, dass der Angeklagte nicht wusste, dass das Opfer keine 14 Jahre alt war. Er wusste ja nicht einmal, wie er selber heißt; zumindest war er unter falschem Namen nach Deutschland eingereist; außerdem stammt er aus einer Weltgegend, wo 13 praktisch 18 bedeutet. Wir berichten weiter.

* * *

Henryk M. Broder schreibt, er sei mit einem neuen Argument gegen seine Kritik an der »Willkommenskultur« konfrontiert worden: »Wo und inwiefern ist Ihre Lebensqualität durch die Zuwanderung berührt oder beschädigt worden?«, habe ihn ein Tischnachbar auf einer Gartenparty gefragt.

Broder reagierte sarkastisch. Da er keine Massenveranstaltungen besuche und keine Frau sei, die nachts auf dem Heimweg Begegnungen der unerfreulichen Art erlebe, sei seine »Lebensqualität« einstweilen unberührt geblieben. »Und wenn in einer Asylunterkunft in einem bayerischen Dorf ein Afghane ein fünfjähriges Kind ersticht und dessen Mutter schwer verletzt, dann ist das nicht nur weit weg, es hat auch mit meinem Leben nichts zu tun. Mir geht's gut. Das ist die Hauptsache. Die Gartenparty kann weitergehen«.

Die Frage passt sehr gut zu jenem kaltschnäuzigen und unsolidarischen Wohlstandsmilieu, das hierzulande den Ton angibt, während die eingeborene Unterschicht, mit der diese Leute nie zu tun bekommen, weil sie in besseren Gegenden leben, keine Discounter aufsuchen und selten öffentliche Verkehrsmittel benutzen, sich mit den Plagen der Masseneinwanderung herumschlagen muss.

Man könnte solche saturierten Weltumarmer allerdings zurückfragen: Welchen Schaden hat eigentlich Ihre Lebensqualität bislang durch die Atomkraft genommen, durch den Feinstaub, den Klimawandel, das teuflische Kohlendioxid, durch Neonazis und Pegida, durch brennende Asylantenheime (natürlich nur diejenigen, die abwechslungshalber einmal von Einheimischen angesteckt worden sind), durch Putin und Donald Trump?

Und man könnte die nächste Party sogar, die Perspektive einmal ganz *sophisticated* ins Überzeitliche weitend, mit der

Bemerkung rocken: Strenggenommen hatten die Grünen doch durch den Holocaust nur lebensqualitative Vorteile, oder?

12. Juni

Zu vermelden ist ein Skandal. Auf Platz neun der »Sachbücher des Monats Juni«, ausgeschrieben von NDR und *Süddeutscher Zeitung*, steht, mokiert sich Letztere, »das Pamphlet *Finis Germania* des 2016 verstorbenen Historikers Rolf Peter Sieferle. Warum?«

Lässt man die Petitesse beiseite, dass es sich bei dem vorgeblichen Pamphlet keineswegs um ein solches handelt, sondern eine göttlich boshafte, beinahe unerträglich scharfe, aber äußert luzide Analyse (siehe meinen Eintrag vom 14. Mai), ist die Antwort simpel: weil irgendeiner der Juroren – oder gar mehrere? – das Buch empfohlen hat.

Im Gegensatz zu Preisrichterkollegien, die in gemeinsamen Sitzungen über einen Buchpreis entscheiden, »senden für die ›Sachbücher des Monats‹ die Juroren Listen mit Punkten für einzelne Bücher ohne gemeinsame Aussprache ein. So wenig wie für das Publikum ist für die Juroren am Ende kenntlich, wer welchem Buch wie viele Punkte gegeben hat, ja, warum ein Buch überhaupt Eingang auf die Liste fand«, beschreibt die *Süddeutsche* den *Modus operandi*. Offenkundig kam auf diese Weise bislang verlässlich eine Ligatabelle des Nichtanstößigen zustande. Die meisten Verlage achten ja ohnehin darauf, dass anstößige Titel gar nicht erst erscheinen.

Im Grunde lief es auch diesmal so. Auf den ersten und zweiten Platz der Juni-Liste wählten die Juroren in schläfriger Routine die Bücher *Der neue Bürgerkrieg. Das offene Europa und seine Feinde* und *Trump! POPulismus als Politik* (wobei sie angesichts der baumschulenhaften Ähnlichkeit der Titel, Thesen und Autorentemperamente natürlich aufpassen müssen, dass sie nicht versehentlich ein Buch empfehlen, welches schon im vergangenen Monat auf der Liste stand). Auf Platz 3 landete Dieter Borchmeyers achtbar-fleißige Collation *Was ist deutsch?* Ein *Atlas der Umweltmigration* auf Platz vier stellte sogleich wieder Kontinuität her und gab auf Borchmeyers Frage die gültige Antwort: Deutsch ist, in der Schraubzwinge zwischen den Agenten des offenen Europa und den Umweltmigranten eingequetscht so lange gegen den Populismus zu kämpfen, bis eintritt, was das versehentlich auf Platz neun gelandete Buch beschreibt, welches also gewissermaßen die Pointe verrät. Und das macht man doch nicht.

»Wer innerhalb der NDR/*SZ*-Jury für *Finis Germania* votiert hat, ist unklar«, notiert die *SZ*. Die Ermittlungen laufen aber auf Hochtouren.

Aufschlussreich ist die Stellungnahme von Andreas Wang, Mitglied der Jury und ihr verantwortlicher Redakteur, welcher der *SZ* anvertraute: »Die Jury der Sachbuchbestenliste ist ganz und gar nicht glücklich über die Platzierung des Buches von Sieferle auf unserer Liste.« – Wie mag es dann dorthin gekommen sein, wenn »die« ganze Jury unglücklich ist? – »Einstimmigkeit herrscht darüber, dass jedes Jurymitglied frei ist, seine Meinung durch die Vergabe von Punkten kundzutun, und niemand ist bereit, einen Eingriff hinzunehmen.« – Niemand hat die Absicht, einen Eingriff anzukündigen! – »Wir akzeptieren jedoch keine Instrumentalisierung dieser Liste durch gezielte Platzierung.« – Gezielte Platzierungen? Wird sonst um die Reihenfolge gewürfelt? Oder naheliegenderweise gleich ein Automat bemüht? – »In diesem Fall fühlen wir uns verpflichtet, den Juror oder die Jurorin, von dem die Platzierung stammt, zum Rücktritt aufzufordern beziehungsweise ihm seine weitere Mitarbeit zu versagen.« – Wir erinnern uns: Jedes Jurymitglied ist frei, und niemand ist bereit, einen Eingriff hinzunehmen. – »Im Übrigen werden wir das Verfahren der listenmäßigen Platzierung derart erneuern, dass keine Platzierung eines einzelnen Mitglieds der Jury möglich ist.«

Verstanden? Jeder Juror ist frei in seiner Entscheidung, welche Bücher er auswählt, aber wenn er ein falsches Buch empfiehlt, schmeißen wir ihn raus. Damit das künftig gar nicht erst passieren kann, ändern wir jetzt das Verfahren. Es sei nämlich »Zeit, über die Entgrenzung nach rechts im Feuilleton zu reden«, empfahl ein wachsamer Grenzposten der *taz* – und meinte keineswegs: reden. »Ich gebe zu«, sagte Juryvorsteher Wang dem knuffigsten aller oppositionsfeindlichen Blätter, »dass das Buch die Liste nicht gerade ziert.«

Der Hüter der Listenreinheit mag beruhigt sein: Die restlichen Posten seines Rankings, all diese Saison-Autoren, werden rasch vergessen sein. Dann funkelt *Finis Germania* so allein für sich, wie es einem solchen Kleinod geziemt. Der eigentliche Skandal ist ja der neunte Platz.

PS: Der NDR teilt mit, dass man sich von dem in diesem Monat auf Platz neun der »Sachbücher des Monats« gelisteten Werk »entschieden distanziert«. Der Sender werde die Liste nicht länger veröffentlichen und mit der Jury nicht mehr zusammenarbeiten. Wahrscheinlich aber nur, bis der Schuldige gefunden und in Schanden aus der Volksgemeinschaft, wenigstens aber aus dem Preiskomitee gejagt worden ist.

* * *

Ich bin mehrfach gefragt worden, warum der Titel von Sieferles Buch nicht, wie zu erwarten, »Finis Germaniae« heißt. Ein Freund des Verblichenen schrieb dazu: »RPS war ein Liebhaber der lateinischen Sprache. Der Titel ist ganz sicher mit Bedacht gewählt. Heinsohn hat seine Reflexionen zu Deutschland mit ›Finis Germaniae‹ betitelt. RPS wollte sich vermutlich mit ›finis germania [est]‹ davon absetzen. Finis + Nomen im Nominativ gibt es häufiger, z.B. auch bei ›avaro est finis pecunia‹.«

Nachtrag: In den folgenden Tagen meldeten sich die Lateiner unter den Lesern dieses Tagebuchs zu Wort, und eine kurze Debatte über die genaue Lesart von »Finis Germania« kam auf. Die plausibelste Erklärung lieferte Leser ***: »Für ›Finis Germania‹ gibt es nur zwei plausible Lesarten: Entweder man liest ›finis‹ als Verbform (2. Person Singular) und ›Germania‹ als Vokativ und erhält: ›Du gehst unter (endest) Deutschland!‹, oder man betrachtet ›finis‹ als Substantiv (›Germania‹ bleibt in jedem Falle Vokativ) und gelangt so zu: ›Das/dein Ende (der/dein Untergang), Deutschland!‹ (im antiken Latein wurden keine Satzzeichen verwendet).«

12. Juni, Fortsetzung

Die Causa Sieferle geht, wie gesagt wird, in die nächste Runde. Beginnen wir diesmal gleich mit dem vorläufigen Zwischenresultat: »Als ich vorhin *Finis Germania* bestellen wollte«, schreibt Leserin ***, »hieß es in beiden Buchhandlungen ›nicht lieferbar‹. Seltsam, oder?« Ich würde eher sagen: folgerichtig. Aber – gepriesen sei die Restmarktwirtschaft – im Verlag kann man das eminente Bändchen nach wie vor ordern. Die Zwischenhändler freilich sind derzeit blank. Auf Amazon kletterte *Finis Germania,* obwohl es dort nur *second hand* angeboten werden darf, auf Platz 1. Und wer Sinn für Komik besitzt angesichts der Tatsache, welche Bücher hier und heute außerhalb des Samisdats nicht mehr verlegt oder auf dem üblichen Wege gekauft werden können, wird sich daran erfreuen, dass die *Süddeutsche* in derselben Ausgabe, in welcher sie zur Hatz auf das Sieferle-Buch und dessen Empfehler in der Sachbuch-Jury blies, unter der Spitzmarke »Zensur« einen Artikel veröffentlichte, in dem der »Parthenon of Books«, ein »Tempel aus verbotenen Büchern«, zu einem »Mahnmal für die globale Meinungsfreiheit« und einem »Höhepunkt« der Kasseler *Documenta* erklärt wird. Das nennt man, glaube ich, kognitive Dissonanz. Und das erklärt auch einen guten Teil der – natürlich bloß rein verbalen – Aggressivität, mit welcher deutsche Journalisten inzwischen agieren.

In der Jury für das »Sachbuch des Monats« konnte man indes aufatmen: Der Maulwurf, der Unhold, jener Journalist, der Sieferles Buch zu empfehlen wagte, hat sich dank des wachsenden Nachstellungsdrucks zu erkennen gegeben und seinen Rückzug aus dem Gremium erklärt. »Redakteur des *Spiegel* gab rechtsextreme Leseempfehlung«, verkündete nicht ohne Triumph die *FAZ.* »Es ist Johannes Saltzwedel vom *Spiegel,* der auch schon Bücher über die Germanen veröffentlicht hat«, steuerte die *Welt* ihren Teil zur Aufklärung bei, um sodann einzuräumen: »Keiner der Juroren kann erfreut darüber sein, einer Jury anzugehören, von deren Arbeit sich öffentlich-rechtliche Stellen in Deutschland distanzieren müssen.« Aber ein Komitee, das sich so schnell zu säubern versteht, bekommt gewiss eine zweite Chance. Kollektive Selbstverpflichtungen und strenge Verfahrenskontrollen werden dafür sorgen, dass eine weitere nicht erforderlich sein wird.

Nun kommt der *FAZ*-Journalist Jan Grossarth ins Spiel, der sich um das Renommee Sieferles schon erhebliche Verdienste erworben hat, denn der Kitzel der subversiven, gegen die Dekrete der Partei- und Staatsführung gerichteten, die Staatsicherheit auf den Plan rufenden Lektüre ist in weiten Teilen des Volkes plötzlich wieder *en vogue*. Grossarth sieht seine Weltsekunde des Wahrgenommenwerdens gekommen, weshalb er sich mit der Maximalforderung bläht: »Womöglich enthält das Buch strafbare Inhalte. Die begriffliche Verbindung von Auschwitz und ›Mythos‹ weist eine Nähe zum strafbaren Ausdruck der ›Auschwitz-Lüge‹ auf«. Strafverfolgung! Da beginnt doch die Cowpersche Drüse jedes Denunzianten vorfreudig zu nässen!

Allerdings ist zunächst einmal ein »Ausdruck« namens »Auschwitz-Lüge« nicht strafbar, sonst wäre unser journalistischer Ermittler ja selber dran. Sodann ist der Begriff »Mythos« vom Terminus »Lüge« ungefähr so weit entfernt wie der Kosename »Grossarth« von einer unbegreiflich ungerecht verteilten Gottesgabe namens »Geist« (aber, liebe Kinder, die *FAZ* war tatsächlich mal ein Intelligenzblatt). Und wie war das gleich mit dem »Gründungsmythos der Bundesrepublik«, den ein Joschka »Jockel« Fischer ... – egal. Gehen wir lieber nochmals *in medias res,* damit Sie, geneigter Leser, entscheiden können, ob es sich im Falle dieses *FAZ*-Autors um einen bedauernswerten Dummkopf handelt, der nicht imstande ist, Sieferles Texte zu verstehen und angemessen wiederzugeben, oder bloß um einen Lumpen.

Was hat es also mit der so lüstern präsentierten Verbindung von »Mythos« und »Auschwitz« bei Sieferle auf sich? Der Historiker hat geschrieben:

»Jede Geschichtskonstruktion ist das Werk einer Gegenwart, die damit bestimmte ideologische Ziele verfolgt, nach Sinn sucht oder konkrete Freund-Feind-Verhältnisse feststellen möchte. Bei dem heute so populären Auschwitz-Komplex handelt es sich offenbar um den Versuch, innerhalb einer vollständig relativistischen Welt ein negatives Absolutum zu installieren, von dem neue Gewißheiten ausgehen können. ›Auschwitz‹ bildet insofern einen Mythos, als es sich um eine Wahrheit handelt, die der Diskussion entzogen werden soll. Dieser Mythos hat allerdings einen wesentlich negativen Charakter, da dasjenige als Singularität fixiert werden soll, was nicht sein soll. Daher trägt die sich auf diesen Komplex stützende politische Bewegung auch einen negativen Namen: Antifaschismus.«

Und: »Der Nationalsozialismus, genauer Auschwitz, ist zum letzten Mythos einer durch und durch rationalisierten Welt geworden. Ein Mythos ist eine Wahrheit, die jenseits der Diskussion steht. Er braucht sich nicht zu rechtfertigen, im Gegenteil: Bereits die Spur des Zweifels, die in der Relativierung liegt, bedeutet einen ernsten Verstoß gegen das ihn schützende Tabu. Hat man nicht gar die ›Auschwitzlüge‹ als eine Art Gotteslästerung mit Strafe bedroht? Steht hinter dem Pochen auf die ›Unvergleichlichkeit‹ nicht die alte Furcht jeder offenbarten Wahrheit, daß sie verloren ist, sobald sie sich auf das aufklärerische Geschäft des historischen Vergleichs und der Rechtfertigung einläßt? ›Auschwitz‹ ist zum Inbegriff einer singulären und untilgbaren Schuld geworden.«

Wo lugt hier die »Lüge«? Offenkundig einzig aus den Zeilen des Pressbengels.

Welcher stracks die nächste Unterstellung nachschiebt: »Die indigenen Deutschen müssen sich demnach dringend wehren. Sieferle schrieb, bevor er sich im Herbst 2016 das Leben nahm: ›Ultima ratio der Politik ist der Krieg: die Bereitschaft zur Selbsthingabe des Individuums für eine höhere Sache, für eine Gemeinschaft, zum Opfertod.‹«

Im Buch beschreibt Sieferle den Übergang von »Politik« im traditionellen Sinne zum heutigen vielverwobenen und -vernetzten und keineswegs nur Journalisten verwirrenden »System«: »Politik gehört einer älteren Daseinsschicht an, geordnet in Hinblick auf Staat und Geschichte, kristallisiert in Staatsmännern, Führern und Ideologen. Es gibt in ihr Programme, Werte und Ziele. Gefordert sind Tugenden und Einsätze, die sich auf ein übergeordnetes Ganzes richten. Ultima ratio der Politik ist der Krieg: die Bereitschaft zur Selbsthingabe des Individuums für eine höhere Sache, für eine Gemeinschaft, zum Opfertod.

System ist die Eigenschaft neu heraufziehender Ordnungen von höherer Komplexität, welche die Politik sukzessive verdrängen. Systeme organisieren sich ohne Fokus, ohne Werte, Ziele und Programme. Ihre einzige Maxime lautet: Freiheit und Emanzipation für die Individuen. Tugend und Opfer sind Anachronismen, Kriege bloße Konfliktkatastrophen, die es durch geschicktes Management zu verhindern gilt. Ordnung wird durch selbsterzeugte Zwänge der Objektivität geschaffen, nicht aber durch normierende Ausrichtung. Die Strukturen der Systeme sind für die Individuen so unentrinnbar wie ein Magnetfeld für Eisenspäne. Sie ›wissen‹ nichts davon, doch fügen sie sich den vorgezeichneten Bahnen. Die wichtigsten Vorgänge werden nicht gesteuert und sind kaum theoretisch faßbar.

System hat sich in den fortgeschrittenen ›westlichen‹ Ländern weitgehend durchgesetzt.«

In zwei Absätzen löst sich die vermeintliche Aufforderung zum Opfertod, die, sofern von islamischer Seite erhoben, von diesen schreibenden Hasenfüßen verständnisvoll unbeplärrt bleibt, in Nichts auf. Was meinen Sie, geduldiger Leser: Ist der Herr Grossarth nun zu dumm, solchen Gedankengängen zu folgen (man hört ja so einiges über die Qualität der nachrückenden Journalistenjahrgänge, und was man zu lesen bekommt, o là là) –, oder ist er bloß niederträchtig?

Wem praktisch jedes Argument fehlt, der braucht kollegialen Beistand. Die Autoren kommen und gehen, der Duktus bleibt derselbe. In einem weiteren und gewiss nicht dem letzten Artikel der »Zeitung für Deutschland« zum Thema heißt es:

»›Die Schuld der Juden an der Kreuzigung des Messias wurden von diesen selbst nicht anerkannt. Die Deutschen, die ihre gnadenlose Schuld anerkennen, müssen dagegen von der Bildfläche der realen Geschichte verschwinden.‹ Ein typischer, ein antisemitischer Satz des späten Rolf Peter Sieferle.« Schreibt diesmal Grossarths Kollege und seit heute sogar Kumpan Hannes Hintermeier, im *FAZ*-Feuilleton verantwortlich für »Neue Sachbücher«. Es ist derselbe miese Stil des aus dem Zusammenhang Zitierens, der einem Intellektuellen eigentlich peinlich sein müsste, aber offener Meutendruck und unterschwellige Existenzangst – ohne staatliche Finanzhilfen wird kaum eine dieser Gazetten die nächste Dekade überleben – fressen das Schamgefühl wahrscheinlich einfach auf. Im Übrigen belehrt die Lektüre des Babylonischen Talmud darüber, dass die jüdische Tradition diese Schuld, die ja gar keine ist – es wurde schließlich ein Gotteslästerer für ein todeswürdiges Verbrechen bestraft –, nicht nur anerkennt, sondern stolz auf sich nimmt, aber diesen Nebenkriegsschauplatz machen wir hier nicht auf, zumal nicht gegen Ungebildete. (Wer mehr darüber lesen will, möge sich meinen Eintrag vom 4. September 2016 zur Hand nehmen.)

Bringen wir nun, der Hermeneutik ebenso verpflichtet wie der Moral, die zitierte »Stelle« halbwegs in den Textzusammenhang – die gesamte metaphysisch-psychopolitische Spekulation ist zu lang, um sie hier in Gänze zu zitieren. O-Ton Sieferle:

»Der Deutsche, oder zumindest der Nazi, ist der säkularisierte Teufel einer aufgeklärten Gegenwart. Diese mündig und autonom gewordene Welt benötigt ihn als eben die Negativfolie, vor der sie sich selbst rechtfertigen kann. Insofern besteht eine hohe Affinität zwischen dem Deutschen und dem Juden, wie er in der christlichen Vergangenheit gesehen worden war: Das zweite große Menschheitsverbrechen nach dem Fall Adams war die Kreuzigung Christi. Diese Untat wurde zwar sogleich durch die Auferstehung und Erlösung wieder aufgehoben, doch hatte die Erlösung zumindest eine minimale Voraussetzung: den Glauben. (...)

Die Juden teilten selbst nicht die Bewertung, die ihnen seitens der Christenheit widerfuhr, während die Deutschen die ersten sind, ihre unauflösliche Schuld zuzugeben – wenn dies auch gewöhnlich in der Weise geschieht, daß derjenige, welcher von der Schuld oder ›Verantwortung‹ der Deutschen spricht, sich selbst zugleich von dieser reinigt, da die Anerkennung der Schuld immer nur mit Blick auf die Verstockten, d.h. die anderen, ausgesprochen wird. Die Schuld Adams wurde heilsgeschichtlich vom Opfertod Christi aufgehoben. Die Schuld der Juden an der Kreuzigung des Messias wurde von diesen selbst nicht anerkannt. Die Deutschen, die ihre gnadenlose Schuld anerkennen, müssen dagegen von der Bildfläche der realen Geschichte verschwinden, müssen zum immerwährenden Mythos werden, um ihre Schuld zu sühnen. Der ewige Nazi wird als Wiedergänger seiner Verbrechen noch lange die Trivialmythologie einer postreligiösen Welt zieren. Die Erde aber wird von diesem Schandfleck erst dann gereinigt werden, wenn die Deutschen vollständig verschwunden, d.h. zu abstrakten ›Menschen‹ geworden sind. Aber vielleicht braucht die Welt dann andere Juden.«

Zu erklären, was daran antisemitisch sein soll, würde sogar einen knalldeutschen Habitatsnazi überfordern, der sich vor 70 Jahre an der Jagd auf, Sie wissen schon wen, beteiligt hätte. Und erst recht den Herrn Hintermeier! Aber begründen ist ja unnötig. Man kann es, den Zeitgeist und seine Vollstrecker hinter sich wissend, auch durch Behaupten, Entstellen und Denunzieren erledigen. Dass der Sachbuchverantwortliche der *FAZ* allerdings, und sei es nur aus Kumpanei, unter seinem Namen folgendes drucken lässt:

»Dreißig Miszellen Sieferles hat der Verlag unter dem Titel ›Finis Germaniae‹ (sic!) zusammengekehrt, ebenso ekelhafte wie stellenweise unverständliche Endzeitdiagnostik, die nicht weiter erwähnenswert wäre, hätte sich das Büchlein nicht plötzlich auf der (...) Liste ›Sachbücher des Monats‹ wiedergefunden«, das ist in der Tat ekelhaft und vor allem aus der Froschperspektive eines Feuilletonisten, der nie einen eigenen Gedanken gedacht und nie einen Satz geschrieben hat, der nur ihm gehört, grotesk unangemessen. Vermutlich hat er nicht einmal das Buch gelesen und sich von seinem Kumpan sagen lassen, was er davon zu halten hat und was er zitieren soll. Ansonsten hätten wir es mit dem feuilletonistischen Pendant eines Sportredakteurs zu tun, der nicht in der Lage ist, eine Champions League-Partie von einem Spiel der A-Junioren zu unterscheiden.

* * *

»Und es war, als sollte der Ekel ihn überleben.« (Nach Kafka)

13. Juni

»In eigener Sache« hat sich endlich der *Spiegel* zur »fragwürdige(n) Nominierung eines rechtslastigen Buches für die ›Sachbücher des Monats‹« zu Wort gemeldet, denn sie wurde vollzogen von einem Redakteur des früheren Nachrichtenmagazins, der inzwischen aus der Jury zurückgetreten ist (siehe meine beiden gestrigen Einträge inmitten meiner ewiggestrigen). Der Betriebsparteisekretär des *Spiegel,* Klaus Brinkbäumer, erklärte: »Ich habe nach der Lektüre der wesentlichen Kapitel kein Verständnis dafür, dass der Kollege Saltzwedel dieses Buch empfohlen hat, und wegen des entstandenen Schadens begrüße ich seinen Rücktritt aus der Jury.«

Neben der Anstrengung zur intellektuellen Redlichkeit, die darin besteht, die »wesentlichen Kapitel« eines immerhin knapp hundertseitigen Buches gemeistert zu haben, muss vor allem die Charakterfestigkeit Brinkbäumers gelobt werden, der mit seinem mutigen Bekenntnis zur Verständnislosigkeit das zarte Pflänzchen der Vorzensur gegen die Straße und gegen das Wutbürgertum verteidigt. Brinkbäumer mag innerlich auch schwer mit sich gerungen haben, bevor er sich schützend gegen seinen Kollegen stellte. Aber was außer Charakter sollte einen Mann von so bescheidenen Talenten in eine so verantwortungsvolle Position gebracht haben?

* * *

Emmanuel Macron, der Sonnyboy mit dem Zukunftsabo, Trump-Dompteuer und Populistenbezwinger, errang eine Mehrheit von 32 Prozent der Stimmen bei einer Wahlbeteiligung von 48,7 Prozent. Theresa May, die ihr Land ins Gestern der

Souveränität führen will, erlebte ein Desaster mit 42,4 Prozent bei einer Wahlbeteiligung von 68,7 Prozent.

* * *

Der schlimme Historiker und Universalgelehrte Rolf-Peter Sieferle, der sich dem Volksgerichtshof durch Freitod entzogen hat, verbreitete in seinen beiden letzten Büchern »rechtslastige Verschwörungstheorien«, verkündet seit ca. 24 Stunden die Wahrheits- und Qualitätspresse. Vor allem die rechtslastige Verschwörungstheorie, die deutsche Bevölkerung werde sukzessive gegen eingewanderte Völkerschaften ausgetauscht.

Im Hamburger Stadtparlament wurde diese Theorie schon vor anderthalb Jahren und interessanterweise von der grünen Abgeordneten Stefanie von Berg weniger verkündet denn als Tatsache konstatiert. »Unsere Gesellschaft wird sich ändern. Unsere Stadt wird sich radikal ändern«, sagte die grüne Verschwörungstheoretikerin. »Ich bin der Auffassung, dass wir in 20, 30 Jahren gar keine ethnischen Mehrheiten mehr haben in der Stadt. Das ist auch das, was Migrationsforscherinnen und -forscher sagen.« Wir werden dann in einer »superkulturellen Gesellschaft« leben, und, das sage sie speziell »in Richtung rechts« – also dorthin, wo die Theorie angeblich herstammt –, das sei »auch gut so«!

Merke(l): Nicht *dass* der »große Austausch« stattfindet, ist eine Verschwörungstheorie – sonst wäre es ja auch eine, dass die Erde um die Sonne kreist –; erst wenn »Rechte« behaupten, dass die Erde um die Sonne kreist, ist es eine.

* * *

Weil im Fall Sieferle ständig auf Antisemitismus angespielt wird (auf rein papiernen, gegen den zu agitieren keinen Mut fordert): Niemand hat in der deutschen Nachkriegsgeschichte mehr für den Antisemitismus getan als Angela Merkel mit ihrer Willkommenskultur bzw. -barbarei. Die Merkel-CDU ist die größte Antisemitenimportspedition der deutschen Geschichte. Die echten Neonazis werden der Kanzlerin für diese unverhoffte Blutzufuhr an zumindest in diesem Punkte Gleichgesinnten ewig dankbar sein.

* * *

Apropos Merkel: Ist es nicht sonderbar, dass die Frau, die 2015 die Grenzen nicht schließen ließ, weil sie Angst vor schlimmen Bildern hatte, heute ihrer Partei nicht gegen Überwachungskameras im öffentlichen Raum zu votieren befiehlt, wo solche Kameras doch die nunmehr schlimmen Bilder im Innern aufzeichnen, die es, hätte es jene an der Außengrenze gegeben, nicht existieren würden?

14. Juni

»Da aber sah ich, daß den meisten die Wissenschaft nur etwas ist, insofern sie davon leben, und daß sie sogar den Irrtum vergöttern, wenn sie davon ihre Existenz haben. Und in der schönen Literatur ist es nicht besser. Auch dort sind große Zwecke und echter Sinn für das Wahre und Tüchtige und dessen Verbreitung sehr seltene Erscheinungen. Einer hegt und trägt den andern, weil er von ihm wieder gehegt und getragen wird, und das wahrhaft Große ist ihnen widerwärtig, und sie möchten es gerne aus der Welt schaffen, damit sie selber nur etwas zu bedeuten hätten.«
Goethe zu Eckermann, 15. Oktober 1825

15. Juni, Fronleichnam

Geneigter Leser, die auf der anderen Seite des Grabens, um sie mal so zu nennen, wissen natürlich so gut, wie es die Briten im Ersten Weltkrieg wussten, dass man dem Gegner eine langwierige Materialschlacht aufzwingen muss, wenn man selber weniger Qualität, aber deutlich mehr Menschen und Material auffahren kann (Hut ab vor der britischen Kampfkraft gleichwohl). Ich befinde mich zwar, wie gesagt wird, im *unermüdlichen Einsatz* für die Verbreitung von Aufklärung, Liberalität und Esprit in meinem intellektuell ja seit ca. 1933 von mehrheitlich erstaunlich uninspirierten und unfreien Geistern repräsentierten armen Vaterland – aber tatsächlich gestaltet sich diese Mission durchaus ermüdlich. Ich bin in eine Art publizistischer Materialschlacht geraten, und zwar auf der quantitativ unterlegenen Seite – auf der anderen würde ich nie mitmachen –, und begreife allmählich, worauf ich mich eingelassen habe. Der Hydra wachsen täglich neue, kaum voneinander unterscheidbare und nur dank ihrer schieren Zahl überhaupt so etwas wie Drohpräsenz ausstrahlende Köpfe nach.

Nun hat sich auch das postheroische Haupt des Gustav Seibt aus einem der hydräischen Hälse gestülpt und giftig zu fauchen begonnen. Seibt ist insofern schlachterprobt, als er schon Ernst Nolte, der damals das deutsche Feuilleton praktisch im Alleingang zu zerquetschen sich anschickte, couragiert als ca. 217. Publizist die Stirn bot. Jetzt wendet sich der sublimste Geist der *Süddeutschen Zeitung* kühn gegen Rolf Peter Sieferles nachgelassenes Buch *Finis Germania* und dessen staatsfeindliche Empfehlung durch einen *Spiegel*-Kollegen, gerade noch ehe es zu spät (für ihn, Seibt) ist bzw. hätte sein können.

Beiseite und in diesem Land wohl eher in den Wind gesprochen: Es ist kein Problem, sich gegen welches Buch und welche Theorie auch immer zu erklären, aber was ein Kerl ist, der schneidet sich eher beide Schwurfinger ab, als sich an einer Hexenjagd gegen einen Autor zu beteiligen, was auch immer der geschrieben haben mag. Schluss. Aus. Ende.

Was die aktuelle Wortmeldung Seibts für den Gesellschaftspathologen interessant macht, ist die geradezu kopernikanische Wende seiner Einstellung zu dem *postum* nunmehr einer leider nicht ganz beispiellosen, sondern mit gewohnter Infamie ablaufenden Denunziationskampagne ausgesetzten Sieferle. Also reiben Sie sich, geneigter und geplagter Leser, sofern Sie kein routinierter Pathologe sind, irgendeine Mentholpaste unter die Nase, und auf geht's!

Am 9. Oktober 2016 schrieb Seibt in der *Süddeutschen Zeitung*:

»Der 1949 geborene, seit 2000 in St. Gallen lehrende Rolf Peter Sieferle war ein Autor, dessen Register von terminologisch verdichteter Theorie bis zu kulturphysiognomischer Polemik reichte. Sieferles weitgehend selbstgeschaffenes Fachgebiet war die Naturgeschichte der menschlichen Gesellschaften, deren Funktionieren er aus ihrem Energiestoffwechsel ableiten konnte, und zwar bis in die Verästelungen von Verfassung und Lebensstil.

In atemberaubenden Übersichten von der Urzeit bis zur Digitalisierung lieferte er die Theorie, also die gedankenreiche Anschauung des Ausnahmezustands, in den sich die Menschheit seit der Industrialisierung begeben hat (...)

Sieferle war ein unerschrockener, immer rationaler Denker, der sich auch dann nicht aus der Ruhe bringen ließ, wenn er apokalyptische Möglichkeiten erwog. Konservativ war allenfalls sein Bewusstsein für natürliche Grenzen.

2010 verfasste er für den ›Wissenschaftlichen Beirat Globale Umweltveränderungen‹ der Bundesregierung eine auch im Netz abrufbare Abhandlung ›Lehren aus der Vergangenheit‹. Sie liefert auf nur 30 Seiten eine theoretisch hochverdichtete Gesamtsicht zur Menschheitsgeschichte von der neolithischen Revolution bis zur Energiewende. Sollte es im Bundesumweltministerium Beamte geben, die diesen Text verstehen, könnte man sich in jene Zeiten zurückversetzt fühlen, als Gelehrte wie die Humboldts den preußischen Staat berieten.«

Am 8. Dezember beendete Seibt einen weiteren Nekrolog auf Sieferle mit den Worten: »Die treuen Leser dieses großen Autors warten nun auf sein letztes Werk.«

Vor drei Tagen erklärt derselbe Seibt in einem Interview mit dem Deutschlandfunk zu Sieferles allerletztem Werk *Finis Germania*:

»Nein, ich würde es nicht als Sachbuch weiterempfehlen. Es ist ein Text, der symptomatisch von einem gewissen Interesse ist für eine bestimmte Denkform, aber in einer Liste, die ein allgemeines Publikum erreichen soll, das sich Belehrung und Erkenntnis und möglicherweise auch intellektuelle Unterhaltung verspricht, hat ein solches Buch nichts zu suchen.«

»Es sind zugespitzte kürzere oder längere Essays aus dem Nachlass dieses als Wissenschaftler nicht völlig unbedeutenden Autors, die er wohl so gar nicht publizieren wollte. Also das war eine Entscheidung seiner Erben und der mit ihm verbundenen Verleger, das an die Öffentlichkeit zu bringen. Es gibt nicht mal ein Nachwort (das Buch hat ein Nachwort von Sieferles Freund Prof. Raimund Th. Kolb – M.K.), es gibt nicht mal eine biografische Erläuterung, es gibt gar nichts dazu. Das heißt, das Buch wird nicht einmal irgendwie eingeordnet, und schon das macht es hoch problematisch.«

»Sieferle war zunächst einmal ein ernsthafter Wissenschaftler (...) Umso erschreckender und bedrückender ist eigentlich dieser Absturz jetzt in seiner letzten Phase in auch wüstes Schimpfen und Primitivität. Also er verliert dann auch den Glanz seiner Differenzierungsfähigkeit, wenn er zum Beispiel auch in diesem kleinen Büchlein sich dann kulturkritisch lustig macht über die massendemokratische Gesellschaft, wo eben jedermann konsumieren darf und alles in die Richtung Verprollung geht, aber eben so eine anspruchsvoll verbrauchende Verprollung und so weiter. All das kann man ja irgendwie wahrnehmen und wiedererkennen, aber das Problem bei Sieferle ist in dieser letzten Zeit der gnadenlose Zynismus.

Er hat auch gar keinen Gegenvorschlag.«

»Aber das hat natürlich nichts zu suchen auf einer Liste empfohlener Bücher jetzt für den Gabentisch – ich nehm mir mal was mit, was ich im Flugzeug mit Interesse lese –, also da hat so ein Buch eigentlich nichts zu suchen.«

Einem Menschen, der sich den Freitod gegeben hat, vorzuwerfen, er unterbreite in seiner quasi testamentarischen Schrift* keine Vorschläge, zeugt schon von einem besonders zarten Gemüt. Und ob sich künftig eine Kommission unter der Leitung z.B. von Herrn Seibt zusammenfindet, um Bücher, vor allem die fürs Flugzeug, mit »einordnenden« Nachworten zu versehen? Im praktisch nicht existierenden Nachwort zu *Finis Germania* schreibt Raimund Kolb: »Vom Wunsch einer posthumen Publizierung des Textes« dürfe man »zweifelsfrei ausgehen«. Sieferles schriftliche Hinterlassenschaft auf dem Rechner »befand sich in einer akribischen Ordnung, gereinigt von allem, was nicht einer Öffentlichkeit zugänglich gemacht werden sollte«. Seibt unternimmt jetzt, wie andere vor ihm, den Versuch, Sieferles letztes Opus, das so luzide ist wie seine anderen Arbeiten, wenngleich durchaus atemloser, aphoristischer und apodiktischer, für nicht zur Veröffentlichung vorgesehen zu erklären. Willkommen in der Welt der Canaillen!

Die Überschrift des Interviews lautet »Ein erschreckender Absturz«, und sie passt, sofern wir das Attribut in »possierlich« oder »ergötzlich« ändern, zu dieser Selbstdemaskierung eines Opportunisten und publizistischen Feiglings. »Mit mächtigen Kraulbewegungen«, wie ein Bekannter notierte, »schwimmt Seibt ans rettende Ufer« – obwohl in seinem Fall Waten genügt hätte –, vor allem aber zurück auf die Einladungslisten der Kulturschickeria. »That one may smile, and smile, and be a villain« (Hamlet).

War es schon drollig, dass der *Spiegel*-Chefredakteur K. Brinkbäumer das Land wissen ließ, welches Buch ein Angestellter seines Hauses zu empfehlen nach seiner, Brinkbäumers, Meinung (natürlich nicht wirklich nach seiner, der hatte nie eine) zu unterlassen hat, pflichtet dem nun ein Autor bei, also einer, der sich schon seiner Standesehre wegen eigentlich hinstellen müsste und sagen: Nun ist aber gut, wir leben in einem freien Land, und ein Juror kann jedes Buch empfehlen, das er will, sofern es nicht explizit verboten ist, weil darin zum Beispiel zum Analsex mit unbegleiteten minderjährigen Geflüchteten oder zur Ermordung der AfD-Spitze aufgerufen wird.

Was mag Seibt widerfahren sein, dass aus dem »unerschrokkenen Denker« Sieferle ein »erschreckender«, aus dem »großen Autor« ein »nicht völlig unbedeutender«, also quasi ein Ranggenosse Seibts werden konnte? Haben ihm die Häscher der Reichsschrifttumskammer die Instrumente gezeigt? Hat ihn ein Büttel der Agitationskommission im dunklen Flur der *SZ* erschreckt? Man muss diesen Leuten, die ja selber nie in einer Dikatur gelebt haben und deshalb wahrscheinlich auch kein

Empfinden dafür besitzen, immer wieder unter die Nase reiben, dass sie gerade dabei sind, eine zu errichten, Steinchen auf Steinchen, Denunziatiönchen für Denunziatiönchen, Verbötlein für Verbötlein, und zwar mit exakt denselben Worten, mit denen zum Beispiel in Honeckers Drecksstaat feindlich-negative Personen traktiert wurden: »Er hat keinen Gegenvorschlag.« Wo bleibt das Positive, Genosse? Es gibt eben für manchen keinen Gegenvorschlag zum Sterben, weil er inmitten gewisser Kreaturen nicht länger leben mag.

Ich will hier nicht nochmals über Inhalt und Thesen von *Finis Germania* referieren; jeder Leser dieses Diariums weiß, dass ich ähnlich denke und zu vergleichbaren Folgerungen komme wie Sieferle, allerdings, da ich Kinder habe, weiterleben muss, also zwischen politischer Betätigung, innerer Emigration und Exilvorbereitung changiere. Mit diesem Eintrag werde ich es zum Fall Sieferle bewenden lassen; ich erwarte von den Besuchern meines schöngeistigen Eckladens, dass sie sich selber ein Bild machen – das unverhofft, wenn auch hochverdient zum Bestseller aufgestiegene Buch wird gerade nachgedruckt und ist in Kürze wieder lieferbar – und auch meinen Einschätzungen zutiefst misstrauen, ja mich auf den rechten Weg zurückzuführen suchen, wenn ich in den Irrgärten meiner Spekulationen und polemischen Übertreibungen herumirre wie Jack Torrance. (Wobei: Am Ende ist er vielleicht sogar ein gutes Vorbild, der Jack …)

* Nachtrag vom 17. Juni: Die Formulierung »in seiner quasi testamentarischen Schrift« bedarf einer Ergänzung. Wie Sieferles Witwe angibt, ist *Finis Germania* kein Alterswerk, sondern in den 1990er Jahren parallel zur Überarbeitung von *Epochenwechsel* geschrieben worden. »Peter hatte ja damals nicht viel Zeit für

ein größeres Werk, aber er mußte schreiben, so wie andere atmen. Natürlich war er sich der Brisanz seiner Gedanken bewußt.« Nun hat Testament nicht zwingend mit Alter zu tun; ich kann mein Testament mit 40 machen, und nach meinem Tode wird es eröffnet und tritt in Kraft. Ob Sieferle zuletzt noch Hand an den Text gelegt hat, steht dahin. Dessen testamentarische Qualität bleibt von all dem unberührt.

16. Juni

»Alle sprechen darüber, und das ist das Schlimme daran«: Auch Herfried Münkler ist charakterlos genug, sich öffentlich von *Finis Germania* zu distanzieren. Mit abgefeimter Saturiertheit schlägt er vor, der *Spiegel*-Juror hätte, wenn er über das Buch diskutieren wollte, es doch in seiner Zeitung tun können. Dass er unterstellt, Teile des Buchs stammten womöglich nicht von Sieferle, bedeutet, dass er den Text nicht gelesen hat und/oder eben eine Proskynese vor wem auch immer zu vollziehen für geboten hält und dabei eine gewisse Totenschändung in den Kauf nimmt. Vielleicht will er sich auch bloß als intellektueller *Praeceptor Germaniae* spreizen.

Die Pointe von *Finis Germania* besteht darin, dass all diese Reaktionen sich so passgenau in Sieferles Diagnose einfügen wie die Kiefer in die Schonung. Oder der Volksgenosse in den Reichsparteitagsmarschblock.

* * *

Die ganze geifernde Wut gegen das Sieferle-Buch – oh wie gern hätte man ihn lebend am Pranger! – zeigt letztlich nur eins: Man will jenen Angehörigen dieses schrumpfenden Volks, die dafür empfänglich sind, nicht einmal die Klage über den Verlust ihrer Kultur, ihrer Heimat und ihrer Identität zugestehen.

Weil: Kultur, Heimat und Identität sind bloß »Konstrukte«. Zumindest sofern sie mit dem Attribut »deutsch« verunziert sind. Dass der Wahhabismus, das Türkentum oder gleich der ganze Islam bloß Konstrukte sind, hören wir nie. Manche Konstrukte können nämlich echt wild werden, wenn man sie so nennt. (Natürlich sind auch die »Menschenrechte« ein Konstrukt, oder das Grundgesetz, sofern es im Zweifelsfall keiner durchsetzt; überhaupt sind die imposantesten Konstrukte diejenigen mit Truppen und vielen Kombattanten ...)

* * *

Die falschen Bücher zu bekämpfen, ist das eine. Dann gibt es ja noch die falschen Leser. Die Buchhandlung Ludwig in Leipzig kündigt jetzt eine Buchvorstellung von Asfa-Wossen Asserate mitsamt einer »Ausladungsklausel« an: »Der Veranstalter behält sich vor, von seinem Hausrecht Gebrauch zu machen und Personen, die rechten Parteien oder Organisationen angehören, der rechten Szene zuzuordnen sind oder bereits in der Vergangenheit durch rassistische, nationalistische, antisemitische oder sonstige menschenverachtende Äußerungen oder Taten in Erscheinung getreten sind, den Zutritt zu der Veranstaltung zu verwehren oder von dieser auszuschließen.«

* * *

»Sehr geehrter Herr Klonovsky,
gerne würde ich ›finis germania‹ als Buch des Monats auf unserer Homepage empfehlen.

Geht nicht, dann könnten wir schließen.

Gern würde ich auch eine Unterschriftenliste für das Buch und gegen die Hasspredigten auslegen.

Geht aus demselben Grunde nicht.«

Schreibt Leser ***, Buchhändler aus ***.

* * *

Wetten, dass irgendwann eine Integrationsabgabe erhoben wird?

* * *

»Ungefähr 24 Stunden dauerte die Verdattertheit des medialen Milieus über die Piraten-Ausstrahlung der doch fast schon erfolgreich verhinderten Antisemitismus-Dokumentation durch *Bild*«, notiert Alexander Wendt. »Aber jetzt rollt die Gegenaktion: Der Film sei ›propagandistisch und manipulativ‹, lässt *Zeit online* wissen – mit anderen Worten, er ist also das glatte Gegenteil praktisch jeder öffentlich-rechtlichen Berichterstattung über Israel. Die Online-Verbreitung des Films, findet auch *Spiegel online,* das Judenreferat unter den Onlineplattformen, sei ›kein Verdienst‹.«

Die Nichtausstrahlung des Dokumentarfilms *Auserwählt und ausgegrenzt. Der Hass auf Juden in Europa* auf *Arte* war nur ein Beispiel bzw. Indiz für einen mählich einsetzenden Trend. Dass ein jüdischer Teenager eine Berliner Schule verlässt, weil er das Gemobbtwerden durch seine muslimischen Mitschüler nicht mehr erträgt, und die Sache ohne Widerhaken, gewissermaßen wie ein Wetterbericht, durch die Medien flutscht, ein anderes. Die Masseneinwanderung verschiebt allmählich das Gefüge in diesem Land. Wie Eisenspäne in einem sich verändernden Magnetfeld orientieren sich die Wortführer neu. Einstige Hätschelkollektive des Zeitgeistes verlieren zwischen den Kondensatorplatten der neuen Kultursensibilität – zwischen Einknicken und Feigheit – ihren Schutzstatus.

Noch vor einem Lidschlag des Weltgeistes galten Gewalt gegen Frauen und sexuelle Belästigung von Frauen im Lande der Brüderles und Kachelmanns als Sakrilegien sondergleichen. Gelten sie zuweilen heute noch, etwa wenn die Täter Bundeswehrangehörige sind; dann dürfen ihre Delikte sogar erfunden und phantasievoll pornografisch ausgeschmückt werden. Nicht aber in den Arealen der Nafris, Araber und anderer frisch importierter Toleranzadressaten: Dort sind sexistische Bekleidungsvorschriften ebenso legitim wie Ehen mit Minderjährigen, und wenn eingeborene Mädels belästigt, vergewaltigt, *gegangbangt* oder über die Wupper geschafft werden, üben sich sowohl das Feminat als auch die journalistischen Lautsprecher in weiser Zurückhaltung, wegen »Kein Wasser auf die Mühlen der Rechtspopulisten« und so. Vergleichbares (also schon oft *Gang*, aber ohne zumindest diesen *Bang*) erleben zunehmend oft Schwule. Und nun eben Juden. Nicht dass man den inzwischen greisen Horst Mahler nicht nochmals einsperren würde, nicht dass man keine Antisemitismusvorwürfe gegen Eingeborene erhöbe, oft sogar ohne Grund, aber sobald der importierte, handfeste, auch für den Ankläger gefährliche, in anderen europäischen Ländern längst blutige Judenhass sich zeigt, erlischt die Aufmerksamkeit, sinkt die Hysteriebereitschaft gen Null. Kein Grund, Skandal! zu rufen.

Zugleich gibt es eine crescendierende Bereitschaft unter Öffentlichkeitsarbeitern und Leitmedienjournalisten, genuin Muslimisches als etwas Vorbildhaftes, Zukunftsweisendes, Beglückendes zu verkaufen. Die muslimische Verhüllung gilt in besonders progressiven Kreisen inzwischen als ein Freiheitssymbol. »Der Hidschab ist in der Ära Trump ein Zeichen des Widerstandes und des Feminismus«, las man vor kurzem bei *USA Today*. Ja was denn sonst! Der Hidschab bringt üblicherweise das sogenannte Mahram-Verhältnis zum Ausdruck, das heißt, die Frau darf sich nur ihren engen Verwandten – das sind all jene, für die das Inzest-Tabu gilt – ohne den Hidschab zeigen (und nur dem Ehemann völlig entblättert), ein Nicht-Mahram-Verwandter indes darf, wie jeder Fremde, einzig das Gesicht und die Hände der Frau sehen. Das gilt auch für Trump. Und das ist selbstverständlich feministischer Widerstand gegen einen Sexisten.

Bei der ARD-Kampagne »Woran glaubst du?« war es selbstverständlich eine Kopftuch tragende Muslima, die »an Gleichberechtigung« glaubt, an Allah natürlich auch, denn wie anders als mit einem nur Frauen vorbehaltenen Kleidungsstück, das in den meisten muslimischen Ländern Vorschrift ist und säuberlich die Geschlechter trennt, sollte man in Mitteleuropa Gleichberechtigung zum Ausdruck bringen? Über das solidarische Kopftuchtragen als ein Zeichen gegen die »Islamophobie« und gegen »rechts«, das Österreichs Gauck, Alexander Van der Bellen, seinen Landsfrauen empfahl, führt ein pfeilgerader Weg in eine nahe Zukunft, wo uns linksliberale Medien das Kopftuch als ein Zeichen von weiblicher und kultureller Selbstbestimmung, von individueller Freiheit, von symbolischem Widerstand gegen amerikanische Ausbeutung, israelische Besatzungspolitik und den europäischen Rechtspopulismus andienen werden. Man wird in wunder wie aufgeklärten Zeitungen lesen, dass es der Respekt gebiete, in mehrheitlich von Muslimen bewohnten Gegenden ein Kopftuch aufzusetzen. Die *Zeit* wird den Selbsterfahrungsbericht einer Redakteurin drucken, die sich schnell mit dem Accessoire angefreundet hat, auch wenn alte verkniffene Eingeborene sie beleidigten oder mindestens giftig anstarrten; die *Welt* wird einen Erfahrungsbericht dagegensetzen, der vergleichbar positiv ausfällt: Mit dem Tuch fühle man sich einfach integrierter und sicherer, einmal sei die Kollegin sogar gegen unerwünschte Anmache verteidigt worden. Und dann ist es bis zur *Schahāda* doch nur noch ein kleiner Schritt …

* * *

Eines muss man den meisten, ich sage jetzt mal *cum grano salis*: »Kanaken« lassen: Sie glauben weder daran, dass es drei oder sieben oder siebenmal sieben Geschlechter gibt und ihr eigenes nur ein Konstrukt ist, noch daran, dass ihre Flatulenz zur globalen Erwärmung beiträgt oder dass sie der Dritten Welt irgendetwas schulden, was sie sich dort nie geliehen haben; sie möchten nicht via Quote mehr Frauen in Führungspositionen bringen noch ihre Kinder über die Sexualpraktiken von LSBTI-Menschen frühaufklären lassen, sie essen bedenkenlos Fleisch, pfeifen auf die Schuld ihrer Vorfahren an der Sklaverei, und Vielfalt heißt für sie, zwischen einem BMW und einem Audi wählen zu können.

17. Juni

Es stimmt, ich wollte mich nicht nochmals zu diesem Thema äußern, aber es muss nun doch ein weiteres Mal sein. Zumal wir heute den 17. Juni schreiben.

Man kann ein Buch zu lesen versuchen, wie Kant es gelesen haben würde oder Husserl oder Gadamer, also mit dem Vorsatz, dem Sinnzusammenhang und der Intention des Autors penibel zu folgen. Und man kann es mit den Augen von Goebbels, Mielke oder Hilde Benjamin lesen, es erkennungsdienstlich nach »Stellen« durchsuchen wie eine Dissidentenwohnung, nach Beweismaterial gegen den *a priori* als bereits überführt betrachteten Autor fahnden und jeden Sinnzusammenhang bewusst ausblenden. Wenn sich in einem Land die zweite Lesart durchsetzt, spricht man gemeinhin von einer Diktatur, mindestens aber von geistiger Tyrannei.

Ein Autor, ein intellektueller zumal, der keinerlei Anstoß erregt, ist praktisch inexistent, denn er reproduziert nur den Status quo. Ich habe an dieser Stelle bereits darauf hingewiesen, dass nahezu keiner der großen, bislang noch als kanonisch geltenden Denker heute die Zensurschranke der Verlage passieren dürfte. Sie würden samt und sonders als elitäre, rassistische, sexistische, chauvinistische, undemokratische, macht- und gewaltverherrlichende Buntheitsfeinde zum Teeren und Federn freigegeben. Und die Hochbegabten in den *Cultural* und *Gender Studies* haben ja längst begonnen, die alten weißen Männer auszusondern und durch rassisch geheiligte Plattköpfe zu ersetzen, wobei ich gespannt bin, wie sie diesen *Großen Austausch* in der Mathematik und der Physik bewerkstelligen wollen.

Wir leben in einer geistigen Enge und intellektuellen Versklavungsbereitschaft, wie man es sich weder in Goethes Weimar noch im Kaiserreich hätte vorstellen können.

Speziell im *Spiegel* geht die Angst um, sämtliche Arbeitsplätze sind gefährdet, denn neuerdings werkelt ein Automat dort am Meinungsdesign. Nachdem man ihn mit sämtlichen Debattentexten der vergangenen 25 Jahre aus *Spiegel, Zeit, FAZ, Süddeutscher,* Humboldt-Uni und ausgewählten Hilfsschulen gefüttert hatte, produzierte er an diesem Wochenende folgenden Text zum Fall *Finis Germania*:

»Sieferle gefällt sich in der Pose des Olympiers, der die Weltläufe aus der Ferne wahrnimmt. Doch historische Prozesse laufen anders ab als das berühmte Vorspiel zu Goethes *Faust*, wo aus Dunst und Nebel schwankende Gestalten nahen. Sie sind kein nur von Esoterikern zu deutendes Drama im Halbschatten, sondern eine Abfolge von Geschehnissen mit klar benennbaren handelnden Personen, mit Opfern und auch mit Tätern.«

Kein Mensch aus Fleisch und Blut, nicht einmal ein deutscher Journalist, käme auf die pietätlose Idee, einem Suizidanten zuzuschreiben, er gefalle sich in einer Pose, in welcher auch immer, und nur ein Automat kann so schamfrei sein, einem der letzten großen Universalhistoriker in zwei Sätzen zu erklären, wie historische Prozesse ablaufen, und sie in ihrem Zustandekommen für so durchschaubar zu erklären wie eine *Spiegel*-Kolumne. Nachdem aber Computer Schachgroßmeister an die Wand spielen, ist es keine Sensation, wenn sie sich der intellektuell nicht ganz so anspruchsvollen Aufgabe gewachsen zeigen, einen *Spiegel*-Kommentar zu verfassen. Und da in diesem Magazin inzwischen ein Kommentar dem anderen gleicht wie eine Sardine der anderen, sind echte Sardinen mit ihren sensiblen Seitenlinien wohl bald nicht mehr nötig.

»Versuche, den Holocaust zu relativieren, hat es viele gegeben«, rattert der Bekenntnisautomat fort, »der Historikerstreit der Achtzigerjahre entzündete sich an Ernst Noltes Vergleich nationalsozialistischer und stalinistischer Verbrechen. Sieferle geht viel weiter: Bei ihm sind aus Tätern Opfer geworden. Der Zweite Weltkrieg mit seinen über 60 Millionen Toten, den Vernichtungslagern, den ermordeten Juden (Sieferle nennt sie mokant ›die ominösen sechs Millionen‹) kennt am Ende nur einen Leidtragenden, ›den Deutschen‹. Was für eine ahistorische, paranoide Betrachtungsweise.«

Ah, nun hat sich doch ein Redakteur eingeschaltet. Einen Buchinhalt erfinden, um ihn dann zu denunzieren, das kann nicht mal der paranoideste Computer. Jeder, der *Finis Germania* gelesen hat, reibt sich bei diesem Passus natürlich die Augen und fragt: Von welchem Buch ist hier die Rede?

Sieferle zieht eine heilsgeschichtliche Parallele zwischen der Stigmatisierung der Juden als Gottesmörder und der Stigmatisierung der Deutschen als Judenmörder. Zarte Gemüter mögen solche Vergleiche erschrecken – Du sollst nicht vergleichen!, lautet bekanntlich das Erste Gebot der neudeutschen Zivilreligion –, doch der Vorwurf, Christus ans Kreuz geliefert zu haben (den der Babylonische Talmud stolz auf sich nimmt, sofern es der Kubitschek dort nicht nachträglich reinredigiert hat; dieser Jesus war halt ein Ketzer), wog im glaubensdurchtränkten Mittelalter ebenso schwer wie der heutige Vorwurf, dem Tätervolk wenn nicht direkt anzugehören, so doch »in einer Lebensform aufgewachsen« zu sein, »in der d a s möglich war«, wie Pastor Habermas, geistliches Oberhaupt der Einsiedelei Berg am Starnberger See, an St. Höllenfahrt gegen die Noltes und ihre Lügen predigte. Wir haben es mit Gläubigen, also z.T. aggressiven Narren, zu tun, das muss man in Rechnung stellen, und deshalb hat der Redakteur auch eingegriffen, denn ein Automat vermag jene Aggressivität nicht zu produzieren, die in ein anständig gebliebenes Missverstehenwollen hineingehört.

Sieferle stellt die These auf, die Durchtränktheit des deutschen Selbstverständnisses mit einer unsühnbaren, rituell immer wieder neu zu beschwörenden Schuld werde für das Kollektiv der im weitesten Sinne ethnischen Deutschen auf kein gutes Ende hinauslaufen. (Das Problem an solchen Prognosen ist, dass sie, falls sie zutreffen, auf kein Publikum mehr stoßen, welches ihnen beipflichten könnte, während diejenigen, die daran interessiert sind, dass sie zutreffen, verhindern wollen, dass sie überhaupt geäußert werden.) Der Historiker geht, wie andere vor ihm, nur vielleicht etwas tiefer, einer religiösen Mentalität auf den Grund, die in der nationalen Selbstauflösung das Heil sucht, da sie, nach dem Wegfall des echten Heilands als vergebende Kraft, sich anders als durch Selbstauflösung nicht entsühnen kann. Wir dürfen die Vertreter dieser Heilsbewegung gerade bei ihren Willkommensexzessen gegenüber virilen Analphabeten aus dem Orient studieren, was ja nichts anderes als eine zivilreligiöse Selbstfeier mit dem Ziel ist, der Welt endlich einmal ein aus Schmach und Schanden sich erhebendes gutes Deutschland zu präsentieren. Leider hat die Empfängerseite dieses Bruderkusses kein Organ für dergleichen zivilreligiösen Enthusiasmus und erkennt instinktiv dessen Kehrseite: die Selbstaufgabe. Deswegen wird die Sache schlimm enden. Sagt Sieferle – und sage u.a. auch ich.

Pikant wird der ganze Vorgang, um mich zu wiederholen, was ich ungern tu', da ich ja nicht Heribert oder Claus heiße, deswegen, weil hier Leute den Import von Antisemiten gutheißen und gleichzeitig zur Hatz auf einen unbescholtenen Gelehrten blasen, dem sie antisemitische Ansichten unterstellen, die es überhaupt nicht gibt. Und ich schwöre auf den Koran, Freunde, dass dieselben Figuren, wenn der importierte Antisemitismus stark genug geworden ist, kein Problem mehr mit ihm haben werden. Er wird dann anders heißen: Emanzipation, Teilhabe, Diversity, Respekt, Antirassismus und so. Glauben Sie mir, liebe jüdische Leser dieses Diariums, all die Pressstrolche, Politiker, Theaterleute, Pfaffen und Schickeriaschachteln werden die Solidarität mit der Judenheit sofort aufkündigen, wenn sie sich die Finger dabei verbrennen können. Wir leben in einer »Canaillokratie« (der schöne Begriff stammt, soviel ich weiß, von Karl Mager), und in einer solchen wird ganz ungeniert gelogen und unterstellt! Was sich hier gegen einen freien Geist wie Sieferle in Stellung bringt, ist exakt dieselbe Mentalität, die sich 1933 zu Fackelzug und Judenboykott versammelte. Die Nazimentalität auf Nazisuche: ein routiniertes Spiel und meutenhaftes Selbstvergewisserungsspektakel mit einem neuen Opfer. *C'est tout.*

An keiner Stelle seines Buches und mit keiner Silbe erklärt Sieferle »die« (oder »den«) Deutschen zu den eigentlichen Opfern des Zweiten Weltkrieges. In einer seiner letzten E-Mails, die an mich adressiert war (und auf meiner Webseite veröffentlicht ist), kann man nachlesen, was für ein »Antisemit« Sieferle gewesen ist. Darin steht unter anderem: »Der Antisemitismus war schon im 19. Jahrhundert nichts als eine von Wahnvorstellungen geprägte, irrationale und sachfremde Ideologie. Heute ist er zum Inbegriff der politischen Absurdität geworden und wird im Grunde nur noch von Spinnern vertreten, die etwa auch Adolf Hitler, diese größte politische Niete des 20. Jahrhunderts, für einen vorbildhaften Politiker halten. Aber gerade bei einer nationalkonservativen Protestpartei besteht immer die Gefahr, daß sich solche Narren bei ihr einnisten (wenn es sich nicht um gezielte Provokationen handelt), so daß man sich rigoros von ihnen trennen muß.«

Die »ominösen sechs Millionen« sind nur eine andere Formulierung für Martin Broszats »symbolischer Zahl«.

»Es gibt keinen Zweifel«, schreibt der *Spiegel* in seiner öffentlichen Selbstkritik: »Das Werk ist rechtsradikal, antisemitisch, geschichtsrevisionistisch.« Wir haben jetzt nicht mehr nur ein heiliges Buch, »in dem kein Zweifel ist« (Sure 2,2), sondern auch ein des Zweifels sich entschlagendes, von manchen allen Ernstes noch so genanntes Nachrichtenmagazin.

Heute ist der 17. Juni. Ein deutscher Tag der Freiheit.

* * *

PS: Wirklich amüsant wird es, wenn *Finis Germania* in für die *Spiegel*-Bestellerliste relevante Verkaufsränge klettert. Was dann? Man kann dieses Buch ja unmöglich empfehlen. Die ganze Liste abschaffen? Jede Woche eine Erklärung abdrucken? Einfach nicht beachten, mithin an Glaubwürdigkeit auch hier einbüßen, aber in der Gesinnung nicht wanken?

18. Juni

»Ein zentrales Merkmal der Deutschen ist ihr fundamentaler Sozialdemokratismus, der sich über das gesamte politische Spektrum erstreckt. Sein Kern besteht darin, daß Differenzen aller Art für schlechthin unerträglich gelten. Die politische Formel hierfür lautet: ›Angleichung der Lebensverhältnisse‹. Es erscheint als selbstverständlich, daß das Leben in sämtlichen Teilen des Landes grundsätzlich gleichartig sein soll. Zonen größerer Differenz müssen daher eingeebnet werden. Es gilt schlichtweg als Skandal, wenn in einer bestimmten Gegend der durchschnittliche ›Lebensstandard‹ wesentlich von dem in anderen Gegenden abweicht.«
Rolf Peter Sieferle, *Finis Germania,* S. 25

19. Juni

Auch vergessen werden sollte man nur in bester Gesellschaft.

* * *

Der Lieblingswitz von Slavoj Žižek passt zu gut in unsere Mediokratie (ich verweise auf den Doppelsinn dieses Wortes!), als dass ich ihn nicht sofort weitertratschen muss:

Anfrage an Radio Jerewan: »Stimmt es, dass Petrow ein Auto in der Lotterie gewonnen hat?«

Antwort: »Im Prinzip ja, aber es handelt sich nicht um ein Auto, sondern um ein Fahrrad, und er hat es nicht gewonnen, sondern es ist ihm gestohlen worden.«

* * *

Freund *** fühlt sich durch die willkommenskulturelle Traktierung des Buches *Finis Germania* – die *Welt* verspricht eine »nüchterne« Lektüre des »rechtsextremen Pamphlets«, die man sich natürlich schenken kann (eine nüchterne Lektüre würde ohnehin zur Kaltstellung des Journalisten durch seine endsiegstrunkene Schriftleitung führen) – an die »Rezeption« des Buches *Der vormundschaftliche Staat* von Rolf Henrich in der Endphase der DDR erinnert. Auch damals sah sich das Gesinnungskartell genötigt, vor der von Hand zu Hand und vor allem Mund zu Mund gehenden oppositionellen Hetzschrift mit dem erstaunlich aktuell wirkenden Titel zu warnen und den Autor zum Unberührbaren zu erklären. Auch damals konnte man den Besprechungen nicht entnehmen, was in dem subversiven Text eigentlich genau drinsteht, aber man wurde stattdessen unterrichtet, dass es sich um ein reaktionäres, gefährliches, den gesellschaftlichen Fortschritt leugnendes Machwerk handele, das Zweifel an der sozialistischen Heilsgeschichte säe und von dem jeder anständige Bürger die Finger zu lassen habe. Und irregeleitete Mitbürger, die mit dem inkriminierten Buch gesehen wurden, durften durchaus zur Rede gestellt und, wenn sie sich verstockt zeigten, gemeldet werden.

Wie die Geschichte ausging, ist bekannt. Aber sie ist noch nicht zu Ende.

* * *

In seiner Kolumne zitiert Karlheinz Weißmann eine Auflistung von Catholic Word News: »Emmanuel Macron, französischer Staatspräsident, hat keine Kinder, Angela Merkel, Bundeskanzlerin, hat keine Kinder, Theresa May, Premierministerin Großbritanniens, hat keine Kinder, Paolo Gentiloni, Ministerpräsident Italiens, hat keine Kinder, Mark Rutte, Ministerpräsident der Niederlande, hat keine Kinder, Stefan Löfven, Ministerpräsident Schwedens, hat keine Kinder, Xavier Bettel, Premierminister Luxemburgs, hat keine Kinder, Jean-Claude Juncker, Präsident der Europäischen Kommission, hat keine Kinder.« Leser *** ergänzt: »Auch Nicola Sturgeon, First Minister of Scotland, hat keine Kinder.«

Der Kontinent der Aussterbenden, regiert von Zukunftslosen. Deswegen ist ihnen auch egal, wer hier einwandert. Einstweilen regen sich noch ein paar Intellektuellendarsteller auf, wenn jemand prophezeit, dass eins plus eins zwei ergeben wird, also in den europäischen Ruinen demnächst Fellachen hausen werden (der Begriff hier im Sinne Spenglers verwendet für die heimat-, traditions-, geschichts- und kulturlosen globalisierten Wandermassen, aber vielleicht behandeln sie die Ruinen ja pfleglich.) Freilich, das Schlimmste an dieser Dekadenz ist ihre erstickende Piefigkeit, ihre plärrende Unbewusstheit bei völligem Mangel an Glanz.

PS: Leser *** schickt die »Gegendarstellung der Visegrad-Staaten:

Andrzej Duda, Präsident Polens, 1 Kind
Beata Szydło, Ministerpräsidentin Polens, 2 Kinder
Milos Zeman, Präsident Tschechiens, 2 Kinder
Bohuslav Sobotka, Ministerpräsident Tschechiens, 2 Kinder
Andrej Kiska, Präsident der Slowakei, 4 Kinder
Robert Fico, Ministerpräsident der Slowakei, 1 Kind

Janos Ader, Präsident Ungarns, 4 Kinder
Viktor Orbán, Ministerpräsident Ungarns, 5 Kinder.«

* * *

Der grimmige Hass, den der europäische Faschismus seitens der Linken auf sich zog, hat weniger mit seinem Mordprogramm zu tun – das war der anderen Seite ja nicht nur geläufig, sondern sogar originär in ihre DNA eingeschrieben – als vielmehr damit, dass die Linke nach dem Ersten Weltkrieg wähnte, ihr würden nun die europäischen Staaten wie reife Früchte in den Schoß fallen, und dann erleben musste, wie ihr die Beute vor der Nase weggeschnappt wurde. Die intellektuelle Revanche erleben wir noch heute. – Die heutige Situation ist formell der damaligen nicht unähnlich, praktisch aber, aufgrund der europäischen Demographie, also des Fehlens einer zahlenmäßig relevanten autochthonen Jugend in allen Ländern des Westens, nicht im Ansatz vergleichbar. Die Pointe dürfte diesmal darauf hinauslaufen, dass sich das unter ihrer tätigen Mitwirkung importierte juvenile Ersatzproletariat schließlich gegen die Linke selber wenden wird.

25. *Juni*

Wenn unsere Germanophobiker wüssten, wie sehr ich sie als typische Deutsche geringschätze, sie würden mir wohl glatt eine Ehrenmitgliedschaft in ihrem noblen Kreise antragen.

* * *

»Wir, als kleine Buchhändler (in einer roten Stadt), können das Buch *Finis Germania* solange nicht empfehlen, wie sich nicht

Teile der Elite schützend davor stellen«, schreibt Leser ***. »Nach meiner Draufsicht sind Sie bisher der einzige. Doch sie gehören ja schon nicht mehr wirklich dazu. (…) Sieferle hat, in klarem, verständlichem Deutsch in *Das Migrationsproblem* den europäischen Nationalstaat als historische Errungenschaft hervorgehoben, die es zu bewahren gilt. Timothy Snyder kommt in *Black Earth* zu einem ähnlichen Ergebnis: In Staatsgebilden stecke sehr viel Arbeit, die man nicht leichtfertig zerstören dürfe. (…) Die nicht geführte heutige Debatte dreht sich letztlich um die Frage, ob der Nationalstaat erhalten werden soll oder ob nicht.

Den Kritikern der destruktiven gegenwärtigen Politik wird vorgehalten: Sie schürten rechtsradikales Nationalpathos, der Nationalstaat sei doch vorgestrig und gleichzeitig, sie schürten irrationale Ängste, der Nationalstaat werde doch gar nicht untergehen. Aufgabe der kritischen Elite wäre es vordringlich, diese verbotene Debatte zu legitimieren; nämlich sich dagegen zu wehren, daß Kritiker wie Sieferle zu den verbotenen Autoren gerechnet werden. Es geht also darum, der anderen, z.Zt. verfemten Meinung ihren rechtmäßigen Platz zu sichern, damit überhaupt eine Debatte über den Nationalstaat stattfinden kann. Bisher findet die nicht statt, weil sich die Linke darum herumdrückt und mit Denunziationen und Hetze arbeitet.

Besteht unsere kritische Elite aus Feiglingen? Sind diese Jungs und Mädels nicht mal in der Lage, für einen überragenden Autor wie Sieferle einzustehen?«

Nun, der einzige bin ich keineswegs, Christoph Schwennicke hat in *Cicero* immerhin darauf hingewiesen, dass Sieferles Buch weder rechtsradikal noch antisemitisch ist, die Zürcher *Weltwoche* hat eine Lektüreempfehlung ausgesprochen, Frank Böckelmann, Konrad Adam und Andreas Lombard haben das

Buch gegen die absurden Anwürfe pawlowscher Feuilletonpudel verteidigt, und nun hat auch Rüdiger Safranski den eigentlichen Skandal beim Namen genannt, der nichts mit dem Inhalt von Sieferles Buch zu tun hat, sondern einzig mit dessen Behandlung durch als Rezensenten verkleidete Denunzianten.

Was mich an einigen Statements stört, ist die Betonung, man müsse nicht mit Sieferle einer Meinung sein, um ihn lesenswert zu finden. Das ist zum einen anmaßend – »Ich bin nicht mit Kant/Hegel/Wittgenstein etc. pp. einer Meinung, aber...« –, zum anderen so trivial und selbstverständlich, dass man es nicht erwähnen muss. Wer es dennoch sagt, tut dies aus Gründen der Rückversicherung und fügt sich damit dem Gesinnungsdruck; er bekundet: Ich bin so liberal, dass ich auch solche Anschauungen diskutierenswert finde, aber ich teile sie keineswegs! – Also was mich betrifft: Ich teile sie.

* * *

Die rattenhafte Wut der linken Verfolger richtet sich nun wieder gegen den an der Berliner Humboldt-Universität lehrenden Osteuropa-Historiker und Stalinismus-Experten Jörg Baberowski. Die »Trotzkistische Hochschulgruppe« der »Sozialistischen Gleichheitspartei« – das Pendant könnte ungefähr heißen: »Rudolf-Hess-Fähnlein der Nationalsozialistischen Ordnungspartei« – stellt ihm dort, vom Dekanat unbehelligt, seit geraumer Zeit mit Plakaten und »Aktionen« nach, wo er als Rechtsradikaler, Faschist, Rassist beschimpft wird, mit all dem, was einem trotzkistischen Trottel eben an Verleumdungsvokabeln so durch die triste Rübe rauscht und sich in nichts von den faden Zutaten anderer Linksextremistensüppchenkochgruppen unterscheidet; deswegen heißt der Laden ja »Gleichheitspartei«.

Durch die Medien ging der Versuch des Allgemeinen Studierendenausschusses (AStA) der Universität Bremen, einen Auftritt von Baberowski an der Uni zu verhindern – die Veranstaltung musste an einem anderen Ort stattfinden, weil die Bremer *Alma Mater* einen ungestörten Ablauf nicht garantieren konnte –, mit denselben Anwürfen im öden Standardvokabular des linken Plattkopfs, der an der Uni sein eigentliches Biotop findet und danach allenfalls noch zur Ebert- oder Böll-Stiftung wenn nicht zur *Zeit* durchstartet. Baberowski klagte gegen einige der Verleumdungen, doch das Oberlandesgericht Köln entschied in zweiter Instanz und unter Berufung auf die Meinungsfreiheit, man dürfe behaupten, der Historiker verharmlose das Anzünden und Belagern von Flüchtlingsunterkünften als natürliche Reaktion verärgerter Bürger, begegne Menschen mit Hass, stehe für Rassismus und vertrete rechtsradikale Positionen. Der AStA der Universität Bremen erklärte dazu in einer Stellungnahme: »Das ist ein wichtiger Tag für den Kampf gegen rechte Hetze und die Meinungsfreiheit auf dem Campus und überall sonst!« Ein wichtiger Tag für den *Kampf gegen die Meinungsfreiheit* – immerhin sprechen diese Figuren aus, was sie antreibt. Und freundliche Richter segnen den Kampf gegen die Meinungsfreiheit im Namen der Meinungsfreiheit ab.

Nachdem die Humboldt-Universität Baberowski in einer Ehrenerklärung zwar etwas elanlos, aber immerhin den Rücken stärkte, schoss der Bremer Jurist Andreas Fischer-Lescano hinter der sicheren Brustwehr des Zeitgeistes hervor auf die Uni-Führung, der er vorwarf, sie mache sich »zur Komplizin rechter Wissenschaft«, wenn sie die »voreiligen Reinwaschungen des Wissenschaftlers« nicht zurücknehme (falls einer fragt: Die wirklich klassischen »rechten« Wissenschaften sind

Mathematik, Physik, Biologie und Genetik). Vielmehr möge sich die Universität von Baberowski distanzieren.

Die Strafe für Fischer-Lescano folgte auf dem Fuße: Wolfgang Benz pflichtete ihm bei.

Die, um mich zu wiederholen, *rattenhafte* Wut der Linken rührt daher, dass sie genau wissen, wie gründlich sie gescheitert und mit ihrem Latein am Ende sind, deshalb zielen sie auf Existenzvernichtung, überhaupt auf Vernichtung; eher wollen sie das eigene Land vor die Hunde gehen sehen, als einzugestehen, dass sie nichts mehr anzubieten haben außer Hass, Neid, Planierungsvorschläge und ein Ersatzproletariat, das ihnen früher oder später vergnügt die Hälschen abschneiden wird. Baberowski soll, im bewährten Seit' an Seit' von linken Radikalen und etablierten linken Wortführern, solange terrorisiert werden, bis man ihn endlich von der Universität vertrieben, am besten zum Verlassen des Landes genötigt hat, was er als ein im Gegensatz zu seinen Verfolgern international gefragter Gelehrter ja jederzeit tun kann. Die Petzer-, Denunzinaten- und Nachsteller-Mentalität von 1933ff., die nicht nur Hannah Arendt 1968ff. wiederkehren sah, scheint dieses verlorene Land bis zuletzt nicht verlassen zu wollen. Es geht diesen tristen Figuren darum, an der Uni ein Exempel zu statuieren, nach dem guten alten maoistischen Motto »Bestrafe einen, erziehe tausend!« Herfried Münkler hat ja eindrucksvoll demonstriert, dass man sich nur der Willkommensjunta* andienen muss, um von künftigen Nachstellungen verschont zu bleiben. Dass bislang kein deutscher Journalist Professor Baberowski verteidigt hat, wird denjenigen nicht verwundern, der einige jener von den Haifischen der Meinungspolizei verschreckten Sardinen aus der Nähe kennt. Nur in der freien Schweizer Presse kritisierte man die »Meinungspolizei« bei den bekanntlich schon seit längerem diktaturaffinen Nachbarn.

Überlassen wir Alexander Wendt die *Conclusio*: »Es gibt Götz Aly, der schreibt, was ebenfalls jeder schreiben könnte: die Hetzjagd gegen Jörg Baberowski ist infam. Um das festzustellen, so Aly, müsse man Baberowskis Thesen auch nicht alle teilen, sondern einfach nur ganz allgemein zurechnungsfähig sein. Nun stellt sich die Frage: Schlingt das Bednarz-Brinkbäumer-Grossarth-et al.-Komitee für betreutes Denken nun auch noch Schwennicke und Aly herunter, damit sie im gleichen Magensäurebad landen wie alle anderen gefährlichen Bürger, die schon enttarnt sind? Und schluckt es auch noch die, die den beiden dann wiederum beispringen? Nur zu. Die spätbundesdeutsche Denkkontrolle sollten wir uns vorstellen wie einen riesigen schwabbelnden Jabba the Hutt, der alles in sich hineinsaugt, was nicht schon Bednarz-Brinkbäumer-Prantl ist, bis sich praktisch alles intellektuell Interessante in seinem Magen befindet, und jeder noch irgendwie geistig regsame Individualist sich beeilt, hineinzukommen. Wenn auch noch der letzte geschluckt ist, zerfällt die Jabba-Hülle dann von ganz allein.«

Mit einem Wort: Man muss schon etwas sehr falsch machen, um von diesen Halunken nicht verleumdet zu werden.

* Ich danke T. H. für den trefflichen Begriff.

* * *

Schlag Mitternacht schickt Freund *** ein Zitat zur Lage, welches den Tag beschließen möge:

»More than half of modern culture depends on what one shouldn't read.«

Oscar Wilde: *The Importance of Being Earnest*, Act I

28. Juni

Leser *** sendet als Appendix zum Schreibsklavenaufstand gegen Rolf Peter Sieferle ein Zitat, auf das ich hätte eher stoßen sollen:

»Die einschneidendste Veränderung, die der Zweite Weltkrieg der Welt bescherte, war die Geburt einer neuen, moralisch absoluten Größe: die der Nazis als des universellen Bösen. In einer Kosmogonie, die sie mitentworfen hatten, stellten die Nazis den Satan dar und stifteten damit für die Welt, die sie zerstören wollten, Sinn und Zusammenhalt. Erstmals, seit die europäischen Staaten begonnen hatten, sich von der Kirche loszusagen, fand die westliche Welt zu einem neuen gemeinsamen transzendentalen Universal. Vielleicht lebte Gott nicht mehr, doch in ihren dunklen Uniformen waren die Herren der Finsternis für alle gut zu erkennen. Wie es das Zeitalter des Menschen verlangte, hatten sie Menschengestalt; wie es das Zeitalter des Nationalismus gebot, waren sie ethnisch definiert – nicht in dem Sinne, dass alle Deutschen willige Vollstrecker gewesen wären, sondern in dem Sinne, dass die Naziverbrechen ethnisch begründet waren und die Deutschen als Nation für sie verantwortlich gemacht wurden. (...)

Es war, mit anderen Worten nur eine Frage der Zeit, wann die Hauptopfer nationalsozialistischer Gewalt zu den universellen Menschheitsopfern würden. Vom auserwählten Volk des jüdischen Gottes waren die Juden zum auserwählten Volk der Nazis geworden. Und dadurch, dass sie zum auserwählten Volk der Nazis geworden waren, wurden sie nach dem Weltkrieg zum auserwählten Volk des Westens. In der westlichen Öffentlichkeit avancierte der Holocaust zum Maß aller

Verbrechen und Antisemitismus zur einzig unverzeihlichen Form von ethnischem Fanatismus.«
Yuri Slezkine, *Das jüdische Jahrhundert,* New Jersey 2004 (Deutsch 2006), S. 347.

Man könnte in diesem Zusammenhang auch (und diesmal keineswegs zustimmend) Elie Wiesel zitieren, der statuiert hat: »Auschwitz kann weder erklärt werden noch kann man es sich vorstellen (...) Der Holocaust steht außerhalb der Geschichte.« An anderer Stelle heißt es bei ihm, der Holocaust «transzendiere» die Geschichte. Er sei «das ultimative Ereignis, das ultimative Mysterium».

Den Gesetzen der von Sieferle und Slezkine beschriebenen Ersatz- oder Reformreligion gemäß hat ein Tätervolksangehöriger und Teufelsbündnerabkömmling den Katechismus brav nachzusprechen und zerknirscht an den Riten teilzunehmen, aber er darf dazu weder Analyse noch Kritik beisteuern, was einem Opfervolksangehörigen und im nachhinein kollektiv Geheiligten immerhin nicht verwehrt werden kann. Ein ähnliches Prinzip herrscht bei der Beschreibung des derzeit überall in Westeuropa stattfindenden Bevölkerungsaustauschs: Wer links ist und ihn begrüßt, darf ihn beim euphemistischen Namen nennen (»Buntheit«, »Bereicherung«, »Geschenke«), während der Rechte wiederum, der ihn ablehnt, bloß an einer anlasslosen Paranoia leidet und gegen eingebildete Gespenster hetzt. Wenn Sie zwischen beiden Phänomenen auch nur die Spur eines Zusammenhanges sehen, müssen Sie einfach irre sein und brauchen dringend antifaschistische Medizin mit Habermas'schem Beipackzettel.

30. Juni

Es muss übrigens nicht heißen »Ehe für alle«, sondern »Ehe trotz allem«.

5. Juli

Heute früh beim Verlassen der Wohnung, in einem jener Zustände restseliger Verkaterung, die jeden Augenblick in rabenschwarzen Existenzekel umschlagen können, griff ich, jenem im Bedarfsfalle gebührend zu assistieren, nach Michel Houellebecqs Essaysammlung »Interventionen«. Ein echter, tiefer, illusionsloser Nihilismus vermag zumindest mir recht verlässlich Trost zu spenden. Wahrscheinlich lese ich Houellebecq mit einer ähnlichen Befriedigung, wie meine Vorfahren etwa das Buch Prediger (Kohelet) lasen.

Zum Beispiel: »Die Literatur führt zu nichts. Wenn sie zu etwas führen würde, hätte das linke Pack, das die intellektuelle Debatte das ganze 20. Jahrhundert an sich gerissen hat, gar nicht existieren können.« Als Beispiel führt der Franzose Dostojewskis *Dämonen* von 1873 an, ein Roman, in dem der Leser anhand exemplarischer Figuren durch das Laboratorium jener ideologischen Alchemisten geführt wird, deren weltumstürzlerische Sprengstoffe das folgende Jahrhundert so grässlich illuminieren sollten. Hatten, fragt Houellebecq, »Dostojewskis Intuitionen irgendeinen Einfluss auf den Lauf der Geschichte?« (außer dass Helmut Markwort dem Roman seinen Claim »Fakten, Fakten, Fakten« entlieh?). Und er gibt selbst die Antwort: »Nicht den geringsten. Marxisten, Existentialisten, Anarchisten und Linksradikale jeglicher Art konnten sich breit machen und die bis dato erforschte Welt infizieren, ganz als ob Dostojewski nie eine Zeile geschrieben hätte.«

Ja, so ist es wohl. Stattdessen haben wir im gesamten Kulturbetrieb ein linkes Pack, das Dostojewski sofort verbieten würde, wenn er nicht ein Klassiker und mausetot wäre. Und dessen sich grotesk zu Individuen stilisierende Lemminge, einer wie der andere, keine einzige literarisch anspruchsvolle Seite zustande bringen können, weshalb sie kurzerhand die Kriterien dafür abgeschafft haben.

Da unsereins von früh bis ziemlich spät, gerade auch aus dem Kreis der Ver- und sogar Angetrauten, vernehmen muss, ein doch arg trübsinniges Gemüt zu besitzen oder zumindest zur Schau zu stellen, les' ich selbstredend gern den mir leider persönlich unbekannten linksrheinischen Freund auf die Frage eines Journalisten:

»Verstanden die großen Literaten – die des 19. Jahrhunderts, Flaubert – es nicht besser, dem Negativen einen Platz einzuräumen?«
die Antwort geben:

»Wenn eine Gesellschaft stark und selbstsicher ist, wie das Frankreich des 19. Jahrhunderts, dann verkraftet sie eine negative Literatur. Das kann man vom heutigen Frankreich nun wirklich nicht behaupten. Die Leute brauchen Zuspruch. Sie ertragen nicht mehr die leiseste Spur von Negativität, ja nicht einmal von Realismus.«

Selbstverständlich bin ich »negativ«, zumindest bevor es zu Tisch geht, aber nur in Maßen, denn ich habe schließlich das Glück, eines Tages sterben zu dürfen und anderen diesen von unglaublichen und vor allem unverdienten Schönheiten durchsetzten Widersinn zur Dechiffrierung zu überlassen. Personen über 14 haben keinerlei Anrecht auf Positivität meinerseits. Die darunter kosten Kraft genug. Doch dermaßen verzweifelt, dass ich den Optimisten geb', bin ich keineswegs – –

7. Juli

Kein Satz illustriert die heimliche Komplizenschaft der meisten Medien mit der sogenannten Antifa besser als das speioft wiederholte »Es flogen Steine.«

Wer mag »Wingardium Leviosa« gerufen haben?

Es schlug. *Es* trat. *Es* flogen Molotowcocktails. *Es* brannte. *Es* schrieb sich darüber.

Meine Deutschlehrerin an der Wilhelm-Pieck-Oberschule in Ostberlin, eine Kommunistin reinsten Parteiblutes, hat mir beigebracht, damals übrigens zu meiner kindlichen Verwunderung, dass sogar im Satz »Es regnet« ein zumindest grammatikalisches Subjekt existiert, nämlich das »es«.

* * *

»Lieber Herr Klonovsky,
leider irrte Ihre Deutschlehrerin. Die Brüder Grimm haben schon entdeckt, dass das ›Es‹ in ›es regnet‹ adverbiale Funktion hat. ›Es läutete; es läuteten die Glocken!‹ Es ist das gleiche ›Es‹, aber plötzlich haben sich plurale Subjekte in den Satz eingeschlichen. Das ›Es‹ war nie das Subjekt.

Ihr fleissiger Leser in China
***«

Grüß Gott Herr ***,
ich sehe ein, dass wir uns hier mit einem Grenzfall beschäftigen, nämlich der Frage, ob ein Satz ohne Subjekt überhaupt

möglich oder sinnvoll ist und ob nicht am Ende ein zuvor sich adverbial zurückhaltendes »Es« in diese Rolle schlüpfen muss. Zumal bei einem Mysterium wie »Es regnet« – wer regnet denn da? Ich erwähnte ja, dass meine Lehrerin eine orthodoxe Kommunistin gewesen ist, und für eine solche dürfte die Erwägung, ob es einen Satz ohne Subjekt gibt, wahlweise als bürgerliche Dekadenz, reaktionärer Relativismus oder postmodernes Beliebigkeitsgeschwätz gelten ...

Aus der unseligen europäischen Mittellage grüßt ins Reich der Mitte Ihr
MK

11. Juli

Was lernen wir aus dem Hamburger Sommerfest anlässlich des G20-Treffens?

Eins.

Mit 20 000 Mann eroberte Titus Jerusalem. Ungefähr 20 000 Mann, freilich ohne die hinderlichen Plastikschilde, standen Tilly und Pappenheim zur Verfügung, als sie Magdeburg einnahmen und mit der Stadt Hochzeit hielten. Mit 20 000 Mann hätte Rommel den IS besiegt und den Syrien-Konflikt beendet (wobei man fairerweise einräumen muss, dass die Gegenseite gegen *diese* 20 000 wahrscheinlich gar nicht erst angetreten wäre).

20 000 deutsche Polizisten waren nicht imstande zu verhindern, dass x000 Linkskriminelle Teile Hamburgs verwüsteten. Die Betonung liegt auf *deutsche* Polizisten. Schweizer Sicherheitskräfte zum Beispiel wären anders vorgegangen, erläutert die *Neue Zürcher Zeitung*. Dort sei es »klare Strategie,

ausreichend Raum zwischen den Angreifern und den Polizistinnen und Polizisten zu schaffen«. Anders als ihre deutschen Kollegen dürfen die Schweizer Polizisten bei ihren Einsätzen Gummischrot verschießen. Zudem verfügen sie über mobile Sperren, »an Fahrzeugen montierte, aufklappbare engmaschige Gitter, mit denen leicht Räume eng gemacht und ganze Strassen gesperrt werden können. In Hamburg wurden für solche Sperren Ketten aus Beamten gebildet, die trotz Panzerwesten und Schutzschilden Angreifern in einer Form ausgesetzt waren, die«, so der Zürcher Sicherheitschef Mario Fehr, »in der Schweiz vom Kommando nicht zugelassen würde.« Der Schutz der Mannschaften habe dort oberste Priorität. Deshalb seien etwa die Angehörigen der Kantonspolizei Zürich neben Panzerwesten auch mit Laserschutzbrillen ausgerüstet, und die Ohrenschützer verfügten über ein integriertes Funksystem. Damit könnten die Mannschaften flexibler und schneller reagieren. Fehr: »Die Schweizer Polizei hat bessere Einsatzmittel und mehr politische Unterstützung als die deutschen Kollegen.«

Zwei.

Gleichwohl waren die 20 000 Polizisten das Äußerste, was diese späte Republik zur Verteidigung der Inneren Sicherheit gegen organisierte Gewalttäter aufzubieten hat, ohne die anderen Landesteile vollends zu entblößen. Zahlreiche Kommentatoren außerhalb der Wahrheits- und Qualitätsmedien haben die Frage aufgeworfen, was der Staat eigentlich zu tun gedenkt, wenn einmal parallel in mehreren Städten »Unruhen« ausbrechen, veranstaltet zudem nicht von eingeborenen, vor kurzem abgestillten, östrogengesättigten Linksspießersöhnchen, sondern von orientalisch-afrikanischen Testosteronpitbulls.

»Was machen wir eigentlich, wenn wir hier mal von, naja, sagen wir mal 30 000 oder 50 000 Leuten angegriffen werden, die aus islamistischen Ländern, Nord-Afrika oder sowas kommen, die richtige Kriegswaffen und Sprengstoff haben und die von kriegserfahrenen Söldnern per IS in Kampf- und Guerilla-Taktiken ausgebildet werden?«, fragt, stellvertretend für alle anderen zitiert, Hadmut Danisch auf seinem in jeder Hinsicht empfehlenswerten Blog. »Und wenn die sich nicht auf ein paar Straßen in Hamburg beschränken, sondern gleichzeitig in verschiedenen Städten zuschlagen? Oder auf dem Land? So ganz verteilt? (...) wenn da mal wirklich jemand so richtig ernsthaft, systematisch, geplant angreift, vielleicht noch den Strom sabotiert (dann ist ja bekanntlich auch nichts mehr mit Digitalfunk oder Autos auftanken, neulich kam die Feuerwehr nicht mal aus den Hallen, weil sie die Türen nicht aufbekommen hat), und dann gleich mal so richtig Randale macht, zum Auftakt mal ein paar Schulen mit Kindern oder ein Fußballstadion sprengt, Stromversorgung, Wasser, oder die Kaserne der Bereitschaftspolizei, oder Brücken, oder irgendwie sowas? Bisschen Giftgas noch. Oder mal so richtig Feuer legen, also nicht so 20 Autos entlang einer Straße, sondern mal so 500 Gebäude, quer verteilt? Ein paar Bomben in so eine Demo? (...) Wenn schon ein paar linke pubertäre und teils weibliche Deppen reichen, um die bundesweite Polizei – wohlgemerkt, nicht überraschend sondern mit einem vorher angekündigten Termin – völlig zu überlasten, was machen wir dann, wenn hier wirklich mal was los ist?«

Drei.

Von der einstweilen noch verschlossenen Wundertüte wieder zurück zu der schon lange geöffneten. Die Exzesse von Hamburg konnten nur diejenigen überraschen, die die regelmäßigen Gewaltausbrüche der allen Ernstes so genannten Antifa, zuletzt etwa beim Stuttgarter AfD-Parteitag oder beim

Miniaturbürgerkrieg in der Berliner Rigaer Straße, beharrlich zu ignorieren, zu verharmlosen oder mit heimlicher Zustimmung zu folklorisieren suchen.

Nun ist die geheuchelte Empörung groß. CDU-Leute schimpfen plötzlich auf die linksgrünen Unterstützer der Steinewefer und Feuerteufel, als ob sie nicht in einer Koalition mit Figuren wie Maas und Schwesig regierten, denen die Antifa als Bodentruppe »gegen rechts« seit langen lieb und teuer ist. Aber mit der FDP hat sich, nicht zuletzt dank der internen Ledereien der AfD, ein plötzlich wieder wählbarer Koalitionsvolontär wundersam reanimiert, der sogar noch opportunistischer und knetbarer ist als die dem Abstieg anheimgestellten, inzwischen verlässlich Ekel auslösenden Grünen, denen die Merkel-Partei nun getrost in den Allerwertesten nachtreten kann. Doch das nur beiseite gesprochen.

Interessant ist, ob den plötzlichen Ankündigungen gebotener Linksextremistenbekämpfung irgendwelche Taten folgen werden, oder ob alles bloß heiße Luft ist, vergleichbar den Reaktionen der Behörden auf die Kölner Silvesterkirmes, wo ja auch keiner der Straftäter in einen Sträfling verwandelt oder abgeschoben wurde. Die »hot spots« der »Antifa«, ihre Tummelplätze und Versammlungsorte, sind allgemein bekannt: von der »Roten Flora« in Hamburg über die Rigaer Straße in der Hauptstadt der DDR light bis nach Leipzig-Connewitz. Wenn der Staat es ernst meint, erklärt er den schwarzen Mob zur terroristischen Vereinigung, was zur Folge hätte, dass nicht mehr dem einzelnen steinewerfenden Vermummten eine Straftat nachgewiesen werden muss, sondern seine Zugehörigkeit zur randalierenden Meute als Straftatbestand ausreicht. Wenn erst mal hundert von den Burschen sich für ein paar Monate mit nordafrikanischen Geschenkmenschen ihre Zellen teilen müssten, würde sich das Kapitel Antifa rasch erledigen, weil ein Drittel zu den Neonazis überliefe, ein Drittel mit vielen Nachuntersuchungen zum Proktologen müsste und das dritte Drittel zum Islam konvertierte (optimistisch geschätzt; Überschneidungen zwischen zwei und drei wären jederzeit möglich).

Wahrscheinlich aber wird nichts passieren. »Dann«, versichert Freund ***, »wissen wir definitiv: Es ist so gewollt.«

Vier.

Nachdem wir über viele Feldversuche hin gelernt haben, dass die Anschläge einzelner auf Eigeninitiative verwirrter oder vom IS geköderter Muslime nichts mit dem Islam (den es ja gar nicht gibt!) zu tun haben, belehren uns nun linke Koryphäen von Stegner bis *taz* darüber, dass die Randalierer von Hamburg nichts mit der Linken bzw. dem Linkssein zu tun haben. Der begabteste von allen SPD-Vizevorsitzenden twitterte: »Ideologisch gesehen ist die Verherrlichung von Gewalt eher rechte Gesinnung. Schwarzer Block und Hooligans sind Kriminelle – keine Linken!« Und nun drohe, weil Kriminelle als Linke gehandelt würden, ein »Rechtsruck«.

Bereits der Stalinismus/Sowjetkommunismus/Realsozialismus hatte ja nichts mit der Lehre des Genossen Marx aus Trier zu tun. Und Stegners Twitterei wiederum nichts mit der Menschwerdung einiger evolutionär desorientierter Primaten.

Fünf.

Eine taktische Erwägung am Rande: Als Merkel den Gipfel nach Hamburg einberief, war der OB der Hansestadt und stellvertretende SPD-Bundesvorsitzende Olaf Scholz als Kanzlerkandidat seiner Partei für die Bundestagswahl mehr als nur im Gespräch. Inzwischen fordern die Medien wegen der Ausschreitungen seinen Rücktritt als Bürgermeister. Politisch ist Scholz schwer beschädigt. Mit massiven Gewalttaten am

Rande der Proteste konnte Merkel ebenso rechnen wie damit, dass die dank diverser Deeskalationshirnwäschen effeminierte norddeutsche Polizei ihrer nicht Herr werde ...

Sechs.

Wäre ich ein AfD-Gegner oder V-Mann, müsste ich Björn Höcke glühend beneiden für seine Fähigkeit, mit geschickt terminierten Statements jeweils Abertausende potentielle bürgerliche Wähler der einzigen Oppositionspartei dieses Landes zu verprellen. »PEGIDA-Stimmung in Hamburg: 20 000 Menschen demonstrieren friedlich für eine gerechte Sache!«, schrieb er am 6. Juli um 15 Uhr 18 neben einem durchgestrichenen »G20« auf seiner Facebook-Seite. Querfront vom Allerfeinsten! Wenig später gingen die Randalen los. Was Merkel eventuell fast ein Jahr zuvor antizipierte, könnte Höcke am selben Tag angesichts des anmarschierenden »Schwarzen Blocks« wenigstens einkalkulieren. Aber wie ich in diesem Diarium bereits mehrfach betonte, soll man nicht Bosheit unterstellen, wo sich Dummheit als entlastende Erklärung anbietet.

Sieben.

Ein würdiges Schlusswort zum Gipfelbegleitgewürge:

Polens Innenminister Mariusz Blaszczak hat auf die Gewalt in Hamburg mit Entsetzen reagiert: Solche Vorgänge seien in Polen nicht denkbar. »Hamburg gehört offenbar zum Europa der zweiten Geschwindigkeit«, sagte Blaszczak im Fernsehen in ironischer Anspielung auf die Debatte, wonach sich die alten EU-Mitglieder schneller entwickelten als die neuen. Das regierungsnahe Internetportal *wPolityce.pl* lieferte dann auch die Erklärung für die Gewalttaten: Die liberalen Eliten seien gegenüber dem Linksextremismus »fast völlig wehrlos«. Rechtsextremisten würden mit gutem Grund scharf überwacht, doch Linksextremisten gälten in Deutschland als »rebellisch, aber dem Mainstream geistig nahestehend«. »Daher dürfen sie viel mehr als andere. Hamburg hat das wieder mal bewiesen«, schreibt das rechte Portal. Es sieht bei den Exzessen auch »eine gewisse Analogie« zum Deutschland der 30er Jahre und zu den Plünderungen jüdischer Läden.

13. Juli

Was alles mit Linkssein nichts zu tun hat:
Hass.
Hetze.
Gewalt.
Indymedia.
Steinewerfen.
Autos anzünden.
Molotow-Cocktails.
Molotow.
Lenin.
Stalin.
Beria.
Jeschow.
Jagoda.
Die Oktoberrevolution.
Die Tschistka.
Der Holodomor.
Robespierre.
Guillotine.
Vendee.
Der Realsozialismus.
Der Nationalsozialismus.

Die DDR.
Honecker.
Ceaucescu.
Die Stasi.
Mao.
Die Kulturevolution.
Der Große Sprung nach vorn.
Die Roten Khmer.
Killing fields.
Venezuela.
Kuba.
Che Guevara.
Kim I. bis III. und evtl. IV.
Die RAF.
Unterdrückung des Geistes.
Unterdrückung der Meinungsfreiheit.
Unterdrückung der Wirtschaftsfreiheit.
Unterdrückung der Eigeninitiative.
Unterdrückung überhaupt.
Der Kampf gegen rechts, sofern »Kampf«.
(Wird ggfs. fortgesetzt.)

* * *

Zur Frage, ob das »Es« in »Es regnet« ein Subjekt ist, schreibt Leser ***, Leser *** widersprechend (siehe Eintrag vom 7. Juli): »›Es läuteten die Glocken‹ ist nicht dasselbe, wie sich zeigt, wenn man ein anderes Element an die Stelle vor dem konjugierten Verb setzt, etwa ›Leider regnet es‹ und ›Mittags läuteten die Glocken‹. Im ersten Fall rückt ›es‹, wie man es von einem Subjekt erwarten kann, an eine andere Stelle im Satz, im zweiten verschwindet es einfach. In diesem Punkt muss ich Ihrer

Deutschlehrerin also Recht geben: ›Es‹ ist bei der Bezeichnung von meteorologischen Phänomenen zwar semantisch weitgehend überflüssig, syntaktisch aber offensichtlich ein Subjekt. Dennoch gibt es subjektlose Sätze, etwa ›Mich friert‹. Ebenso das unpersönliche Passiv, das daher auch mit intransitiven Verben gebildet werden kann: ›Es wurde viel gelacht‹. ›Es‹ ist in solchen Sätzen ein reiner Platzhalter, der verschwindet, wenn die Stelle vor dem Verb durch ein anderes Element besetzt wird (›Trotzdem wurde viel gelacht‹).«

* * *

Aber sofort widerspricht Leserin *** dem Widerspruch, das Schifflein auf dem Ozean der deutschen Grammatik wieder gen sichere Häfen steuernd:

»Sehr geehrter Herr Klonovsky,

ein ganzer Punkt geht an Ihre Deutschlehrerin an der Wilhelm-Pieck-Oberschule in Ostberlin und ein halber Punkt an Leser *** unter dem Eintrag vom 13. Juli 2017. Der fleißige Leser aus China hingegen irrt.

Was hat es mit dem ›es‹ auf sich? Zunächst zum Leser aus China: Da ›es‹ ein Pronomen ist, kann es selbstverständlich niemals eine adverbiale Funktion haben. In den angeführten Beispielen handelt es sich um verschiedene ›es‹-Typen. Bei Wetterverben wie ›regnen‹, ›schneien‹ oder ›stürmen‹ tritt als Subjekt immer ›es‹ auf. Auch in Sätzen wie ›Es läutete‹ ist ›es‹ ein Subjekt.

Anders hingegen bei ›Es läuteten die Glocken‹. Hier haben sich keine ›pluralen Subjekte in den Satz eingeschlichen‹, schließlich lautet der Ursprungssatz nicht ›Es läuteten‹, sondern ›Die Glocken läuteten‹. In Sätzen wie ›Es läuteten die Glocken‹, ›Es flogen Steine‹ oder ›In Hamburg flogen Steine‹ sind die

Glocken bzw. Steine echte grammatische Subjekte, wie man sofort an der Kongruenz des Subjekts und des Verbs erkennen kann: beide stehen im Plural. Bei dem ›es‹ in ›Es läuteten die Glocken‹ handelt es sich um ein Expletivum (ein sogenanntes Vorfeld-es), das aus Gründen der Verbzweitstellung eingefügt werden muß.

Im deutschen Hauptsatz besetzt die finite Verbform immer die zweite Stelle, d.h. die im Satz vorhergehende Position muß durch ein anderes Wort bzw. eine Wortgruppe besetzt werden. Grammatisch sind also Sätze wie ›Leider regnet es‹, ›Zu unserem Bedauern regnet es‹ oder ›Es regnet leider‹. Bei allen drei Sätzen ist ›es‹ das grammatikalische Subjekt. In Sätzen wie ›Mittags läuteten die Glocken‹ verschwindet kein Subjekt, dies sind und bleiben ›die Glocken‹, was man schon daran erkennt, daß Verb und Nomen im Plural stehen. So wie das Vorfeld-es besetzt hier ›mittags‹ das Vorfeld. Ein weiteres ›es‹ kann nicht eingefügt werden.«

* * *

Vor ein paar Tagen bekam mein Ältester sein Abiturzeugnis, von einem der angesehensten Münchner Gymnasien und in einer durchaus stilvollen Feier (von den drei Instrumentalsolisten, die Beethoven und Chopin intonierten, waren sogar nur zwei asiatischer Abkunft). Die Abiturrede der Schüler hielt der Primus, ein pfiffiger Bub mit einem Abiturzeugnis aus ausschließlich Einsen sowie der besten je erreichten Prüfungspunktzahl, überdies ausgezeichnet in einem Essaywettbewerb sowie für die besten Arbeiten in Altgriechisch und Geographie. – Obwohl es nicht mein Sohn war, versetzte mich diese neuerliche Demonstration der natürlichen Grenzen des Egalitarismus in einen Zustand tiefster Befriedigung.

14. Juli

Ein Vortrag Merkels in Essen, einer ziemlich verwahrlosten und damit zur Illustration Merkelscher Politik vorbildlichen Kommune, illustriert das ganze Dilemma. Die Frau ist ungebildet und kulturlos, das ist bekannt, sie entblödet sich nicht, zur aktuellen Masseneinwanderung die wahrhaft idiotischen Sätze zu sagen, die Chinesische Mauer habe schließlich auch nichts Gutes für China bedeutet und dem Römischen Reich sei es nicht durch »Abschottung« gut gegangen, sondern wenn es »Ausgleich mit Nachbarn suchte« (und niemand lacht sie dafür aus); sie ist eine vollkommen belanglose, zutiefst ordinäre Person; zu ihr fällt mir nichts ein, um Karl Kraus über einen anderen verhängnisvollen Belanglosen zu zitieren, wie einem auch nichts zu Ulbricht oder Honecker eingefallen wäre; dieser Prototyp einer Pechmarie agiert nicht aus sich heraus, sondern als »Vollstreckerin internationalistischer Politiken« (Karl Albrecht Schachtschneider) auf Seiten der *one-world*-Junta, was täglich deutlicher wird; das Problem ist nicht die belanglose, ordinäre, gesteuerte Frau M., das Problem sind die Millionen Deutschen, die sich auf Verderb an sie ketten, und zwar mit keinem anderen Grund als jenem, dass man als knalldeutscher Gehorsamsdepp eben seinem Führer folgt, in der solche Plattköpfe bis zuletzt merkwürdigerweise durchglühenden Siegheilsgewissheit, dass das alles keine Konsequenzen habe, dass die weise Führung schon alles regeln werde, dass die Sache schon irgendwie gut enden werde, weil man es ja selber gut meine mit dem Applaus zur drittweltverträglichen Selbstpreisgabe und zum Landesverrat. Die Frau bekommt von der »besseren Gesellschaft« Essens, was immer man sich darunter vorzustellen hat, Szenenapplaus, weil sie erklärt, ihr politisches Ziel sei

Wohlstand für die ganze Welt (statt z.B. für den Ruhrpott), deshalb herein mit allen Nafris und den Familien hinterdrein, heute gehört uns Deutschland und morgen der ganzen Welt, und die Keitels & Konsorten klatschen dieser Übergeschnappten, die nichts an dieses Land bindet, die sich einen Dreck für das Fortbestehen der Deutschen interessiert und auf ihre Kosten Amok läuft, beflissen Beifall, statt sie auszulachen und auszubuhen und auszupfeifen und der Garstigen angeekelt in die Raute zu ko …

16. Juli

Als ich las, dass Ruprecht Polenz, CDU, ein Recht auf deutsche Namen für alle Einwanderer fordert (das Recht auf deutsches Geld und deutsches Staatsgebiet haben sie ja bereits, sofern sie aus einer gewissen Weltgegend stammen und nichts können), schoss mir die alte Platon-Frage durch die altersmilde Rübe: Würde man jemanden wie Polenz – vulgo Göring-Eckardt, Roth, Tauber, Altmaier, Stegner, Beck etc. pp. – als Sklaven, also geschenkt haben wollen? Nein? Dann solche Figuren lieber in politische Verantwortung wählen, wie? Oder wie Don Nicolás spricht: Demokratie heißt, dass man Personen die öffentlichen Dinge in die Hände legt, denen man seine privaten Angelegenheiten niemals anvertrauen würde.

Die Veränderung der Namen ist selbstredend nur eine provisorische Präfiguration der Einbürgerung, und selbstredend hat Rotschweden längst damit angefangen, auf dass vor allem Einwanderer aus dem arabischen Raum nicht länger »diskriminiert« werden, d.i. sich fürderhin als Wölfe in einen schwedisch klingenden Schafspelz kleiden können. In drei bis zehn Jahren werden es ausschließlich Schweden sein, die Schwedinnen vergewaltigen, nur noch Schweden werden hinter schwedischen Gardinen sitzen, und alle Problemschüler tragen dereinst schwedische Nachnamen (Muhammed Larsson, Muhammad Svensson, Muhammed Muhammadsson).

18. Juli

Zitat des Tages:
»Ich könnte niemals Sex mit einer Frau haben, einfach weil ich Frauen nicht genug dafür verachte.« *Lisa Eckhart*

20. Juli

Bodo Ramelow, der linke Landpfleger von Thüringen, will einen neuen Straftatbestand etablieren: »solche Dinge«. Nach dem »Rechtsrockfestival« bzw. »Neonazi-« oder eben doch »Nazi-Konzert« (so in rügenswerter Unentschiedenheit alles zugleich die *Welt)* im thüringischen Themar forderte er, die Versammlungsfreiheit künftig nicht solchermaßen zu überdehnen. »Ich denke, wir müssen das Versammlungsrecht derart präzisieren, dass in Zukunft Landratsämter und Genehmigungsbehörden und dann auch in der Folge die entscheidenden Gerichte diese Dinge nicht mehr unter Meinungsfreiheit abtun«.

Am Samstag haben Tausende »Rechte« (so ebenfalls die *Welt*) am »wohl bundesweit größten Neonazi-Konzert« (unbeirrt: die *Welt*) des Jahres teilgenommen. Von Messerstechereien, sexuellen Belästigungen, Antanzdiebstählen, fliegenden Steinen, entglasten Geschäften und brennenden Autos wurde bislang nichts bekannt. Wehret den Anfängen!

* * *

Ein schockierender Vorfall ereignete sich, während die meisten Medien sich von inszenierten Einzelfällen ablenken ließen, im beschaulichen Windeck an der Sieg. »Kern heißer Diskussionen« ist dort ein Aussichtspunkt unterhalb der Burgruine an der Burg-Windeck-Straße. Dort hat eine »Gruppe« mit diesmal wohl eher Nichtmigrationsvordergrund eine Bank keineswegs überfallen, sondern repariert und einen Namenszug darauf hinterlassen.

»Als auf der Bank des Vereins die neue Aufschrift prangte, waren nicht nur Anwohner geschockt. Auch beim Heimatverein gingen die roten Lichter an. Vorn auf der Rückenlehne das Schild des Dorfvereins, hinten der Schriftzug der neuen Rechten.« Meldet der Rhein-Sieg-Anzeiger. »Das geht nicht«, ist sich eine Vereinsvorstandsfrau mit einem zu erwartenden breiten Bündnis schon mal prophylaktisch einig. Der stellvertretende Leiter des Forstamtes kündigte an, er werde »Nazisprüche« nicht dulden. Der Heimatverein hat Kontakt mit dem NS-Dokumentationszentrum der Stadt Köln aufgenommen, dessen Mobiler Beratungsdienst inzwischen am Tatort vorstellig wurde und Ermittlungen aufnahm. Die ersten neu in die Lehne eingezogenen Holzwürmer empfahlen, Sicherheitshauptamt und Schrifttumskammer besser auch noch einzuschalten.

Was auf der Bank geschrieben steht? »Freundeskreis Rhein-Sieg«. Der lokale Exorzist raunt, es bestünden Kontakte zu den Identitären ...

* * *

Es ist tatsächlich passiert: Die aktuelle *Spiegel*-Sachbuchbestsellerliste auf Amazon verzichtet auf Platz 6; dort bleibt einfach eine Lücke. Viele Buchhandlungen sind da findiger und stellen in ihren Bestsellerregalen einfach einen anderen Titel auf Rang 6. Der *stern* seinerseits druckt einen Warnhinweis als Fußnote, eine Art Sieferle-Stern, nämlich eine Reihe von Bewertungen »Kritiker über *Finis Germania*«, die unter anderem lauten: »Antisemitisch«, »Paranoid«, »Rechtsextrem«, »Miserabel«, »Ekelhaft«, »Dürftig« etc.

Wenn jemand *Finis Germania* erwerben will – und sei es auch nur, um es auf dem Berliner Opernplatz den Flammen zu übergeben –, muss er oder sie das Buch bei Antaios kaufen, jenem kleinen, ungeheuer gefährlichen publizistischen Widerstandsnest in Schnellroda, wo man mit dem Eintüten und Geldzählen jetzt nicht mehr hinterherkommt. Das hat der Staat davon, dass er die Marktwirtschaft zuweilen immer noch walten lässt.

* * *

Ein Kollateralnutzen von Zugverspätungen sind Bahnhofsbuchhandlungsentdeckungen. Im Buch *Was will die AfD*? (München 2017) von Justus Bender schlug ich eine beliebige Seite auf – Seite 89 war's – und wurde, Trüffelschwein wider Willen quasi, alsogleich fündig. Der *FAZ*-Journalist schildert einen Besuch bei den sogenannten »neurechten Vordenkern« Ellen Kositza und Götz Kubitschek im Rittergut Schnellroda. Und wie er's bei seiner Dressur zum journalistischen Vollblüter gelernt hat, vermag er mit einigen selektiven Strichen ein treffliches Bild der anhaltinischen Lastergrotte zu zeichnen:

»Als ein Fernsehteam einmal bei Kubitschek zu Besuch war, stand dort auch ein schwarzer Gartenzwerg, der den Hitlergruß zeigte. Der steht an diesem Tag nicht mehr dort. Seinen Kindern haben die Kubitscheks die Namen germanischer Helden gegeben und seine Frau und er siezen sich. ›Könnten Sie mir die Butter reichen‹, sagt Kubitschek zu Kositza beim Abendessen. Es ist, als wären weite Teile des Lebens der Familie von Ideologie bestimmt.«

Das sind sowohl in stilistischer als auch grammatikalischer und erst recht postfaktischer Hinsicht fünf Zeilen, wie sie keineswegs jeder so locker hinbekommt, aber bei der *FAZ* weiß man schließlich um die klugen Köpfe, die hinter dem eigenen Produkt stecken. »Ein schwarzer Gartenzwerg, der den Hitlergruß zeigte. Seinen Kindern haben die Kubitscheks die Namen germanischer Helden gegeben.« Mit wem mag der pigmentierte Gnom sie gezeugt haben? Mit Ellen Kositza? Mit Kubitscheks inzwischen weithin bekannter, dem Haushalt dennoch bescheiden die tägliche Milch beisteuernder Ziege? Ihren eigenen Sprösslingen können Kubitschek und Kositza nicht die Namen germanischer Helden gegeben haben, weil es ja lauter Töchter sind und beide Eltern nicht an die freie Genderwahl glauben. Sie glauben stattdessen an die daseinsveredelnde Kraft des »Sie« (die meisten Kerle besitzen ja keine Ahnung mehr von jenem Vergnügen höherer Ordnung, welches darin besteht, eine Frau zu siezen, während sie gerade … –), und bitten einander in aller Förmlichkeit um die selbstgemachte Butter. Was daran ideologisch sei? »Und wenn der Feind sagt, wir hätten keine Butter, so will ich antworten: Wir haben genug Butter, um die gesamte Front ins Rutschen zu bringen« (so oder so ähnlich, jedenfalls im Witz, Hermann Göring)? Es ist, als wären weite Teile des Justus Benderschen Lebens von Ideologie bestimmt.

Derselbe Bender schrieb übrigens, in Co-Produktion mit einem anderen Babyface, in der *FAZ*: »Im Rücken von Götz

Kubitschek stehen seine Bücher. Die Memoiren von Leni Riefenstahl, *Preußische Soldaten* von Rudolf Thiel, die *Edda* natürlich und dicht daneben ein Buch des Rechtsextremisten Karl-Heinz Hoffmann, bekannt durch seine gleichnamige, 1980 verbotene Wehrsportgruppe.«

Auch ich war nicht nur in Arkadien, sondern sogar in Schnellroda, und ich weiß recht gut, was sich dort alles im Bücherregal reiht. Es ist ungefähr so, als schriebe jemand über meine Bibliothek, dort stünde *Mein Kampf* neben Chamberlains *Grundlagen des neunzehnten Jahrhunderts* sowie Arthur Moeller van den Brucks persönlicher Wilhelm-Busch-Gesamtausgabe. Und ignorierte Stalins Werke genauso wie Max Nordaus *Entartung*, Kapielskis *Neue sezessionistische Heizkörperverkleidungen*, den Rückert-Koran, den Bobzin-Koran, den Henning-Koran, den Muhamad-Asad-Koran oder Lann Hornhauts *Die Imme als soziales Konstrukt*.

25. *Juli*

Gestern tat ich mir den Tort an, das Buch *Die Hierarchie der Opfer* von Martin Lichtmesz zu lesen, erschienen übrigens in derselben Reihe wie Rolf Peter Sieferles binnen Rekordzeit zum Klassiker in der Kategorie »Bête noire« nobilitiertes *Opus postumum Finis Germania*. Der Terminus »Tort« bezieht sich keineswegs auf den Autor, sondern auf das von ihm sehr erhellend und im besten Sinne aufklärerisch beschriebene, widerwärtige Phänomen.

In seinem Buch widmet sich Lichtmesz einer aktuell herrschenden Form magischen Denkens. Seine Kernfrage lautet: Warum werden zumindest die deutschen Opfer des Massenmords vom Berliner Breitscheid-Platz still und heimlich fast wie Aussätzige verscharrt, kennt niemand ihre Namen, hat der Anschlag nichts mit dem Islam zu tun und darf nicht verallgemeinert werden, während um die Opfer des NSU-Trios – die zahlreichen Fragwürdigkeiten bei der Aufklärung der Mordserie hier ganz beiseite gelassen – ein an den kommunistischen Ostblock erinnernder Kult getrieben wurde, mit live übertragenem Staatstrauerakt im Berliner Schauspielhaus in Anwesenheit der halben Regierung, nationaler Selbstbezichtigung (Merkel: »eine Schande für Deutschland«), Gedenkminuten in Schulen und Betrieben, öffentlichen Lautsprecherdurchsagen im Nahverkehr, Straßenumbenennungen nach den Opfern, Gedenktafeln, uferloser Berichterstattung und ganzen Entschuldigungstitelseiten? Warum wird der eine Massenmord kleingeredet, setzen sofort die Abwehrreflexe ein, man dürfe ihn nicht verallgemeinern, man müsse seiner Instrumentalisierung entgegentreten, während der andere zu einer Art »Mikroholocaust« (Lichtmesz) stilisiert, ja sakralisiert wird?

Ich sagte: magisches Denken. Aber was heißt das? Es bedeutet, dass ein- und derselbe Ermordete, je nachdem, wer ihn getötet hat bzw. dafür verantwortlich gemacht wird, entweder als säkularer Totem umtanzt oder der totalen Vergessenheit überantwortet werden kann. Ursprünglich galten die Opfer der polizeiintern so genannten »Döner-Morde«, von denen einige Kontakte ins Drogen- und Rotlichtmilieu unterhalten hatten, als gewöhnliche Fälle der Kriminalstatistik – und auch die Art ihrer Ermordung (Schüsse in den Kopf) sprach bzw. spricht für Täter aus diesem Milieu. Kein überregionales Medium und erst recht keine Merkel hätten je vom Tod dieser Menschen erfahren. Bis der magische Moment ihrer Verwandlung in Opfer deutscher Neonazis eintrat. Über Nacht wurden sie Märtyrer, heilige Zeugen gegen die immer noch nicht besiegte deutsche Teufelei. Mit den Tätern saß plötzlich ein ganzes Volk, für diesen kurzen Augenblick der bloßen sozialen Konstruiertheit seiner Existenz enthoben, auf der Anklagebank, dessen politische und mediale sogenannte Vertreter sich einmal mehr routiniert in der Mitschuld (der anderen Deutschen) suhlten. Dieses Ritual beherrschen sie seit Jahrzehnten im Schlaf, ungefähr wie ihre männlichen Vorfahren die MP 40 im Schlaf auseinandernehmen und wieder zusammensetzen konnten, und man würde dergleichen Lippenbekenntniseifer vielleicht sogar noch tolerieren, wenn er alle Gewaltopfer gleichermaßen einschlösse.

Das ist bekanntlich nicht der Fall. Die Ermordeten und Schwerverletzten vom Breitscheidplatz sind den Bekennern so gleichgültig wie die Toten von Nizza. Das Bild des Anfang September 2015 an der Küste der türkischen Stadt Bodrum ertrunkenen syrisch-kurdischen Jungen ging um die Welt und diente den No-Border-Propagandisten als erschütterndes Zeugnis der Unmenschlichkeit von Grenzen, obwohl für den Tod des Kleinen eher sein Vater verantwortlich war; die zehn zermalmten Kinder von Nizza indes nennt niemand, beklagt niemand, erinnert niemand außerhalb des Kreises ihrer Angehörigen.

Als der eritreische Asylbewerber Khaled Idris Bahray am 12. Januar 2015 in Dresden von einem Unbekannten erstochen wurde, versammelten sich die anständig Gebliebenen in der dunkeldeutschen Landeshauptstadt zu Kundgebungen, Mahnwachen und einer Großdemonstration »gegen rechts«, an welcher sogar die Oberbürgermeisterin und der Mörder teilnahmen. Der *stern* sprach verzückt vom »ersten Pegida-Toten«. Doch auch die schönste Party hat ein Ende; am 22. Januar 2015 gestand ein anderer Asylbewerber aus Eritrea, Bahray im Streit um Geld getötet zu haben. »Sobald diese Tatsache bekannt wurde, sank das mitfühlende Interesse der engagierten Antirassisten am Schicksal Khaleds rapide«, notiert Lichtmesz. »Nichts entlarvt die religiös-ideologische Struktur des antirassistischen Opferkultes gründlicher als dieser Vorgang.«

Natürlich sind den linken Antirassisten bis hinein in die Bundesregierung tote Kanaken ungefähr genau so egal wie tote Kartoffeln. Doch mag ihr Bekennertum auch ein zynisches Theater sein, so hat es doch Methode. Die Hierarchie der Opfer folgt denselben Kriterien, wie wir sie, freilich in XXL, aus der Geschichte des 20. Jahrhunderts kennen. Den kultisch verehrten Opfern der Nationalsozialisten (denen der Kult freilich gar nicht gilt, denn er ist täterzentriert) entsprechen die vollkommen vergessenen Opfer Stalins, Maos, Pol Pots etc. Letztere standen aus linker Sicht schließlich der Revolution im Wege, und wo gehobelt wird, da fallen Späne, so wie heute viele weiße Europäer der nächsten Etappe des Menschheitsfortschritts schon wieder im Wege stehen und gewisse Kollateralschäden der Umvolkung, die nur erwähnen darf, wer sie gutheißt, eben in den Kauf genommen werden müssen. Das ist der einzige Grund für die Rangordnung der Opfergruppen. Wer als Begleithobelspan des Fortschritts zu Boden fällt, verdient allenfalls ein Achselzucken, wer aber inmitten seines raumgreifenden Emanzipiertwerdens von störrischen Eingeborenen in die ewigen Jagdgründe geschickt wird, ist gebenedeit und wird entrückt in die Sphäre der Heiligen.

Der »Flüchtling« genießt als revolutionärer Golem den »Status des Unantastbaren«, wie der Publizist Alexander Meschnig es nennt. Deshalb, ergänzt Lichtmesz, »wird den Migrations-, Multikulturalismus- und Willkommensbefürwortern ein gehobener moralischer und sozialer Status angeboten, während die Gegner dieser Politik zum menschlichen und gesellschaftlichen Sondermüll erklärt werden, ein Vorgang, den man durchaus als eine Form der psychologischen Kriegsführung interpretieren kann.« Lichtmesz verwendet dafür den mir bis dato unbekannten Begriff »Gaslighting«, abgeleitet vom Thriller-Klassiker *Gaslight* (1940). Die bekanntere Neuverfilmung trägt den Titel *Das Haus der Lady Alquist* und stammt aus dem Jahr 1944; darin wird die von Ingrid Bergman gespielte weibliche Hauptfigur von ihrem Ehemann (Charles Boyer) systematisch in den Irrsinn getrieben, indem er ihr durch allerlei Manipulationen im Haus, unter anderem das ständig flackernde Gaslicht, suggeriert, sie sei nicht recht bei Verstand. »Gaslighting« beschreibt eine Form des Psychoterrors, der darauf hinauswill, dass das Opfer seiner eigenen Wahrnehmung nicht mehr traut und schließlich seinen eigenen Verstand in Frage stellt. Insofern mag man ein Medium wie die *Zeit* als das momentane Zentralorgan des *Gaslightings* beschreiben, aber nahezu sämtliche Medienschaffenden sind, was die keineswegs nur Kollateralschäden der Masseneinwanderung betrifft, in der Pflicht, den Lesern ihre Alltagserfahrungen auszureden. Inwieweit das regierungsoffizielle *Gaslighting* zur gesinnungsethischen Verwirrtheit einzelner Medienvertreter beiträgt, sei dahingestellt.

Jedenfalls produziert dieses Vorgehen Narren, und an denen herrscht hierzulande, wo führungstreue kollektive Hysterien ja eine gewisse Tradition besitzen, auch in willkommenskulturellen Zeiten kein Mangel. »Als die ›Flüchtlingskrise‹ im Spätsommer 2015 auf ihren Höhepunkt zusteuerte, geisterte ein Foto durch das Internet, das«, so Lichtmesz, »geradezu zum Emblem für die infantile Regression Deutschlands wurde.

Es zeigt drei hübsche junge Frauen, keine zwanzig Jahre alt, die auf dem Frankfurter Hauptbahnhof mit strahlendem, arglosen Lächeln ein handgemaltes Plakat präsentieren: ›Refugees Welcome‹ stand darauf zu lesen, in regenbogenbunten Farben, verziert mit Sonnen, Herzchen und einem ›Smiley‹. Generell taten sich junge Mädchen dieser Sorte bei den Empfangskomitees besonders hervor, und man fragt sich, wie sie wohl von den zahllosen jungen arabischen Männern wahrgenommen wurden.« Nun, mittlerweile kann man es allmorgendlich in den Polizeiberichten nachlesen. Die armen dummen Dinger! Wie unser aller Traumland und Musterbeispiel Schweden zeigt, stehen wir bei der von medialen Gasirrlichtern umflackerten, nicht ganz freiwilligen Horizontalbewillkommnung ja erst ganz am Anfang! Aber auch hier herrscht eine Hierarchie der Opfer, insofern weiße Frauen, die von Muslimen und anderen Einwanderern vergewaltigt werden, in die Kategorie der erwähnten Hobelspäne fallen.

Und bei unserem nördlichen Nachbarn wird kräftig gehobelt. Schweden ist gewissermaßen das irdische Paradies für Vergewaltiger aus dem Orient (vielleicht der Grund, warum dort Anschläge mit Dschanna-Ticket bisher ausgeblieben sind?) Lichtmesz schildert einige veritable Höhepunkte – für die Gesamtschau bedürfte es längst eines Enzyklopädisten – aus tausendundeiner schwedischen Nacht: »Im Dezember 2011 wurde eine 29-jährige zweifache Mutter in Mariannelund von einer zwölfköpfigen Gruppe Afghanen aus einem lokalen Flüchtlingsheim sieben Stunden lang auf nur jede erdenkliche Weise geschändet, wobei sie zeitweise von drei Tätern zugleich penetriert wurde, während ihre johlenden Kumpane das Opfer als ›Hure‹ und ›Schlampe‹ beschimpften. Als Folge der Tat sitzt die Frau heute im Rollstuhl und muß Windeln tragen. (…) Im

Oktober 2016 vergewaltigten fünf afghanische Teenager, asylwerbende ›UMA‹, einen 14-jährigen schwedischen Jungen in den Wäldern von Uppsala. Das Gericht lehnte eine Abschiebung der Täter ab, weil sie von der unsicheren Lage in Afghanistan ›hart getroffen' werden könnten. (...) Im selben Monat wurde eine behinderte, auf den Rollstuhl angewiesene Frau in einem Flüchtlingsheim in Visby von sechs Migranten vergewaltigt. (...) Im Januar 2017 wurde bekannt, daß eine Gruppe syrischer Flüchtlinge in Malmö eine schwedische Frau gekidnappt und im Keller eines Wasserpfeifenladens in Helsingborg angekettet und stundenlang vergewaltigt hatte.« Man muss sich immer wieder ausmalen, was für ein Empörungsorkan losbräche, wenn die Opfer Migrantinnen und die Täter Einheimische wären.

Über all diese Opfer, deren Gesamtzahl längst in die Tausende geht, hört man fast nie ein Wort. Es handelt sich zwar um Kriegsszenen, die Vergewaltigungen sind eine Form des Beutemachens und der symbolischen Landnahme, der Angriff richtet sich sowohl gegen die Integrität der einheimischen Frauen als auch der Männer, die sie nicht schützen können oder, wenn sie es doch tun, mit staatlichen Verfolgungsmaßnahmen rechnen müssen, denn die einheimische Oberschicht macht aus Gründen der politischen Korrektheit gemeinsame Sache mit den in doppelter Hinsicht Eindringlingen. Keine dieser Taten habe dazu geführt, resümiert Lichtmesz, »daß das politisch korrekte Narrativ grundsätzlich in Frage gestellt wurde«. Damit ein multimediales Geplärr anhübe, müssten die Täter weiße Anhänger der Schwedendemokraten sein, wie es der 2004 gen Paradies entrückte Autor Stig Larsson, Kommunist und Feminist, in seiner *Millennium*-Trilogie, »einer Art linker Feindbild-Porno« (Lichtmesz) über einen Clan sadistischer frauenhassender Vergewaltiger und Serienmörder, allesamt weiß und christlich, herbeiphantasierte. »Als die Schwedendemokraten im September 2014 bei den Parlamentswahlen einen erheblichen Stimmenzuwachs verzeichneten, schrieb der Stockholm-Korrespondent der *Zeit* allen Ernstes, dass ›Stig Larssons Albtraum‹ in Gestalt von Jimmie Åkesson ›wahr geworden‹ wäre (...) Während also der Heiligenstatus des Migranten ungeachtet seiner Taten unangetastet bleibt, gilt ein Politiker, der die Migrantengewalt nicht zuletzt gegen Frauen beenden will, als Verkörperung von Larssons serienmordenden Frauenhassern.«

Merke denn also: Rassist ist, wer die Vergewaltigung anzeigt. Der antiweiße Linke hat sein Ziel erreicht, wenn der eingewanderte Vergewaltiger als freier Mann den Gerichtssaal verlässt, während der Publizist, der seine Ethnie zu erwähnen sich erfrechte, bestraft wird.

Ziehen wir an dieser Stelle den Vorhang zu und lassen wir die Nachfahren Gustav Adolfs uns in ihrem unfassbaren Glück vorauseilen. Heja Sverige! Aber wir sind euch auf den Fersen!

28. Juli

»Den Deutschen geht es so gut wie nie zuvor«, lese ich im aktuellen *Spiegel*, und wer würde widersprechen? Außer vielleicht jenem Mann, der gerade in einem Hamburger Edeka-Markt von einem »Allahu akbar!« rufenden Araber erstochen wurde, also nicht so viel Glück hatte wie vier andere Eingeborene, die von demselben frommen Menschen nur angestochen wurden und nach ihrer Krankenhausentlassung weiterhin das beste Deutschland, das es je gab, unbeschwert genießen dürfen. Und außer vielleicht jener Frau, die in Teningen bei Freiburg mitsamt ihrer vierjährigen Tochter von einem »deutschen Staatsbürger mit algerischen Wurzeln« erstochen wurde (während beim Hamburger Messermann immer noch über das Motiv gerätselt wird, vermutet die Polizei in diesem Fall »eine Beziehungstat«, etwas Privates also, kein Grund, voreilige Schlüsse zu ziehen, irgendwas werden die beiden schon gemacht haben). Vielleicht auch mit Ausnahme jener 17-Jährigen, der ihr Ex-Freund, ein »Bottroper«, aus Eifersucht mit einer Pistole in den Mund schoss und sie danach mit 19 Messerstichen resp. -schnitten mehr oder weniger fachgerecht zu tranchieren suchte, ein Einzelfall, der dieser Tage vor Gericht verhandelt wird, wobei sich der Angeklagte die Tat so wenig erklären kann wie hoffentlich die Richter keine Motive unterstellen, die der Bewährung des allzu ehrpusseligen Buben im Wege stehen.

Ich will den geneigten Leser hier nicht, wie ich es haltloserweise sonst zuweilen schon tat, mit der weiteren Aufzählung solcher zwar regelmäßigen, aber untypischen Einzelfälle ennuyieren. Es geht uns allen gut wie nie zuvor. Man muss nur vergessen, dass die nächste Fachkräftemillion bereitsteht, nicht denjenigen auf den Leim gehen, die hinter der rapiden Häufung importierter Einzelfälle den Import als Ursache vermuten, in einer guten Gegend wohnen, vorsichtig und nicht zur falschen Zeit am falschen Ort sein, keine Polizeiberichte lesen, möglichst keine Kinder und das Gemüt eines Fleischerhundes haben. Und zu der leider schwindenden Schar von Freaks mit einem *Spiegel*-Abo gehören.

29. Juli

Vor sieben Jahren, zum 20. Jubiläum des Anschlusses der DDR an die BRD, der, wie sich täglich immer mehr herausstellt, genausogut als der umgekehrte Fall geschildert werden kann, schrieb ich eine Rede, die der Genosse Erich Honecker auf dem Untergrundparteitag der SED an einem geheimen Ort irgendwo in Deutschland gehalten hat (*Focus* hat so etwas damals sogar noch veröffentlicht und sich damit *sub specie aeternitatis* himmelhoch über den *Spiegel* gestellt). Längst könnte einem (also mir nicht!) die Satire im Halse stecken bleiben, und viele, die mir damals Übertreibung bzw. eine absurde Abirrung in der Themenwahl vorwarfen, dürften die Sache inzwischen anders sehen. Zensur, Gleichschaltung der Medien, Überwachung, Gesinnungskontrolle, geistiger Bürgerkrieg gegen »Boykotthetzer«, staatliche Planvorgaben für die Wirtschaft, Auflösung des bürgerlichen Rechts zugunsten einer Gesinnungsjustiz, alle wichtigen politischen Entscheidungen von der Kostümvolkskammer widerspruchslos abgenickt oder vom Politbüro ganz an ihr vorbei durchgesetzt, Ausplünderung der Leistungsträger, Gleichmacherei an den Schulen und Universitäten, Zerschlagung der Familie und andere soziale Menschenexperimente: Überall spielt diese späte Republik auf dem immer bedrohlicher ächzenden Fundament einer Restmarktwirtschaft DDR.

Beschränken wir uns heute auf die Arbeit der sozialistischen Medienschaffenden. »Vertrauen in die Medien erreicht neuen Höchststand«, meldet der Branchendienst *Horizont* unter Berufung auf eine Studie. Vor allem »rechtsgerichtete Menschen« ließen sich nicht mehr länger von den »Lügenpresse«-Kampagnen von AfD, Trump und Pegida manipulieren. / Schnitt.

Einem anderen Branchendienst, *Meedia*, offenbarte eine WDR-Mitarbeiterin, ihre Karriere sei wegen eines »umstrittenen« Zitats beendet: »Vor rund eineinhalb Jahren sorgte die

WDR-Journalistin Claudia Zimmermann für Schlagzeilen. In einer niederländischen Radiosendung erklärte sie mitten während der Flüchtlingskrise, die öffentlich-rechtlichen Medien seien ›angewiesen, pro Regierung zu berichten‹. Der WDR reagierte entsetzt und dementierte, Frau Zimmermann ruderte zurück. Heute sagt sie: ›Bei Sendern und Verlagen ist meine journalistische Karriere in Deutschland nach dieser Äußerung zu Ende.‹« / Schnitt.

Heute schrieb mir eine Journalistin: »Ich arbeite als Freelancerin für verschiedene Formate des öffentlich-rechtlichen Rundfunks und kann nur bestätigen, wie gelenkt, tendenziös und ›linientreu‹ die tägliche Berichterstattung vor sich geht. Obwohl die Ereignisse, die Statistiken und Alltagserfahrungen mit der aktuellen Zuwanderung und der Politik, die diese verschuldet, eine klare Sprache sprechen, gibt es so etwas wie einen unausgesprochenen Kodex, der eine ungefärbte, faktenbasierte und aufrichtige Auseinandersetzung mit dem Thema nach wie vor unmöglich macht. Das verursacht bei mir mittlerweile einen ausgewachsenen Cassandrakomplex, der für das eigene berufliche Wohl unbedingt zu unterdrücken ist, weswegen oft regelrecht die Luft zum Atmen fehlt. Langsam bekomme ich eine Ahnung, wie ›Andersdenkende‹ sich in der DDR vor 89 gefühlt haben müssen.« / Schnitt.

Vor wenigen Tagen veröffentlichte die durchaus linke Otto-Brenner-Stiftung eine Studie über »Die ›Flüchtlingskrise‹ in den Medien«. Die Forscher analysierten Tausende von Artikeln aus Leit- und Lokalmedien im Zeitraum von Februar 2015 bis März 2016. Resultat: Der mediale Mainstream floss ausnahmslos auf Regierungslinie. Die großen Zeitungen standen ohne Wenn und Aber hinter der Flüchtlingspolitik Angela Merkels: »Statt als neutrale Beobachter die Politik und deren Vollzugsorgane kritisch zu begleiten und nachzufragen, übernahm der Informationsjournalismus die Sicht, auch die Losungen der politischen Elite.« Also praktisch DDR-Journalismus. Kritiker der Grenzöffnung habe man entweder nicht zu Wort kommen lassen oder gleich der Fremdenfeindlichkeit verdächtigt, notieren die Forscher. Trotzdem seien die meisten Medienvertreter von Selbstkritik keineswegs angekränkelt. Vielmehr würden »gravierende Dysfunktionen (...) von Journalisten und einzelnen Redaktionen vermutlich für normal gehalten, das heißt gar nicht als solche wahrgenommen oder gar problematisiert«.

Was die augenblickliche Situation doch vom DDR-Journalismus unterscheidet, denn dort glaubte ca. jeder zweite mediale Jubelperser den Hurra-Parolen nicht, die er zu verkünden hatte. / Schnitt ...

31. Juli

Neueste Fragen eines lesenden Arbeiters:

Die erste: Gehören eigentlich, geehrter sozialdemokratischer Minister S. Gabriel, der Hamburger Messer-Araber, der mesopotamische Maschinenpistolero zu Konstanz oder jene ca. 70 Nafris, die im Pegida-versifften Dresden fidel aufeinander eindroschen, ohne direkt gegen rechts zu kämpfen, gehören diese uns Zugelaufenen, die hier selbstredend nur als Pars pro toto stehen sollen, weitere Beispiele gäbe es ja zuhauf, gehören sie denn also auch zum »Pack«? Oder muss der damit bezeichnete Biomüll immer und ausschließlich biodeutsch sein?

Die zweite: Warum sind deutsche Neonazis oder Rechtsextremisten nie geistig verwirrt, egal was sie tun, und Orientalen, die den Namen ihres Gottes rufend Autos in Menschenmengen steuern oder Unreine niedermessern, fast immer? Verdient dieser seelisch labile Menschenschlag, den wir oder einige Edle unter uns ins Land gerufen haben, am Ende bloß mehr Unterstützung und menschliche Nähe?

Die dritte und für heute bereits letzte: »Der Rechtsstaat darf nicht dem Schutz der Bürger geopfert werden«, schreibt der Berliner *Tagesspiegel*; Deutschland werde »mit Taten wie in Hamburg leben müssen«. (Wenn der Rechtsstaat nicht für die Bürger da ist, dann ist er wohl transzendental und wird also auch dann noch existieren, wenn es keine Menschen mehr gibt; dieser Gedanke gefällt mir außerordentlich). Und die *Zeit* sekundiert verwegen: »Unsere Gesellschaft hält das aus.« Uns an spezielle Hamburger Vorkommnisse zu gewöhnen, waren wir staunend aus der Ferne Zuschauenden ja schon bei der G20-Begleitkirmes gehalten. Warum aber schreibt nie ein Journalist und hat es nie geschrieben, dass wir uns auch an brennende Asylbewerberheime gewöhnen müssen (in Rede stehen hier ausschließlich diejenigen Heime, die nicht versehentlich oder vorsätzlich von ihren Insassen angesteckt werden)? Warum fordert uns niemand auf, wir mögen uns an rechtsextremistische Mordserien wie jene gewöhnen, die dem NSU angelastet wird? Warum sollen wir uns nicht einmal an Pegida und Björn Höcke gewöhnen, an Import-Messermänner und -Bombenbastler aber schon?

* * *

Übrigens hat sich auch Georg Christoph Lichtenberg zur Causa Sieferle geäußert: «Ich glaube nicht, daß ein vernünftiger Mann in Deutschland ist, der sich um das Urteil einer Zeitung bekümmert, ich meine der ein Buch verdammt, weil es die Zeitung verdammt, oder schätzt, weil es die Zeitung anpreist, denn es streitet schlechterdings mit dem Begriff eines vernünftigen Mannes.»

1. August

Die wirklich brennenden Fragen unserer Zeit werden, wenn *bento* mal ausfällt, bei *jetzt* gestellt, dem Jugendmagazin der *Süddeutschen.* Etwa: »Mädchen, warum knutscht ihr so oft miteinander? Und wie fändet ihr es, wenn wir Jungs das auch öfter täten? Können wir da vielleicht von euch lernen?« Da die Spermienqualität der europäischen Männer sinkt, sollte man sich beim Kuscheln mit Kumpels über die Folgen beratschlagen.

In der Rubrik, um die es hier geht, schreibt ein Autor stellvertretend für das Kollektiv der »Jungs« jenem der »Mädchen« zu kollektiven Jungs- und Mädels-Fragen einen Brief, und die jeweils andere Seite antwortet. Trans-, Inter-, Auto-, Autoaggro-, Kontra-, Unklar- und Asexuelle werden durch heteronormative Nichtbeachtung diskriminiert, aber wir wollen hier mal nicht päpstlicher sein als zumindest der aktuelle Papst. Der Ton der Briefe ist im Teenager-Modus gehalten, wobei ich nicht glaube, dass dort wirkliche Teenager schreiben, dafür ist der Stil zu pädagogisch (auch in der DDR wurden die Jugendseiten ja von erfahreneren Genossinnen und Genossen gemacht, die einfach besser wussten, wie man Teenager-Probleme behandelt, als Teenager selber).

»Liebe Mädels«, beginnt also der aktuelle Brief, »viele von uns Jungs halten ja Homophobie für eine Sache von vorgestern. ›Schwul‹ als Schimpfwort zu benutzen kommt uns nicht mehr in den Sinn, wir feiern die LGBT-Bewegung mit eingefärbten Regenbogen-Profilbildern und erzählen uns gegenseitig von der Männer-Hochzeit neulich, die ja echt total romantisch war.«

Nichts davon stimmt. »Schwul« ist auf deutschen Schulhöfen inzwischen ein genauso gebräuchliches Schimpfwort wie »Jude«, und sogar in der *jetzt*-Redaktion weiß man, warum das so ist. An den Eingeborenen liegt's eher nicht. Doch selbst von den Kartoffeln war praktisch noch nie einer bei einer Schwulen-Hochzeit.

Weiter: »So offen wir aber auch scheinen mögen, so sehr wir allen Menschen ihr Glück gönnen, hält sich eine Angst, eine Phobie doch sehr wacker: Die davor, selbst für schwul gehalten zu werden. Oder trotz überzeugten Hetero-Daseins schwul zu ›werden‹, wenn wir Männern ein bisschen zu nahe kommen. Über die Gründe kann man nur spekulieren, wirklich vertretbare kann es für uns aufgeklärte Menschen ja eigentlich nicht geben. Ihr Frauen scheint da irgendwie schon weiter zu sein. Ihr knutscht und kuschelt in der Öffentlichkeit, ohne euch Gedanken zu machen. Körperliche Nähe ist bei euch kein Problem und nach ein paar Gläsern Wein hat so ziemlich jede von euch schon mal ihre beste Freundin ›weggeknutscht‹, auf der Tanzfläche die Brüste begrabscht oder mehr als eindeutige Moves ausgepackt, die mit Tanzen nur noch entfernt zu tun haben.«

Ich habe noch nie jemanden kennengelernt, der sich als »aufgeklärt« bezeichnete und nicht ein ausgemachter Trottel war, das nur am Rand. Ich habe darüber hinaus bei meinen inzwischen ein halbes Jahrhundert währenden Menschenbeobachtungen noch nie Frauen oder Mädchen sich in der Öffentlichkeit knutschen, gegenseitig die Möpse befondeln oder mit »eindeutigen Moves« auf der Tanzfläche was eigentlich? Oralverkehr?

darstellen gesehen, außer, was Knutscherei *coram publico* angeht, zwei Mädels damals in der Schule, die aber nur uns Jungs heiß machen wollten und dann brav mit den Kerlen mitgingen, um zu knutschen, ihre Möpse und »eindeutige Moves auszupacken«. Kann aber sein, dass ich ein unrepräsentatives Leben führe und an unrepräsentativen Orten verkehre, während anderswo zwischen den Weibern die Post abgeht, speziell wenn die Kopftücher fallen.

»Könnt ihr uns diese Unverkrampftheit mal näherbringen?«, seufzt der Briefschreiber. »Sollten wir auch öfter mit Männern rumknutschen?« Es scheint sich bei *jetzt* um einen periodisch wiederkehrenden Anfall zu handeln, eine Art homophiles Tourette-Syndrom; »Jungs, warum küsst ihr euch nicht öfter?«, fragten »die Mädchen« im März 2015.

Statt der Mädchen antworte mal ich. Die Sache ist eigentlich ganz einfach. Es gibt ein evolutionär entstandenes Phänomen namens Ekel. Der Ekel steuert Überlebensfunktionen, sowohl beim Erkennen verdorbener Nahrungsmittel als auch beim Erkennen des falschen Sexualpartners. Diese Mechanismen sind in den Jahrmillionen entstanden, als Heterosexualität sich als der zumindest für höhere Tierarten verbindliche Modus der Fortpflanzung einbürgerte, und für den nächsten Äon wird daran nicht zu rütteln sein, auch wenn ein paar LSBTTI-Aktivisten und Lann Hornscheid das zu glauben scheinen. Wir haben es hier einmal mehr mit der typisch linken Obsession der Einebnung möglichst sämtlicher Unterschiede zu tun, weshalb sich für die Schreiber auch die Frage gar nicht erst stellt, ob nicht etwa die (im vorliegenden Fall freilich bloß unterstellten) Differenzen von Jungen und Mädels betont und gehegt werden sollten.

»Alle Verliebtheit, wie ätherisch sie sich auch gebärden mag, wurzelt allein im Geschlechtstriebe, ja ist durchaus nur ein näher bestimmter spezialisierter, wohl gar im strengsten Sinn individualisierter Geschlechtstrieb«, schreibt Schopenhauer, woraus umgekehrt folgt, dass eine nicht im Geschlechtstriebe wurzelnde Verliebtheit keine ist. Warum aber, wenn nicht aus Gründen einer wie schwach auch immer ausgeprägten Verliebtheit, sollte man mit anderen Menschen »herumknutschen«? Der innerfamiliäre Kuss wiederum ist die sublimierte Form der Nahrungsweitergabe an das Kind, der Wangenkuss bzw. der Kuss »ins Leere« unter Freunden symbolisiert die Erweiterung der Familiarität auf Nichtblutsverwandte. Der Kuss zwischen Verliebten indes »ist die Weitergabe des Schöpfungsauftrages« (Botho Strauß).

Der Großteil der Männer auf diesem Planeten empfindet schlichtweg Ekel beim Gedanken daran, einen anderen Mann zu küssen, selbst wenn es ihr bester Freund ist, nein, gerade weil es ihr bester Freund ist. Es gibt Ausnahmen, die empfinden diesen Gedanken anziehend. Das sind, wie man weiß, die Schwulen, und sie mögen in Frieden leben. Es geht hier um etwas anderes. Der zivilisierte Mensch, egal ob Hetero oder Homo, lebt seine Sexualität beharrlich, aber diskret. Der obszöne Mensch indes, über den Freud befand, der Verlust der Scham sei immer ein Zeichen von Schwachsinn, praktiziert sie öffentlich, missionarisch und behelligt die Allgemeinheit damit. Gerade junge Menschen – und das ist ja wohl das Publikum von *jetzt* – lassen sich leicht manipulieren, etwas gegen ihren Willen und gegen ihre Interessen zu tun, wenn man es ihnen nur konsequent genug einredet. *Placet experiri*, gewiss, doch mitunter verläuft die Selbstfindung schmerzhaft. Ich geriet als spätpubertierender Jüngling mit einigen meiner gleichaltrigen Freunde an eine Gruppe deutlich älterer schwuler Akademiker, deren Interesse uns natürlich enorm schmeichelte, wobei mir erst einige Jahre später aufging, worin dessen eigentlicher Grund bestanden hatte – entweder war ich zu unattraktiv, oder die Brüder hatten mir angesehen, dass meine Abneigung bereits voll ausgeprägt war –, während die aus homoerotischer Sicht attraktiveren meiner Freunde den Grund eher erfuhren. Für zwei von ihnen kam der Ekel im Nachhinein, aber gewaltig. Gewiss, progressiven Pädagogen in die Hände zu fallen oder Leuten, die einem das Ticket ins Paradies verschaffen wollen, ist schlimmer.

Zurück zum Jugendmagazin der *Süddeutschen*. Anstatt zu fragen, warum Jungs nicht gern Jungs küssen, und ihnen bereits damit auf manipulative Weise Verklemmtheit zu unterstellen, könnte man sich dort ebenso gut erkundigen, warum Jungs keine krummbeinigen, übergewichtigen und schielenden Mädchen küssen wollen, obwohl sie ihnen aus Freundschaft, Gutherzigkeit oder Mitleid ansonsten nahezu jeden Gefallen tun würden. Ihr evolutionäres Programm will keine Paarung mit solchen Exemplaren der Gattung. Aber mit schwulen Freunden haben sie nicht das geringste Problem. Um das fragile Gleichgewicht zwischen Heteronormativität und tolerierter Abweichung nicht zu gefährden, sollte sich niemand anmaßen, die Regel therapieren zu wollen, denn dieser Ekel ist nicht therapierbar. Aber wahrscheinlich ist kein Emanzipationskollektiv weise genug, kurz vor dem Überspannen des Bogens innezuhalten.

3. *August*

Die Vermählung der *Brave New World* mit einer smarten Version von *1984* schreitet voran. »An artificial intelligence tool that has revolutionised the ability of computers to interpret everyday language has been shown to exhibit striking gender and racial biases«, meldet der *Guardian* unter Berufung auf das Magazin *Science.* »As machines are getting closer to acquiring human-like language abilities, they are also absorbing the deeply ingrained biases concealed within the patterns of language use, the latest research reveals.« Na, ob diese künstlichen Dinger jemals das Level von Maschinen wie Anetta Kahane erreichen, wollen wir doch erst mal sehen. Aber die Vorstellung, eines nicht mehr fernen Tages komplett von Apparaten überwacht und kontrolliert zu werden, ist natürlich gruselig – wenngleich es eine hübsche Herausforderung bleibt, ihnen immer neue Rätsel aufzugeben. Es besteht eine geringe Hoffnung, dass die ganze Angelegenheit auch in die »falsche« Richtung kippen könnte. Eine zum Thema befragte Forscherin sieht eine Gefahr darin, dass das System bestehende »Vorurteile« verstärken könne, »because, unlike humans, algorithms may be unequipped to consciously counteract learned biases«. Schließlich reagieren Maschinen nicht auf irgendwelchen von moralisierenden Deppen ausgeübten sozialen Druck, sondern sie gehorchen logischen Programmen. Mit dem Versprechen des Emanzipiertwerdens sind sie, einstweilen zumindest, nicht zu ködern. (Hier gilt das großartige Bonmot von Stanisław Jerzy Lec: »Roboter, triumphiert nicht zu früh. Der nächste Fortschritt könnte auch euch befreien.«) Davon abgesehen könnten sie sogar auf den Trichter kommen, dass Vorurteile Tatsachen abbilden: »The latest paper shows that some more troubling implicit biases seen in human psychology experiments are also readily acquired by algorithms. The words ›female‹ and ›woman‹ were more closely associated with arts and humanities occupations and with the home, while ›male‹ and ›man‹ were closer to maths and engineering professions.« Aber offen gestanden verstehe ich davon nichts und vertraue darauf, dass mich Freund Hein zu einem passenden Zeitpunkt vom technologischen Fortschritt erlöst.

In diesen Kontext passt übrigens, gewissermaßen von der politischen Hardware-Seite, die Behauptung des britischen Journalisten Douglas Murray, Merkel habe bei einem Abendessen in New York, wo versehentlich ihr Mikrofon angeschaltet war, Facebook-Chef Zuckerberg gefragt: »What can you do to stop people writing anti migration stuff on facebook?« Der habe geantwortet: »We're working on it.«

* * *

»Jetzt habe ich mir Ihren Artikel durchgelesen und dann den Artikel aus dem *Jetzt*-Magazin der *Süddeutschen Zeitung*«, schreibt Leser ***, auf meine warmen Worte zur Anregung des Jugendmagazins Bezug nehmend, Jungs mögen sich an den Mädchen ein Beispiel nehmen und sich öfter küssen (Eintrag vom 1. August). *** stimmt mir zu, dass eine angeblich größere Offenheit der Mädchen gegenüber homoerotischen Praktiken bzw. Spielereien gar nicht existiert. »Bei den Männern ist das nicht so einfach. Sie tendieren wesentlich häufiger zu homosexuellen Handlungen als Frauen. Das ist meiner bescheidenen Meinung nach durchaus evolutionär sehr sinnvoll, um Männergruppen für die Jagd und den Krieg emotional zusammenzuhalten. Hier den großen Ekel vor dem Kuss unter Männern zu thematisieren stimmt einerseits. Andererseits kann man Sex unter Männern auch ohne Kuss zelebrieren. Und das geschieht öfter als Sie sich das vorstellen wollen. Mir sind schon Dinge zu Ohren gekommen, die so gar nicht in Ihr Weltbild passen: ›Ich kann mir nicht vorstellen einen Mann zu küssen oder mich in einen zu verlieben. Ich will nur passiv beim Analverkehr sein.‹ Wie soll ich solche Aussagen interpretieren? Wo ordnet man das ein?«

Wahrscheinlich unter Homosexualität, sehr geehrter Herr ***. Gewiss, man könnte eine ganze Kette von Beispielen homoerotischer Verbindungen zwecks Stärkung des Kampfkollektivs reihen, von Achilles und Patroklos und den Lakedaimoniern, den größten Kriegern des Altertums, bevor die wiederum eher heterosexuellen Legionen kamen, bis hin zu den völkischen Männerbünden um Anführer vom Schlage Ernst Röhms oder Michael Kühnens. Überhaupt ist die gesamte rechte Szene von Homoerotik durchsetzt, vielleicht wegen des akuten Frauenmangels dortselbst, denn dieses Geschlecht erträgt bekanntlich den sozialen Ächtungsdruck schwerer. Der maskuline Trieb ist ja stark und sucht sich seinen Weg, ob bei den von frühester Jugend an zusammengesperrten spartianischen Hopliten (die angebliche griechische Toleranz gegen männliche Homosexualität war übrigens eine Begleiterscheinung der Misogynie dieser Gesellschaften) oder in den Kasernen, Klöstern und Gefängnissen aller Zeiten und Völker bis heute, und womöglich erhöhen homoerotische Moleküle die Kampfkraft eines Gesamtkollektivs, sofern es eben ausschließlich aus Männern besteht (Frauen in der Truppe verleiten männliche Soldaten zu irrationalen Schutzhandlungen im Gefecht, die den Gesamterfolg gefährden, auch das ist Evolution).

Nur: Hat dies etwas mit der sozialethischen Verwirrung juveniler Zeitungsleser durch ein sogenanntes Jugendmagazin zu tun? Mit der Aufforderung an Jungs, sich zu küssen? Mit der Zeitgeisterei vollendeter Schamferne im erwähnten Dienste der Einebnung aller Unterschiede? Sie werden von mir nie ein abwertendes Wort über Homosexualität hören, sehr wohl aber über deren Propagierung und aufdringliche Zurschaustellung.

Ich bin übrigens bereit, Konzessionen zu machen und mich als *SZ*-Zeitungsjunge an den Münchner Marienplatz zu stellen, wenn das Blatt seine Werbung für kuschelnde und herumknutschende Buben explizit mit der Aufforderung verbindet, diese Zuneigung an die Entwicklung militärischer Tugenden zum Zwecke der Landesverteidigung zu knüpfen.

PS: Leser *** weist im selben Zusammenhang auf eine Studie der St. Francis Xavier University in Nova Scotia, Kanada, mit 120 männlichen Probanden hin, deren Resultat lautet: »Bei heterosexuellen Männern erzeugen Bilder von verrottetem Fleisch, Maden und verdorbenen Speisen die gleiche physiologische Reaktion wie Bilder von zwei Männern, die sich küssen«. Am meisten hat die Studienautoren überrascht, dass dieses Resultat unabhängig von der Grundeinstellung des jeweiligen Teilnehmers gegenüber Schwulen eintrat: Personen mit hoher Toleranz empfanden dasselbe wie Männer, die eher ablehnend gegen Homosexuelle eingestellt waren.

* * *

»Nicht eine Arbeit aus den Gender Studies hat eine gesellschaftspolitische Debatte geprägt oder zumindest vorangetrieben. Ein Umstand, der unzweifelhaft der Unverständlichkeit der verwendeten Begrifflichkeiten sowie dem ›methodischen‹ Vorgehen geschuldet ist und im merklichen Kontrast zu Arbeiten aus der Geschichtswissenschaft, der Soziologie oder der Politikwissenschaft steht. Nicht eine deutsche Professorin für Geschlechterforschung hat eine bahnbrechende These formuliert, die breite Anerkennung in der internationalen Wissenschaftslandschaft erfahren hätte. Es ist zudem keine Absolventin der jungen Disziplin bekannt geworden, die eine beachtliche Nachwuchskarriere hingelegt hätte. Hiervon unbeirrt regiert in den Gender Studies weiterhin das Selbstbild, unverzichtbare universitäre wie gesellschaftspolitische Arbeit zu leisten«, steht, na wo schon?, in der *Emma*. Jetzt bedarf es nur noch eines kleinen Schrittes, und man ist unter freiem Himmel, sprich in einer Welt, wo »Gender« nicht etwa falsch erforscht und gelehrt wird, sondern komplett den Satirikern und anderen Witzbolden überlassen bleibt.

Die »Blender Studies« (Thomas Kapielski) sind ein akademisches Beschäftigungsprogramm für Frauen, denen frühere Gesellschaften nur das triste Schicksal der alten Jungfer vorbehalten hätten. Das war im Ansatz aller Ehren wert, aber allmählich wird es zu teuer. Wir brauchen jeden Cent für den Fachkräfte-Import und die Energiewende.

4. August

Man sollte eine Ode auf die Scheurebe schreiben.

* * *

Zur allmählich kanonischen Version der deutschen Nachkriegseinwanderungsriesenerfolgsstory„ welcher zufolge das Wirtschaftswunderland im Grunde von Türkenhand entstanden sei, verweist Leser *** auf ein Interview, das die baden-württembergische Integrationsministerin Bilkay Öney anno 2011, zum 50 Jahrestag des Zuwanderungsabkommens von 1961, der Deutschen Welle gegeben hat.

Gleich zu Beginn erklärt Frau Öney: »Die Gastarbeiter kamen unmittelbar nach dem zweiten Weltkrieg, da war Deutschland buchstäblich am Boden zerstört, und das Land war auf Arbeitskräfte angewiesen.«

In Deutschland kannst du Minister werden, auch bzw. gerade wenn du nichts über die Voraussetzungen deines Jobs weißt. In der Osttürkei und in der Hand Allahs mögen 16 Jahre praktisch nichts bedeuten, der gemeine Deutsche stellt in einer solchen Spanne einiges an bzw. auf die Beine.

Schauen wir auf die allgemein und leicht zugänglichen Fakten:

Im Jahr 1961 herrschte in (West-)Deutschland Vollbeschäftigung. Vorausgegangen war ein kontinuierliches Wirtschaftswachstum, das anno 1955, im wachstumsstärksten Jahr der deutschen Geschichte, den Begriff »Wirtschaftswunder« hervorbrachte. Sowohl die Wirtschaft als auch die Reallöhne (damals ging das noch zusammen) wuchsen in diesem Jahr um jeweils mehr als zehn Prozent.

Die Investitionen in der Bundesrepublik stiegen von 1952 bis 1960 um 120 Prozent, das Bruttosozialprodukt nahm um 80 Prozent zu.

Die deutsche Fahrzeugindustrie hat ihre Produktion zwischen 1950 und 1960 verfünffacht. Industrie und Dienstleister konnten innerhalb weniger Jahre zwei Millionen Arbeitslose sowie die Arbeitsfähigen unter den acht Millionen Vertriebenen und den 2,7 Millionen Menschen, die aus der DDR geflohen waren, in Lohn und Brot bringen. Die erwähnte Vollbeschäftigung trat in den späten 1950er Jahren ein. 1961, im Jahr des Anwerbeabkommens, lag die Arbeitslosigkeit unter einem Prozent, eine absurd niedrige Quote, die tatsächlich einen akuten Arbeitskräftemangel beschreibt. *Nur weil das Land mitsamt seiner Industrie und Infrastruktur wieder aufgebaut war, konnte es überhaupt ausländische Arbeitnehmer beschäftigen.*

Ab Anfang der 1960er Jahre ging der Investitionsboom langsam zurück.

Das sind die Fakten, man findet sie in jedem Wirtschaftslexikon und jeder Chronik dieser Zeit. Den staunenswerten

Wiederaufbau haben die Deutschen allein bewältigt. Nur zur Demolierung seines Landes braucht dieses skurril-emsige Volk, so eifrig vor allem die eigenen sogenannten Eliten auch daran mittun, fremde Hilfe, sei es nun vor 1918, vor 1945 oder nach 2015.

»Viele Türken fühlen sich vernachlässigt, sowohl von der deutschen als auch von der türkischen Politik«, sagte Frau Öney in dem Interview auch noch. Das ist entweder AKP-Propaganda, also die indirekte Rechtfertigung der permanenten Einmischung der Türkei in die Innenpolitik eines anderen Staates unter Indienstnahme der türkischen Minderheit als Hebel, oder die Beschreibung des Weltbildes von Kindern. Zeigen Sie mir einen deutschen Auswanderer in, sagen wir, Panama, der USA oder Australien, der sich »von der deutschen Politik vernachlässigt fühlt« (also ich meine: nach seiner Auswanderung, vorher wahrscheinlich schon). Zeigen Sie mir einen Vietnamesen, Russen oder Spanier, der zu uns eingewandert ist und sich nun von der Politik seines Herkunftslandes vernachlässigt fühlt. Sollte es solche Empfindungen bei Türken in Deutschland wirklich geben – zumindest die Angehörigen der fünften Kolonne Receps des Prächtigen werden dergleichen Schwächen in ihrer stolzen Türkenbrust kaum hegen –, dann empfehle ich die Auswanderung in ein sicheres Drittland. Jeder ist für sein Schicksal selbst verantwortlich, außer vielleicht in Nordkorea, in Somalia oder bei den Saudis, und wenn sich jemand ausgerechnet im Einwandererhätschelland BRD vernachlässigt fühlt, sollte er oder sie vielleicht einfach nur erwachsen werden oder sich ein Land suchen, wo man sich besser um ihn kümmert. Viel Glück bei der Suche!

PS: Leser *** merkt unter Verweis auf das Buch *Diplomatische Tauschgeschäfte: Gastarbeiter in der westdeutschen Diplomatie und*

Beschäftigungspolitik 1953-1973 an, dass die deutsche Industrie damals mitnichten Arbeitskräfte benötigte, sondern sämtliche Initiativen zur Anwerbung ausländischer Arbeitskräfte von 1953 bis 1973 von den Herkunftsländern ausgingen. Für die Anwerbevereinbarungen seien nicht wirtschaftliche, sondern politische Gründe entscheidend gewesen: die Bemühungen um einen potenziellen NATO-Partner oder um Entspannung im Ost-West-Verhältnis. Klappentext: »Die solchermaßen definierte Ausländerpolitik, die ein stärker technikinduziertes Wachstum in der Bundesrepublik Deutschland bis 1973 *verhindert hat* (Hervorhebung von mir – M.K.), lässt erstmals auch eine fundierte Neubewertung des Anwerbestopps ab diesem Zeitpunkt zu.«

7. August

Am meisten erzürnt den Buntheitsprediger die Frage nach der Lieblingsfarbe.

* * *

Ich weiß, Kulturpessimismus ist eine allzu bequeme Position, aber mein Ekel lässt mir oft keine Wahl.

Nachdem die Online-Plattform *eigentümlich frei* meine Notiz zur stetigen Verfeinerung der Überwachungssoftware zitiert hatte (Eintrag vom 3. August), die in der fröhlichen Aussicht gipfelte, dass mich Freund Hein gottlob dereinst vom technologischen Progress erlösen werden, kommentierte ein Leser: »Wer die Entwicklung der Computertechnik in den letzten fünfzig Jahren etwas verfolgt hat, kann den damit verbundenen enormen Schub neuer Lebensmöglichkeiten nur mit großer

Hochachtung und Optimismus registrieren. Auf das Geraune von Klonovsky e.a. pfeife ich.«

Nun, das ist ein Missverständnis, ich bekannte lediglich mein Angewidertsein von der Spitzeltauglichkeit dieser Technik und blickte indigniert in eine recht wahrscheinliche Zukunft aus obszöner »Transparenz« und staatlicher Überwachung; geraunt habe ich diesmal nullkommanix, und gegen die Computertechnik als solche habe ich auch nichts gesagt, wie denn, wo ich meine Texte mit so einem Ding schreibe und ins Netz stelle, mit diesem Gerät also meinen kleinen Eckladen betreibe, meine Hotels mit ihm buche (und mir vorher anschaue), Weinpreise vergleiche, vermittels dieses Geräts über Ozeane hinweg in »Echtzeit« Konversation treibe etc. pp. Es ist ja eine Binse, dass jede neue Technik Vorteile und Nachteile hat, dass sie zugleich befreit und versklavt. Ein intelligenter Mensch erschließt sich die Möglichkeiten neuer Techniken als intelligenter Mensch, ein Trottel eben als Trottel. Dass die Revolution der künstlichen Intelligenz vor allem von den Schwachköpfen dieses Planeten benutzt wird, um ihre Trivialitäten in sogenannter Echtzeit auszutauschen, spricht zunächst einmal nicht gegen die künstliche Intelligenz, sondern gegen die Schwachköpfe (am Rande: Gibt es analog zur künstlichen Intelligenz eigentlich auch eine »künstliche Blödheit«? Doch wohl eher nicht). Sofern der Mensch die Technik als Hilfsmittel und Werkzeug der Gattung begreift und nicht als deren Sinn und Zweck, ist es schon recht, auch wenn ich gern einräumen will, dass die neuen Kommunikationsverhältnisse durchaus Züge des rasenden Irrsinns tragen, weil sie den Menschen nicht mehr zur Besinnung kommen lassen (und das noch ganz ohne Bezugnahme auf die Heideggersche »Seinsvergessenheit« geraunt).

Allerdings: Wenn du Pech hast, sitzen im ICE zwei junge Management-Typen hinter dir, die in dröhnender Eitelkeit ihre stupiden Jobs schwanzvergleichen oder über die divergierenden Restaurantpreise in verschiedenen Städten räsonieren. Und dann ist unsereins plötzlich ganz hingerissen von den Fortschritten auf dem Gebiet der sog. Kommunikationselektronik:

Du aber, herrlicher Laptop, seiest gepriesen,
und auch du, Ohrsteck', lebest lange und hoch,
sogar das WLAN (ein Tusch!) im Zug funktionieret jetzt,
und aus Youtubes schier unendlichen Weiten –
Heil dir, du prangendes Schatzhaus der Musen!, heil dir –
dringet Wohlklang, des Hintermannes Geschwätz
erwürgend: Alexandre Tharaud spielt Scarlatti.
Usw.

PS: »Ich kann Ihre Unsicherheit beseitigen: es gibt mehr künstliche Blödheit, als Sie sich vorstellen«, schreibt Leser ***. »Ein Beispiel. Nachdem ich bei Amazon *Die kommende Revolte* von Herrn Ley gekauft hatte, bot mir der ›intelligente‹ Algorithmus von Amazon einige Tage später das Buch von Herrn Maas an (›Bücher, die Sie interessieren könnten‹). Ich bin gespannt, wann ich auf eine gebrauchte Schalmei aus dem Hause Honecker aufmerksam gemacht werde.«

Er könne mir, fährt *** fort, »zu einem gesunden Skeptizismus auf diesem Gebiet raten. Ich tue das mit einem gewissen fachlichen Hintergrund (Universitätsprofessur im Gebiet Ingenieurwissenschaften/Informatik). Das meiste, was heutzutage unter ›Künstlicher Intelligenz‹ läuft, ist Aufschneiderei. Das geht wieder vorbei. Die moderne ›Wissenschaft‹ kennt solche Wellen, die auch wieder abebben. Sehen Sie sich einfach die Leute an, die sowas entwickeln. Da ist schon bei natürlicher Intelligenz schnell das Licht aus, was nicht bedeuten soll, dass sie nicht gute Fachleute wären.«

* * *

»Völlig aus dem Ruder gelaufen«, vermeldet *Focus*, sei das Sommerfest eines Kleintierzuchtvereins in Mannheim. Nach Angaben der Polizei kam es in der Nacht zum Sonntag zu einer Massenschlägerei, bei der »15 Menschen« mit »Gegenständen wie Baseballschlägern« aufeinander einschlugen. Zehn Streifenwagenbesatzungen mussten anrücken, »um die Kontrahenten zu beruhigen« (und keineswegs zu verhaften). Drei »Menschen« wurden bei der Schlägerei so schwer verletzt, dass sie in Kliniken gebracht werden mussten.

Ob auch Kleintiere verletzt wurden, war bis Redaktionsschluss unklar. Nähere Details über die Artung der erzürnten »Menschen« wären wahrscheinlich geeignet gewesen, die Bevölkerung zu verunsichern, weshalb die Redaktion deren Verbreitung verantwortungsvoll unterließ.

In der *upgedateten* Version des Artikels ein paar Stunden später heißt es, bei den »Streithähnen« habe es sich um »verfeindete Familien« gehandelt. Ein Polizeisprecher sagte: »Der Kleintierzüchterverein hat damit nichts zu tun. Das waren Personen, die offenbar schon länger im Streit liegen und sich zufällig auf dem Gartenfest getroffen haben.« Eine neue Kategorie des Polizeiberichtspersonals taucht am Nachrichtenhorizont auf: *Personen, die noch nicht lange hier leben, aber schon länger miteinander im Streit liegen.*

Und die Aufgabe derer, die schon länger hier leben, besteht darin, hinterher immer wieder schön aufzuräumen, bis die

Gäste derer, die schon länger hier regieren, zur nächsten Party auflaufen.

* * *

In der Wochenendausgabe der *New York Times* findet sich auf den Meinungsseiten ein Text über »Shylock and Othello in a time of xenophobia«. Dort steht zu lesen, die beiden Shakespeare-Dramen »continue to be relevant also because they are *not* contemporary, showing us where we come from as much as where we are. They remind us that racism, anti-Semitism and Islamophobia are distinct but interlaced forms of intolerance and they have a history. They caution us against our temptation to cancel these texts from our canon, curriculums and stages.«

Da weiß man gar nicht, wo man anfangen soll. Zunächst würde mich interessieren, wo sich im 16./17. Jahrhundert die Islamophobie gezeigt haben mag. In Kleinasien und Konstantinopel war sie längst ausgerottet. Auf dem Amselfeld, bei Mohács, vor den Toren Egers und Wiens oder bei Lepanto soll sie zu spüren gewesen sein, aber keine zentrale Rolle gespielt haben. Im *Merchant of Venice* spielt seinerseits der Islam keine Rolle, im *Othello* auch nicht. Vielleicht war der Titelheld islamophob, immerhin kämpfte er als schwarzer Christ für die Republik Venedig gegen die Türken. Neuere Lesarten wollen aus dem »Mohr« einen »Mauren« machen, dann hätte er laut islamischer Lehre den Tod verdient und dürfte erst recht islamophobe Gefühle gehegt haben. Was nun wiederum den Rassismus im *Othello* angeht, so ist auch der schwer aufzufinden. Ob Jago Rassist ist oder nicht, spielt für das Stück keine Rolle, denn er würde Othello als den ihm Vorgezogenen auch hassen, wenn der ein blütenweißer Venezianer in achter Generation wäre.

Benachteiligungen wegen seiner Hautfarbe erfährt der schwarze Feldherr nicht, er wäre ja sonst keiner. Desdemona scheint auch nicht das geringste Problem mit der Rasse ihres Geliebten zu haben, dessen rasende Eifersucht aber selbstredend durch seine ethnische Fremdheit brandbeschleunigt wird. (Man sollte den *Othello* einmal rein aus der Perspektive der Desdemona inszenieren, dann wird das Stück noch eine Spur entsetzlicher.)

Auch die unermüdlichen Antisemitismus-Diskussionen um den Kaufmann von Venedig halte ich für vollkommen deplaciert. Shakespeare war neben Mozart der größte Menschenschilderer der Kunstgeschichte, seine Figuren sind so lebendig und authentisch wie nichts sonst, und hier sollte er auf einmal versagt haben? Nein, auch der Shylock ist eine echte Shakespeare-Gestalt:

»Er hat mich beschimpft, (...) meinen Verlust belacht, meinen Gewinn bespottet, mein Volk geschmäht, meinen Handel gekreuzt, meine Freunde verleitet, meine Feinde gehetzt. Und was hat er für Grund! Ich bin ein Jude. (...) Mit derselben Speise genährt, mit denselben Waffen verletzt, denselben Krankheiten unterworfen, mit denselben Mitteln geheilt, gewärmt und gekältet von eben dem Winter und Sommer als ein Christ? Wenn ihr uns stecht, bluten wir nicht? Wenn ihr uns kitzelt, lachen wir nicht? Wenn ihr uns vergiftet, sterben wir nicht? Und wenn ihr uns beleidigt, sollen wir uns nicht rächen? Sind wir euch in allen Dingen ähnlich, so wollen wir's euch auch darin gleich tun. Wenn ein Jude einen Christen beleidigt, was ist seine Demut? Rache. Wenn ein Christ einen Juden beleidigt, was muß seine Geduld sein nach christlichem Vorbild? Nu, Rache. Die Bosheit, die ihr mich lehrt, die will ich ausüben ...« (Dritter Aufzug, Erste Szene, Schlegelsche Übersetzung).

Shakespeare, das heißt: göttliche Gerechtigkeit gegen alle Figuren. Was kann der große Dichter dafür, dass Spätere auf die

Idee kommen würden, aus dem konkreten »Dieser Jude ist ein Gauner« das verallgemeinernde »Dieser Gauner ist ein Jude« machen würden? Die Rolle würde auch funktionieren – jetzt sind wir wieder analog zum Othello –, wenn Shylock kein Jude wäre. Aber hier ist er eben einer, Punkt. Und *last but not least*: Wir lesen, spielen, schauen diese beiden Dramen nicht und haben sie nicht kanonisiert, weil sie uns an den ewigen Antisemitismus und Rassismus des argen Menschengeschlechts (außer Ihnen, geneigter Leser) erinnern und uns vor der Versuchung bewahren, mit den Stücken auch die üblen Affekte zu vergessen, sondern weil es große, echte, überwältigende Literatur ist, die uns, so schön, zynisch, unschuldig, brutal und phänomenal wie das Leben selbst, mit erzieherischem Eifer verschont.

9. August

Allmählich beginnt Recep der Prächtige zu ahnen – und das wird ihm vermutlich den halben Lebensabend verderben –, dass Angela Merkel in der Geschichte des Islam eine bedeutendere Rolle spielen wird als er.

10. August

»Die Rhetorik des Gutmenschentums«, erklärte der Medientheoretiker und philosophische Schriftsteller Norbert Bolz in einem Interview anno 2008 unter Berufung auf den zweiten Thessalonicherbrief des Paulus (»Denn schon ist das Geheimnis der Gesetzlosigkeit wirksam; nur ist jetzt der, der zurückhält, bis er aus dem Weg ist, und dann wird der Gesetzlose offenbart werden …«), sei »die des Antichristen«. Wenn der Antichrist auftritt, werde er an der Rhetorik von Sicherheit und Friede erkennbar sein. Seine »stille Aufklärungshoffnung«, so Bolz, bestünde darin, »dass man wenigstens den intelligenten Leuten hierzulande diesen Zusammenhang noch mal klarmachen kann«. Versuchen wir es, indem wir uns ein paar Tatsachen vergewärtigen; die rund um die Uhr dazu gelieferte Begleitrhetorik hat jeder im Ohr.

Man kann der These zumindest insoweit folgen, dass die Organisation der Völkerwanderung nach Europa Züge von Teufelei trägt. In Deutschland sind derzeit etwa 250 000 Klagen von abgelehnten Asylbewerbern – das sind Personen, die sich nicht nur aufgrund eines illegalen Grenzübertritts hier aufhalten, sondern obendrein keinen Asylgrund vorlegen können – an den Verwaltungsgerichten »anhängig«. Auch der letzte Winkeladvokat hat begriffen, welches Geschäft ihm hier lacht. Wer die Kosten trägt? Der Migrant nicht, der hat ja kein Geld (und merkwürdigerweise finden »Flüchtlinge« neuerdings auch keins mehr), der besitzt meistens nicht einmal Papiere, nein, sämtliche Gerichtskosten bezahlt – auf dem Weg der staatlichen Prozesskostenhilfe – natürlich der Steuerzahler. Die Gerichte, die durchaus noch anderes zu entscheiden haben, sind mit diesen Fällen auf Jahre, wenn nicht Jahrzehnte ausgelastet. Haben sie einen Fall entschieden, und es gibt in allen diesen Fällen praktisch nur eine Entscheidung: Abgelehnt!, dann sorgt die Asyllobby, deren Verbindungen bis in die Ämter und Gerichte reichen, dafür, dass die meisten abzuschiebenden Asylforderer rechtzeitig über den Termin informiert werden und rasch untertauchen können. Die Abschiebungen sind jedenfalls rückläufig; »Die große Abschiebe-Lüge!«, titelte *Bild* am 1. August (und verwies darauf, dass sogar Schwerkriminelle nicht aus dem Land geworfen werden). Oft besitzen diese armen Menschen keine oder nur begrenzt gültige Papiere, die erneuert werden müssen; weil sie sich nicht ausweisen können, kann Deutschland sie nicht ausweisen, denn man weiß nicht, wohin mit all den nichtsyrischsprachigen Syrern. Sind sie lange genug im Land oder haben sie hier ein (qua Geburt deutsch gewordenes) Kind gezeugt, winkt ihnen das Bleiberecht. Natürlich werden sie die gesamte Zeit sozialversorgt, bekommen endlich mal ein vernünftiges Gebiss etc. pp. Und immer neue *Menschengeschenke* (Katrin Göring-Eckardt) strömen hoffnungsfroh ins Land ...

Es gibt keine etablierte Partei, die den Gedanken auch nur äußert, dass diese Personen, auch und gerade wenn es sich tatsächlich um Bürgerkriegsflüchtlinge handelt, einmal wieder in ihre Länder zurückkehren müssen. Im Gegenteil, die Deutschen haben die Ankömmlinge mitsamt ihren drolligen Sitten und ihrer toleranten Religion zu »integrieren«. Die meisten Migranten sind aber bereits bestens in ihren Clan, ihren Stamm, ihre Beute- oder Religionsgemeinschaft integriert. Was soll Deutschland mit diesen Menschen, überwiegend Analphabeten, anfangen? Unter der Überschrift »Die Sozialkosten explodieren – und niemand handelt«, schreibt die *Wirtschaftswoche*:

»Offenbar kann man niemanden mehr damit schocken, dass zum Beispiel alleine die Unterbringung minderjähriger, unbegleiteter Zuwanderer nach einer aktuellen Schätzung des Deutschen Städte und Gemeindebundes im Jahr 2017 bis zu 4,8 Milliarden Euro kosten wird. In der Buchhaltung der Kämmerer findet man diese Kosten bei der ›Kinder- und Jugendhilfe‹ verbucht, die von 2015 auf 2016 insgesamt um 20,3 Prozent auf 11,2 Milliarden Euro anstieg.«

Dass die kommunalen Sozialausgaben »förmlich explodieren«, fährt das Blatt fort, sei »nicht übertrieben. 2016 stiegen sie im Vergleich zum Vorjahr um 9,8 Prozent auf 59,3 Milliarden Euro. Mit 76,5 Prozent (+2,4 Milliarden Euro) war der Zuwachs der Leistungen nach dem Asylbewerberleistungsgesetz noch größer, sie erreichten 5,5 Milliarden Euro.«

Zum Vergleich: Der Haushalt des Ministeriums für Bildung und Forschung beläuft sich für 2017 auf 17,6 Milliarden Euro.

Weiter die *Wirtschaftswoche*: »Wichtiger als diese gigantische Zahl ist: die Sozialausgaben stiegen viel stärker als die Wirtschaftsleistung. Während die Sozialleistungsquote (Sozialleistungen in Prozent des Bruttoinlandsprodukts) nach einem gigantischen Anstieg in den Nachkriegsjahrzehnten im ersten Jahrzehnt des neuen Jahrhunderts dank Agenda 2010 trotz schwachen Wirtschaftswachstums auf 26,8 Prozent zurückging, ist sie in jüngster Zeit trotz starken Wirtschaftswachstums wieder auf 29,4 Prozent angestiegen. Für das Jahr 2016 ist mit einem noch viel stärkeren Anstieg der Quote zu rechnen. Der Hauptgrund ist bekannt: Der Zuzug von über einer Million Asylbewerbern und Flüchtlingen in der zweiten Hälfte 2015 und den ersten Monaten 2016. Auch die Zunahme der Quote im Jahr 2015 beruht überwiegend auf dem 169-prozentigen Anstieg der Empfänger von Leistungen nach Asylbewerberleistungsgesetz: von 363 000 (2014) auf rund 975 000 (2015)«.

Damit habe sich die Zahl der Leistungsbezieher seit 2010 mehr als versiebenfacht. Die Ausgaben stiegen von 815 Millionen Euro (2010) auf 5,3 Milliarden Euro (2015). Und die meisten dieser Alimentierten werden auf dem deutschen Arbeitsmarkt nie einen Job finden, der sie ernährt. Kein Grund, den Familiennachzug zu verweigern.

Niemand handelt? O doch! Dafür, dass der Zug mit immer höherer Geschwindigkeit auf den Abgrund zurast, kümmert sich jener Staat, der Ihnen, geneigter Leser, sofern sie nicht selber zur Mehrheit der Alimentierten und Nettostaatsprofiteure gehören, die mit ihrem Wahlverhalten jeden Wechsel beim Zugpersonal blockiert, mitsamt der Umsatzsteuer 50 bis 70 Prozent Ihres Einkommens wegnimmt, um es umzuverteilen, zunehmend an Migranten, in ihrer Mehrheit ungebildete, aber kräftige junge Männer aus muslimischen Ländern, die ihre Familien oder wenigstens ihre Brüder nachholen werden, um hier Kinder zu zeugen und auf Ihre Kosten zu leben, geneigter Leser, sofern sie nicht selber zur Mehrheit der Alimentierten und Nettostaatsprofiteure gehören, das heißt, Sie finanzieren ihre eigene Verdrängung und auf mittlere Sicht Ihre ethnisch-kulturelle Auslöschung (sofern Sie noch wissen, was das ist: Kultur), aber wehe, Sie sagen das laut, dann kommen diejenigen zu Ihnen, virtuell meist, aber zuweilen auch ganz real, die sich an den wirklichen Gegner nicht heranwagen, und lassen ihre Aggressionen an Ihnen aus. Mit dem Segen der Parteien- und Staatsführung.

Und weil das alles noch immer nicht genügt, unterstützen edle Seelen wie ein gewisser ungarischstämmiger Milliardär sogenannte NGOs bei ihren Schlepperdiensten im Mittelmeer, die wirklichen Schlepper entlastend, ohne dass deren Einnahmen sänken; Letztere setzen die Schlauchboote voller kräftiger, potenter Glücksritter mit ein paar Litern Sprit auf See, und kaum haben sie die lauschigen Gestade Libyens hinter sich gelassen, werden sie schon aufgesammelt und im Namen der Menschenrechte, zu denen ein Recht der Europäer auf Heimat nimmermehr gehört, aufs europäische Festland eskortiert, wo sie nichts zu suchen haben, in der Regel keine Arbeit finden und Schaden anrichten, aber Sozialhilfe, Bleibe, Volksfestteilhabe und Prozesskostenhilfe gegen eine Abschiebung erhalten, sobald sie nur erst in Deutschland sind. Während die wirklich

Bedürftigen in Afrika zurückbleiben, wo, wie der deutsche Entwicklungshilfeminister Gerd Müller im Juli 2016 sagte, ein Dollar »die dreißigfache Wirkung hat wie ein in Deutschland eingesetzter Dollar«. Weshalb für Afrika leider keine Dollars mehr übrigbleiben, denn die solide Durchfinanzierung des »Einwanderungsdschihad« (Michael Ley) gegen Europa, der sich unter Sirenengesängen von Teilhabe, Buntheit, Toleranz und Diversivitätärätäät vollzieht, hat die Taschen der Europäer geleert …

Ich frage Sie, geneigter Leser: Wer anders als Meister Urian soll sich so etwas ausdenken und hohnlachend als gute Tat verkaufen? Wenn ein Land von Wahnsinnigen regiert wird, die es unter allgemeinem Beifall zerstören, was soll das anderes sein als Teufelswerk?

* * *

Man wird sagen, diejenigen, die schon früh vor dem Zusammenbruch der öffentlichen Ordnung gewarnt haben, seien letztlich schuld daran, dass es so weit kommen konnte.

* * *

Baden-Württembergs Ministerpräsident Winfried Kretschmann (Grüne) hat sich privat ein Dieselauto gekauft, während die von ihm geführte grün-schwarze Regierung in Stuttgart das bundesweit erste Diesel-Fahrverbot in Angriff nimmt. »Ich mache auch privat, was ich für richtig halte«, sagte Kretschmann der *taz*. »Ich wohne auf dem Land, meine Frau muss weit zum Enkel fahren, ich habe auch einen Anhänger. Neulich habe ich für meinen Enkel eine Tonne Sand geholt: Da brauche ich einfach ein gescheit's Auto.« Weil im Ländle niemand sonst die wöchentliche Fuhre Sand beim Landesvater vorbeikarren kann, klar. Parallel dazu fährt Kretschmann noch einen Mercedes-Dienstwagen mit Hybridantrieb.

Aber »bei einem signifikanten Rückgang des Dieselanteils wären die Klimaziele so nicht mehr zu halten«, sagte Kretschmann der *Welt am Sonntag*. Benziner stoßen mehr CO_2 aus als die wegen ihrer Stickoxid-Emissionen in der Kritik stehenden Diesel. Um einen weiteren Anstieg des CO_2-Ausstoßes zu verhindern, sind laut Kretschmann saubere Diesel »als Übergangstechnologie in eine emissionsfreie Zukunft« nötig. Darunter machen sie's nicht bei den Grünen. Das neue Privatauto des Ministerpräsidenten dürfte jedenfalls die Abgasnorm Euro 6 erfüllen, mit der man von angekündigten Fahrverboten ausgenommen ist. Im Gegensatz zu Abertausenden düpierten Pkw-Besitzern, denen die Regierung gestern noch empfahl, einen Diesel zu kaufen, und die heute faktisch enteignet sind, weil ihr heiliges Blechle rasant an Wert verloren hat.

Als Regierungschef des Automobilkernlandes Baden-Württemberg hätten bei Kretschmann die Alarmanlagen klingeln müssen, als der sogenannte Abgasskandal in den USA hochkochte. Er hätte sofort mit der Automobilindustrie, dem größten Arbeitgeber seines Landes, reden müssen, Schadensbegrenzung treiben, gemeinsam nach ernsthaften und praktikablen Lösungen suchen – aber er ist ja zugleich Chef einer Autohasserpartei. Also wurschtelt er sich irgendwie durch. Er ist zugleich halb für und halb gegen den Diesel, aber er fährt einen besseren Diesel als diejenigen, die morgen darunter leiden werden, dass er parallel gegen den Diesel ist; egal, morgen gehen wir sowieso nicht mehr arbeiten, denn wir haben emissionsfrei. Ins allgemeine Lavieren passen die jüngsten Äußerungen Kretschmanns, dass seine Partei nach der Bundestagswahl sowohl offen für eine Koalition mit der SPD als auch mit der CDU sei.

In der »Abgeordnetenbibel« des Stuttgarter Landtags, in der Landtagsmitglieder ihre Lieblingspassage aus der Heiligen Schrift vorstellen, hat Kretschmann kein Bibel-, sondern ein Luther-Zitat gewählt: »Nur wer sich entscheidet, existiert«. Und so entscheidet er sich: täglich zwischen Diesel und Benziner, turnusmäßig zwischen CDU und SPD, lebenslang zwischen Fleischtopf und Brotkorb. Tusch!

* * *

»Ich habe Rolf Peter Sieferle ungefähr 1992 persönlich kennengelernt«, schreibt Leser ***. »Er war eine der ganz wenigen echten ›Persönlichkeiten‹, denen ich begegnet bin und wohl der einzige mir Bekannte, den ich als ›Geistesaristokraten‹ bezeichnen würde. Persönliche und intellektuelle Würde waren in einem starken Geist vereint. Diese Stärke war für mich lange Zeit eine Richtgrösse, niemals wäre ich auf die Idee gekommen, dass er den Freitod wählen würde.

1992 oder 93 hatte RPS einen kleinen Lehrauftrag an der Uni Mannheim und hielt ein Seminar über ›Technologische Entwicklung und die Generation von 1914 in Europa‹. Ich wusste damals nichts über ihn, in einem kleinen schäbigen Seminarraum kamen so etwa 15 Studenten zusammen. 5 Feministinnen in entsprechender Kleidung und Haltung. Der dezente Herr mit gerader Körperhaltung und leicht zusammengezogenen Augenbrauen lächelte uns entgegen und fing an, einen historischen Rahmen zu entwerfen für die Entwicklung der Jugend hin zur Rechten und Linken, im Bestreben, die Macht des technologischen Feuers anders als im kapitalistischen System zu nutzen. Er schaffte in 60 Minuten eine Eröffnung des Horizonts bei allen Beteiligten, wie und warum eine ganze Generation jubelnd in die Vernichtungsphase der eigenen

Kultur eintrat – und ggf. individuell dies als Gewinn und gesteigerte, positive Erfahrung wahrnahm.

Sieferle pflegte den Stil des intellektuell-distanzierten ›Nachspürens‹ von Weltanschauungen, verbunden mit einer sehr materialistisch-klaren Perspektive auf die Rolle von Kapital und Technologie als Triebkräfte für die Veränderung von Mensch und Kultur. So auch in dieser Auftaktveranstaltung. An ihrem Ende herrschte so etwas wie eine Benommenheit bei den Zuhörern. Es war still. Man merkte, es arbeitete in den Köpfen. Nur einer stellte eine Verlegenheitsfrage. Schweigend verließen alle den Raum. Diese sehr heterogene Gruppe von Studenten blieb ihm in diesem Seminar treu, keiner verliess den Kurs, es kam aber auch niemand Neues hinzu.

Ein oder zwei Semester später belegte ich wieder ein Seminar bei ihm, ich glaube es war zur Bevölkerungsentwicklung im 18./19. Jahrhundert. Es waren nahezu alle Teilnehmer des vorher genannten Seminars wieder da. Er erklärte zum Beispiel die vielfältigen anthropologischen Formen und Instrumente der Geburtenkontrolle, auch sozusagen ex post. So entwarf er ein Bild traditioneller Gesellschaften, in denen es unter dem ideologischen Imperativ der Kirche sehr vielfältige, und still akzeptierte Formen des Nachkommen-Managements gab. Er bezog sich auf Quellen, die beklagten, dass z.B. in den Familien der Knechte auf Bauernhöfen bei zu viel Geburten gerne mal die Fenster im Zimmer zu lange geöffnet worden seien; die Babys verstarben schnell, das Schicksal hatte es dann so gewollt. Insbesondere bei Mädchen habe man diese – sehr individuell von der Mutter ausgehende – Methode angewandt. Das war der einzige Vorfall an den ich mich erinnern kann, bei dem sich die Feministinnen lautstark echauffierten. Was er sage sei ›frauenverachtend‹. Er blieb vollkommen ruhig, distanziert lächelnd. Seine Antwortet war so etwas wie ›wissen Sie, der Mensch spinnt gerne Erzählungen um seine Taten, damit sie ihm erträglich werden‹. Die Feministinnen schwiegen wieder und blieben ihm treu.«

11. August

Bundesrat, Drucksache 499/16: »Unterrichtung durch die Europäische Kommission/ Vorschlag für eine Verordnung des Europäischen Parlaments und des Rates über Normen für die Anerkennung von Drittstaatsangehörigen oder Staatenlosen als Personen mit Anspruch auf internationalen Schutz, für einen einheitlichen Status für Flüchtlinge oder für Personen mit Anspruch auf subsidiären Schutz« etc. pp., es geht in dieser Gaunersprache noch ein bisschen weiter, und das ist bloß der Titel. Unter Artikel 10 – Verfolgungsgründe – steht geschrieben, »dass eine Asylbehörde von einem Antragsteller nicht erwarten kann, dass er sich in seinem Herkunftsland zurückhaltend verhält oder von bestimmten Praktiken absieht, um die Gefahr einer Verfolgung zu vermeiden, wenn ein solches Verhalten oder diese Praktiken untrennbar mit seiner Identität verbunden sind.«

War »Identität« nicht bloß ein »Konstrukt«? Und nun auf einmal ein Asylgrund? Jeder »Reichsbürger« könnte in Deutschland um Asyl bitten. Im Übrigen muss diesem EU-Papier zufolge das Zielland beweisen, dass der »Flüchtling« nicht verfolgt wurde, wenn es ihn abweisen will. Und sofern dies nicht gelingt, hat besagter »Flüchtling« dieselben Ansprüche auf Sozialleistungen wie jeder Europäer. Und das gilt für jeden Menschen auf der Erde. Diese Bolschewiken backen richtig dicke Brötchen.

* * *

»Laute Schüsse hallen am späten Samstagabend durch Nürtingen«, meldet die *Welt* (in den Nachbargemeinden Neckartailfingen und Frickenhausen sind eher gedämpfte Schießeisen in Gebrauch). Ein »Mann« feuert auf den Freund seiner Tochter und seine Frau. »Beide Opfer sterben noch am Tatort. Eine Frage ist noch völlig offen.« Nämlich das Alter des Täters. Es handelt sich um einen 52-Jährigen.

Freiburg-Teningen: »Mann« ersticht Frau und vierjähriges Kind auf der Straße. »Die Polizei nahm den 52-Jährigen fest.« Mmh. Wieder ein 52-Jähriger.

»Große Mühe hatte die Polizei am Mittwochabend mit einem halb nackten Randalierer in Essen«. Die Polizisten »trafen« den mit einem Messer bewaffnete »Mann« nicht etwa mit ihren Dienstwaffen, sondern »mit freiem Oberkörper und messerschwingend in der Nähe eines Spielplatzes in der Innenstadt, wo sich Mütter mit ihren Kindern aufhielten ... Erst mit einiger Verstärkung und großem Krafteinsatz konnten Polizisten den 47-Jährigen niederringen ... In der Zelle des Polizeipräsidiums randalierte er derart, dass sie nicht mehr zu gebrauchen ist.«

Was fünf Jahre Unterschied doch ausmachen!

* * *

»Menschen« waren es auch, fast ausnahmslos »Männer«, allerdings in ihrer Mitte eine »Frau«, die im englischen Newcastle ein »Netzwerk« gebildet hatten, dessen Ziel man salopp als kontrolliertes Vergewaltigen beschreiben kann. Bis heute hat die örtliche Polizei im Zuge der »Operation Sanctuary« 461 »Menschen« festgenommen und 278 Opfer ausgemacht. 93 Täter wurden inzwischen bestraft. *Spiegel online* schreibt betont unaufgeregt: »Die Täter wurden unter anderem wegen Vergewaltigung und Menschenhandels verurteilt. Zwischen

2011 und 2014 haben sie ihre Opfer mit Alkohol, Cannabis, Kokain und anderen Drogen gefügig gemacht und missbraucht. Teilweise boten sie den Mädchen Alkohol und Drogen gegen Sex an. Sie sollen die Mädchen auch anderen Männern zum Sex überlassen haben«.

Die besagten »Männer« sind zwischen 27 und 44 Jahre alt (wichtig!). »Fast alle sind gebürtige Briten mit asiatischen Wurzeln«, schreibt *Spiegel online* und lässt auch das entscheidende Detail nicht weg, dass sich viele der Täter »bereits aus Kindertagen« kannten. Ausgerechnet eine Labour-Abgeordnete forderte nun die Regierung auf, zu untersuchen, warum die meisten Männer in derartigen Missbrauchszirkeln, mit denen Brit_*Innen inzwischen eine gewisse Routine haben, pakistanischer Herkunft seien. »Hat das kulturelle Gründe? Gibt es eine Art von Austausch in diesen Communitys?«, fragte sie.

Spiegel online beruhigt: »Die Polizei betonte, die Täter im Fall Newcastle entstammten verschiedenen ethnischen Gruppen.« – Allein in Pakistan gibt es nämlich, anders als in Sachsen, 14 verschiedene Ethnien, von den achtbaren Belutschen bis zu den wackeren Paschtunen! – »Fälle wie in Newcastle und Rotherham seien nicht typisch für sexuellen Missbrauch.« Logisch, denn wären sie typisch, müsste ja fast ca. jede sagen wir zehnte Britin schon mal von einer pakistanischen Partygesellschaft hergenommen, gefügig gemacht und gruppengemauselt worden sein. Von derartigen Dimensionen kann aber keine Rede sein, und einzig rechte Hetzer behaupten, solche Fälle hätten neuerdings etwas Typisches. In Rotherham und Rochdale etwa sind zwischen 1997 und 2013 nur geschätzte anderthalbtausend Kinder und Jugendliche auf die beschriebene Weise sexuell missbraucht worden, das jüngste Mädchen war immerhin schon elf, und etwa 100 Babys wurden als Folge dieser unfreiwilligen Affären geboren – die Wahrscheinlichkeit, dass ein Kind bei einem Haushaltsunfall gezeugt wird, liegt um ein Vielfaches höher, wie Ihnen z.B. der süddeutsche Beobachter Heribert P. bestätigen wird. Erfreulicherweise berichtet die nahezu gleichnamige Zeitung noch unaufgeregter über die Missbrauchs-Großbagatelle als der *Spiegel*; kultursensibel wird jeder integrationskraftzersetzende Hinweis auf die Herkunft der, nun ja, Täter vermieden, ein »Netzwerk« bot Mädchen für »Sex-Partys« an, das macht ja jeder Escort-Service hierzulande auch.

Woran mag es liegen, dass bei diesen Sexsklaverei-Ausnahmefällen durchweg muslimische »asiatische« Täter durchweg weiße Mädchen zwangsbespringen? Hat das ethnisch-kulturelle Gründe? Ich will sie verraten, es sind derer drei. Männer aus dieser Sphäre können mit Frauen im erotischen Sinne gemeinhin ungefähr so viel anfangen wie ein Gorilla mit einer Violine. In dieser Welt steht, erstens, der Mann über der Frau, zweitens (man weiß nicht recht, warum), der Orientale über dem Weißen, drittens der Reine (Moslem) über dem Unreinen (Ungläubigen). Es gibt also gleich drei einander überlagernde Verachtungsgründe, die aus den weißen Unterschichtsmädels so etwas wie geilen Fickdreck machen. Geiler weißer Fickdreck, so ungefähr dürften diese Typen über die Mädchen gedacht haben. Dominieren und Erniedrigen gehören zur maskulinen Sexualität, das ist tief in die genetische Grundausstattung des sexuellen Verfolger- und Niederwerftiers eingeschrieben. Der Zivilisierte genießt, schweigt, sublimiert und reißt sich zusammen. Der Barbar, wenn er darf, kostet seine Primatenlust am Unterwerfen und, zivilisiert gesprochen, Schänden aus. Die Zivilisation braucht Zeit. Sowohl beim Aufbau als auch beim Demoliertwerden.

13. August

Jemand sagte: »Es muss doch einmal die Frage gestellt werden, was aggressiver ist: die sogenannte Hasssprache irgendwelcher Durchschnittsmenschen im Internet, oder der belehrende und anmaßende Ton vieler Journalisten und TV-Kommentatoren.«

***

Heute ist Sonntag, der 13. August. Bei Leuten meiner Herkunft klingelt es bei diesem Datum. Wer hätte am 9. November 1989, als der von ideologischen Starrköpfen geführte Mauerstaat in so atemberaubender Geschwindigkeit zusammenbrach, unter den von dieser Grenze Kujonierten und an der Bildung einer Weltanschauung Gehinderten gedacht, nicht einmal ein halbes Menschenleben später beobachten zu müssen, wie ihr von ideologischen Starrköpfen geführtes Gemeinwesen sich in Ermangelung einer Grenze in Richtung Kollaps bewegt?

Ich bin mir allerdings vergleichsweise sicher, dass diese Art Grenze, die nach innen gerichtete, die Ausreise mehr als die Einreise erschwerende Grenze hierzulande durchaus eine Zukunft hat, wenn sich in den nächsten vielleicht drei, vier Jahren nicht die Vernunft durchsetzt und Europa aufhört, sich wandernden Völkerschaften als Sehnsuchtsort und Beute anzubieten. Aber wer glaubt angesichts der zahllosen Kollaborateure der Selbstpreisgabe wirklich daran? Dann könnte die »Republikflucht« der Leistungsträger wieder sanktioniert werden, nicht gleich mit Gefängnis oder Blattschuss, aber mit einer neuen Variante der Reichsfluchtsteuer (die Linke hat derartiges wohl schon mal vorgeschlagen). Eine unmittelbare

Folge der Masseneinwanderung von virilen Analphabeten mit all den Begleitkosten, der Begleitkriminalität (in der WEF-Liste der sichersten Reiseländer ist Deutschland 2016 um 31 Plätze auf Rang 51 abgestürzt, zwischen die Mongolei und Gambia) und dem unausweichlichen Begleitterror (meditieren Sie mal darüber, warum es Anschläge immer dort gibt, wo bereits eine hinreichend große muslimische Community existiert) wird die Auswanderung der sogenannten Leistungsträger sein, zudem der Wohlhabenden – nach Berechnungen der südafrikanischen Beratungsgesellschaft »New World Wealth« haben 2016 rund 4 000 Millionäre Deutschland den Rücken gekehrt, ein sprunghafter Anstieg, meldet das *Manager Magazin* – und zuletzt der übrigen Zivilisierten. Da der ganze Sozialstaat hier nur von ein paar Millionen klugen Köpfen und fleißigen Buckelkrummmachern zusammengehalten wird, schlägt gerade die Auswanderung der Begabten ins Kontor; irgendwann muss man anfangen, ihre Ausreise zu erschweren, Immobilien zwangszubesteuern und im Zweifelsfall (»mangelnde Solidarität mit sozial Benachteiligten«) zu enteignen. Vorher werden sie das Bargeld abgeschafft haben, und wer auch immer hinauswill, muss einen Teil seines Barvermögens zurücklassen. So in etwa stelle ich mir das vor, der ich aus der DDR, also aus der Zukunft komme, was an einem Sonntag und 13. August bei mir geradezu zwanghaft Reminiszenzen hervorruft. Und immer noch treffe ich täglich Plattköpfe, die mir sagen, dass sie mangels Alternativen Merkel wählen werden. Und ich pflege zu antworten, dass ich es zu schätzen wisse, dass durch Merkels Einwanderungspolitik wenigstens Nordafrika *etwas* sicherer werde. Habe ich Ihnen jetzt den Sonntag versaut? Immer noch nicht?

15. August

Haben Sie das ZDF-Sommerinterview mit Martin Schulz gesehen? Ich auch nicht. Ich ertrage es nicht, diesen Menschen anzuschauen, ungefähr wie ich es nicht ertrage, in die Sonne zu blicken. Soviel Glanz hält der nichtsozialdemokratische Sterbliche schwer aus. Schulz zu betrachten, das ist wie Merkel zuzuhören. Man muss dafür geboren sein.

Aber wie ist es mit: Schulz lauschen? Die Gazetten haben ja einige seiner Aussagen kolportiert. Zum Beispiel soll Schulz dem staunenden Publikum verkündet haben: »Ich werde Kanzler!« So wie er auch einmal Fußballstar werden wollte, natürlich als Linksverteidiger. Aber was soll er denn sonst sagen? Mit Ausnahme des HSV kommen ja auch alle Bundesligisten mit der Ansage nach München, die Punkte nicht freiwillig herzuschenken, sonst könnten sie ja gleich zu Hause bleiben. Wie die Sache in der Regel ausgeht, ist bekannt.

»Ich bin ein erfahrener Wahlkämpfer«, verriet Schulz im Sommerinterview seine Taktik. Tatsächlich? Die einzige öffentliche Wahl, der unser nunmehriger Spitzensozi sich als Einzelperson jemals gestellt hat, war jene, die ihm 1984 einen Sitz im Stadtrat von Würselen bescherte; der Kampf davor dürfte sich in überschaubaren Grenzen gehalten haben. Zum Bürgermeister der Kleinstadt im Regierungsbezirk Köln wählte ihn 1987 der Stadtrat, keineswegs die Bürgerschaft. Nach der Europawahl 1994, bei der die SPD, welche Rolle Schulz als Wahlkämpfer auch immer gespielt haben mag, im Vergleich zum vorhergehenden Votum 5,1 Prozent an Stimmen verlor, zog endlich ein Würselener ins Europaparlament ein. Fortan war für Schulz Schluss mit Wahlen, Wahlkampf, Wähler- und Wirklichkeitskontakt. 23 Jahre saß der momentane Kanzlerschaftsanwärter als Abgeordneter im EU-Parlament, fünf davon als Präsident. Als Chef des Europaparlaments verdiente er, mit allen steuerfreien Pauschalen und Zulagen, um die 300 000 Euro netto im Jahr, kein schlechter Schnitt für einen Schulabbrecher. Er hatte sogar einen eigenen Butler – ein Frisör wäre auch nicht schlecht gewesen –, was alles zwar kein Grund ist, neidisch zu sein, aber die »Ich-bin-einer-von-euch«-Pose, mit der er neuerdings durch Fußgängerzonen tapert, nimmt ihm kaum jemand ab. Klar sind die Reichen immer noch viel reicher als Schulz, doch dem SPD-Wähler bringt ihn das nicht näher.

Unvergessen bleibt sein Talkshowauftritt bei Maybrit Illner, als der slowakische Politiker und Unternehmer Richard Sulik ihn fragte: »Wessen Repräsentant sind Sie? Wer hat sie gewählt, Herr Schulz?«, und der Angesprochene flackernden Blicks die 754 Abgeordneten des Europaparlaments als Eideshelfer herbeibeschwor. Nein, wenn Schulz gewählt wurde, hat nie der Bürger abgestimmt, dem stellt er sich 2017 zum ersten und, wir wollen wetten, auch zum letzten Mal.

Wenn seine Genossen intern votieren, stellt er allerdings Rekorde auf. Beim SPD-Parteitag 2013: 98 Prozent für Schulz als Europabeauftragten. Ein Jahr später, auf dem Kongress der Europäischen Sozialisten: 91,1 Prozent als Spitzenkandidat für die Europawahl. Aber die Stunde der vollen Normerfüllung schlug am 19. März 2017 auf dem außerordentlichen Bundesparteitag der SPD: Mit 100 Prozent der Stimmen erhoben die Sozen Kim Il-Schulz zum Kanzlerkandidaten und Parteivorsitzenden. Es ist immer ein obszönes Schauspiel, wenn Politiker an Wahlurnen auftauchen und sich selber wählen; Schulz ist nur der erste, bei dem man es jetzt hundertprozentig sicher weiß. Seine nunmehrige Konkurrentin Angela Merkel hatte mit elf Minuten Standing Ovations auf ihrem Parteitag die Latte allerdings sehr hoch gelegt.

Schulz' Problem ist, dass er Merkel von links nicht kritisieren kann und von rechts nicht darf. Der gesamte Flurschaden, den diese Frau angerichtet hat – der Verfall der inneren Sicherheit, die Isolation Deutschlands in Europa, die Spannungen sowohl mit Putin als auch mit Trump, die Verschwendung von jährlich mindestens zweistelligen Milliardensummen für sogenannte Flüchtlinge und Asylforderer, für eine utopische, von praktisch allen Experten für gescheitert erklärte Energiewende sowie für die Alimentierung südeuropäischer Pleitestaaten –, all das hat die SPD als Koalitionspartner ja munter mitgetragen. Wie soll sich der Konkurrent da von Merkel absetzen?

Für die Linksschickeria in den Medien, Stiftungen und NGOs ist Merkel, die »Ikone des Westens«, wie die *Welt* schleimte, inzwischen in jene messianische Rolle geschlüpft, die vorher Barack Obama spielen durfte. Dass sie keine zwei geraden Sätze sprechen kann, schadet ihr nicht, sondern gilt als »authentisch«; man glaubt einfach nicht, dass jemand mit dermaßen schlechter Rhetorik betrügen könnte. Auch in diesem Punkt hat Schulz keine Chance. Überdies herrscht derzeit Konjunktur samt vergleichsweise niedriger Arbeitslosenquote, was man Merkel zuschreibt, und auch hier kann Schulz nicht punkten, weil ihm die Parteiräson verbietet, die Wahrheit auszusprechen, nämlich dass es eine Scheinkonjunktur ist, die sehr viel damit zu tun hat, dass man auf Kosten des Steuerzahlers die uns hunderttausendfach Zugelaufenen mit Wohnraum, Kleidung, Nahrung, Taschengeld, Freizeitspaß und neuen Gebissen versorgt, auf dass sie für immer hierbleiben, wobei man ihren Kinderwunsch konstant hoch hält, da die meisten sonst nicht viel produzieren werden, dass also der besagte Steuerzahler nichts anders tut, als sukzessive seine ethnisch-kulturelle Verdrängung zu finanzieren. Und dass auch die niedrige Arbeitslosenquote eine Scheinquote ist, weil zum einen die hunderttausenden importierten Sozialfälle nicht in der Statistik auftauchen, zum anderen nie mehr Arbeitnehmer in Zeitverträgen und anderen prekären Beschäftigungsverhältnissen standen als heute. Schulz hat nicht mehr zu bieten als ein paar Floskeln zur härteren Kriminalitätsbekämpfung.

Aber nun kommen wir – Trommelwirbel bitte! – zur Klimax des Sommerinterviews, zum Frontalangriff des Kandidaten auf die Amtsinhaberin: Schulz fordert eine Quote für Elektroautos! Endlich lässt er den Sozialisten raus, für den es auf Erden gar nicht genug Quoten geben kann! Der Gedanke, dass sich das Elektro-Auto, wenn es etwas taugt, ganz von allein auf dem Markt durchsetzen wird, so wie es das Automobil von Gottlieb Daimler und Carl Benz ja auch geschafft hat, ohne dass Kaiser Wilhelm ein Kutschenverbot erlassen musste, dieser Gedanke ist einem Sozialisten vollkommen fremd, weil er ja letztlich Sozialisten überflüssig macht.

Doch wiederum rennt Schulz vergeblich gegen eine amöbenhaft flexible Amtsinhaberin an. Nachdem der Sozi bloß Quoten gefordert hat, erklärte die Kanzlerin jetzt in einem Interview einfach den ganzen Verbrennungsmotor für obsolet. Während der Sozi den Markt bevormunden will, schafft ihn Angela »L'état c'est moi!« Merkel einfach ab. Klar, warum soll sich ausgerechnet eine einstige FDJ-Sekretärin in puncto Sozialismus etwas vormachen lassen? Da stand dem Martin Schulz wahrscheinlich kurzzeitig der so erlesen bartumflorte Mund offen. »Du schaffst das nie«, tuschelt es aus den Falten der Hotelbetten auf seinen Wahlkampfreisen, und Schulzens Martin nickt gequält, bevor er einnickt.

Im Blödenblatt *Bunte*, in dem Sozialdemokraten gern alle Hüllen fallen lassen, wie wir seit Rudolf Scharpings Pool-Party mit Gräfin von Pilati wissen, plauderte Schulz einst freimütig über seine Alkoholsucht. Damals habe er »alles getrunken, was ich kriegen konnte«, und das Schlimmste sei gewesen, wenn man morgens mit dem Gefühl aufwache, versagt zu haben. Täglich nehme man sich vor, es besser zu machen, schaffe es aber auch am nächsten Tag nicht.

Man sieht und ahnte es: Auch ein kompletter Alkoholverzicht löst erschütternd selten persönliche Probleme.

16. August

Von der Erforschung der Atomenergie und aus der Biotech-Welt hat sich 'schland zwar weitgehend verabschiedet, aus der pharmazeutischen Gattungsveredelung indes werden gewaltige Fortschritte gemeldet. Das Bindungshormon Oxytocin, haben helldeutsche Forscher herausgefunden, »schwächt die Fremdenfeindlichkeit«. Ein Team von Wissenschaftlern der Universität Bonn, des Laureate Institute for Brain Research in Tulsa (USA) und der Universität Lübeck, geleitet von Prof. René Hurlemann von der Klinik für Psychiatrie und Psychotherapie des Universitätsklinikums Bonn, testete 183 deutsche Studenten auf ihre Bereitschaft zum Altruismus. Die Probanden mussten am Computer Spendenanliegen von 50 hilfsbedürftigen Menschen bearbeiten, von denen 25 aus Deutschland kamen, 25 waren Flüchtlinge. »Uns überraschte, dass die Teilnehmer des ersten Experiments rund 20 Prozent mehr für Flüchtlinge spendeten als für einheimische Bedürftige«, sagt eine Experimentatorin. Nun, daran ist 60 Jahre lang in den Schulen, an den Unis, in Sendeanstalten und Zeitungsredaktionen, in den Kirchen, Gewerkschaften und Abgeordnetenbüros hart gearbeitet worden. Halten wir fest: Die (deutschen) Probanden zeigten bereits vor der Verabreichung der Testdroge eine gewisse Bereitschaft, die eigenen Landsleute zu diskriminieren.

Die Testlinge – nein: die Getesteten – hatten zunächst per Fragebogen ihre persönliche Einstellung gegenüber Flüchtlingen – nein: Geflüchteten – erklärt. Dann erhielt die eine Hälfte das Bindungshormon Oxytocin über ein Nasenspray verabreicht, die andere Hälfte bekam ein Scheinmedikament. »Unter dem Einfluss des Bindungshormons verdoppelten sich die Spenden für Flüchtlinge ebenso wie für Einheimische bei denjenigen Versuchsteilnehmern, die eine tendenziell positive Einstellung gegenüber Flüchtlingen zeigten. Gaben die Testpersonen dagegen eine eher abwehrende Haltung Migranten gegenüber an, hatte Oxytocin keinerlei Wirkung: Die Spendenneigung fiel gegenüber allen Bedürftigen sehr gering aus.« Der Studienleiter folgert messerscharf: »Offensichtlich verstärkt Oxytocin die Großzügigkeit gegenüber Bedürftigen; fehlt diese altruistische Grundhaltung, vermag die Gabe des Hormons sie nicht von allein zu erzeugen.«

Da steckten die Forscher zunächst einmal fest. Wie lassen sich Menschen mit einer tendenziell fremdenfeindlichen Haltung – die freilich ihren Landsleuten gegenüber nicht freundlicher eingestellt sind, aber wen interessiert das? – zu mehr Altruismus (gegenüber Fremden) motivieren?, fragten sie sich. Sie unterstellten keck, die Vorgabe sozialer Normen – genauer: sozialer Druck – könne ein Ansatzpunkt sein. »Deshalb präsentierten sie den Probanden in einem dritten Durchgang zu jedem Fallbeispiel das durchschnittliche Spendenergebnis ihrer Vorgänger im ersten Experiment. Wieder wurde der Hälfte der

Probanden Oxytocin verabreicht. Das Ergebnis war erstaunlich. Jetzt spendeten auch Personen mit einer an sich negativen Grundeinstellung bis zu 74 Prozent mehr für Flüchtlinge als in der vorangegangenen Runde. Die Spenden für Einheimische nahmen hingegen nicht zu.«

Mit anderen Worten: Man hat sie mit wenig Bohei – ohne aufwendige Dressur durch KZ-Besuche, ZDF-Dokus oder *Spiegel online*-Kolumnen – von latenten in entschiedene Benachteiliger ihrer eigenen Volksgruppe verwandelt. Aus Fremdenfeinden wurde Homophobe (der Begriff hier zur Abwechslung im griechischen Originalsinn verwendet). Eine Folgefrage türmt sich auf, die in der Studie aber nicht gestellt wurde, nämlich: Warum hat man nicht eingewanderte Fremdenfeinde unter die Probanden gemischt? Es sind ja abertausende Kandidaten hereingeschneit, die ihre Feindseligkeit auch noch erfrischend handfest ausleben. Das Ergebnis der Studie wäre auf diese Weise weit repräsentativer geraten, denn mal ehrlich: Die Verabfolgung eines Mittels zur Steigerung der Fremdenfreundlichkeit an deutsche Studenten, das ist doch ungefähr so, als verpasste man einem Kokainabhängigen zusätzlich noch eine Ladung Heroin.

Die Altruismusbefeuerungsforschung steht noch ganz am Anfang. Blicken wir angesichts dieser erfreulichen ersten Schritte trotzdem schon mal in die Zukunft. »Haben Sie Ihr Nasenspray heute schon genommen?«, werden demnächst tausende Knastwärter ihre Sträflinge fragen. Nach dem Abwurf der Oxytocinbombe haben Taliban und meist weibliche GIs zahlreiche Kinder miteinander gezeugt, während der IS geschlossen nach Woodstock pilgerte, um sich danach kollektiv den »Ärzte(n) ohne Grenzen« anzuschließen. Die Mitglieder der AfD wurden kollektiv durchgeimpft, sie umarmen seither Windräder oder, wenn keins in der Nähe ist, Sozialdemokraten (Edathy und Volker Beck kriegen aber nix ab, wie Obelix und aus ähnlichen Gründen). Auch Israelis und Palästinenser liegen sich nach flächendeckendem Einsatz von Sprühflugzeugen in den Armen. Der Dialog »Allahu akbar!« – »Dagegen gibt's was bei Ratiopharm« ist zum Spruch des Jahres gewählt worden. Nur der NS-Historiker grummelt, weil der Satz: »Auch bei Kursk ließ der Kuscheltrieb der meisten Angehörigen der Heeresgruppe Mitte gegenüber den Rotarmisten nicht nach« einfach nicht in sein neues Standardwerk über die Ostfront passt, obwohl er ihn so gerne hinschreiben würde.

* * *

»Als Arzt kann ich Ihnen versichern, dass ich in 25 Jahren der klinischen Forschung und der ärztlichen Tätigkeit noch keine einzige derart ethisch abartige und medizinisch verirrte ›Studie‹ gesehen habe«, schreibt Leser ***. »Hier befindet sich der Studienleiter meines Erachtens nur noch Nuancen entfernt von dem ›wissenschaftlichen‹ Gebaren einer ›Deutschen Versuchsanstalt‹ oder den Praktiken der ›Völkischen Medizin‹.

Wie ist das nächste Studiendesign? Der GHB-Vernebler für schon länger hier lebende Frauen, damit sie sich ohne Widerstand f… lassen?«

Na was denn sonst!

* * *

Nachdem das Genie der Sozialdemokratie, Ralf Stegner, klargestellt hat, dass Linke niemals Gewalt anwenden, verkündet nun eine der renommiertesten Bundestagsabgeordneten der

Linken, Halina Wawzyniak, die SED sei eine rechte Partei gewesen. Per Twitter stellte sie (in egalitärer Schreibweise, aber mit trennendem Faschistenpunkt) klar: »im kern war die sed eine rechte partei. autoritär, nationenbezogen, ausgrenzend von allem was nicht ›normal‹ war.«

Demzufolge war die KPdSU ebenfalls eine rechte Partei, sämtliche kommunistischen Parteien des Ostblocks inclusive Rotchinas und Kubas waren rechte Organisationen. Die KPD? Rechts! Sogar PCF und KPI: rechts! Die ganze kommunistische Geschichte (»Selbstbestimmungsrecht der Völker«): rechts! Die von den Sowjets finanzierten »nationalen Befreiungsbewegungen« in Afrika? Rechts! Eine Linke gibt es strenggenommen erst, seit es die deutsche Linkspartei gibt, in der nun wirklich alles unterkommen kann, was nicht »normal« ist.

* * *

Dass auch und vor allem Marx und Engels »rechts« gewesen sind, knallrechts sogar – *ein* Zitat genügt heutzutage bekanntlich zur Überführung des Gesinnungsdelinquenten –, hat sich allmählich, aber noch nicht hinreichend herumgesprochen. Hören wir uns deshalb zwei ausgewählte Schweinereien an:

»Der jüdische Nigger Lassalle, der glücklicherweise Ende dieser Woche abreist, hat glücklich wieder 5 000 Taler in einer falschen Spekulation verloren. Der Kerl würde eher das Geld in den Dreck werfen, als es einem ›Freunde‹ pumpen, selbst wenn ihm Zinsen und Kapital garantiert würden. Dabei geht er von der Ansicht aus, daß er als jüdischer Baron oder baronisierter (wahrscheinlich durch die Gräfin) Jude leben muß. (...) Der Kerl hat mir Zeit gekostet und, meinte das Vieh, da ich ja jetzt doch ›kein Geschäft‹ habe, sondern nur eine ›theoretische Arbeit‹ mache, könne ich ebensogut meine Zeit mit ihm totschlagen! Um gewisse dehors dem Burschen gegenüber aufrechtzuhalten, hatte meine Frau alles nicht Niet- und Nagelfeste ins Pfandhaus zu bringen! Wäre ich nicht in dieser scheußlichen Position und ärgerte mich nicht das Klopfen des Parvenu auf den Geldsack, so hätte er mich königlich amüsiert.« Marx an Engels, 30. Juli 1862

»Die Päderasten fangen an sich zu zählen und finden, daß sie eine Macht im Staate bilden. Nur die Organisation fehlte, aber hiernach scheint sie bereits im Geheimen zu bestehen. Und da sie ja in allen alten und selbst neuen Parteien, von Rösing bis Schweitzer, so bedeutende Männer zählen, kann ihnen der Sieg nicht ausbleiben. ›Guerre aux cons, paix aux trous-de-cul‹, wird es jetzt heißen. Es ist nur ein Glück, dass wir persönlich zu alt sind, als dass wir noch beim Sieg dieser Partei fürchten müssten, den Siegern körperlich Tribut zahlen zu müssen. Aber die junge Generation! Übrigens auch nur in Deutschland möglich, dass so ein Bursche auftritt, die Schweinerei in eine Theorie umsetzt und einladet: introite usw. Leider hat er noch nicht die Courage, sich offen als das zu bekennen, und muß noch immer coram publico ›von vorne‹, wenn auch nicht ›von vorne hinein‹, wie er aus Versehen einmal sagt, operieren. Aber warte erst, bis das neue norddeutsche Strafgesetz die droits de cul anerkannt hat, da wird es ganz anders kommen. Uns armen Leuten von vorn, mit unserer kindischen Neigung für die Weiber, wird es dann schlecht genug gehen.« Engels an Marx, 22. Juni 1869

Inzwischen hat bekanntlich sogar der Bundestag die *droits de cul* anerkannt. Indigniert wenden wir uns von den Klassikern des Kommunismus ab (und wahrscheinlich *vice versa*).

17. August

Mir ist der ultimative Wahlslogan für die CDU und ihre rotgrünen Gliederungen eingefallen:
»Merkel. Aus Liebe zum Fressfeind.«

* * *

»Einige Bemerkungen zu der Oxytocin-Flüchtlings-Studie aus der Arbeitsgruppe von Hurlemann/Bonn« (*Acta diurna* von gestern) sendet Leser *** mitsamt einem kurzen Überblick über den aktuellen Stand der Wissenschaft zum Thema. »Ich finde die Experimente nicht per se verwerflich. Was unangenehm berührt, ist die komplett politisch-opportunistische Grundlage; das ist regelrecht servil. Was Herrn Hurlemann im Besonderen und Oxytocin im Allgemeinen angeht, es ist der neueste Stand der Wissenschaft, und den würde ich ernstnehmen, erst recht im Lande der Willkommunisten, da dürfte der Einsatz psychiatrischer Werkzeuge für Kritiker weniger fern liegen als sich das Naive vorstellen.

Der Signalmechanismus von Oxytocin hat sich m.E. in der Evolution kleiner Horden von Primaten entwickelt, nicht in modernen, komplexen, langfristiger Voraussicht bedürftigen Kulturen größten Maßstabes, in denen Rationalität eine zentrale Rolle spielen muss. So ist es offenbar irrational, Fremden entgegenzukommen, wenn man sie einer auch für die Zukunft inkompatiblen und insbesondere kulturell und ökonomisch ausgreifenden Kultur zurechnen muss. Unter den modernen Bedingungen könnte man Oxytocin genauso gut zum ›Irrationalitätshormon‹ erklären wie zum ›sozialen Hormon‹ oder ›Wohlfühlhormon‹. Die beigefügten Arbeiten liefern vermutlich jedoch der Merkel-Maas-Klientel mehr als genug

Argumente, z.B. Kritiker jener Realitätsverkennung, die unter ›Willkommenskultur‹ fungiert, bei Bedarf für krank zu erklären (Phobien, Autismus etc.). Glücklicherweise ist die Applikation über das Trinkwasser nicht möglich. Wie immer dem sei, leuchten Brave New World und Nordkorea am Horizont. Das Geschehenlassen des Bespringens und die entsprechende Haltung wird beim Weibchen mancher Säugetiere übrigens über Duftstoffe vermittelt, das ließe sich hier auch anwenden. Und kulturell bedeutet die zu erwartende Psycho-Optimierung das Ende der Zeit der Einzelnen wie Kafka, Musil und Hölderlin.«

18. August

In seinem Klassiker »Die Verschwörung der Flakhelfer« notierte Günter Maschke vor mehr als drei Jahrzehnten: »Da niemandem eine auch nur notdürftig verbindliche Definition der Verfassung möglich ist, wird sie, anstatt der Boden zu sein, auf dem die (Rest-)Nation ihre Kräfte zusammenfaßt, der Boden, auf dem sie ihre Bürgerkriege austrägt.« Die Verfassung der zweiten deutschen Republik sei »bereits in ihrer Entstehungsphase eine Verfassung gegen Deutschland« gewesen. Typisch dafür, fügte der bundesrepublikanische Dissident *sui generis* in einer Fußnote an, sei die Diskussion, »ob die Bundesrepublik ein ›Rechtsstaat‹ sei oder ein ›sozialer Rechtsstaat‹« (andere Beispiele sind der leicht überdehnbare Asylanspruch und das zur moralischen Erpressung einladende Pathos von Artikel 1).

In einem glänzenden Interview in der aktuellen *Jungen Freiheit* nimmt der Publizist Dimitrios Kisoudis den Faden auf. Er erinnert an die Verfassungsdiskussion zwischen Ernst Forsthoff und Wolfgang Abendroth Mitte der 1950er Jahre über die Frage, ob die Bundesrepublik ein Rechtsstaat oder ein Sozialstaat sein soll. Bekanntlich haben sich die Sozialstaatspropagandisten schließlich auf ganzer Linie durchgesetzt und den heute herrschenden betrüblichen Zustand herbeigeführt, in dem das Recht immer mehr relativiert wird, der Staat immer mehr in das Privatleben der Bürger eingreift, während die Ansprüche von Beutegemeinschaften auf das Eigentum oder die Leistungen anderer täglich zunehmen. In Kisoudis' Worten: »Der Rechtsstaat versteht Grundrechte als Abwehrrechte, die den Bürger und dessen Privatleben vor dem Zugriff des Staates schützen. Der Sozialstaat dagegen versteht Grundrechte als Ansprüche – nämlich des Bürgers gegenüber anderen Bürgern. Natürlich kann nur der Staat diese Ansprüche durchsetzen, weil er das Gewaltmonopol hat. Der Staat wurde vom strengen Vater zur fürsorglichen Mutter. Damit war er fein raus.« Denn: »Anstatt dem Staat zu misstrauen, weil er seine Macht missbraucht, sollen wir dem Staatsbürger misstrauen.« Deshalb ist der Sozialstaat auch der Austragungsort geistig-politischer Bürgerkriege um die richtige Gesinnung und produziert ganze Kohorten von ehrenamtlichen Verfassungsschützern. »Die Grundrechte des Rechtsstaates sind Normen – und bleiben Normen. Die Grundrechte des Sozialstaates dagegen werden zu ›Werten‹ verklärt.« Während das Recht verteidigt wird, haben »Werte« einen Tendenz zur Aggression.

Im Sozialstaat ist das Recht bloß ein relatives Ding, sozusagen ein »Wert« unter anderen, der von anderen »Werten« – »Menschenrechte«, »Würde des Menschen«, »soziale Gerechtigkeit«, »Antidiskriminierung«, »Gleichstellung«, »Willkommenskultur«, »Klimarettung« – jederzeit überboten werden kann. Der Spott über die Rechtsgläubigkeit – den Rechtsfundamentalismus –, der immer unverhohlener die einschlägigen Gazetten durchrauscht, ist ein Beleg: Es muss Wichtigeres, Größeres, Edleres, Herzerwärmenderes geben als das nüchterne Recht, »sonst ist das nicht mehr mein Land«.

Da der Sozialstaat die Ansprüche von Gruppenegoismen bedienen muss, schafft er ein Klima permanenten Streits um die Beute. Auf diese Weise, so Kisoudis, »sprengt er die Grenzen zwischen Staat und Gesellschaft, zwischen öffentlich und privat« und entpuppt sich schließlich als »eine Form des ›totalen Staates‹«. Am Beispiel der Antidiskriminierungs-Aktivisten, der Gender-Lobby und der Einwandererverbände könne man studieren, dass Grundrechte wie Gleichberechtigung oder Religionsfreiheit privatrechtliche Ansprüche begründen. »Wir erleben das bei den Moslems: Je mehr es sind, desto selbstbewusster stellen ihre Vertreter politische Forderungen, und zwar im Jargon des Sozialstaates. Sie sagen nicht: Wir wollen Macht. Sondern: Wir fühlen uns diskriminiert. Damit das aufhört, müsst ihr uns in bestimmte Machtpositionen heben. Und die deutschen Eliten spielen dieses Spiel genüsslich mit.« Bis, ja bis es zu Ende gespielt ist und der eigentliche Charakter des Sozialstaates unverhüllt zutage tritt.

Es gibt Sätze, die eine Situation so beschreiben, wie ein greller Scheinwerferstrahl die Dunkelheit erhellt. Mit einem solchen großartigen Satz schließt das Interview: »In letzter Konsequenz ist der Sozialstaat ein rechtsfreier Raum.«

19. August

»Ihre Werke werden überleben«, schreibt Leser ***, verbunden mit besten Wünschen zum Wiegenfeste (ich danke hiermit herzlich und summarisch allen, die sich zu Gratulationsbotschaften bemüßigt sahen). Ja, und zwar so: Es wird sich dermaleinst eine chinesische Germanistin, sehr schlank, sehr zart, sehr ernst, über meine Texte beugen, eine kleine senkrechte Falte wird bei der Lektüre auf ihrer blassen Stirn entstehen, sich aber allmählich glätten, während sich ihr Antlitz belebt und die Wangen sich aufblasen, bis schließlich ein prustendes Gelächter aus ihr bricht, das sie nur mit äußerster Anstrengung und tränenden Auges bezähmen kann, um, immer wieder von mühsam unterdrückten Lachanfällen geschüttelt, mit rosigen Wangen weiter und weiter zu lesen …

* * *

Gegen die aktuelle Linke findet man inzwischen sogar bei den linken Klassikern Trost.

* * *

»Gemeinsam mit Forschern der TU Berlin analysieren 25 Migranten die Bedarfe Mannheims und erarbeiten Pläne für die zukünftige Gestaltung der Stadt«, meldet die *Südwestpresse*. Das Projekt läuft unter dem Titel »Migrants4Cities«. 25 Neumitbürger bilden das »Urban Design Thinking Team Mannheim«, auf dessen Webseite es heißt: »Migrant*innen arbeiten über einen Zeitraum von drei Jahren in kulturell, ethnisch und professionell gemischten Gruppen von fünf bis sieben Personen und unterstützt von Fachexpert*innen zu Themen wie Mobilität, Wohnen oder Beteiligung zusammen. In neun UrbanLabs betrachten sie die Stadt aus ihrer ureigenen Perspektive. Sie (…) entwickeln und diskutieren gemeinsam Ideen, testen Arbeitsergebnisse und präsentieren ihre Lösungen der Stadtgesellschaft.«

Die Idee, dass Migranten an der Stadtentwicklung mitarbeiten, ist ja so neu nicht (neu ist, dass man sie Migrant*innen nennt). Um nur ein paar *deutsche* Migranten mit Urbanisierungsverdiensten aufzuzählen: An der Erbauung von Sankt Petersburg wirkten zahlreiche deutsche Ingenieure und Handwerker mit, von denen sich viele an der Newa niederließen. Der Migrant John August Roebling aus Thüringen konstruierte die erste Brücke über die Niagarafälle und die Brooklyn-Bridge in New York. Der Migrant Konstantin Thon war der Architekt der Christ-Erlöser-Kathedrale in Moskau und mehrerer anderer Gotteshäuser; außerdem erbaute er den Leningrader und den Moskauer Bahnhof. Der deutsche Architekt Richard Kauffmann wanderte 1920 nach Palästina aus und war dort als Siedlungs- und Stadtplaner tätig, unter anderem erbaute er den Beit Aghion in Jerusalem, in dem seit 1974 der israelische Ministerpräsident residiert. Der aus Baden stammende Architekt Ole Scheeren baut und lehrt als Arbeitsmigrant in China und Hongkong, sein bekanntestes Bauwerk ist die spektakuläre Sendezentrale des chinesischen Fernsehens in Peking.

Kein Mensch auf der Welt hat etwas gegen Einwanderer, die sich beruflich mit Städteplanung und Stadtentwicklung beschäftigen und damit ihr Geld verdienen. Völlig neu und weltweit einzigartig ist allerdings, dass diese städteplanenden Migranten vom Steuerzahler finanziert werden und so etwas wie eine Expertise kaum besitzen.

Das Mannheimer »Projekt« wird zu hundert Prozent gefördert vom Bundesministerium für Bildung und Forschung. Es wird geleitet von einer Inderin, die uns die *Südwestpresse* vorstellt mit den Worten: »Rajya Karumanchi-Dörsam ist Stadtentwicklerin. Sie beschäftigt sich damit, wie Mannheim künftig aussehen soll. Sie macht das ehrenamtlich, denn eigentlich ist sie Sprachtrainerin.« 200 000 Euro Steuergelder* gehen an ein Projekt, das geleitet wird von einer Stadtentwicklerin, die eigentlich Sprachtrainerin ist. Das schreibt ein Journalist, der wahrscheinlich eigentlich Satiriker ist. In dem Planungszirkel vereinen sich laut *Südwestpresse* außerdem ein Musiker, eine Psychologin, eine Grafikerin, ein Bankkaufmann, ein Bildungsberater und immerhin eine Ingenieurin; von letzterer nehmen wir mal an, dass sie das auch eigentlich ist (über die Kompetenzen der anderen Mitglieder werden wir nicht informiert; wie schade). Die illustre Truppe besteht zu zwei Dritteln aus Frauen, damit, wenn schon jede städteplanerische und architektonische Kompetenz fehlt, wenigstens die soziale vertreten ist. Und vergessen wir nicht: Es handelt sich um ein Pilotprojekt, mit dem man prima an Steuerkohle kommt! Aus Bundesmitteln! Es wäre doch gelacht, wenn die Folgeprojekte in anderen Städten nicht wie Asylheime aus dem Boden sprössen! Ich schlage vor: Nafris4Women's Shelters! Roma4Biotech! Somalis4Hospitals! Gambier4Education! Pakistanis4Religious Meeting Places!

Die für das Projekt zuständige Mitarbeiterin der Stadt erklärt übrigens, sie sei schon gefragt worden, ob es nicht umgekehrt heißen müsse: »Cities4Migrants«. Die Frager haben ja recht! Weil ohnehin alles in diese Richtung läuft, Wohnungen »4Migrants«, Sozialleistungen »4Migrants«, Kindergärten und Schulen (ohne Schweinefleisch) »4Migrants«, kostenlose Verkehrsmittel »4Migrants«, neue Gebisse »4Migrants«, Gebetsräume »4Migrants«, natürlich alles auf Kosten des Steuerzahlers, wie ja auch »Migrants4Cities«. Und mal ehrlich: Wenn Sie in ein anderes Land einwandern, erwarten Sie schließlich auch, dass man dort die Städte nach Ihren Vorstellungen gestaltet und gegebenenfalls umbaut.

* »Sehr geehrter Herr Klonovsky, eine Korrektur zu Ihrem gestrigen Beitrag: das Projekt Migrants 4 Cities kostet nicht 200 000 € sondern 850 000 €. Ob das in der Presse ein Versehen oder bewußte Auslassung war? Der Gemeinderat hat dem zugestimmt, weil das Mannheim (direkt) nix kostet – das Geld kommt ja aus Berlin.

Es grüßt freundlich
***«

* * *

Die *Welt* gibt bekannt: »Stunden nach dem Messerangriff mit zwei Toten im finnischen Turku sind Identität und Motiv des Täters weiter unklar. Die Polizei will einen terroristischen Hintergrund nicht ausschließen.« Das ist eine normale Meldung, obwohl hierzulande ca. hundert Prozent der Zeitungsleser wissen, was den Täter getrieben hat. Völlig undenkbar indes wäre die Meldung: »In Charlottesville fuhr ein Mann in eine Menschenmenge. Die Motive des Täters sind weiter unklar. Die Polizei will einen rechtsextremem Hintergrund nicht ausschließen.«

* * *

»Charlottesville: Wie faschistisch ist Amerika?«, fragen die alten Tanten beiderlei Geschlechts bei der *Zeit*. Die Frage, die sie nicht stellen und nie stellen würden, lautet: »Paris, Nizza, Brüssel, Manchester, London, Berlin, Barcelona, Turku: Wie islamistisch ist Europa?«

PS: Nicht übel übrigens diese Zeile auf *Zeit online*: »Nizza, London, Berlin – und jetzt auch Barcelona: die Zahl der europäischen Länder, die zum Angriffsziel fanatischer Lieferwagenfahrer geworden sind, wird immer größer«.

Als Satiriker würde ich allmählich über eine Sammelklage nachdenken.

* * *

»Mysteriöses Funksignal aus dem Weltall könnte das definitive Ende von Donald Trumps Amtszeit bedeuten.« (Bernd Zeller)

* * *

Interessant: Dieses Land produziert wieder politische Gefangene. Der Aktivist Michael Stürzenberger ist von der Strafkammer des Amtsgerichts München wegen »Verbreitens von Propagandamitteln verfassungswidriger Organisationen« zu einer Freiheitsstrafe von sechs Monaten verurteilt worden. Während du hierzulande einen Stadtteil verwüsten oder Oppositionspolitiker tätlich angreifen kannst, ohne dafür ernstlich zur Rechenschaft gezogen zu werden, während Gruppenvergewaltiger und Kopftreter mit Bewährungsstrafen aus dem Gericht laufen, gibt es für ein solches Delikt ein halbes Jahr Knast.

Übrigens hat mir ein Journalist einer großen Zeitung erzählt, er recherchiere gerade über die Belegung hiesiger Haftanstalten; aufgrund der Einwanderung krimineller Scharen platzten sämtliche JVA, wie man sagt, aus allen Nähten, es herrsche überdies enormer Mangel an Strafvollzugsbeamten (unser Recht will, dass es ausgebildete *Beamte* sein müssen; diese Lücke wird sich nicht so schnell schließen lassen). Letztlich lacht uns folgendes Szenarium: In den überbelegten und vor allem von rustikalen Neuankömmlingen bevölkerten Gefängnissen kommt es früher oder später zu Revolten wie in Südamerika, während viele Kandidaten ihre Haftstrafen gar nicht antreten müssen, weil im Kittchen kein Zimmer frei ist. Und wenn sich das erst mal in der Welt der Fachkräfte herumspricht, ist Ausgelassenheit praktisch garantiert! Dann können die Krankenhäuser nachziehen!

4. September

Die erste staatsbürgerliche Pflicht des aus dem Urlaub heimkehrenden deutschen Kosmopoliten besteht selbstverständlich darin, sich den als »TV-Duell« angekündigten Paarlauf der beiden Spitzenkandidaten für das längst messianische Amt des deutschen Bundeskanzlers anzuschauen. Merkel gegen Schulz, das ist wie Al Bano gegen Romina Power, wie Jakob Augstein gegen Heribert Prantl, wie Margot gegen Erich, wie Judäische Volksfront gegen Volksfront von Judäa, wie Göring gegen Eckardt, wie Horkheimer gegen Adorno. Und wir sind dabeigewesen.

Das »Duell« bescherte uns tiefe, humane Einsichten – »Im Grundgesetz steht, die Würde des Menschen ist unantastbar, nicht des Deutschen« (Schulz) – und philosophische Fingerzeige in jede Art Zukunft – »Manche Dinge sind noch nicht so, wie sie sind« (Merkel). Außerdem das basartaugliche Märchen, der Familiennachzug werde nach »Einzelfallprüfung« (Schulz) entschieden. Ferner ein Euphemismen-Limbo der beiden Kandidaten nach der Frage, auf welchen Zeitraum wir bei der sogenannten »Integration« der (ja gottlob ohnehin bestens in ihre Stammes- bzw. Religionsgemeinschaft integrierten) »Flüchtlinge« unsere willkommenskulturellen Anstrengungen zu kalkulieren hätten; es werde »sicherlich nicht in ein, zwei Jahren« zu schaffen sein (Merkelschulz). In summa: anderthalb Stunden Floskeln, Worthülsen, Gestammel, Problemverleugnung, Schönfärberei. DDR-Fernsehen zur besten Sendezeit! Nur die Moderatoren spielten nicht ganz mit, vor allem der Herr Strunz von Sat.1, der deswegen heute auch, wie uns das oppositionskritische Leitmedium bzw. -fossil *Spiegel online* mitteilt, in den sozialen Medien heftig angegangen wird. Zum Beispiel vom auf *Spiegel online* zitierten *Spiegel*-Journalisten Cordt Schnibben, einem typischen Vertreter jener »Der-Kampf-gegen-rechts-als-inneres-Erlebnis«-Bruderschaft übrigens, die unser Land so liebens- und lebenswert macht: Nazikind, DKP-Mitglied, als Westdeutscher extra ein Jahr in der DDR »Gesellschaftswissenschaften« studiert, um sich für *Zeit* und *Spiegel* fit zu machen, welcher – also Schnibben – im organisierten Chor mit Gleichgesinnten Strunz auf Twitter vorwarf, AfD-Fragen gestellt zu haben. Womit auch unser charakterfester Cordt zum Ausdruck brachte: Opposition = AfD. Wussten einige aber schon vorher, während der *Süddeutsche Beobachter* Strunz bereits einen Tag vor der Debatte als schlimmen Finger entlarvte.

Man kann von einem Zuschauer, an dem die ästhetische Erziehung des Menschengeschlechts nicht ganz folgenlos vorübergegangen ist, freilich nicht erwarten, dass er anderthalb Stunden Merkelschulz ohne schwere Gemütsverdüsterungen durchsteht (raffinierterweise harmonieren bei beiden Bild und Ton derart, dass es egal ist, ob man eins von beiden abschaltet, auch wahlweise ohne Ton oder ohne Bild gibt es immer die volle Dröhnung). Als Antidot gegen das deutsche hat sich bei mir das tschetschenische Staatsfernsehen bewährt. Tschetschenien ist halb so groß wie Belgien und hat etwa so viele Einwohner wie München, Frauen, die ausnahmslos Kopftücher tragen, und stolze bärtige Männer. Alle sprechen tschetschenisch und russisch. Das Land wird regiert von Ramsan Kadyrow, und offen gestanden schaue ich tschetschenisches TV vor allem wegen ihm. In gewisser Weise ist Kadyrow Merkel und Schulz, Führer und Herausforderer, Regierung und Opposition zugleich. Es gibt zum Beispiel die Abendnachrichten, die Sprecherin trägt natürlich ein Kopftuch, ist aber doppelt so kuhl wie Judith Rakers. Leider verstehe ich kein Tschetschenisch, weshalb ich immer nur auf Kadyrow warte, der aber verlässlich ca. alle fünf Minuten auf dem Bildschirm erscheint. Zum Beispiel, wenn er mit Wirtschaftsleuten zusammensitzt und die wirtschaftliche Entwicklung seines Landes bespricht. Oder wenn er in einer Stadt vorbeischaut, wo gerade ein Häuserblock abgebrannt ist. »Allah wollte es so, aber Kadyrow wird uns helfen«, sagt eine Frau, und im Grunde dürfte sie damit das Staatsmotto formuliert haben. Nächster Beitrag: Kadyrow besucht syrische Flüchtlinge. Dann trifft er schwarzgekleidete junge Männer, die in den Bergen leben und zum Empfang eine Gasse für ihn bilden. In der nächsten Filmsequenz redet er mit einem älteren langbärtigen Mann über offenbar Lustiges, denn beide lachen herzlich. Besonders gern lässt sich Kadyrow beim Sport filmen, wobei Sport in Tschetschenien weitgehend identisch mit Kampfsport ist. Kadyrow hat aber auch einmal, 2011 war's, in der Hauptstadt Grosny ein großes Fußballspiel veranstaltet, eine tschetschenische Mannschaft, in der nicht nur der temporäre Ehrentschetschene Lothar Matthäus, sondern auch er selber mitspielte, gegen eine Auswahl brasilianischer Beinahe- und Ex-Weltmeister (darunter Dunga, Romário, Bebeto und Giovane Elber). Brasilien gewann 6:4 – Allah wollte es so –, aber Kadyrow schoss zwei Tore.

Vom sympathischen tschetschenischen »голова« (Oberhaupt, Kopf) – Kadyrow sagte einmal, er wolle sich nicht als »Präsident« anreden lassen, weil es in Russland nur einen Präsidenten gebe – schaltete ich schließlich entspannt zurück zum deutschen Gesinnungskuscheln. Kanzlerin und Herausforderer einigten sich gerade darauf, »verliebt ins Gelingen« (Schulz) zu sein (»Liebe / kennt der allein, der ohne Hoffnung liebt«; Schiller, *Don Carlos*). Womit sie sich von den feindlich-negativen Gestalten des Neuen Forums und des Demokratischen Aufbruchs distanzierten. Schulz distanzierte sich dann noch extra von Donald Trump (man sollte den Trump-Hass verstehen; viele Transatlantiker fühlen sich heutzutage schrecklich unbehaust ohne ein wärmendes amerikanisches Rektum). Ich musste an den US-Wahlkampf denken – diese kontroversen Positionen, dieser Streit, dieser Schmutz! Und am Ende siegt der Schmutz! – und fühlte mich doch säuisch wohl im Seim einer sozialdemokratischen Konsensdemokratur. Festlich klang die Sendung aus mit der Aufforderung an die Bürgerinnen und Bürger, die Kandidaten der Nationalen Front zu wählen. Ich weiß nicht, warum, aber ich musste danach wieder umschalten, Kadyrow gucken. Vielleicht bin ich selber verliebt ins Gelingen …

Ein Zwischenruf aus den Ferien

Bertelsmann-Studie: »96 Prozent der Muslime stehen hinter der erfolgreichen Sozialpolitik der Parteien- und Staatsführung!«

Spiegel online: »Nach monatelangem Schweigen äußern sich auf einmal auffällig viele Politiker zum Thema Flüchtlinge. Was steckt hinter dem Sinneswandel?«
Nach minutenlangem Schweigen äußern sich auf einmal auffällig viele »Titanic«-Offiziere zum Thema Wassereinbruch. Was steckt hinter dem Sinneswandel?

Wer zerstörte das siebentorige Theben? In den Büchern stehen die Namen von Königen. Hatten sie nicht wenigstens einen CDU-Generalsekretär bei sich? So viele Fragen …

5. September

Wie so oft stellt ein alter weißer Mann die richtigen Fragen. »Als die Muslime ihr Weltreich eroberten, errichteten sie die größte und langlebigste Sklaverei der Weltgeschichte«, schreibt der Historiker Egon Flaig, Ordinarius für Alte Geschichte an der Universität Rostock, in seinem Buch *Weltgeschichte der Sklaverei* (C. H. Beck, 2011). Die muslimische Sklaverei sei aber seit dem 19. Jahrhundert beschönigt – man denke an die verschwiemelte Haremsromantik in der europäischen Kunst – und inzwischen nahezu zum Tabu erhoben worden. Während die Sklavenhaltung der Weißen, speziell in den USA, zu Recht am Pranger steht, in Filmen und durch Denkmale an sie erinnert wird, während engagierte Linksextremisten in Übersee ihre Taliban-Instinkte an Konföderierten-Denkmalen ausleben – der Glaube an den Weihnachtsmann ist dort durch jenen ersetzt worden, es sei im amerikanischen Bürgerkrieg vor allem um Sklavenbefreiung gegangen –, stehen nirgendwo Monumente »für den riesigen Teil versklavter Afrikaner, welcher nicht exportiert wurde, sondern in den großen Versklaverstaaten verblieb«, notiert Flaig. »Und wo sind die Denkmale für den Export in die islamische Welt? Für die neun Millionen, welche durch die Sahara verschleppt wurden und die mindestens acht Millionen, die über den Indischen Ozean und das Rote Meer gingen?«

Solche Fragen seien unerwünscht. Doch indem man jene 17 Millionen Versklavten leugne, spreche man ihnen den Status ab, ebenso Opfer zu sein wie ihre zwölf Millionen Leidensgenossen, die nach Amerika deportiert wurden. »Warum?«, fragt Flaig. »Sind die Menschen von minderem Wert? Zwischen afrikanischen Ethnien waltet ein kräftiger Rassismus; doch was darf er ungestraft anrichten?« Das Leugnen gehe jedoch noch viel weiter; verschwiegen werde ganz bewusst, dass Afrikaner Afrikaner verkauften. »Und es wird beharrlich geleugnet, daß es Afrikaner waren, die jene fast 30 Millionen Exportierten versklavten.«

Überhaupt kein Thema in den von Schuldvorwürfen an die Weißen bestimmten sogenannten Debatten sei, dass «die westliche Kolonialisierung – und nur sie – die Sklaverei in Afrika beendet hat, in mühsamem Kampf gegen die afrikanischen Eliten und Versklaver-Ethnien». Inzwischen verbinden sich die Schuldzuweisungen bekanntlich mit Wiedergutmachungsforderungen. Groteskerweise, so Flaig, seien es »großenteils die Angehörigen der ehemaligen Versklaver-Ethnien«, die heute in der Opferrolle auftreten. So habe Ali Mohamed Osman Yasin, Justizminister des Sudan, auf der Durban-Konferenz 2001 Entschädigungen gefordert, als Regierungsmitglied eines Landes, »wo Schwarze seit über 30 Jahren erneut versklavt werden«.

Aber warum richten sich diese Wiedergutmachungsappelle ausschließlich an die weiße Welt? Die Antwort ist simpel: Weil dort – und nur dort – sowohl das schlechte Gewissen als auch die nötigen Gelder existieren, um zur Kasse gebeten resp. zur Ader gelassen werden zu können. Die muslimischen Sklavenhalternachkommen besitzen zwar, was die Ölstaaten betrifft, noch mehr Geld, aber der »Tarantel-Biss« (Nietzsche) des schlechten Gewissens, der Protestanten und deren Nachfahren unheilbare psychische Schäden zufügen kann, ist für fromme Diener Allahs bekanntlich vollkommen ungefährlich, sie spüren ihn nicht einmal. Zumal die Sklaven ja fast ausschließlich Ungläubige, also ohnehinnige Höllenkandidaten waren. Aber die närrische westliche Idee der Gerechtigkeit lässt immerhin die Frage zu: Falls die weißen Sklavenhalternachfahren Entschädigungen zahlen, die sich im hohen Milliardenbereich bewegen würden, warum dann nicht die anderen? Flaig: »Wieviele Billionen haben dann die moslemischen Länder des Sahel an ihre südlichen Nachbarn zu zahlen, und wieviele die nicht-islamischen Kriegerethnien an ihre Nachbarn? Wieviele Billionen müssen die Suaheli an ihre Opfer zahlen? Ganz zu schweigen von den ungeheuren Summen, mit welchen die Kernländer des Islam ihre Schuld gegenüber Schwarzafrika tilgen müssten.«

Hier stoßen wir auf die nächste Falle der selektiven Erinnerung. Warum ist bei der Sklaverei immer bloß von Schwarzafrika die Rede? Auch Indien, belehrt uns der Historiker, könne »riesige Reparationsforderungen an Afghanistan, Pakistan, Persien und Usbekistan stellen« – eine amüsante Vorstellung: Reparationsforderungen an Afghanistan, aber darf ich bei dieser Gelegenheit daran erinnern, dass Hindukusch »Hindu-Mörder« bedeutet, zumindest in der Lesart des Forschungsreisenden Ibn Battuta, der im 14. Jahrhundert die gesamte islamische Welt durchquerte und den Namen auf die zahlreichen Hindu-Sklaven zurückführte, die bei ihrer Verschleppung in diesen Bergen ums Leben kamen. Einige Forscher wollen inzwischen zwar herausgefunden haben, dass sich »Kush« aus dem Sanskrit ableitet und der Name schon lange vor der Entstehung des Islams bekannt war, was freilich nicht das Geringste am Sachverhalt ändert; »brav« bedeutete früher auch einmal »tapfer«. Ferner, listet Flaig auf, könnten Russland und die Ukraine »enorme Summen« von der Türkei, dem Irak und Persien verlangen.

Fassen wir zusammen: Sklavenfang und Sklavenhandel wurden nicht primär von Weißen betrieben, sondern von Schwarzen und Muslimen; die Weißen waren vor allem Sklavenhalter. Die meisten Sklaven verbrachten ihr trostloses Leben in der muslimischen Welt. Die Idee der individuellen Freiheit ist eine exklusiv westliche, sie brachte die Sklaverei in weiten Teilen des Planeten zum Verschwinden. Aber wird die globalisierte Menschheit ihr künftiges Zusammenleben auf jene westliche Freiheit gründen? Flaig: »Andernfalls war der größte Sieg in der Geschichte der Menschheit eine verebbende Welle, und unsere westliche Kultur bleibt eine Zeitinsel inmitten eines endlosen Ozeans von Unfreiheit.« Die im Westen mit selektiver Erinnerung einen Neuanfang nehmen könnte.

7. September

Gestern gab es den AfD-«Wahlkampfhöhepunkt« im lauschigen Pforzheim, mit Alice Weidel, Alexander Gauland und der dem Merkel-Wahlverein spätentsprungenen Erika Steinbach als Hauptrednern. Ich muss den regelmäßigen Besuchern meines kleinen Eckladens nicht umständlich erklären, wie sehr mich Partei- und überhaupt Massenveranstaltungen betrüben; erwachsene Menschen, die »Martin! Martin! Martin!« oder »Höcke! Höcke! Höcke!« oder »De-De-Err! Un-ser-Va-ter-land!« skandieren, sind mir zutiefst fremd (sogar die Dortmunder Südtribüne mag ich nur aus der Ferne). Gleichwohl wurde ich Zeuge einer berichtenswürdigen, ja buchenswerten Veranstaltung, es war kein abgezirkelter Konformistenauflauf wie bei den Etablierten, sondern echtes Oppositionskino, samt der üblichen Gegendemonstranten (ich werde diesen

Menschenschlag nie verstehen, haben die wirklich nichts Besseres zu tun?), wobei deren gemeldete Zahl wahrscheinlich unter Einbeziehung der Raucher von drinnen zustande kam. Der Andrang dort wiederum war so enorm, dass die – zuvor von einer Trennwand verdeckte – Empore den Besuchern geöffnet werden musste. Die Redner brachten den Saal, wie man sagt, zum Kochen – hätte ein Wahrheits- und Qualitätsjournalist die Formulierung nicht schon für einen Sarrazin-Auftritt verschlissen, »ein Hauch von Sportpalast« wäre diesmal fällig gewesen, wenngleich genau das Orchestrierte und Inszenierte fehlte und die Jubler von ihrer Teilnahme an der Veranstaltung draußen eher Nachteile als Vorteile zu gewärtigen haben –; es gab Begeisterungsbekundungen ohne Ende, Zwischenrufe, immer wieder Standing Ovations, ich sah Männer mit Tränen in den Augen, und obwohl sich die Veranstaltung über drei Stunden zog, verließ keiner den Saal. Ich habe den Eindruck, viele Westdeutsche erleben gerade ihr 1989. Die Parallelen sind ja unverkennbar.

Ich hatte mich extra auf einen der Presseplätze gesetzt, weniger aus Nostalgie denn aus Neugier, wie man dort die Kirmes wahrnehmen werde. Es waren viele Journalisten und TV-Teams da, auch viele ausländische, und eines haben die meisten davon an diesem Abend, wie indigniert auch immer, begriffen: Das ist nicht mehr aufzuhalten und schlechtzuschreiben. Da ging mehr ab als bei den anderen Parteien. Das war echte Begeisterung, und das war auch nicht die Veranstaltung einer Truppe, die mit einem einstelligen Wahlergebnis in den Bundestag einziehen wird. Das kannst du politisch für grundverkehrt halten, aber es stinkt nicht nach Verrat und klebt nicht vor Heuchelei. Den besten Satz des Abends sprach Waldemar Birkle, Russlanddeutscher und Direktkandidat für den Wahlkreis Pforzheim: »Wenn Sie diese Regierung nicht austauschen, wird diese Regierung Sie austauschen.«

Ich fragte eine noch recht junge, eifrig Mitschreiberin, für welches Medium sie denn arbeite. »Und Sie?«, erkundigte sie sich, nachdem sie es mir verraten hatte. »Die Fackel, Wien«, erwiderte ich. Ihre Miene blieb vollkommen unbewegt. Irgend so ein neues Online-Magazin, mag sie gedacht haben. Oder sie war richtig cool und hat sich gedacht: Sie glauben doch nicht im Ernst, Sie komischer Vogel, dass ich mich von Ihnen hier hochnehmen lasse.

* * *

Wenn das Haus Ihres Nachbarn von einer Flutkatastrophe zerstört wird und Sie dem vom Schicksal Heimgesuchten ein Obdach geben, sind Sie ein guter Mensch. Wenn Sie den Nachbarn dann noch längere Zeit beherbergen und versorgen, sind Sie ein sehr großzügiger Mensch. Wenn der Nachbar Ihr Haus nicht mehr verlassen will, nachdem die Flut vorüber ist, sondern weiter auf Ihre Kosten zu leben gedenkt, und Sie lassen sich das bieten, dann sind Sie ein fast krankhaft selbstloser Mensch. Wenn Sie ihn immer noch bewirten, nachdem er begonnen hat, sich in Ihr Leben einzumischen, Ihre Sitten zu missachten oder zu verurteilen und von Ihnen verlangt, dass Sie alte Gewohnheiten aus Rücksicht auf ihn ablegen, gewisse Speisen nicht essen sollen, dann sind Sie vermutlich ein bisschen irre. Wenn Sie obendrein noch klaglos hinnehmen, dass er immer mehr Zimmer in Ihrem Haus für sich beansprucht und Sie aggressiv behandelt, weil Sie unrein sind und zum falschen Gott beten, brauchen Sie dringend Hilfe. Wenn Sie dennoch darauf bestehen, dass er bleibt, auch wenn er Ihrer Tochter an die Wäsche geht, im Keller Waffen zu horten beginnt und mit Gewalt droht, sollten Sie ihn nicht mit gleichen Rechten in

Ihren Mietvertrag einsetzen, dann sind Sie komplett wahnsinnig, und Ihnen ist kaum mehr zu helfen.

Und wenn Ihnen die Hausverwaltung im Namen des Bürgermeisters erklärt, Ihr ehemaliger Nachbar und neuer Mitmieter verhalte sich völlig angemessen, er habe dasselbe Recht auf Ihr Haus wie Sie und jeder andere auch, und Ihre heilige Pflicht bestehe jetzt darin, die Renovierung seiner von der Flut beschädigten ehemaligen Bleibe zu bezahlen, dann leben Sie wahrscheinlich im besten Deutschland, das es je gab.

9. September

Dieser Tage gab das Magazin *Cato* sein Debüt, vom Applaus der Meinungspluralisten umrauscht: »Römisches Rechtsaußen« (*Die Zeit*), »trübe Suppe« resp. »Ineinssetzung von Geschichtsinteresse und rechter Paranoia« (*Süddeutscher Beobachter*); »der Ton des Heftes ist umweht von Zukunftsangst« (*Tagesspiegel*). Wiederholt erfolgte der Hinweis, sämtliche Autoren des Magazins seien Männer jenseits der fünfzig, was offenbar ein Vorwurf sein soll. Wie wäre es, wenn man dieses angebliche Stigma einmal bei einer anderen Personengruppe thematisierte, auf die es nahezu hundertprozentig zutrifft: naturwissenschaftliche Nobelpreisträger?

* * *

In seinem Editorial schreibt *Tumult*-Herausgeber Frank Böckelmann (jajaja, der »Subversive Aktion«- und SDS-Böckelmann!) die zärtlichen Worte, er könne »nicht vorwegnehmen, wozu sich der untröstliche, der neoreaktionäre Mensch aufraffen wird. Uns gehen der Ort, die Herkunft und die Nähe verloren,

Eingedenken, Einfalt als Bedingung von Vielfalt, Sprache, die mehr ist als Übersetzung aus dem Globischen, am Ende wohl noch das Unwiederbringliche: Sterblichkeit. Kein Opfer ist groß genug, keine Vergeltung angemessen, um den Mächten der Entgrenzung diesen Verlust heimzuzahlen.«

* * *

Die Bundessprecherin der Linksjugend, Sarah Rambatz (kandidiert auf Listenplatz 5 für den Bundestag), hat bei Facebook um »antideutsche« Filmempfehlungen gebeten; sie suche »grundsätzlich alles, wo Deutsche sterben«. Auf den einsetzenden *shitstorm* reagierte die Hamburgerin harmvoll und schockiert; sie bat sogar um Polizeischutz. »Verstehe ich gar nicht«, notiert Hadmut Danisch auf seinem Blog. »Wenn sie so auf Filme steht, in denen Deutsche sterben, warum ruft sie dann bei Morddrohungen die Polizei, anstatt einfach ein Selfie zu drehen?«

12. September

Die wie aus dem Nichts erhobenen polnischen Reparationsforderungen für die Weltkriegszerstörungen sind natürlich nichts anderes als eine Replik auf den Druck, den die von Merkel angeführte Willkommensjunta auf die Osteuropäer bei der Verteilung der sogenannten Flüchtlinge ausübt. So bösartig ich die polnische Politik der Zwischenkriegszeit finde – die Zwangspolonisierung der deutschen Beutegebiete, die Vertreibung von etwa einer Million Deutscher aus dem »Korridor«, die außenpolitische Provokationslust des frechen Pimpfs, der die beiden erfahrenen Raufbolde Frankreich und England hinter sich wähnt, samt seiner lächerlichen Träume, auf Berlin zu marschieren –, so sehr amüsiert es mich doch, dass die Polen der Moralherrenmenschin in der völlig neuen Reichskanzlei jetzt Instrumente aus deren eigener hypermoralischen Folterkammer zeigen. Ich erinnere in diesem Zusammenhang an ein Transparent, das bei einem deutsch-polnischen Sportwettbewerb vor einem Jahr im Block der Polen entrollt wurde und auf dem geschrieben stand: »Beschützt lieber eure Frauen statt unsere Demokratie«.

Der Pole ist halt ein unbelehrbarer Nationalist und will nicht mal seine Weiber teilen. Und der maskuline Neueuropäer muss sich wohl mit jenem Repertoire begnügen, das in Millöckers Operette *Der Bettelnafri* so beschrieben wird:

Ich knüpfte manche zarte Bande,
Studierte die Pariserin,
Die schönsten Frau'n im Sachsenlande,
In Deutschland, Ungarn und in Wien.
Ich kenn' der Frauen Reiz im Süden,
Neapel, Rom, Florenz, Madrid,
Drang auch bis zu den Pyramiden,
Nahm Afrika zum Teil noch mit!
Hab' an des Ganges Strand gesessen
Und tauschte dort gar manchen Kuss.
Ich liebelte bei den Tscherkessen
Mit schönen Frau'n des Kaukasus.
Noch schöner schien mir die Kreolin,
Doch all die Schönheit schnell verbleicht,
Wenn man dagegen hält die Polin –
Der Polin Reiz bleibt unerreicht!

Was in diesem Falle heißt: unerreichbar. Einstweilen zumindest. (Die Ungarin übrigens auch.)

PS: »Und ich, Pan Klonovsky,«, schreibt Leser ***, »füge noch die Zeilen aus Nedbals Operette *Polenblut* hinzu: ›So lang's noch solche Frauen gibt, so lang's noch solche Frauen gibt, ist unser Polenland, ist Polen nicht verloren!‹«

* * *

Quizfrage am Rande: In welchen europäischen Ländern hat sich in den vergangenen zwei Jahren die Zahl der Vergewaltigungen nicht signifikant bzw. sprunghaft erhöht? Freilich werden unsere Willkommenskulturbolschewisten darauf insistieren, dass ja nur ein Minderheit der uns Zugelaufenen sich zu Straftaten oder gar Gewaltverbrechen hinreißen lässt, nur ein paar Zehntausend unter Hunderttausenden, dass namentlich die Zahl der Todesopfer denkbar niedrig sei und alles andere ja mit der Zeit heile. Und außerdem viele unverhofft Hereingeschneite vor allem Gewalttaten gegen andere Hereingeschneite begingen, mithin also oft nicht einmal Deutsche Opfer der überreagierenden Neumitbürger würden (wobei die Deutschen immerhin neben der gesamten Versorgung der Früchtchen regelmäßig die Aufräumarbeiten, die Polizeieinsätze und die Krankenhauskosten, in selten Fällen sogar die Betreuung durch Strafvollzugsbeamte bezahlen müssen; sie wurden aber bereits vor zwei Jahren darauf eingestimmt, zwecks dauerhaft großherziger Gästeversorgung später in Rente zu gehen). In einem Satz: Wo geholfen wird, da fallen halt Späne, und das sei kein Grund, gleich die gesamte Hilfe einzustellen (und auf den moralischen oder pekuniären Profit zu verzichten). Ein ethisches Dilemma, gewiss. Donald Trump hat es, wie ich finde, sehr überzeugend gelöst, als er in seiner Rede auf der Conservative Political Action Conference am 24. Februar dieses Jahres in Washington erklärte: »Ich werde mich nie, niemals dafür entschuldigen, die

Sicherheit des amerikanischen Volkes zu beschützen. Das werde ich nicht tun. Und falls das bedeutet, dass ich eine negative Presse bekomme, falls das bedeutet, dass Menschen schlecht von mir reden, ist das okay. Es stört mich nicht. Die Sicherheit unseres Volkes ist Nummer eins, Nummer eins …«

14. September

Wann begann der erste Kreuzzug? 1095. Wann endete der letzte? 1272.

Wann begann der Dschihad gegen das christliche Europa? Um 630.

Wann endete er?

15. September

Die *Welt* meldet: »Deutsche Ökonomen machen Front gegen die AfD: Sollten die Rechtspopulisten in den Bundestag einziehen, würde die Wirtschaft Schaden erleiden.« Mehr als das! Es drohen Dürren, Heuschrecken, Dunkelflaute, Schändung der Erstgeburt, und es wird sehr wahrscheinlich sogar ungekochte Frösche regnen!

* * *

»Es kommt darauf an, wie man Kreuzzug definiert«, schreibt Leserin *** zu meinem gestrigen Vergleich jener zeitlich ziemlich exakt umrissenen kriegerischen Epoche mit dem zeitlich unbegrenzten Dschihad. »Im ganz engen Sinn betrachtet mag das richtig sein. Im weiteren Sinn gab es jedoch fortlaufend Angriffe und brutale Unterdrückung des christlichen Europa gegen islamische Länder, u.a. die Kolonisierung weiter Gebiete des islamischen Raumes, der Napoleonfeldzug gegen Ägypten, vor allem britische und französische Besatzung weiter Teile des arabischen Raumes, der französische Algerienkrieg. Am schlimmsten wirkt bis heute die umstrittene Landnahme Israels, der illegale Siedlungsbau, das Einsperren eines ganzen Volkes. Der radikal islamische Teil der Palästinenser, die Hamas, wurde anfangs z.T. durch Israel gefördert nach dem Motto ›Teile und Herrsche‹. Verheerend sind die brutalen Kriege des Westens gegen mehrere Länder des Nahen Ostens seit ca. 16 Jahren, zwar unter Hauptbeteiligung der Amerikaner, jedoch stets auch durch Europäer unterstützt. Dies alles weglassen zu wollen, ist beschämend und falsch. (...) Das Leid, welches das christliche Europa der islamischen Welt vor allem in den letzten 20 Jahren – aber auch davor – zufügte (Einmischung in den Iran in den 50er Jahren, als der Westen half, das Schah-Regime zu installieren usw.), ist ungleich und bei weitem größer als das Leid, das Islamisten jetzt dem christlichen Abendland durch schreckliche Attentate zufügen. Dies nicht zu sehen, offenbart schon sehr viel Blindheit.«

Dazu ist einiges zu sagen.

Erstens: Auf Israel-Kritik lasse ich mich erst ein, wenn die jüdische Weltherrschaft endlich durchgesetzt ist. Ob dieses in der muslimisch-orientalischen Landmasse einen kaum wahrnehmbaren, wenngleich als religiöse Wetterecke legendären Raum beanspruchende Land, das zu einem Fünftel von Moslems besiedelt ist und diesen mehr Rechte zugesteht als umgekehrt jeder muslimische Staat seinen ethnisch-religiös andersgearteten Minderheiten, das der einzige halbwegs funktionierende Rechtsstaat in dieser Weltgegend ist, eine funktionierende

Wirtschaft aufgebaut, die Wüste zum Blühen gebracht und sich gegen die Angriffe seiner Nachbarn militärisch erfolgreich verteidigt hat, weshalb es von diesen gehasst wird, ob dieses Land denn also für das Fortbestehen resp. die Wiedergeburt des Dschihad hauptverantwortlich gemacht werden kann, bezweifle ich.

Zweitens: Fassen wir den gesamten historischen Zeitraum ins Auge, weil es zum heutigen Beschwichtigungs-Repertoire gehört, dies genau nicht zu tun. Die islamischen Eroberungszüge gegen die christliche Welt im Allgemeinen und das Abendland im Besonderen begannen nach herkömmlicher Lehre im 7. Jahrhundert mit ersten Siegen gegen die Byzantiner und haben bis heute, trotz der großen Unterbrechung im 19. und 20. Jahrhundert, nicht aufgehört. 711 landeten die Araber in Gibraltar, ein paar Jahre später hatten sie die gesamte iberische Halbinsel erobert, die jahrhundertlang zu erheblichen Teilen islamisch blieb, begleitet von regelmäßigen Feldzügen in die christlichen Gebiete. Südspanien blieb bis 1492 muslimisch, dann siegte die Reconquista. Kurz zuvor hatten die Osmanen Konstantinopel erobert, womit das gesamte ehemals christliche Kleinasien in ihre Hände gefallen war; Ende des Jahrhunderts gehörte ihnen fast der gesamte Balkan, im 16. Jahrhunderts kamen Ungarn, Siebenbürgen und Bessarabien dazu. 1529 und 1683 standen die Türken vor Wien. Die Türkengefahr hing als eine konstante Drohung über der europäischen Neuzeit.

Dieser Prozess war von hunderten Schlachten und ungezählten Opfern begleitet. Im Hochmittelalter »litt das winzige Resteuropa fast ein Vierteljahrtausend lang unter der geopolitischen Drohung, zur sklavenliefernden Peripherie des größten sklavistischen Systems der Welt zu werden«, schreibt der Historiker Egon Flaig in seiner *Weltgeschichte der Sklaverei*, und zwar vom 8. bis zum 12. Jahrhundert. Am Sklavenhandel beteiligten sich zwar auch germanische Völker, die Wikinger etwa, und viele Slawen fielen ihm zum Opfer, aber verschleppt wurden die Unglücklichen fast ausnahmslos in die islamische Welt. Im Frankenreich war es verboten, Christen an nichtchristliche Händler zu verkaufen. Wenn das fränkische Reich politisch zusammengebrochen wäre, spekuliert Flaig, wäre das christliche Resteuropa »eine ständig heimgesuchte Zone für kriegerische Versklaver« geworden und hätte ein ähnliches Schicksal erleiden können wie Afrika. Die Weltgeschichte hätte einen anderen Verlauf genommen. (Es waren übrigens immer und überall Christen, die die Sklaverei abschafften.)

Am Rande: Als Papst Urban II. 1095 zum Kreuzzug aufrief, war das eine direkte Reaktion auf die Eroberung Kleinasiens (und Armeniens) durch die muslimischen Seldschuken, die dort ganze Städte auslöschten – 1067 wurde Caesarea niedergebrannt, 1069 Ionicum, 1064 die armenische Hauptstadt Ani –, während zur gleichen Zeit christliche Jerusalem-Pilger mit Regelmäßigkeit und in großer Zahl verschleppt oder massakriert wurden.

Das Abendland hat sich des tausend Jahre auf ihm lastenden Eroberungsdrucks schließlich entledigt. Was den Okkupanten auf unmittelbar kriegerischem Wege nicht gelang, könnte nun auf dem Weg der Einwanderung und der demografischen Konkurrenz gelingen: die allmähliche Verwandlung Europas in einen Bestandteil der *Umma* bzw. seine Überführung ins »Haus des Friedens«. Der Befehl zur Weltmission ist im Islam angelegt, diese bedarf keines Steuerungszentrums, sondern allenfalls kalifenartiger Anführer und Geldgeber (Erdogan, die Saudis etc.), wobei sich dank großzügig gewährter Sozialleistungen an Einwanderer inzwischen auch der deutsche Steuerzahler an der

Vergrößerung der *Umma* beteiligen darf. Oder muss. Während Europa allmählich in seine nachchristliche Ära eintritt, ist die Entwestlichung und Re-Islamisierung des Morgenlandes im vollen Gange, was sich auch unter den in Europa lebenden Muslimen herumspricht, von denen die meisten ohnehin nie gewillt waren, die Gesetze ihres Glaubens den weltlichen unterzuordnen. Die von Muslimen dominierte englische Stadt Blackburn oder der doppelt so große Londoner Stadtteil Tower Hamlets sind zwei Beispiele, die den Weg in die Orientalisierung weisen, es gibt hinreichend viele deutsche, schwedische, belgische, niederländische und französische Stadtteile, wo es ähnlich aussieht. Auch wenn dieser Prozess friedlich abläuft wie in Blackburn: Ich will so nicht leben.

Drittens: Es ist richtig, dass seit Napoleons überraschendem Feldzug nach Ägypten anno 1798 »der Westen« – also Engländer und Franzosen; wir trotz gewisser Panthersprünge ja nicht – in dieser Weltgegend Unfrieden gestiftet und diese Länder in Abhängigkeit oder unter seine Fuchtel gebracht hat. Engländer und Franzosen stießen in das Machtvakuum, welches der Niedergang des Osmanischen Reiches hinterließ, und ihre Grenzziehungen waren oftmals nicht glücklich. Das waren allerdings keine Kreuzzüge im Namen Gottes mehr; diesen Drall bekam die westliche Politik erst wieder in der jüngeren Gegenwart durch den missionarischen Impetus der USA. Es war sehr clever von den Amerikanern, die weltweite Stillung ihres Rohstoffhungers als Demokratieexport und ihre Einmischung in die inneren Angelegenheiten anderer Staaten als Durchsetzung der Menschenrechte zu verkaufen, aber im Verkaufen waren sie ja immer gut. Während allerdings die Osmanen den Europäern in jeder Hinsicht unwillkommen waren, besonders die janitscharischen Kinderdiebe, hinterließ das

Ausgreifen des Westens auf die muslimische Welt dortzulande einen ambivalenten Eindruck. Mit Muhammad Ali Pascha, der 1811 die Herrschaft in Ägypten übernahm, begann der gezielte Import westlicher Ideen, westlicher Technik und westlicher Logistik in den Orient, der gewissermaßen aus einem Dornröschenschlaf erwachte. Was wiederum die religiösen Eiferer auf den Plan rief. Für die Araber bedeutete die deprimierende militärische und technische Überlegenheit der Europäer, die sich um ihr Territorium stritten, einen Schock. In Ägypten entstand damals eine islamische Bewegung, für die sich fast 200 Jahre lang kein westlicher Stratege interessierte: der Salafismus.

Aber hatte der Westen dem Morgenland nichts zu bieten? Im Monty Python-Film *Das Leben des Brian* wettert ein jüdischer Rebell: »Die Römer haben uns ausbluten lassen, sie haben uns alles genommen, was wir hatten. Und unseren Vätern! Was haben sie dafür als Gegenleistung erbracht?« Nach beifälligem Gemurmel und einer kurzen Pause geben seine Mit-Zeloten die Antworten: »Den Aquädukt. – Und die sanitären Einrichtungen. Weißt Du noch, wie es früher in der Stadt stank? – Und die schönen Straßen. – Medizinische Versorgung. – Schulwesen. – Und den Wein. – Die öffentlichen Bäder. – Und jede Frau kann es wagen, nachts die Straße zu überqueren. Die können Ordnung schaffen, denn wie es hier vorher ausgesehen hat, davon wollen wir ja gar nicht reden.« Heute sind wir daran gewöhnt, den Kolonialismus ausschließlich negativ zu betrachten, aber das ist unfair und historisch falsch.

Nach dem Ersten Weltkrieg durchfuhr ein Säkularisierungsschub den Orient. Die Türkei wurde 1923 unter Kemal Atatürk zum ersten laizistischen Staat in der muslimischen Welt. Atatürk erklärte den Islam für rückständig und schädlich, er brach die Macht der Rechtsgelehrten, ließ die Koranschulen schließen, verbot Schleier, Kopftücher, Fes und erklärte Turbane sowie Bärte für unerwünscht. Er beendete die Polygamie und verschaffte den Frauen das Recht, zu wählen und politische Ämter zu bekleiden. Auch im Iran und sogar in Afghanistan wurden Kopftücher, Schleier, Turbane und Bärte verboten. Überall in der muslimischen Welt machte das Zauberwort »Entwicklung« die Runde.

Heute haben sich die Verhältnisse umgekehrt. Der Rollback begann in Pakistan mit der Hinrichtung des laizistischen Premierministers Zulfikar Ali Bhutto durch islamistische Putschisten anno 1979. In Afghanistan spülte der Einmarsch der Sowjetunion die Radikalen an die Macht. Den Iran verwandelte Ajatollah Chomeini im selben Jahr in eine Islamische Republik. In Algerien bildete sich die Islamische Heilsfront, in Palästina löste die Hamas die PLO ab. In Ägypten, Syrien und im Irak kämpften die Muslimbrüder gegen die autokratischen Regierungen. Der »Arabische Frühling« demonstrierte vor allem das Erstarken der Islamisten in all diesen Ländern.

Auch die Türkei hat unter Recep Tayyip Erdogan wieder einen islamischen Weg eingeschlagen. Erdogan hatte 1998 in einer Rede zustimmend aus einem religiösen Gedicht zitiert: »Die Demokratie ist nur der Zug, auf den wir aufsteigen, bis wir am Ziel sind. Die Moscheen sind unsere Kasernen, die Minarette unsere Bajonette, die Kuppeln unsere Helme und die Gläubigen unsere Soldaten.« Ein türkisches Gericht verurteilte ihn deshalb wegen »Aufstachelung zur Feindschaft« zu zehn Monaten Gefängnis und lebenslangem Politikverbot. Fünf Jahre später wurde er Ministerpräsident. Heute hat er sich zum Alleinherrscher erhoben und die Demokratie faktisch beendet.

Die Dschihadisten haben die Verwestlichung überstanden, und nun kehren sie den Prozess um. Es ist ihnen gleichgültig, ob sie Juden, Christen, Heiden oder dekadente Demokraten bekämpfen; ihnen geht es um die Vergrößerung der Schar der Rechtgläubigen und der *Umma*. Ernst Nolte hat den Islamismus als dritte radikale Widerstandsbewegung gegen den Liberalismus klassifiziert, nach dem Kommunismus und Faschismus-Nationalsozialismus. Dass die USA mit ihrem grausamen Irak-Boykott nach dem ersten und dem auf kriminelle Weise angezettelten zweiten Golfkrieg – merke: Nur ein verlorener Krieg kann ein verbrecherischer sein – die Bestie IS erst geweckt haben, dürfte unbestritten sein; dass sie in Syrien und vor allem durch die Zerstörung Libyens nichts als Unheil angerichtet haben, desgleichen. Aber: War es nur dumm? Oder steckt etwas dahinter?

Regierte heute die kriegsgeile Hillary Clinton, stünde Syrien noch mehr in Flammen, würde der Ukraine-Konflikt längst wieder auflodern, herrschte ein neuer Kalter Krieg gegen Russland. Ich verrate niemandem etwas Neues, wenn ich darauf hinweise, dass die amerikanische Außenpolitik als Ganzes betrachtet werden muss und alles, was amerikanischerseits in Nordafrika geschieht, im Zusammenhang mit Russland (bzw. vorher der Sowjetunion) und China zu sehen ist. Wenn wir etwas aus den vergangenen hundert Jahren amerikanischer Außenpolitik gelernt haben, dann dass die USA an Friedensschlüssen im Sinne der herkömmlichen Diplomatie nicht interessiert sind und jedes Land, das sie einmal besiegt oder »befreit« haben, in einem rechtlich nicht ganz geklärten Abhängigkeits- oder Vasallenstatus halten, der sich am offensichtlichsten in der Stationierung von Truppen und Atomwaffen zeigt. Inzwischen gehört auch die elektronische Überwachung sämtlicher Verbündeter zum Repertoire. Die USA wollen eine unipolare Welt; fragen Sie mich nicht, warum. Aber: *Die* USA, das stimmt gar nicht. Einflussreiche Kreise wollen es, weil sie sich Vorteile davon versprechen. Der aktuelle Präsident scheint es nicht zu wollen.

Trump hat auf einer Wahlkampfrede in Ohio im 15. August 2016 gesagt: »Falls ich Präsident werde, wird die Ära des Demokratieexports beendet sein.« Auf die Frage, ob der Irak-Krieg ein Fehler war, antwortete er: »Had our politicians all gone to the beach and enjoyed the sun, we would be in a much better position now«. Und auf den Einwurf, Putin sei ein Killer, entgegnete Mr. President: »There are a lot of killers. Do you think we are so innocent?« Ein bislang unerhörter Ton ist mit diesem Mann in die amerikanische Öffentlichkeit eingezogen, und es gehört zu den pikanteren Verblendungen unserer Tage, dass ausgerechnet die pazifistische Linke ihn so vehement ablehnt.

Sucht Deutschland bzw. Europa eine größere Nähe zu Russland (ich rede hier nicht von Freundschaft, Ermahnungen zur Menschenrechtseinhaltung und all den anderen Sentimentalitäten, die man hier gern mit Politik verwechselt), kann es sein, dass sich in Amerika diejenigen Kräfte durchsetzen, die das mit allen Mitteln verhindern wollen. Sie werden wahrscheinlich den Ukraine-Konflikt befeuern, den ehemals von der UdSSR satrapisierten Osteuropäern Angst machen und ihnen Sicherheit anbieten, nebenbei die Türkei stärken und, als wichtigste Waffe – wenn diese Theorie denn stimmt, ich halte sie zumindest nicht für abwegig – die Konflikte in Nordafrika anheizen, damit die Flüchtlingsströme nicht abreißen und das europäisch-deutsche Willkommensprojekt nicht erlahmt. Lange haben viele linke und rechte Europäer die USA etwas einseitig als ein rohstoffgieriges, unter dem Vorwand der Menschenrechte weltweit Konflikte schürendes, bedenkenlos andere Staaten destabilisierendes Land betrachtet; spätestens seit Trump wissen wir, dass es auch ein eher friedfertiges, sich selbst genügendes, weder an einer Bevormundung seiner Bündnispartner noch an der demokratischen Bekehrung störrischer Völker mittels Bomben und Raketen interessiertes Amerika gibt. Die Frage ist: Wie lange hält der Damm – Katechon? – Trump?

Im Gegenzug für Wohlverhalten und Gefolgschaft offeriert der Hegemon Schutz. Was uns Russland und China verheißen, ist unklar. Beide sind keine Partner für zarte Gemüter, man weiß nicht, welcher Bär nach Putin kommt, und die Chinesen könnten mit den alten Kolonialmächten noch einige Rechnungen offen haben. Die Osteuropäer sind gespalten; sie hätten schon gern das christliche Russland als Verbündeten gegen den Islam und die ethnosuizidären Spinner in Westeuropa, fürchten aber den einstigen Hegemon, der zu Sowjetzeiten nicht im Ansatz so erträglich war, wie die USA es sind, und empfinden eher antirussisch, vor allem die Polen und Balten. Dass die Amis den Sowjetkommunismus besiegt haben, ist ein Ruhmesblatt ihrer Geschichte, das man ihnen speziell dort nicht vergessen wird. Jeder deutsche Kanzler agiert in einem Ungewissheits- und Erpressungszusammenhang und muss sehr genau abwägen, wie er sich gegenüber den USA auf der einen, Russland auf der anderen Seite positioniert – was auch China mit einschließt. Ein starkes Europa, mit sicheren Grenzen, schlagkräftigem, bürgerkriegsabwehrtauglichem Militär und gemeinsamen Atomwaffen wäre also nicht schlecht, ist aber völlig unrealistisch. Die Briten sind schon draußen, die Franzosen nicht bereit, wirklich alles mit den Deutschen zu teilen (das ist kein Vorwurf, ich würde mit diesen Verrückten auch nichts Überlebenswichtiges teilen wollen). Die gemeinsame Währung stiftet Unfrieden, die Mentalitäten sind zu verschieden. Und die europäische Linke versucht, die Festung von innen sturmreif zu schießen und überall Brände zu legen, so dumm das von oben betrachtet auch ausschaut, aber am kommunistischen Irrweg haben die Linken ja auch bis zum Zusammenbruch festgehalten. Gleichzeitig werden über transatlantische Brücken weitere willige Helfer rekrutiert und NGOs aktiviert, die gegen die »Populisten« und andere Finstermänner arbeiten und die Völker, Traditionen sowie das Rechtsbewusstsein schleifen. Europa wird wohl gespalten und politisch eher machtlos bleiben.

Nur eine Trump-artige deutsche Regierung kann den fortgesetzten Versuch bekämpfen, Europa mit Flüchtlingsströmen zu schwächen, dadurch *nolens volens* den Einwanderungsdschihad zu fördern und diesen Prozess Durchsetzung der Menschenrechte zu nennen. Wir können uns nicht darauf verlassen, dass Trump einen gleichgesinnten Nachfolger findet; er wird die US-Politik womöglich nur kurzzeitig geprägt, aber nicht geändert haben. Deshalb muss sich Europa auf solche Eventualitäten vorbereiten, was schwierig ist, weil die humanitär drapierte Propagandamaschine läuft und von Wohlmeinens-Teufeln wie George Soros mit Geld geölt wird. Erst wenn Europa von Politikern regiert wird, die ihre Völker vor dieser Flüchtlingswelle und der jener folgenden Massenwanderung schützen, sie abweisen und zurückfluten lassen, werden interessierte Kreise in den USA auch nicht mehr in Versuchung kommen, sie als Waffe einzusetzen. Denn am Ende ist immer irgendeine Merkel bereit, die *Kerkaporta* offen zu lassen.

18. September

Der Diskriminiertenstatus ist der Ariernachweis von heute.

* * *

Alle Jahre wieder ist zum Oktoberfest-Auftakt eine Lobpreisung des Dirndls fällig. Während manch angejahrter oder *a priori* schiefgewachsener Bube in seiner Tracht ein groteskes Bild abgibt, gewinnt nahezu jede Maid, die ins Dirndl schlüpft, an Reiz. Die Tracht besitzt übrigens stärkere Integrationskräfte als sämtliche staatliche Beauftragte für Integration zusammen. Jahrein, jahraus nimmt, zumindest in meiner Wahrnehmung, die Zahl asiatischer, südeuropäischer und schwarzer Dirndlträgerinnen zu, und alle sehen fesch aus.

Binnen zweier Jahre hat sich das Oktoberfest in eine Art *Gated Community* verwandelt. Schon beim Trachtenumzug steht alle zwanzig Meter ein Polizist mit Blick in die speziell auf der Maximilianstraße nicht gerade dichten Zuschauerreihen; der Anschlag auf den Boston-Marathon hat gezeigt, dass ein Rucksack oder ein Papierkorb genügen, die Reihen noch stärker zu lichten. Die Wies'n selber ist erstaunlich leer und von einem Kordon aus Sicherheitskräften umgeben, die jeden kontrollieren, der hineinwill. Taschen in Größenordnungen oberhalb des Damenhandtäschchens sind verboten. Nachlassende Besucherzahlen und hohe Security-Kosten werden in den nächsten Jahren die Preise steigen lassen. Man wird wieder von Zelt zu Zelt spazieren und dort Platz finden können, wie es zur Zeit meiner ersten Wies'n 1992 noch normal war. Das nennt man wohl Kollateralnutzen. Ob das Gelände auch gegen Angriffe aus der Luft geschützt wird?

* * *

Der Pfarrer Friedrich Schorlemmer ist ein politischer Hochkaräter unter den hiesigen Protestonkels und -tanten. Er gehörte zu den Erstunterzeichnern des Aufrufs »Für unser Land« vom 26. November 1989, in dem sich die Initiatoren gegen »eine

Wiedervereinigung bzw. eine Konföderation mit der BRD« und für die Erhaltung einer eigenständigen DDR mit alkoholfreiem Schnapsausschank bzw. demokratischem Sozialismus »aussprachen« (*Wikipedia*) – solche Leute sprechen sich gern gegen irgendetwas aus oder rufen zu etwas auf –, so wie er sich später auch gegen eine »Ausgrenzung der PDS aussprach« (ebenda) und 1997 die »Erfurter Erklärung« unterzeichnete, die zu einem »breiten Bündnis« linker Parteien und Organisationen »aufrief« (a.a.O.).

Nun hat sich unser couragiertes Pfäfflein neuerlich ausgesprochen und zu etwas aufgerufen, und Sie ahnen gewiss, gegen wen es geht. Schorlemmer fordert die Parteien zu einem »informellen Zusammenstehen« gegen die AfD auf, bei dem aber kein »Kartellgedanke« entstehen dürfe. Es brauche »historisch kundige, rhetorisch begabte und verstehensbereite und klare Kante zeigende Demokraten im Bundestag«, erklärte er. »Unsere Demokratie steht auf dem Prüfstand.« Die AfD nutze den Frust vieler Wähler. Man dürfe diese deswegen aber nicht diffamieren, sondern müsse verstehen, warum sie so irrational reagierten, sagte Schorlemmer. Viele Versprechen seien nach der Wende nicht eingelöst worden. Und heute vergleiche man sich in Ostdeutschland nicht mit anderen ehemaligen Sowjetrepubliken, sondern mit Bayern und Baden-Württemberg.

Es ist schon drollig, wie unsere Kapaune sich verrenken. Dies informelle Zusammenstehen ist längst ein formelles Zusammenkleben geworden, ein Anti-AfD-Kartell, das den ehemaligen Zonendödel Schorlemmer an die Nationale Front der Blockparteien erinnern müsste, wenn er noch alle Altarkelche im Schrank hätte. Ein Cem Özdemir von den Grünen, die vielleicht bald eine nostalgische Erinnerung an den größten Ablasshandel nach Johann Tetzel sein werden, hat gerade erklärt, dass am nächsten Sonntag »Nazis« in den Bundestag einziehen werden und seine Zuhörer aufgefordert, »alles dafür zu tun, dass diese Brut in diesem Land nichts zu sagen hat«. So klingt es denn, wenn die Menschenfreundschaft blank zieht, weil den Toleranten der Pöstchenverlust droht. Die Demokratie in Deutschland steht in der Tat auf dem »Prüfstand«. In Ostdeutschland vergleicht »man« sich übrigens vor allem mit Duisburg, Essen, Dortmund oder Bremen und sagt sich: Solche Zustände wollen wir hier nicht. Deswegen werden immer mehr Bürger und auch Bürgerrechtler die AfD wählen, also Demokratie spielen, also nicht diejenigen im Amt bestätigen, deren Politik sie für falsch halten, weil sie die Folgen ausbaden müssen – also überaus rational reagieren. Eher irrational ist freilich Schorlemmers Suche nach »historisch kundigem« und »rhetorisch begabtem« Personal im Bundestag. Wie man an seiner delikaten Wortwahl bemerkt, ist es mit der rhetorischen Herrlichkeit aber auch auf deutschen Kanzeln offenbar nicht sonderlich weit her.

* * *

Eine Studentin der Kommunikationswissenschaften hat für ihre Arbeit zur Erlangung des *Bachelor of Arts* zum Thema »Islamdarstellung in der deutschen Presse aus dem Blickwinkel der Medienschaffenden« Fragebögen an Journalisten verschickt. Die Antworten wurden selbstverständlich anonymisiert wiedergegeben. Unter dem Alias-Großbuchstaben J irrlichtert eine lustige Person durch die Arbeit, deren Repliken zuweilen von jenen der anderen Befragten abweichen. Weshalb die Autorin schließlich den sachdienlichen Hinweis einfügt: »An dieser Stelle darf nicht unerwähnt bleiben, dass J nach der Aufgabe seiner leitenden Position beim *Focus* in eine Beratertätigkeit für eine Spitzenpolitikerin der AfD wechselte.«

Durch Zufall befinden sich die Originalantworten von J in meinen Händen. Drei davon, die, sicherlich aus Platzgründen, in der Bachelor-Arbeit nicht zitiert werden konnten, erlaube ich mir, hier zu veröffentlichen.

Frage: Es gibt ja viele Gründe, Journalist zu werden. Warum haben Sie sich für diesen Beruf entschieden?

Es gab kaum eine Branche, wo man so wenig können muss und sich trotzdem so wichtig machen und so gut verdienen konnte. Gottlob: verdienen konnte. Das immerhin ist vorbei.

Frage: Jeder Journalist hat ja ein bestimmtes Berufsverständnis (...). Sahen Sie es als Ihre Aufgabe an, sich für Minderheiten oder für Menschen, die sich nicht in den Medien artikulieren können, einzusetzen?

Ja. Speziell für die Leidtragenden des Kampfes »gegen rechts«.

Frage: Was unterscheidet Berichterstattung über den Islam/Islamismus von politischer Berichterstattung allgemein bzw. zu anderen Themen?

Die Angst der Journalisten ist noch größer als üblich. Die andere Seite versteht es, plausibel zu drohen. Die *Titanic* konnte Jesus als Klopapierhalter abbilden; dieselbe Sache mit Mohammed, und der Redaktion drohte das *Charlie Hebdo*-Schicksal. Ende März 2016, wenige Tage nach den Mordanschlägen von Islamisten in Brüssel, in derselben Woche, da sich im pakistanische Lahore ein muslimischer Attentäter auf einem Spielplatz in die Luft sprengte und mehr als 70 Menschen tötete, in der Woche, in der Dschihadisten im Jemen einen katholischen Pfarrer kreuzigten und in welcher Unionsfraktionschef Volker Kauder endlich einmal anprangerte, dass die christliche

Minderheit in Flüchtlingsunterkünften unter Attacken muslimischer Einwanderer zu leiden hat, in jener Woche erschien der *Spiegel* mit der Titelgeschichte «Der missbrauchte Glaube. Die gefährliche Rückkehr der Religionen». Nur dass auf dem Deckblatt des Magazins dem Leser als zentrales Element ein Kruzifix entgegendräute und Christus dort gleich zweimal zu sehen war – Mohammed indes natürlich nicht. Die Feigheit kriecht gewissermaßen unter den Redaktionstüren durch.

19. September

Nun hat unser Vizekanzlerkandidat Schulz einmal Frau Merkel um mutmaßliche Längen übertroffen, aber kaum jemand weiß es zu würdigen. Gestern meldeten die *Tagesthemen*, der seit Jahren auf politischen Abwegen wandelnde ehemalige Buchhändler habe sein Lieblingsbuch offenbart, nämlich Giuseppe Tomasi di Lampedusas Meisterwerk *Il Gattopardo* (ich habe diesen prachtvollen Roman hier am 30. April gepriesen). Das ist ein geschmackvolles Urteil, wie ich es dem sozialdemokratischen Wiedergänger des Don Calogero Sedára gar nicht zugetraut hätte, aber wer die Menschen unterschätzt, zeigt bloß seine eigene Blasiertheit. Amüsant fand ich die Kurzbeschreibung des Romaninhalts durch die *Tagesthemen*-Moderatorin: Es handle sich um die Geschichte eines sizilianischen Adligen, der am Ende scheitere. Tja, am Ende scheitern wir alle – das macht die Lektüre von Biographien zu einer stets auf eine gewisse Melancholie hinauslaufenden Angelegenheit –, doch die Frage ist, auf welchem Niveau.

* * *

Warum gibt es in Paris, Brüssel und London Anschläge, in Warschau, Prag und Budapest hingegen nicht? Verkneifen Sie sich besser Ihre verschwiemelten ad-hoc-Assoziationen. »Terrorarattacken sind ein Teil des Lebens in einer Metropole«, sprach Londons Bürgermeister Sadiq Khan. Deswegen knallt es auch öfter mal in Kabul, Bagdad oder Nasirija, deswegen kann Tokio einpacken. Und deswegen stehen inzwischen bei sämtlichen Großveranstaltungen in Deutschland Betonquader, »Merkellego« oder »Merkelsteine« genannt, dem Kfz-Missbrauch im Wege.

Zur Rechten sieht man, wie zur Linken,
Ali und Achmed aus dem Lkw hinken.
Khan Sadiq sprach: »Sag, Kanzlerin wert!
Wer hat dich solche List gelehrt?«
Die Dam' bedacht sich nicht zu lang:
»Barrieren sind bei uns im Schwang;
Sie sind bekannt bis hin zur Seine,
Man nennt sie halt nur Merkelsteine.«
Und nun freue dich, Berlin!

* * *

Deutschland, sagt Eva Esche, 58, Pfarrerin der Evangelischen Gemeinde Köln, im Sterbehospiz des linksliberalen deutschen Journalismus, der *Zeit*, »hat sich, denke ich, sehr zum Positiven verändert. Es ist ja in den vergangenen Jahrzehnten ganz viel passiert: die Demos gegen Atomkraft, die Bürgerbewegung, die Friedensbewegung. Dann kamen die Grünen. Endlich eine Partei, wo wir sagen konnten: Die können wir wählen.«

Kein Dissens; *ein* Vorzug der Bunten Khmer gegenüber den Roten besteht darin, dass man sie wählen und eben auch nicht wählen kann. Außerdem ist mir dieses Endlich!-Gefühl nicht vollkommen ungeläufig, wobei ich eher formulieren thät': Endlich gibt es eine Partei, die ich leider Gottes wählen muss. Bislang galt für mich und gilt im Grunde immer noch jene urdeutsche Maxime, die Richard Wagner prägnant zusammenfasste in dem Satz: »Ein politischer Mann ist widerlich.« Ich bin geboren unter Walter dem Verschlagenen und aufgewachsen unter Erich dem Einzigen, was im Nachhinein ein Gewinn ist, weil jenen Schuldgefühlen, auf die unsereiner konditioniert worden ist, die Bezugsgröße abhanden kam, während dem schmucken westdeutschen Durchschnittspudel, so individuell er sich vorkommen mag – die Pudeldamen dürfen sich mitgemeint fühlen –, beim regelmäßigen Aufleuchten des pawlowschen Lämpchens reflexhaft der Speichel rinnt und er sich und andere mit Schuldseim besabbert. Das hat zur Folge, dass nahezu jeder westdeutsche Geisteswissenschaftler, aber kein einziger ostdeutscher Busfahrer sich für das Elend in Afrika verantwortlich fühlt, und Sie dürfen raten, wer seelisch gesünder seine Erdenbahn zieht. Ich schweife wieder einmal ab … – –

Nachdem Erich der Einzige, dem ich tiefe Einsichten in die Zukunft verdanke, sein realsozialistisches Laufställchen nicht mehr geschlossen halten konnte, kam für mich die Zeit der Kanzler. Es waren bislang derer drei, Kohl, Schröder, Merkel, und bis weit in die Ära der Drittgenannten bemühte ich mich, das Politische ungefähr wie den Straßenlärm zu nehmen, das heißt: zu ignorieren, und mich den schönen Dingen zu widmen. Lange ging das gut, die Wirtschaft brummte, der Wein floss, die Schönen fuhren sich lachend durchs Haar, und nur Wahrnehmungsgenies wie Rolf Peter Sieferle oder Botho Strauß sahen unmittelbar nach der Wiedervereinigung schon die gewaltigen tektonischen Verwerfungen der Zukunft voraus. Ich will nicht leugnen, dass ich gewisse düstere Ahnungen hatte, worauf das hier alles einmal hinauslaufen werde, und mein Ekel vor den Grünen und ihren medialen Tentakeln ist heute noch so rein wie seit praktisch jeher, doch nie wäre ich auf die Idee gekommen, am demokratischen Hochamt teilzunehmen, jenem merkwürdigen Voodoo, welches darin besteht, dass die Leute alle vier Jahre Zettel in Urnen werfen und danach meinen, nun werde entweder alles besser oder bleibe wenigstens so, wie es ist. Was mich zu unserer Kölner Pastorin zurückführt, welche spricht:

»Ich habe gar nicht das Gefühl, dass Deutschland sich ändern muss. Es muss sich weiterentwickeln, auf neue Probleme neue Antworten finden. Es gibt in Deutschland wirkliche Mammutprobleme, auch durch die Flüchtlingskrise. Das wird sich nicht ändern. Wer in Afrika hungert oder keine Chance auf Frieden hat, kommt halt. Wer sagt denn, dass Deutschland den Deutschen gehört? Das ist ein Stück Land, das bewirtschaftet werden muss, damit die Menschen leben können.«

Ich will keineswegs behaupten, dass wir es hier mit politischen Aussagen zu tun haben, und Richard Wagner hat auch nicht behauptet, dass sich das Widerwärtige auf die politische Sphäre beschränke. Aber die Infantilisierung, ja Debilisierung der öffentlichen Rede über politische Fragen, die sich hierzulande als eine Art moralischer Rinderwahn ausbreitet, ist in diesem Seim beispielhaft zusammengefasst. Ich bin sicher, dass eine gewisse Spielart des Protestantismus in späteren Kirchengeschichten nicht als Glaubensform, nicht einmal als Häresie, sondern als vorwiegend weibliche Perversion auftauchen wird. Fromme evangelische Christen mögen sich damit trösten, dass diese Perversion den religiösen Raum längst verlassen hat und ihre Protagonist*innen bloß als Lieblingshuren der rotgrünen Politik ihre Schleiertänze aufführen.

Also, wer sagt, dass Deutschland den Deutschen gehört? Außer den Nazis und dem Grundgesetz, welches ungeachtet seiner zahlreichen Schwächen, die hier gelegentlich zur Sprache kamen, *das* immerhin eindeutig festschreibt, sogar mit Unabänderlichkeitsklausel? Gehört die Türkei den Türken? Japan den Japanern? Polen den Polen? Tschetschenien den Tschetschenen? Israel den Juden? Mag die Frau Pastorin mal hingehen und Auskunft einholen? Warum soll ausgerechnet dieses bedauernswerte Deutschland allen gehören? Es gibt dafür mehrere Gründe. Dieses Land ist zwar heillos überfüllt, aber alt, also wehrlos; es ist zwar alt, aber immer noch leistungsstark, also zahlungsfähig; es ist durch das NS-Regime und den verlorenen Krieg schuldig und »widerlegt«, also zahlungswillig; es ist aus demselben Grunde verschwindensbereit, also sturmreif. Nie würden diese Wohlwollensbestien fragen, wem Deutschland gehöre, wenn es dort nichts zu plündern, zu rauben, zu verteilen, zu enteignen gäbe. Deshalb mache ich dieses Jahr beim Voodoo mit.

»Die Beimischung einiger Tropfen Christentums zu einer linken Gesinnung verwandelt den Trottel in einen perfekten Trottel«, spricht Don Nicolás. Und protestantische Theologen in Schweden bezeugen eine apokryphe, doch glaubwürdige Äußerung des Heilands, welche da lautet: »Wenn dir einer forsch an die Vulva geht, so halte ihm auch den Anus hin!« Sela, Psalmenende.

21. September

»Die Vereinigten Staaten sind eine mitfühlende Nation und haben Milliarden und Milliarden von Dollar ausgegeben (...). Wir suchen einen Ansatz für die Neuansiedlung von Flüchtlingen, der diesen schrecklich behandelten Menschen helfen soll und es ihnen ermöglicht, in ihre Heimatländer zurückzukehren und Teil des Wiederaufbauprozesses zu sein.

Für die Kosten für die Ansiedlung eines Flüchtlings in den Vereinigten Staaten können wir mehr als zehn Flüchtlinge in ihrer Heimatregion unterstützen. Aus ganzem Herzen bieten wir Gastgeberländern in der Region finanzielle Unterstützung an, und wir unterstützen die jüngsten Abkommen der G20-Staaten, die versuchen werden, Flüchtlinge so nah wie möglich an ihren Heimatländern aufzunehmen. Dies ist der sichere, verantwortungsvolle und humanitäre Ansatz.

Die Vereinigten Staaten beschäftigen sich seit Jahrzehnten mit den Migrationsherausforderungen in der westlichen Hemisphäre. Wir haben gelernt, dass die unkontrollierte Migration auf lange Sicht sowohl für die Entsende- als auch für die Aufnahmeländer zutiefst ungerecht ist. Für die Entsendeländer wird dadurch der innenpolitische Druck auf die erforderlichen politischen und wirtschaftlichen Reformen verringert und das Humankapital abgebaut, das für die Motivierung und Umsetzung dieser Reformen erforderlich ist. Für die Aufnahmeländer werden die beträchtlichen Kosten der unkontrollierten Migration überwiegend von einkommensschwachen Bürgern getragen, deren Sorgen sowohl von den Medien als auch von der Regierung oft ignoriert werden.«

Also sprach der teuflische Donald Trump vor der UN-Generalversammlung. Diese Worte passen zu einer Zahl, auf die mich Leser *** aufmerksam macht.

Die UNO-Flüchtlingshilfsorganisation UNHCR verfügte 2016 für weltweit ca. 65 Millionen Flüchtlinge über ein Gesamtbudget von insgesamt vier Milliarden US-Dollar. Davon zahlten die USA ca. 1,5 Milliarden, 363 Millionen kamen von der EU, 360 Millionen aus Deutschland. Im gleichen Zeitraum bezahlte der deutsche Staat für etwa eine Million »Flüchtlinge« innerhalb der Bundesrepublik 30 Milliarden Euro, mit all den Nebenkosten für Kollateralschäden aus Kriminalität, medizinischer Betreuung der Opfer, Kosten für Haftanstalten, Vandalismus etc. pp. bestimmt sogar noch mehr.

Vergleiche man nun die Aufwendungen des Staates, so ließen die Deutschen jedem Flüchtling auf der Welt außerhalb Deutschlands ca. 4,60 Euro pro Jahr an humanitärer Hilfe zukommen (300 Millionen Euro für 65 Millionen), während die steuerliche Belastung durch jene, die die deutschen Grenzen überwinden konnten, 30 000 Euro pro Jahr und Kopf betrage (30 Milliarden Euro für eine Million Zugelaufene).

Dies ergebe, rechnet *** vor, den Faktor 6521. So viel kostet ein »Flüchtling« innerhalb Deutschlands den deutschen Steuerzahler mehr als ein Mensch, der irgendwo sonst auf der Welt vor Krieg und Not Schutz sucht (30 000 versus 4,60 Euro).

»Wie viel mehr könnte ein vergleichbarer finanzieller Beitrag zur Linderung der Not auf diesem Planeten beitragen, würde dieses Geld nicht in Deutschland vergeudet«, notiert ***. »Wäre die so viel gepriesene und propagierte Humanität tatsächlich Triebfeder dieses finanziellen Wahnsinns, würde man doch höchstwahrscheinlich versuchen, mit all diesen Milliarden möglichst vielen Notleidenden zu helfen. Stattdessen entwurzelt man durch diesen beispiellosen finanziellen Anreiz einen Bruchteil der weltweiten Flüchtlinge und importiert ein Millionenheer kulturfremder und perspektivloser Analphabeten nach Deutschland.«

Wie bei allen Amokläufen steht man vor der hilflosen Frage: Warum?

PS: »Sehr verehrter Herr Klonovsky, die ursprüngliche Fassung Ihrer Frage (ob es bösartige Ideologen oder handlungsunfähige, feige und opportunistische Schwachsinnige seien, von denen wir regiert werden), war deutlich weniger ›hilflos‹ …«

PPS: Leser *** merkt an, auf den Faktor 6521 komme nur, wer ausschließlich den deutschen Beitrag zum UNO-Budget berücksichtige; damit sei zwar in Relationen gesetzt, was Deutschland für Flüchtlinge jeweils ausgebe, aber nicht, was diese tatsächlich bekommen. Der Gesamtaufwand pro Flüchtling auf der Welt ergebe sich ja aus dem UNO-Gesamtbudget von vier Milliarden Dollar (= 3,34 Mrd. Euro auf 65 Mio. Flüchtlinge = 51 Euro/Flüchtling), den man dann zu dem Aufwand für ›Flüchtlinge‹ in Deutschland (30 000 EUR/Flüchtling) ins Verhältnis setzen müsse. EUR 30 000 / EUR 51 = 588. Das sei freilich, schließt ***, »immer noch beeindruckend«.

23. September

Es wurde Zeit, dass führende Angehörige der deutschen Politik- und Kultureliten der von der AfD gerufmordeten Bundesintegrationsbeauftragten Aydan Özoguz beispringen. Hier eine Auswahl hilfreicher Statements der Initiative »Gegen das Entsorgen!«

»Eine spezifisch deutsche Armee ist für mich nicht erkennbar.« (Ursula von der Leyen)

»Ein spezifisch deutsches Grundgesetz ist für mich nicht erkennbar.« (Heiko Maas)

»Eine spezifischer Sozialdemokratismus der deutschen Seele ist für mich nicht erkennbar.« (Martin Schulz)

»Eine spezifisch deutsche Seele ist ja ebenfalls nicht erkennbar.« (Martin Schulz im Anschluss an sich selbst)

»Ein spezifisch deutscher Kampf gegen rechts ist für mich nicht erkennbar.« (Manuela Schwesig)

»Eine spezifisch deutsche Automobilbautradition ist für mich kaum mehr erkennbar.« (Winfried Kretschmann)

»Eine spezifisch deutsche Spitzelmentalität ist für mich nicht erkennbar.« (Anetta Kahane)

»Eine spezifisch deutsche Herdenmentalität ist für uns nicht erkennbar.« (Ihre Medienschaffenden)

»Ein spezifisch deutscher Humor ist für mich nicht erkennbar.« (Mario Barth)

»Spezifisch deutsche Blondinenwitze sind für mich nicht erkennbar.« (Anton Hofreiter)

»Ein spezifisch deutscher Bildungsbegriff ist für mich nicht erkennbar.« (Claudia Roth)

»Ein spezifisch deutscher Selbsthass ist für mich nicht erkennbar.« (Jakob Augstein)

»Ein spezifisch deutscher Charme ist für mich nicht erkennbar.« (Ralf Stegner)

»Eine spezifisch deutsche Küche ist für mich nicht erkennbar.« (Peter Altmaier)

»Spezifisch deutscher Hanf ist für mich kaum erkennbar.« (Cem Özdemir)

»Eine spezifisch deutsche Erotik ist für mich erst recht nicht erkennbar.« (Renate Künast)

»Spezifisch deutsche Strichjungs sind für mich schwer erkennbar.« (Volker Beck)

»Ein spezifisch deutsches Volk ist für mich nicht erkennbar.« (Angela Merkel)

»Eine spezifisch deutsche Schuld ist für uns alle klar erkennbar.« (Aus der Resolution *Dem Universum zur Mahnung*, die der Bundestag an Bord einer Sonde ins Weltall schickte)

Nachschrift: In meiner Auflistung spezifisch deutscher Nichtsymptome (Morbus Özoguz), rügt Leser ***, habe ich leider vergessen, der Leserschaft zu empfehlen, weitere Beispiele zu bilden. *** schlägt u.a. vor:

»Ein spezifisch deutsches Christentum ist für mich nicht erkennbar.« (Heinrich Bedford-Strohm)

»Ein spezifisch deutsches Sicherheitsinteresse ist für mich nicht erkennbar.« (Thomas de Maizière)

»Eine spezifisch deutsche Grammatik ist für mich nicht erkennbar.« (Angela Merkel)

25. September

Wahlabendsplitter. Ankunft zur 18 Uhr-Runde im Wahlstudio der ARD. Jörg Meuthen ist als erster da und nimmt auf dem meterlangen Sofa im Akklimatisierungs- und Warmmachbereich vor dem Sendestudio Platz. Später treffen Kauder, Oppermann, Kubicki, Dietmar Bartsch und Anton Hofreiter ein. Man kennt sich, grüßt sich, plaudert miteinander, aus den Augenwinkeln den Uruk auf dem Sofa musternd und eine Distanz von exakt vierzehneinhalb Fuß haltend. Die erste Hochrechnung flimmert über den Bildschirm. Freude kommt auf, speziell bei denen auf dem Sofa. Ein Schmerzensanflug huscht indes über Hofreiters erzenes Antlitz und trübt, ungefähr fünf Flügelschläge eines längst ausgerotteten Schmetterlings lang, sein sieghaftes Auge. Oppermann, der den von Schulz exakt in dieser Sekunde geänderten Schlachtruf »Die Zukunft braucht eine neue Opposition!« noch nicht kennen kann, bleibt daneben dennoch vergleichsweise unbeeindruckt, Kauder sowieso, denn der verfügt nur über eine Miene. Frau Miosga bittet vor die Kameras, Oppermann geht voran, bedeutet Meuthen mit einer durchaus charmanten Geste, sich einzureihen, und gibt ihm die Hand, Bartsch und Kubicki tun es ihm nach. Mit sichtlichem Widerwillen (er kann doch zwei Gesichter!) fügt sich auch Kauder ins Unvermeidliche, Hofreiter hat Glück oder lässt sich absichtlich so weit zurückfallen, dass er den Unreinen nicht nach hier einstweilen noch geltenden, jedoch bald täglich neu auszuhandelnden Konditionen begrüßen muss.

Bei den beiden großkoalitionären Wahlverlierern herrscht derweil eitel Freude, als die Spitzenkandidaten aufs Podium treten und verkünden, ihre jeweiligen Wahlziele erreicht zu haben: die Sonnenkanzlerin mit der Frohbotschaft, dank des schlechtesten Ergebnisses aller CDU-Zeiten und massiver Stimmverluste stärkste Partei geblieben zu sein, der Herausforderer mit der noch mehr bejubelten Offenbarung, man werde die schreckliche Koalition beenden und endlich in die Opposition wechseln. Allein diese beiden TV-Sequenzen, also insgesamt ca. 20 Sekunden Einblick ins demokratische Hochamt unmittelbar nach der Ausschüttung des heiligen Resultates, könnten genügen, um in das homerische Gelächter über die skurrilen Riten der Sterblichen einzustimmen und so schnell nicht damit aufzuhören.

Vor dem Club, in dem die AfD ihre Wahlparty veranstaltet, sammeln sich die ersten sogenannten Gegendemonstranten. Als wir zum zweiten Mal zum ARD-Hauptstadtstudio, zur sogenannten Elefantenrunde fahren, wälzt sich bereits auf der anderen Straßenseite der vorwiegend schwarze Lindwurm in Gegenrichtung auf die AfD-Party zu. »Ganz! – Berlin! – hasst die AfD!«, skandieren die Marschierer.

Die Mahuts versammeln sich, während die Elefanten irgendwo an einem geheimnisvollen Ort im öffentlich-rechtlichen Labyrinth die besagte Runde bilden, in einem Raum mit Sitzgruppe, Mittelgroßbildschirm, Fingerfood und Getränken, um von hier den Dickhäutern beim pluralistischen Happening zu hospitieren. Der Fahrer ist mit ins Wartezimmer gekommen, bedient sich bei den Häppchen, spricht die hiermit geflügelten Worte: »Das ist das Beste, was ich jemals für meine Gebühren bekommen habe«, und trollt sich, seinen Wagen zu bewachen. Im Vorzimmer wird Katja Kipping für die Sendung geschminkt; mannhaft unterdrücke ich das indiskrete Verlangen, ein Händi-Foto von ihr zu machen. Ohnehin kommt Herr Minister Herrmann von der CSU herein und nimmt auf dem anderen Schminkstuhl Platz (Merkel und Schulz haben offenbar separate Boudoirs; vielleicht teilt sich die Kanzlerin auch eins mit Christian bzw. lässt ihn schon mal zuschauen). Herrmann ist der einzige, auf den ich zugehe, um ihn zu begrüßen, weil: *Mia san mia*. Während sich im TV die Runde ins Eckige bewegt, kümmert sich im Zuschauerraum allein das AfD-Detachement um den Ruf der deutschen Winzer. Wie schön Frau Kipping immer von »Geflüchteten« spricht! Wie lange mag solch eine Dressur dauern? – Jemand sagt: »Die Eine-Million-Euro-Frage bei Jauch: Nennen Sie vier aktuelle FDP-Politiker!« – Mit ermüdlicher Beharrlichkeit werfen die Etablierten-Vertreter Jörg Meuthen die angeblichen und tatsächlichen rassistischen Entgleisungen von AfD-Mitgliedern vor. Es handelt sich dabei übrigens stets um Worte, während die Rechtsbrüche der Kanzlerin konkrete Taten sind, die konkrete Opfer und konkrete materielle Schäden produziert haben. Zu den konkreten Angriffen auf Mitarbeiter und Personal der AfD kommen wir gleich. Einige der geschäftig in den Gängen umhereilenden öffentlich-rechtlichen Angestellten heben im unbeobachteten Moment den Daumen, als sie Meuthen hinausgehen sehen. Offenbar hasst doch nicht ganz Berlin die AfD.

Mit der Rückkehr zur Wahlparty beginnt der unerfreuliche Teil des Abends. Der Lindwurm ist eingetroffen, das Haus ist von aggressiven Beststudenten und anderen Hochbegabten eingeschlossen. Forsch bahnt der Fahrer, ein ehemaliger Soldat, dem Auto einen Weg durch die unwillig Platz machenden und Hassparolen ausstoßenden Racker. Hinter deren Belagerungsring bildet die Polizei einen zweiten, sonst hätten die lustigen Linksfaschisten längst den Club gestürmt und die umliegenden Krankenhäuser auf künftige Zeiten eingestimmt. Die Freude, endlich drin zu sein, wird getrübt von der Frage, wie man wieder herauskommt. Tatsächlich wird der Chef einer von sechs Millionen Wählern ins Parlament geschickten Partei am Abend nicht zu einem lange geplanten Interview ins SWR-Sendestudio vom Alexanderplatz in die Tiergartenstraße fahren können, weil die Berliner Polizei nicht garantieren mag, dass er dabei unverletzt bleibt. Die Beamten selber können nichts dafür, ihnen ist kein anderes Mittel gestattet, die Opposition vor den Bodentruppen der Etablierten zu schützen, als ihren Körper dazwischenzustellen. Er sei stolz darauf, diese Veranstaltung zu schützen, sagt einer von ihnen.

Als die Lebensgefährtin von Meuthen mit ihrer siebenjährigen Tochter, eskortiert von Security und Polizei, zum benachbarten Hotel läuft, werden beide von einem breiten gesellschaftlichen Bündnis beschimpft und attackiert. Das Kind ist danach völlig verstört. Später bricht Meuthen selbst auf, ebenfalls von einem uniformierten Kordon geschützt, und der Mob rastet aus. Pfiffe, Schreie, besessene, wutverzerrte Gesichter – ein Goya-Capriccio anno 2017. Die Kobolde rennen neben dem Oppositionsträppchen her, brüllen »Nazis raus!«, »Haut ab!«, »AfD – Rassistenpack!« und ähnliche Urworte orphisch; einige versuchen, in den Kordon zu drängen. Man sieht staunend und betroffen: Manche dieser Bakchen würden den AfD-Vorsitzenden gern zerreißen, ihn auf dem Altar ihres perversen Antifaschismus, der längst dem Original zum Verwechseln ähnlich sieht, dem Götzen der Diversity, Vielfalt, Buntheit und Menschenfreundlichkeit zum Opfer bringen. Der Kampf gegen die vermeintlichen Nazis bringt lauter neue echte hervor. Ich laufe ein paar Meter hinter dem kleinen Pulk und rechne jeden Moment damit, von der Seite angesprungen zu werden, doch die gesamte Aggressivität der Meute konzentriert sich auf Meuthen, ungefähr wie Boxer während des Kampfes den Ringrichter nicht wahrnehmen. Vor dem Hotel flutschen zwei brüllende Furien von höchstens zwanzig Jahren durch die Security und kreischen ihr »Wir kriegen euch!« auf einem Hysterielevel, welches Drogengebrauch vermuten lässt. Als Meuthens Begleiter die eine auf Polnisch anspricht, ist die kurz völlig irritiert und blafft schließlich, er möge gefälligst deutsch zu ihr sprechen. Endlich schließt sich die Hoteltür hinter uns, und das beste Deutschland, das es jemals gab, bleibt draußen. An der Hotelbar klingt der Abend beschaulich aus. Eigentlich schade, dass den Schulz, Tauber, Stegner, Roth, Schwesig, Gabriel et al. eine solche Erfahrung mit den Früchten ihrer Saat verwehrt bleibt.

Am Rande: Wieviel Courage erfordert es, sich gegen die AfD zu »bekennen«? Null. Welche Gefahr droht bei einer Demo gegen »rechts«? Keine. Was aber gewinnt man? Ein gutes Gewissen, »zivilgesellschaftliche« Anerkennung, Aufstieg auf der Tugendskala, »Sinn«, Lob vom Parteisekretär, ggfs. Kohle von Frau Schwesig, ggfs. Sündenablass, in jedem Fall Herdenbehagen. Es ist pure Wellness. (PS für meine zwei bis drei stilkritischen Fans von Klonovsky-Watch: War das nicht ein phantastischer mythologischer Metaphernsalat?)

27. September 2017

Er war gefesselt von ihren Fesseln.

28. September 2017

Was der Begriff »entsorgen« genau beschreibt, muss täglich neu ausgehandelt werden.

* * *

Nach dem Wahlerfolg der AfD bekam Ansgar Mayer, »Direktor für Medien und Kommunikation beim Erzbistum Köln«, feuchte Hände vor Aufregung und twitterte: »Tschechien, wie wär's: Wir nehmen Euren Atommüll, Ihr nehmt Sachsen?«

Da bekanntlich der Müll, auch der intellektuelle, immer mit der Strömung treibt, muss derjenige kräftig rudern, der sich mit seinem an die Spitze setzen will. Die Beobachtung solcher Gesinnungsstreber ist allein deswegen amüsant, weil ihre Versuche angesichts der dort treibenden Mengen vollkommen aussichtslos sind. Im Zweifelsfall finden sie aber Anschluss an eigene ältere Absonderungen. Freundliche Menschen, die mich anscheinend für einen soliden Müllsortierer halten, auf die Überempfindlichkeit meiner geplagten Nüstern freilich wenig Rücksicht nehmen, wiesen mich darauf hin, dass Mayer schon im März 2016, nach den Landtagswahlen in Baden-Württemberg, Rheinland-Pfalz und Sachsen-Anhalt, in einem offenen Brief geschrieben hat:

»Hallo, AfD-Landtagskandidat. Sie sitzen jetzt irgendwo und haben feuchte Hände vor Aufregung, denn am Sonntag ist Ihr großer Tag. Mit vielen anderen Ihrer Gattung werden Sie sich ganz rechts am Rand in den Plenarsaal quetschen und abends ›So ein Tag, so wunderschön …‹ singen.«

Falls Ihnen der Ton bekannt vorkommt: Bevor er sich den Schäfchen des guten Hirten Wölki anschloss, hat Mayer im Axel-Springer-Verlag gearbeitet, sogar als »Head of Crossmedia« im Thinktank der Axel-Springer-Akademie. Nicht nur das Haar, auch die Dressur sitzt.

»Genießen Sie diesen Augenblick. Denn so schön wird es niemals wieder werden für Sie. Ab jetzt wird jedes Ihrer Worte dokumentiert. Jeden ausländerfeindlichen Übergriff, jede Verbalattacke gegen die Grundrechte, jeden indirekten Aufruf zur Gewalt wird man zur Anzeige bringen.«

Bislang wurden freilich nur ziemlich direkte Gewaltaufrufe und – damit auf keinen Fall in Zusammenhang stehende – Gewalttaten gegen AfD-Landtagsabgeordnete bekannt; Uwe Junge, der Fraktionschef von Rheinland-Pfalz beispielsweise, wurde hart, aber verdient ins Gesicht geschlagen, wobei ihm das Jochbein brach, seiner Frau zündeten engagierte Demokratiebeschleuniger das Auto an, und schon machen wir Schluss mit dem Mimimi. Von Gewaltaufrufen oder ausländerfeindlichen »Übergriffen« durch AfD-Abgeordnete hörte man indes nichts, geschweige denn, dass dergleichen zur Anzeige gebracht worden sei (»Da muss doch wer gepennt haben«, würde der fette Göring sagen). Und Verbalattacken gegen die Grundrechte für »Pack« (Gabriel), »Brut« (Özdemir), »Bodensatz« (Kretschmann), »Nazis in Nadelstreifen« (Maas) etc. pp., das können sogar dröge Etabliertenvertreter, ohne dass gleich wer nach dem Kadi rufen müsste.

»Über jeden Cent aus den Steuerkassen haben Sie dann Rechenschaft abzulegen.«

Nichts wünschte sich der brave Bürger mehr als endlich das, doch es war im März 2016 schon äußerst unwahrscheinlich, dass diese neue Sitte mit der AfD in die Parlamente einzieht, und leider ist es dabei geblieben. Man darf von der neuen Opposition vielleicht erwarten, dass sie die Masseneinwanderung drosselt, doch niemals, nie und nimmer, dass sie den »Wettbewerb der Gauner« (Hans-Hermann Hoppe) um die Steuergelder beendet.

»Genussvoll werden wir verfolgen, wie sich Ihre Fraktion Jahr um Jahr stärker zerlegt. Wie sich Ihr grenzenloser, pathologischer Hass gegen die eigenen Kollegen kehrt und die AfD im Landtag genauso zusammenbricht wie vorher die der Schergen von Reps, NPD oder DVU.«

Zur Hölle mit allen Schergen! – nur: Wohin, wenn sie entsorgt sind, mit dem festumgrenzten, urgesunden Hass unseres strebsamen Katholikenschlingels?

»Die Demokraten werden die Reihen geschlossen halten und Sie müssen das Elend entweder im Rumpf der eigenen Partei erleben oder als ein verspotteter Hinterbänkler, der – falls er überhaupt noch an Sitzungen teilnimmt – seine garantierte Redezeit vor leeren Rängen absolvieren wird.«

Wer wird dem Hinterbänkler seinen garantierten Spott zuteil werden lassen, wenn die Ränge leer sind, weil die echten Demokraten, die Reihen fest geschlossen, mit ruhigem festen Tritt das Parlament verlassen haben? Fragen über Fragen …

»Es wird sehr einsam werden in der Landeshauptstadt und in Ihrem popeligen Abgeordneten-Appartment wird es mit der Zeit immer ein wenig nach abgestandenem Kaffee und Korn riechen.«

Es gibt einen speziellen Typus Emporkömmling, den ein regelmäßiger Alpdruck heimsucht, nämlich dass er wieder in seinem ersten popeligen Appartement hausen muss, wo es nach abgestandenem Kaffee und Korn roch resp. riecht, wo Mutti weder aufräumt noch die Wäsche wäscht und das unnütze Glied davon träumt, wenigstens ein nützliches der Gesellschaft zu werden. Bei dem einzigen Landtagsabgeordneten, den ich bislang in seinem relativ unpopeligen Appartement besuchte, roch es freilich nach Damenparfüm, ich glaube es war *Eau des Merveilles Bleue*, nach frischem Kaffee, Austern, Kaviar und Puligny-Montrachet, also praktisch wie bei mir daheim, und es gab sogar Platz für eine solide Bibliothek. Da fast alle AfD-Abgeordneten, so freakig manche auch erscheinen mögen, ein Studium absolviert oder einen Beruf erlernt haben, leben die meisten leider nicht in temporären Appartements, sondern in ihren Häusern, Eigentumswohnungen und Palästen, von wo aus sie mit ihren fetten Daimlern zur ungenierten Parlamentshetze fahren.

»Sie werden sich konstant beobachtet fühlen – vom Verfassungsschutz, von der Presse, von verfeindeten Parteifreunden und von Ihren enttäuschten Wählern.«

Und *last but not least* vom strebsamen Herrn Mayer! Aber hallo! Was die enttäuschten Wähler angeht, liegt unser smarter Linkskatholik allerdings abwechslungshalber einmal falsch – gerade die haben ja AfD gewählt!

»Und wenn der Spuk dann in fünf Jahren vorbei ist, werden Sie sich aus lauter Scham nicht mal mehr zum eigenen Bäcker trauen.«

Ein Blick auf das Konterfei des Buben zeigt, dass wir es mit einer typisch spätbundesrepublikanischen Charakternatur zu tun haben, der man jegliche Scham, die geheuchelte wegen

Auschwitz ausgenommen, abdressiert hat. Deswegen wird er auch in Zukunft viel schamfernes opportunistisches Gezeter in die endlosen Weiten des *world wide web* einspeisen, worauf mich hinzuweisen, geneigter Besucher meines kleinen Eckladens, zwar nicht zum Besuchsverbot, aber zu einer ernsten Rüge führen wird.

1. Oktober

Die Sonntage immer …!

Die Künste mögen dazu da sein, dem empfänglichen Sterblichen zumindest die Ahnung davon aufscheinen zu lassen, was das ist: Vollendung. Da es sich um menschliche Hervorbringungen handelt, lassen sich die vollendeten Werke (vollendet sind darin strenggenommen immer nur Passagen, einige wenige Takte, Sätze, Details) zwar nicht eben an den Fingern abzählen, doch sie sind seltener als Perlen. Ganz sicher in diese Kategorie gehört Schuberts *Es-Dur-Trio für Klavier, Violine und Violoncello op. 100*, speziell dessen zweiter Satz *Andante con moto*, über den eine Pianistin neulich den lapidaren Satz fallen ließ: »Vielleicht war ja doch Schubert der Allergrößte.«

Das Trio veröffentlichte Schubert in seinem Todesjahr 1828; er selber bekam den Druck nicht mehr zu Gesicht. Es entstand in der Zeit der »Winterreise«. Den zweiten Satz bezeichnete Robert Schumann als einen »Seufzer, der sich bis zur Herzensangst steigern möchte«. Das Cello spielt ihn, es seufzt ein zutiefst melancholisches Mollthema, das mit Staccato-Akkorden des Klaviers unterlegt ist, bei denen man unwillkürlich an den einsamen Wanderer der *Winterreise* denkt. Der Hörer erlebt in diesem *Andante* etwas eigentlich Absurdes: einen beschwingten Pessimismus. Wenn die Violine die Staccati und das Klavier das Thema übernimmt, verwandelt sich das Stück in das Paradoxon eines traurigen Marsches. Wohin aber marschiert der Mensch in jedem Falle? In den Tod. Die Melancholie ist das Grundgefühl des Epos. Dessen kleinstes Zeitmaß bildet das Menschenleben. Es gibt kein literarisches oder filmisches Kunstwerk, das diesen Zeitrahmen überschreitet und nicht melancholisch wäre. Schubert beschreibt das Schicksal. Das *Andante* endet in spätherbstlicher Resignation, und zugleich ist es die schönste Musik von der Welt.

Ich schicke diesen elenden Sermon – jedes Wort wird elend vor solcher Musik – nur vorweg, weil ich zu erklären versuchen will, warum Stanley Kubrick ausgerechnet dieses *Andante con moto* als Leitmotiv seines Films *Barry Lyndon* gewählt hat. Es erklingt in jener Szene am Spieltisch, als sich Gräfin Lyndon in Redmond Barry verliebt, und auch ganz am Ende, wenn Redmond, verarmt, enteignet, im Duell zum Krüppel geschossen, an Krücken in die Kutsche steigt, die ihn nach Irland zurückbringt, während Lady Lyndon ihrem Ex-Gatten die jährliche Rentenzahlung unterschreibt und dabei von der Schwermut der Erinnerung überwältigt wird. Auf die erstgenannte Szene will ich heute Ihre geneigte Aufmerksamkeit lenken, weil hier Vollendetes auf Vollendetes trifft, vielleicht als Anregung, sich das ganze Opus wieder einmal oder erstmals anzuschauen, welches, wie nahezu jeder Kubrick-Film, den Zuschauer aufgewühlt, verstört und beglückt zurücklässt, weil er dem Leben selbst, gespiegelt im Werk eines der größten Künstler überhaupt, zusehen durfte.

3. Oktober

Dass Sie die SPD-Politikerin Elke Ferner nicht kennen, hat wahrscheinlich mit der Ungleichbehandlung von Frauen zu tun, denn Ferner gehört als Staatssekretärin im Bundesministerium für Familie, Senioren, Frauen und Jugend und sogar Bundesvorsitzende der Arbeitsgemeinschaft Sozialdemokratischer Frauen zu den Politikern, über die fairerweise täglich berichtet werden und deren Ratschlägen man beherzt folgen sollte. Nun hat die Sozialdemokratin dem *Vorwärts*, also gewissermaßen ihrem medialen Pendant, ein Interview gegeben, in dem sie skizziert, wie unsere bzw. ihre Gesellschaft noch weiblicher und besser werden könnte. Hören wir kurz in den trauten Plausch zwischen kritisch-aufgeklärtem Journalisten und kritisch aufklärender Staatssekretärin hinein:

Vorwärts: Der Frauenanteil im neu gewählten Bundestag liegt bei nur noch 31 Prozent. Ist das einfach nur Zufall?

Ferner: Nein, das hängt mit dem Rechtsruck zusammen. Den geringeren Frauenanteil haben AfD aber auch CDU/CSU und FDP zu verantworten. Es ist ein Witz, dass die FDP-Fraktion einen Frauenanteil von 22,5 Prozent aufweist und die Union mit ihrer Parteivorsitzenden Merkel noch nicht einmal mal mehr 20 Prozent. Eine gerechte Geschlechterverteilung sieht anders aus.

Vorwärts: Welche Konsequenz ist daraus zu ziehen. Brauchen wir eine Quote im Bundestag?

Ferner: Wir sehen, dass der Frauenanteil in den Parteien mit parteiinternen Quotenregelungen deutlich besser ist. Der Frauenanteil bei Grünen und Linken liegt bei über 50 Prozent, bei der SPD bei 42 Prozent. (...) Deutlich wird aber auch, dass mit dem geltenden Wahlrecht eine paritätische und damit repräsentative Vertretung von Frauen und Männern im Bundestag kaum zu erreichen ist. (...)

Vorwärts: Dann ist der geringe Frauenanteil im neuen Bundestag als Signal zu verstehen?

Ferner: Die Parlamente sollen ein repräsentativer Querschnitt der Bevölkerung abbilden. Frauen zählen etwas mehr als die Hälfte der Bevölkerung und sollten auch die Hälfte der Mandate im Bundestag haben. Wenn das über die Parteien nicht möglich ist, müssen wir das über unser Wahlrecht absichern. Zitatende.

Die Lady will also nicht weniger als das Wahlrecht ändern. Warum? Weil jeder zweite Mensch hienieden weiblich ist, also muss überall jeder zweite Mensch eine Frau sein, oder? Wir wollten eigentlich nicht die abgestandene Maskulinisten-Scherzfrage wiederholen, ob das auch für Bergbau, Müllabfuhr, Hochseefischerei, Sondereinsatzkommandos und Kanalreinigung gilt, aber eine Art Gerechtigkeits-Tourette zwingt uns dazu. Auch bei den naturwissenschaftlichen Nobelpreisträgern, Schachgroßmeistern, Dirigenten, Heldentenören und Exhibitionisten ist die Frauenquote wohl noch eine Utopie. (Mein Ältester hat gerade in München mit dem Physik-Studium begonnen; auf die Frage, wieviel Prozent seines Jahrgangs Mädchen seien, schätzte er: etwa zehn. Ich werde am Ende des Studiums noch einmal nachfragen, wie viele davon übriggeblieben sind.)

Aber was ist gegen das Postulat, das Parlament möge einen repräsentativen Querschnitt der Bevölkerung abbilden, zu sagen? Nichts. Genau so verhält es sich nämlich und allerdings.

Zunächst einmal darf festgehalten werden, dass der Frauenanteil in den bisherigen 17 Bundestagen nur viermal über 30 Prozent lag; im 15. war er mit 33,9 Prozent am höchsten. 31 Prozent bedeuten keinen tiefen Sturz, sondern nur ein

Retardieren auf angemessenem – weil tatsächlich repräsentativem – Niveau. Stand Dezember 2016 sah der Frauenanteil unter den *Mitgliedern* der Parteien wie folgt aus:

Grüne	39 %
Linke	36,9 %
SPD	32,2 %
CDU	26,1 %
FDP	22,6 %
CSU	20,3 %
AfD	16 %.

Ein Kegelverein wählt einen Vorstand. Von 100 Mitgliedern sind 30 Frauen, und die Sprecherin der Kegelfrauen verlangt, dass von den acht Vorstandsposten vier auf Frauen entfallen müssen, weil Frauen etwas mehr als die Hälfte der Bevölkerung stellen. Was würden Sie als achtbarer Kegelbruder dazu sagen? Vielleicht: Na dann sollen sie doch in den Verein kommen, und wenn die Hälfte der Mitglieder weiblich ist, dann kann es gern auch der halbe Vorstand sein. Ist die Kegelschwester eine Sozialdemokratin, wird sie stracks entgegnen, erst wenn der Vorstand paritätisch besetzt sei, würden auch mehr Frauen in den Club strömen. Ist der Kegelbruder auf Draht, wird er fragen: Woher wissen Sie das? Kennen Sie einen Verein, wo es so funktioniert hat und der selber noch funktioniert? Die Gut-Holz!-Kameradin könnte nach einiger Grübelei antworten: die Grünen.

Schauen wir auf die Grünen. Der Männeranteil in der Gesamtpartei beträgt 61 Prozent. Von den 67 Bundestagabgeordneten sind 28 männlichen Geschlechts und 39 weiblich, wobei das natürlich nur gesellschaftliche Zuschreibungen sind, die für Grüne nichts bedeuten. Ergibt laut *regula de tribus* einen grünen Männeranteil im Bundestag von 41,8 Prozent. Mit einem Wort: Die Grünen diskriminieren das männliche Geschlecht in erheblichem Maße (was bei denen nicht weiter ins Gewicht fällt, weil die grünen Kerle bzw. Pudel fortschrittlich-gutmütigen Wesens sind und wissen, dass sich ihr soziales Konstrukt ungefähr seit dem Umsturz des Matriarchats in der späten Gentilgesellschaft gewaltige Ungerechtigkeitsschulden auf den schuppigen Scheitel gehäuft und viel gutzumachen hat an den Mädels).

Ich bin zu faul, jetzt bei allen Parteien nachzuzählen, doch man kann davon ausgehen, dass bei Linkspartei und SPD prozentual mehr Frauen Abgeordnete sind als Parteimitglieder, bei CDU, CSU und FDP mag der Anteil ungefähr deckungsgleich und also völlig gerecht sein (in Christians Partei sind es ideale 22,6 zu 22,5 Prozent). Die AfD ist ein Sonderfall, den Don Nicolás in den Worten zusammenfasste: »Die Frau weicht nicht vor einer Idee zurück, sondern vor dem sozialen Druck einer Idee.« Desto bemerkenswerter die zehn (= 10,75 Prozent) Frauen, die für die AfD in den Bundestag einziehen.

»Der Wahlausgang ist auch ein Schock für Gleichstellungspolitikerinnen«, sekundiert eine Journalistin im *Tagesspiegel* der *Vorwärts*-immer-Kameradin. Gleichstellungspolitikerinnen sind also geschockt, wenn der Bundestag das sogenannte Engagement von Frauen in der Politik exakt abbildet. Damit dürfte das Urteil über diese Art Politik gesprochen sein. Wer Quoten fordert, ist an Gerechtigkeit nicht interessiert, sondern verlangt nach Privilegien, die er oder sie sich auf legale Weise nicht zu verschaffen weiß.

Mal unter uns Betschwestern: Die Mädels werden gefördert und gefördert, aber außer dass ein paar exponierte Spitzbübinnen inzwischen auf Quotenvorstandsposten die Kohle abgreifen, passiert: nichts. Die Kluft zwischen den Geschlechtern bleibt so unerschütterlich wie der Grand Canyon. Sexisten, Kallophile, romantische Schwärmer, Lustmolche, Mütter und Biologen führen das darauf zurück, dass Frauen eben doch von anderer Artung sind als Männer, und manche freuen sich sogar noch darüber. Da aber die ganze Förderung nichts bringt und ausgerechnet die Propagandistinnen von (noch mehr) Quoten und (noch mehr) Sozialismus zugleich orientalische Gleichberechtigungsvorstellungen massenhaft importieren wollen, darf man durchaus vermuten, dass diese Holden einfach nur dumm sind.

Andrerseits: So dumm, dass sie massenhaft in Parteien eintreten, sind Frauen auch wieder nicht ...

* * *

Warum, frage ich mich bisweilen, haben so viele »Rechte« ausländische Frauen? Und zwar aus aller Herrinnen Länder; allein in meinem weiteren persönlichen Umfeld gibt es als Gattinnen bzw. Gefährtinnen je eine Iranerin, Russin, Italienerin, Ukrainerin, Japanerin, Kamerunerin, Kubanerin, Slowakin ...

Die naheliegendste Erklärung besteht darin, dass diese Bösewichte wenig Lust verspüren, sich von einer biodeutschen Akademikerin anzuhören, was sie für ihre Rechte hält, welche politischen Ansichten sie für opportun erachtet, wie schlimm Deutschland ist, welche Selbstverwirklichungsambitionen ihrem Kinderwunsch im Wege stehen, welche Nahrungsmittelunverträglichkeiten sie gerade plagen, dass sie kein Sexobjekt ist etc. pp. Eine weit pikantere, aber hochumstrittene Deutung läuft darauf hinaus, dass der Sexist erst dann zu wirklicher Spitzenform aufläuft, wenn er zugleich Rassist sein darf; nach dieser Theorie wäre, um ein Beispiel zu nennen, ein Antisemit ohne jüdische Ehefrau eine ziemliche Pfeife und könnte gleich zu den Grünen gehen.

Am besten gefällt mir freilich die Erklärung von Michel Houellebecq, der meint, ethnisch-kulturell gemischte Liebesbeziehungen seien deswegen erfolgreich, weil immer eine gewisse Sprach- und Verständnisbarriere zwischen den Partnern bleibe, man sich deshalb emotional näher sei als geistig-intellektuell und manch Konfliktstoff aus Gründen des *Lost in translation* einfach nie zur Austragung komme.

* * *

Einen »neuen Ton der Hoffnung« hat Herr Minkmar vom *Spiegel* in der Rede von Emmanuel Macron gehört. Ich hörte nur einen Franzosen auf deutsches Geld hoffen.

* * *

Der »Bodensatz« (W. Kretschmann) und allerlei anderes »Pack« (S. Gabriel) haben also die »rechtsextreme AfD-Bande« (R. Stegner) bzw. »Brut« (C. Özdemir) bzw. die »AfD-Idioten« (nochmals Stegner) oder eben »Schande für Deutschland« (M. Schulz) in den Bundestag gewählt, und jetzt haben wir den Salat bzw. »einen Haufen rechtsradikaler Arschlöcher im Parlament« (so der renommierte SPD-Bundestagsabgeordnete J. Kahrs). Hélas!

5. Oktober

»Echtes Mittelmaß ist ohne Konkurrenz.«
Jürgen Große

* * *

Es schlägt die Stunde der Selbstbloßsteller: Ein *Zeit online*-Interview mit einem sog. Medienwissenschaftler hebt an mit der Frage: »Die Presse in Deutschland hat sich vor der Bundestagswahl intensiv mit der AfD auseinandergesetzt, um die Rechtspopulisten zu entlarven und ihren Einzug in den Bundestag zu verhindern. Am Ende hat die AfD knapp 13 Prozent der Stimmen bekommen, mehr als befürchtet. Nun sagen Politiker und Medienexperten, die Berichterstattung sei nutzlos, vielleicht sogar kontraproduktiv gewesen und habe der AfD womöglich sogar geholfen. Haben Sie einen ähnlichen Eindruck?«

Die Presse hierzulande betrachtet es als ihre Aufgabe, nicht über eine Partei zu berichten, sondern sie zu *entlarven* und ihren Einzug in den Bundestag zu *verhindern;* man prognostiziert dort nicht, sondern *befürchtet* Wahlergebnisse, und man fragt am Ende konsterniert, ob die eigene Berichterstattung *nutzlos* oder *kontraproduktiv* gewesen sei, freilich nicht gemessen an der verkauften Auflage, sondern am Wahlergebnis. Ein umfassender Offenbarungseid, komprimiert in einer einzigen Frage.

Was die Antwort betrifft: Ich zumindest habe einen ähnlichen Eindruck.

7. Oktober

Heute ist DDR-Geburtstag, wozu das folgende Schreiben passt, welches dieser Tage bei zahlreichen Medienvertretern eintrudelte:

»Lieber ***
mittlerweile haben wir die Preisträger, der mit 200 000 Euro hochdotierten Integrationsinitiative ›The Power of the Arts‹ bekannt gegeben. Darunter die Dresdner Brass Band Banda Internationale, das inklusive und interkulturelle Performance Projekt ›Un-Label‹, die Jugendkulturinitiative ›Label m‹ aus Saarbrücken und die Kunsthochschule Weißensee Berlin mit der *foundationClass.

Diese vier sehr heterogenen Projekte stehen exemplarisch für das ungebrochene, diverse und deutschlandweite Engagement für die Integration in Deutschland. Sie bäumen sich auf gegen Pegida, AfD und Fremdenfeindlichkeit und engagieren sich für ein offenes, liberales Miteinander. Im Gesamtportrait zeigen sie, wo ein ›buntes‹ Deutschland trotz unterschiedlichster Hürden und Herausforderungen funktioniert. Dies ließe sich an diesen vier insbesondere auch bildstarken Projekten sehr gut erzählen. Alle Preisträger wurden in ausführlichen Reportagen portraitiert - das Bildmaterial kann kostenfrei zur Verfügung gestellt werden.

Bei Interesse gibt es sicherlich auch die Möglichkeit für eine Pressereise. Bei Fragen melden Sie sich gerne jederzeit. Ich freue mich dazu von Ihnen zu hören.

Liebe Grüße,

***

BUREAU N is a specialist cultural communications consultancy, working at the intersection of art, architecture,

design, and other things we like.

***strasse 38

10999 Berlin, Germany«

Von allen Versionen des Aufbäumens ist ihnen das staatlich subventionierte natürlich das Allerliebste. Gern auch mit Pressereise.

* * *

Zum DDR-Geburtstag passt auch, was Leserin *** zu jenem Mann schrieb, der in Wittenberg von Zugelaufenen totgeschlagen wurde (*Acta diurna* vom 5. Oktober): »Die hallesche *Bild* berichtet am 5.10.17 über den Totschlag und zitiert dabei einen Augenzeugen, der auch den Rettungswagen rief: ›Ich stand mit meiner Frau zum Rauchen am Seiteneingang, als das spätere Opfer sein Fahrrad und das einer jungen Frau anschloss. Die Bekannte wurde sogleich von vier oder fünf Männern angesprochen, körperlich bedrängt. Dann kam es zu einem Wortgefecht zwischen den Männern, plötzlich flogen die Fäuste. Dann lag der Mann auf dem Boden, die Gruppe flüchtete Richtung Schwanenteich.‹

Daraufhin musste die *Mitteldeutsche* heute wohl nachziehen; sie zitiert Angestellte des Wittenberger Einkaufszentrums mit den Worten: ›Wir wurden alle zu Stillschweigen verdonnert‹, notiert jedoch auch: ›Ein Mann schildert gegenüber der Presse (= *Bild*) den Vorfall ganz anders als bisher dargestellt‹, macht aber eben jenen Mann unglaubwürdig mit dem Satz: ›(...), dass dieser Zeuge gegenüber der Polizei nichts von einer Belästigung erwähnt habe.‹

Ich, Jg. 1953, konstatiere: Verlogener war die *Freiheit* (DDR-Zeitung – M.K.) auch nicht! Ich hätte nie gedacht, dass ich *Bild* mal würde loben müssen ...

Übrigens wurde 2016 in Bernburg ein junger Prekariatler zu 1000 Euro Geldstrafe verurteilt – er und seine Freundin hatten nach einem Stadtfest Flaschen aus den Papierkörben gesammelt, wobei ›Schutzsuchende‹ die junge Frau betatschten und dann ca. zehn von ihnen einen Kreis um die beiden bildeten, so dass der Bernburger sich mit einer der gesammelten Flaschen zur Wehr setzte. Jochbeinbruch beim Schutzsuchenden, Krankenhaus, Anzeige wegen Körperverletzung, Gerichtsverhandlung, Geldstrafe. Jetzt darf der Bernburger Prekariatler aber noch viele, viele Flaschen sammeln …«

Wenn du hier einen Eingeborenen totschlägst und man diesem armen Teufel vorwerfen kann, er habe irgendetwas Ausländerfeindliches geäußert, kommst du nicht einmal in Untersuchungshaft und spazierst als freier Mann aus dem Gerichtssaal. »Auffällig oft kommen Straftäter trotz schwerster Straftaten mittlerweile nicht mehr in U-Haft, auffallend oft gibt es Bewährungsurteile«, notiert Alexander Wendt auf seiner Facebook-Seite und beschreibt einen typischen Fall: »Okan K. wurde 2014 wegen bandenmäßigen Diebstahls zu fünf Jahren und zwei Monaten Haft verurteilt. Wann er den bandenmäßigen Raubzug begangen hatte und seit wann er deswegen sitzt, lässt sich auf die Schnelle nicht eruieren. Tatsache ist jedenfalls, dass er jetzt eigentlich vor Gericht stehen sollte, weil er 2013 zusammen mit seinem Kollegen Burak C. in Gesundbrunnen auf einen anderen Mann mit einer Machete eingehackt hatte. Warum ein Prozess erst vier Jahre nach einer schweren Straftat überhaupt erst beginnen sollte, ist ein eigenes Kapitel (…). Was tut die Berliner Justizverwaltung mit einem Häftling, der von der Polizei seit Jahren als hoch gefährlicher Intensivtäter eingeschätzt wird? Richtig, sie verlegt ihn – und zwar wegen Orkans schwerer Tilidin-Abhängigkeit – in den Maßregelvollzug. Kurz vor dem Strafprozess bekommt der schwer rauschmittelabhängige Serientäter Ausgang. Und kehrt zur Überraschung des Personals nicht mehr zurück.«

Puristen könnten formulieren: Es gibt keinen Rechtsstaat mehr, es gibt keine freie Presse mehr (die gab's freilich nie). Aber es gibt ein »breites gesellschaftliches Bündnis« bzw. »Aufbäumen« von freiheitsunfreundlichen, rechtsstaatsgeringschätzenden, brachialhumanitären Weltumarmern gegen diejenigen, die den Rechtsstaat und die Meinungsfreiheit gern wieder herstellen wollen. Und ihr könnt, immerhin, sagen, ihr seid dabeigewesen!

8. Oktober

Die Sonntage immer den Künsten!

Vergangene Woche kam aus Berlin die frohe Kunde, dass die Lindenoper mit anscheinend hauptstadttypischem Ritardando und der üblichen Kostenexplosion endlich wiedereröffnet wurde. Da ich in diesem Opernhaus gewissermaßen musikalisch sozialisiert worden bin, verbinden sich mit der Nachricht allerlei sentimentale Erinnerungen an den jungen Mann, der dort vor vier Jahrzehnten im Parkett saß und von den ersten Klängen der Klarinetten, Hörner und Fagotte in der *Tannhäuser*-Ouvertüre in jenes Zauber- und Feenreich entrückt wurde, in das er eines Tages ganz heimkehren wird. Ich hatte das Glück, meine ersten Opern unter dem Dirigat des hochsoliden Lindenoper-GMDs Otmar Suitner und in Ostberliner Allerwelts-Inszenierungen zu erleben, das heißt, die Horrorclowns des Regietheaters konnten dem juvenilen Enthusiasten nicht mit ihren Kaspereien das gesamte Genre verleiden. Die heutige Generation befindet sich ja in einer bedauernswerten Situation; statt mit der blauen Blume der Romantik wird sie mit Ratten, Sperrmüll, Sperma und Kotze konfrontiert, sie wird gewissermaßen ästhetisch nicht von Don Juan, sondern von Stalin entjungfert (wobei: Stalin hätte diese Regie-Kasper wahrscheinlich erschießen lassen). Ich aber sah den *Tannhäuser* – der Sängerkrieg ist bis heute von sämtlichen Opernpassagen diejenige, die ich am allerauswendigsten singen kann – noch mit der Wartburg und nicht mit Buchenwald, Aleppo oder Auschwitz im Hintergrund, bei der Bühnenwandelmusik vor der Gralsenthüllung im *Parsifal* senkte sich tatsächlich ein riesiges Kruzifix von der Decke, als hätten die Gralsritter etwas mit dem Heiland zu tun statt mit der Wehrmacht oder mit Kralsmohren, und das mitten in der Hauptstadt der sozialistischen De-De-Err!

Die Bühnenbilder waren meist minimalistisch, anfangs des dritten *Tannhäuser*-Akts fiel einfach etwas Laub von der Decke, und das war schon alles. So ward ich denn in aller Unschuld und Werktreue initiiert mit *Zauberflöte, Figaro, Fidelio, Onegin, Lohengrin, Butterfly, Salome, Ariadne,* dem *Fliegenden Holländer* etc. pp. Auch das Ensemble war von verlässlicher Qualität, einzig bei den schweren Tenören herrschte ein schmerzlicher Mangel, schmerzlich speziell für einen eingemauerten Ostberliner Wagnerianer, der von Bayreuth und den großen Tenören auf historischen Schallplatten träumte, was beides in identisch unerreichbarer Ferne für ihn lag. Mein personifizierter Kummer hieß Spas Wenkoff. Namen wie Hanna Lisowska, Anna Tomowa-Sintow, Celestina Casapietra, Siegfried Vogel, Rainer Goldberg oder Siegfried Lorenz indes kommen mir heute noch vertraut vor wie entfernte Verwandte. Zu schweigen von derunvergleichlich bühnenpräsenten Ute Trekel-Burckhardt, in die ich verliebt war; ich habe bis heute nicht vergessen, wie sie als Ortrud am Ende des zweiten *Lohengrin*-Aufzugs Telramund in dämonischer Majestät das Schwert reicht.

Die allererste Oper, die ich hörte und sah, war der *Tannhäuser*. Damals als Maurerlehrling beim Baubetrieb der

Druckerei »Neues Deutschland« (kein Witz) befolgte ich die Maxime »Ein Stein, ein Kalk, ein Bier« etwas zu genau, um abends noch drei Opernakte durchzustehen; mitten in der Romerzählung trug es mich ins Bubu-Land, und meine Mama versicherte mir, ich hätte das Beste verpasst. (Ich nahm dieses Einschlafen übrigens zum Anlass, eine Kurzgeschichte für den Ostberliner *Eulenspiegel* zu schreiben, in welcher der Erzähler beim, wie man damals noch sagte, Rendezvous mit einer Wagnerianerin ebenfalls mitten im *Tannhäuser* einschläft, seiner Begleiterin an die Schulter sinkt und alles vermasselt, doch der Text wurde abgelehnt, sehr zu recht, wie ich erinnere; das hässliche Entlein ahnte damals selber noch nicht, dass ihm eine Schwanenexistenz bestimmt sein würde.) Unvergesslich auch meine erste *Salome* mit Eva-Maria Bundschuh in der Titelrolle, die sich beim Tanz der sieben Schleier tatsächlich komplett entkleidete, wobei ich mir ganz sicher nicht sein kann, weil beim Fall des letzten Schleiers das Licht erlosch und sie in einen Umhang gehüllt wurde, ehe es wieder anging; in jener Zeit wurzelt mein Bonmot, man habe sich früher, wenn man zu einer *Salome* ging, auf den Gesang gefreut und vor dem Striptease sacht gegruselt; heute verhalte es sich meist umgekehrt. Ich bangte mit dem hochbegabten Nervenbündel Goldberg bei der von allen Tenören gefürchteten Kerker-Arie des Florestan, und ich entsinne mich, als sei es gestern gewesen, wie meine Begleiterin und ich nach *Madama Butterfly* stumm durch die nächtlichen Berliner Straßen liefen und wir beide kein Wort hervorbrachten.

In der Lindenoper fand übrigens auch meine Jugendweihefeier statt. Sämtliche Staatsweihelinge bekamen das Buch *Der Sozialismus, deine Welt* als Präsent eingehändigt, welches ich vor dem Opernhaus sofort in den nächstbesten Papierkorb entsorgte; wachsame Beobachter registrierten die Missetat, und tags darauf erhielt ich einen Tadel vor der Klasse. Von Sozialisten behelligt und gemaasregelt zu werden, das scheint der permanente Begleitlärm meines Daseins zu sein …

10. Oktober

Zur Diskriminierung zu erklären, was bloß Bevorzugung war, ist der ethische Krebs unserer Zeit.

* * *

»Auf der Frankfurter Buchmesse präsentieren sich in diesem Jahr auch einige rechte bis rechtsextreme Verlage«, frohlockt der Börsenverein des deutschen Buchhandels in seinem *Newsletter*. Hauptgeschäftsführer Alexander Skipis – Opernliebhaber unterdrücken jetzt bitte die Assoziation an den größten Bass aller Tonträgerzeiten – tat kund:

»Der Börsenverein tritt aktiv für die Meinungsfreiheit ein. Das bedeutet, dass wir Verlage oder einzelne Titel, die nicht gegen geltendes Recht verstoßen, nicht von der Frankfurter Buchmesse ausschließen. Allerdings bedeutet das nicht, dass wir das Gedankengut, das solche Verlage verbreiten, gutheißen. Wir treten für eine offene, vielfältige Gesellschaft ein, für Toleranz und Solidarität, gegen Fremdenfeindlichkeit und Rassismus. Wir sehen uns daher in der Pflicht, uns aktiv mit der Präsenz dieser Verlage auseinanderzusetzen und für unsere Werte einzutreten.«

Damit nicht irgendwer bei der Vielfaltsvollstreckung aus der Reihe tanzt! – Wie aber setzen »wir« das tolerante Nichtgutheißen aktiv in vielfaltsförderliche Taten um bzw. »uns«

mit der Präsenz unguten Gedankenguts auseinander? »Wir laden auch Sie dazu ein, die Begegnung mit den Verlagen nicht zu scheuen und für Ihre Meinungen und Werte einzutreten. Meinungsfreiheit heißt auch Haltung zu zeigen. Engagieren Sie sich!«

Und wo soll sich der Bevölkerungszorn so spontan wie ungescheut regen? »Drei dezidiert rechte Verlage werden mit einem eigenen Stand vertreten sein: Antaios (Halle 3.1, Stand G 82), Manuscriptum (Halle 4.1, Stand E 46) und die Junge Freiheit (Halle 4.1, A 75).« Drei von siebentausend, so hat es auch damals angefangen, und am Ende lagen John Schehr und Genossen mit Nahschüssen im Genick im Wald! Wehret den Anfängen! Warum der momentane Toleranzschrifttumskammerpräsident aber erst in diesem Jahr dazu animiert, Haltung zu zeigen und auf bzw. für Meinungsfreiheit einzutreten, wo doch zumindest zwei der drei dem Engagement anheimgestellten Verlage schon seit vielen Jahren in Frankfurt auf Rattenfang gehen, das hängt wahrscheinlich mit der Weckung neronischer Instinkte durch das totale Willkommen zusammen, das »wir«, wenn nötig, totaler und radikaler wollen, als wir es uns heute überhaupt erst vorstellen können.

Nun Leservolk steh auf, nun Engagiertensturm brich los!

11. Oktober

Der Klimawandel ist eine ähnliche Binse wie der Sonnenzyklus, wenngleich dieser auf den kurzen Blick etwas chaotischer wirkt als jener. Das Klima wandelt sich seit Menschengedenken, und die Biomasse reagiert darauf mit Anpassung oder Artentod, Homo sapiens gar mit Aufzeichnungen und Prognosen. Die heute im Raum stehende Frage ist die, ob bzw. in welchem Maße die momentane Art des Wandels vom Menschen beeinflusst wird. Entgegen der verbreiteten Medienmeinung gibt es keinen stichfesten Beweis dafür, dass es sich um Menschenwerk handelt. Dass es eine grüne Weltkirche gibt, welcher die Verteilung von Priesterplanstellen, die Erzeugung eines kollektiven Sündenbewusstseins sowie ein schwungvoller Ablasshandel zugeschrieben werden, dafür liegen allerdings erdrückende Beweise vor. (Die Geschichte lehrt, dass die Kirche recht haben kann, doch ohne kollektive Hysterien kommt sie bei ihrem Missionswerk selten aus.)

Wie zuletzt *Spiegel*, *Focus* und andere Gazetten mit sogar Titelgeschichten suggerierten, erkenne man den menschengemachten Klimawandel – und mithin die Gültigkeit der grünen Apokalypse – an Wetterextremen wie zuletzt den Hurrican*innen »Irma« und »Maria«. Die Zunahme solcher Phänomene scheint evident zu sein; die Pole schmelzen (angeblich), die Wüsten wachsen (womöglich), die Gletscher schwinden (ein bisschen), der Meeresspiegel steigt (kaum merklich); Zerstörungen durch Stürme, Zerstörungen durch Flutwellen, Zerstörungen durch Brände, Zerstörungen durch Überschwemmungen allüberall. Grüne Ablassprediger ziehen durch die Lande und bereiten uns auf Millionen »Klimaflüchtlinge« vor, deren Versorgung sie, auf anderer Leute Kosten, schon übernehmen würden. Der Planet rächt sich, das Klima schlägt zurück.

Es gibt freilich etwas, wovon diese Klagechöre in ihren Schreckensgesängen nie künden: die Bevölkerungsexplosion in jenen Ländern, die »vom Klimawandel am stärksten betroffen« sind. Ist es nicht merkwürdig, dass ausgerechnet dort, wo *der Planet zurückschlägt*, das Leben blüht und wimmelt? Und ersteht nicht überdies mit jedem neuen Erdenkind sowohl ein neues potentielles Opfer als auch ein neuer Seismograph des Klimawandels? Die Verfeinerung der Messmethoden hat uns Einblicke in den Horror des täglichen Vergiftetwerdens verschafft, der unser parallel stattfindendes kollektives Immer-älter-werden mit einem wohligen Grusel bereichert. Indem die Menschheit sich gerade in der Dritten Welt rasend vermehrt, verfeinert sie die Messmethoden zumindest quantitativ, weil immer mehr humanoide Seismographen existieren. Wenn die Bevölkerung eines regelmäßig von Stürmen oder Überschwemmungen heimgesuchten Weltwinkels sich binnen kurzem verdoppelt, bekommen auf einmal doppelt so viele Menschen nasse Füße oder verlieren ihre Bleibe. Eines zumindest ist ganz sicher: Die *Wahrnehmung* des Klimawandels ist menschengemacht.

* * *

Wie jedermann weiß, ist die Sozialhilfe an gewisse Bevölkerungsgruppen nichts anderes als ein Schutzgeld, mit dem sich die Gesellschaft von Unruhen, Plünderungen und öffentlichen Krawallen freikauft. Die erste ernsthafte Wirtschaftskrise wird auch hierzulande jene Hunde im Souterrain wecken, die andernorts längst ihre Rudelinstinke öffentlich ausleben. Dann bedarf es zusätzlicher Quellen für Reparationen und Besänftigungszahlungen. Ich habe einen Vorschlag: Man kürze oder, je nach Schwere der Unruhen, streiche dann dem öffentlich-rechtlichen Rundfunk einfach die Alimente. Mit diesen Milliarden ließe sich der partiell drohende Bürgerkrieg, zumindest für eine Legislaturperiode, in die tolerable Alltagskriminalität zurückhegen.

12. Oktober

Erst wenn die Propaganda bis in die Kapillaren der Öffentlichkeit dringt, darf sie als perfekt gelten. Ein Leser macht mich auf ein Exempel aufmerksam, das wohl sogar dem Schleppfuß ein bewunderndes Auflachen entlockt hätte. Im TV-Dreiteiler *Maximilian,* einer deutsch-österreichischen Koproduktion unter der Regie von Andreas Prochaska (2017), die zuerst im ORF und dieser Tage auch im ZDF lief, gibt es eine Szene, in der Maria von Burgund, die Tochter Karls des Kühnen und spätere kurzzeitige Braut des noch späteren Kaisers Maximilian I., an der Seite von Guy de Brimeu, Statthalter Karls in den niederländischen Gebieten der Burgunder, durch eine Halle mit erschöpft und apathisch auf dem Boden sitzenden Menschen läuft. Wir schreiben, wenn ich recht im Bilde bin, das Jahr 1476, die Truppen Ludwigs XI. ziehen plündernd durch Karls Reich, die Franzosen haben Städte wie Arras und Cambrai erobert, und die von dort Vertriebenen strömen unter anderem nach Gent, wo die Szene spielt. Es entspinnt sich folgender Dialog:

Guy de Brimeu: Tausende sind geflüchtet, und täglich kommen mehr. Sie haben nichts. Nur die Hoffnung, dass es hier besser ist.

Maria von Burgund: Nächstenliebe zu üben ist unsere Pflicht.

Guy de Brimeu: Aber wer bezahlt das? Die Verpflegung, Kleidung und Unterkunft?

Maria von Burgund: Alle, denen es besser geht.

Guy de Brimeu: Eure Untertanen werden unruhig. Die Bürger wollen keine Fremden.

Maria von Burgund (nach einer längeren Pause): Wir schaffen das!

Es fehlt nur: »Sonst ist das nicht mehr mein Burgund.« Und Guy de Brimeu hätte durchaus sagen können: »Die Bürgerinnen und Bürger wollen keine Fremden.« Aber sonst: Chapeau!

13. Oktober

Die Saat des Engagements ist aufgegangen. Vor drei Tagen zitierte ich aus dem Newsletter des Börsenvereins des deutschen Buchhandels, dessen Geschäftsführer dazu »einlud«, die Begegnung mit rechten Verlagen nicht zu scheuen und Haltung zu zeigen. Damit die Haltungszeiger nicht an die falschen Adressen tapern, listete der Newsletter auch gleich die Standnummern auf.

An zweien der drei Stände sind in den beiden vergangenen Nächten oder frühen Morgenstunden Unbekannte vorstellig geworden, um sich zu engagieren und ihre Werte zu verteidigen, wobei sie die Begegnung mit den Rechten selbst freilich scheuten; *nobody is perfect.* Jedenfalls traten sie »für eine offene, vielfältige Gesellschaft ein, für Toleranz und Solidarität«, wie es der Herr Skipis in seinem *Newsletter* mit Zielzuweisung und Adressangabe forderte, sowie nebenbei auf die Bücher und Verlagsstände. Zunächst wurden etwa 35 Bücher des Antaios-Standes durch Zahnpasta, Kaffee und andere Flüssigkeiten beschädigt und in den Zustand der Unverkäuflichkeit überführt. Vergangene Nacht war der Manuscriptum-Verlag das Ziel, wobei man angesichts der Tatsache, dass die Messe bis Samstag eine geschlossene Veranstaltung ist, vermuten darf, dass diese Lemuren von irgendwelchen linken Stiftungen oder Verlagen kommen, um auf ihre sympathische Art für Vielfalt zu werben. Jedenfalls fanden die Manuscriptum-

Mitarbeiter heute morgen ihren Stand, den sie am Abend mit den Neuerscheinungen ausgestattet hatten, nahezu komplett leergeräumt vor.

Zu den aktuellen Manuscriptum-Autoren gehören Rolf Peter Sieferle, Vaclav Klaus, Metropolit Hilarion, Dimitrios Kisoudis und Alexander Gauland. Die nächtlichen Besucher haben auch die *Acta diurna* und meinen Roman *Land der Wunder* gestohlen und zum Teil in umstehende Papierkörbe entsorgt, was diesem heiteren, ja quietschvergnügten und literarisch anspruchsvollen Buch gegenüber ein bisschen unfair ist.

Wie am Stand hinterlassene Pimmel-Schmierereien zeigen, handelt es sich bei den nächtlichen Besuchern um verhetzte große Kinder, die sich in ihrem sinistren Treiben legitimiert fühlen durch Opportunisten wie Skipis oder den Frankfurter Oberbürgermeister Peter Feldmann, der in seiner Rede am Eröffnungsabend der Messe angekündigt hatte, er werde mal »an diesen Stand« gehen – er meinte den Antaios Verlag –, sich »diese Antidemokraten« (kann auch sein, dass er Demokratiefeinde sagte) anschauen und ein ernstes Wörtchen mit ihnen reden. Als er tags darauf tatsächlich bei Antaios vorbeischaute, waren ihm die bereits außerhalb der Öffnungszeiten Engagierten schon zuvorgekommen. Ob er heute auch zu Manuscriptum geht, den Schaden zu besichtigen? Er kann ja mal seinen Parteifreund Maas anrufen; vielleicht hat der Informationen darüber, an welchem Stand heute Nacht Offenheit und Vielfalt exekutiert werden.

Auch Rolf Peter Sieferles *Epochenwechsel* ist von den linksgescheitelten Erben der Literaturentsorger vom Berliner Opernplatz gestohlen und vernichtet worden, was nicht zuletzt die Genossen Medienschaffenden mit ihrer Anti-Sieferle-Kampagne zu verantworten haben. Sie deshalb als Lumpen und

Habitatsnazis zu schelten, wäre zwar angemessen, widerspräche aber meiner Wohlerzogenheit mütterlicherseits.

PS: Eine Stellungnahme der Messeleitung oder des Börsenvereins zu der doch eher ungewöhnlichen Tatsache, dass auf der Buchmesse Bücher gezielt entfernt und zerstört werden – stellen Sie sich vor, dergleichen wäre bei Suhrkamp oder Unrast passiert –, ist bislang nicht erfolgt.

14. Oktober

Konstrukt stirbt,
Klassen sterben,
Du selbst stirbst wie sie.
Eins aber weiß ich,
das ewig lebt:
der Linken Meutenmut.

15. Oktober

Mit der Buntheit verhält es sich so, dass sie endet, wenn sie durchgesetzt ist.

* * *

Noch ein Wort zu den Vorfällen auf der Frankfurter Buchmesse. *Spiegel online,* hier als pars pro toto zitiert, berichtet: »Der Börsenverein hatte zur ›Auseinandersetzung‹ mit den rechten Verlagen auf der Buchmesse aufgerufen. Aktueller Stand: Provokation auf beiden Seiten, gewalttätige Angriffe von rechts, hilflose Veranstalter.«

Die Tendenz ist klar: Die Rechten sind schuld. Allein durch ihre Anwesenheit provozieren sie, und wenn sich die Linken dann provozieren lassen, gibt es »gewalttätige Angriffe von rechts«. Was nicht stimmt, denn es gab nur einen Angriff, näherhin: einen Schlag ins Gesicht. Aber hören wir weiter:

»Um die Stände (der Rechten – M.K.) waren gezielt bunte oder politische Gegengewichte positioniert worden – gegenüber dem Stand der Jungen Freiheit zeigten junge Hipster ihr Comicnetzwerk und Indieverlage queere Magazine; schräg gegenüber von Antaios verteilte die Amadeu-Antonio-Stiftung ihr Informationsmaterial gegen rechts. Was das half, auch schon vor der Eskalation am Samstag?

›Der Dialog mit denen, die zu Antaios kommen, ist schwierig‹, sagte der Sprecher der Amadeu-Antonio-Stiftung gegen Ende des ersten Publikumstags. ›Am ehesten geht das, wenn man mit Zahlen argumentieren will, aber viele wollen sowieso nur ihren Frust abladen, da ist das Weltbild so geschlossen, da kommt man nicht mehr ran.‹

Gleichzeitig gab etwa Manuscriptum an, dass über Nacht ihre Bücher gestohlen worden seien. Am Freitag hatte es zudem bereits einen gewalttätigen Zwischenfall gegeben: Ein Zuschauer hatte bei einer Veranstaltung der Jungen Freiheit dem Verleger des Musikverlags Trikont einen Faustschlag verpasst, nachdem dieser nach eigenen Angaben vom Rand aus gerufen hatte, der Vortragende solle ›die Fresse halten‹. Der mutmaßliche Schläger wurde festgenommen.«

Um das klarzustellen: So sehr es einen auch in den Fingern jucken mag, aber auf die Glocke hauen geht unter Zivilisierten nur, wenn beide Seiten zuvor ihr Einverständnis signalisiert haben. Und man schlägt keinen älteren Mann, so unerfreulich sein Anblick, so dummdreist sein Krakeelen auch sein mag, mit der Faust. Punkt.

Um aber auch das klarzustellen: Manuscriptum gab keineswegs nur an, dass die Bücher gestohlen worden seien, sondern das ist dokumentiert, ich habe es gesehen, und warum erwähnt *Spiegel online* nicht, dass der Hauptsünder Antaios sogar zweimal von nächtlichen Buchzerstörern und -dieben heimgesucht wurde? Warum berichtet das Wahrheits- und Qualitätsmedium nicht, dass Antaios-Co-Chefin Ellen Kositza unmittelbar vor der Messe einen offenen Brief an die Amadeu-Antonio-Stiftung geschrieben hat, in dem sie zum Gespräch einlud, und dass sie diese Offerte am Stiftungsstand vor laufender Kamera erneuert hat? Sie wollen die Lücke ganz mutwillig; es sind die Lücken, die die Lumpen lassen.

Ein Schmankerl am Rande: Nico Wehnemann, der Vorsitzende der Satirepartei »Die Partei«, hatte »am Samstagabend gegenüber *Spiegel online* gesagt, es habe sich bei dem Mann, der ihn zu Boden geworfen habe, um einen Security-Mitarbeiter des Antaios Verlag gehandelt. Er hatte zudem ein Foto von der Szene getwittert: ›Ein Nazi auf mir drauf. Privater Sicherheitsdienst streckt mich nieder.‹ Diese Angaben sind offenbar falsch. Laut Angaben der Polizei Frankfurt handelte es sich bei dem Mann um einen Security-Mitarbeiter der Messe Frankfurt.«

Keine weiteren Fragen.

Aber noch zwei Anmerkungen. Erstens: Der geplante Auftritt von Martin Sellner, wichtigster Kopf der Identitären, konnte nicht stattfinden; linke Protestler pfiffen und lärmten so lange, bis die Messe schloss. Am Ende wurde die Bühne von der Polizei geräumt. – Von wem geht hier die Aggression aus?

Einschub: Leser *** schreibt als Augenzeuge: »Zeitgleich mit Martin Sellner marschierten Polizei und Antifa ein. Die Messeleitung sah keinen Anlass die Veranstaltung durch Ausübung ihres Hausrechtes zu schützen. (...) Kubitschek machte einen taktischen Rückzug, nach ca. 15 Minuten zog die Antifa ab und Lichtmesz, Sellner und Kubitschek kehrten zurück. Die Messeleitung ließ daraufhin das Mikrofon abschalten. Das hinderte aber die wortgewaltigen Sprecher der IB nicht daran Ihre Reden zu halten. Das versuchte zwar die Messeleitung unter Hinzuziehung eines Polizeioffiziers zu unterbinden. Die skandierten Rufe der verbliebenen Zuschauer ›Heuchler, Heuchler‹ versuchte der Messemensch mit einem Polizeimegaphon zu übertönen. Er drückte aber den verkehrten Knopf und das Martinshorn erscholl. Die Polizei verblieb daraufhin im Hintergrund und die Veranstaltung wurde wie geplant zu Ende geführt.

Die Abschlussfeier am Antaiosstand fand in harmonischem Nebeneinander mit der Band der Gutmenschen statt. Es gab mangels Antifa keine Pöbeleien, im Gegenteil. Die freundlichen Gespräche gingen dann sogar im Bus bis zum Parkhaus weiter.«

Zweitens: Wer immer um die Stände der Rechten »bunte Gegengewichte« arrangierte, hat genau das intendiert. Im Übrigen empfiehlt es sich in solchen Fällen, auch um dem Ruch der Voreingenommenheit zu entgehen, die Vorgänge einmal unter marktwirtschaftlichem Aspekt zu betrachten. Die rechten Verlage sind kleine, florierende Unternehmen, die jeden Cent selber verdienen und trotz der Angriffe, trotz Buchhandelsboykotten, Bestsellerlistenfälschungen und Medienhetze ihr Geschäft machen. Die ihnen gegenüber platzierten Buntheitsgaranten werden mit staatlichen Geldern alimentiert resp. »eingefettet«, wie Antaios-Verleger Götz Kubitschek anschaulich formulierte; sie könnten aus eigenen Kräften gar nicht existieren. Es lebe die Marktwirtschaft! Und man versteht anhand dieses Beispiels, warum Sozialisten die Marktwirtschaft so sehr hassen.

* * *

Aber – und apropos Buchmesse – die Sonntage immer den Künsten!

Ich bin in letzter Zeit öfter gebeten worden, auf diesen Seiten explizite Lektüreempfehlungen zu geben, wobei man wohl die Betonung auf das »explizit« legen muss, denn ich bringe hier ja durchaus immer wieder Bücher zur Sprache. Und für die wirklich ernsthaften Literaturempfehlungen fühlte ich mich nicht zuständig, dafür gibt es im Leseland schließlich hochprofessionelle Kompetenzexperten wie Elke Heidenreich, Hubert Spiegel oder Volker Weidermann. Nachdem ich nun aber auf der Messe neuerlich gefragt wurde, welche Bücher der Kulturmensch meiner Meinung nach gelesen haben müsse, will ich den Mußetag des Herrn zum Anlass nehmen, heute zwölf Romane aufzuzählen, die ich über alles liebe, denen meine glühende Bewunderung gilt und deren Autoren ich so rasend beneide, dass ich sie umbringen würde, wenn ich mir auf diese Weise ihr Genie aneignen könnte, und sie nicht, mit einer Ausnahme, längst schon tot wären. Mich interessiert und begeistert in den Künsten das Wie immer mehr als das Was, also der Stil mehr als der Gegenstand, weshalb es sich hier um Bücher handelt, in denen jeder Satz dem Autor und nur ihm gehört. Es befindet sich übrigens lediglich ein Nobelpreisträger darunter; der »Stockholmer Elferrat« (Eckhard Henscheid) leistet seit hundert Jahren ganze Arbeit. Also:

Marcel Proust: *Auf der Suche nach der verlorenen Zeit*

Gut, dazu muss man eigentlich nicht viel sagen. Es ist *der* Roman der Gesellschaft. Bei Proust lernt man mehr über das Leben, als wenn man es selber lebt. Hätte ich dieses Buch eher gelesen, so mit zwanzig, ich hätte wahrscheinlich ein anderes Leben geführt. Stilistisch vollkommen und vollkommen einzigartig; ein Satzbaumeister *sui generis*. Jeder große Autor zwingt dem Leser sein Tempo auf, doch bei Proust lernt der Leser atmen. Sieben Bände lang. Die letzten anderthalb Seiten sind vielleicht das Schönste, was je ein Mensch geschrieben hat. (Meine Lieblingsfigur ist übrigens der Baron de Charlus, sozusagen der Mount Everest des Dünkels.)

Thomas Mann: *Joseph und seine Brüder*

Manns *Ring des Nibelungen*, wie jener vom Anfang her erzählt, freilich in diesem Fall mit der immer wieder thematisierten Unmöglichkeit, den Anfang zu finden. Wenn die Quellen schweigen, muss der Dichter die Geschichte nachzeichnen. Die Perspektive des allwissenden Erzählers ist hier auf den Höhepunkt getrieben; genial, wenngleich durch keinerlei Quelle gedeckt, ist Manns Erfindung bzw. Entdeckung der nach hinten (also zeitlich) offenen Identität der Personen, die auf diese Weise die Erlebnisse der Vorfahren in verträumter Unschärfe als eigene adaptieren. Ich habe den *Joseph* viermal gelesen und plage mich seit einigen Jahren mit der Frage, ob Mann große Kunst oder bloß großes Kunstgewerbe ist, doch die schiere Könnerschaft ist ja überwältigend, er schreibt einfach zu schön und lässt eine untergegangene Welt ungemein bunt und plastisch, ja riech- und schmeckbar wiedererstehen. Jaakobs siebenjährige Wartequal bis zur ersehnten Vereinigung mit Rahel ist uns nun ebenso vertraut wie sämtliche Details der falschen Hochzeitsnacht und vor allem des fatalen, über die Jahre immer mehr eskalierenden Dranges von Potiphars Weib Mut-em-enet, mit dem jungen hebräischen Hausmeier »die Füße zusammenzutun«. Man muss sich einlassen auf den

Abstieg in den »Brunnen der Vergangenheit«, und wenn die »Höllenfahrt« am Anfang manchen abschreckt, so genügt es im Grunde, die »Genesis« noch einmal zu lesen und die historischen Anspielungen einfach hinzunehmen.

Wassili Grossman: *Leben und Schicksal*

Das *Krieg und Frieden* des 20. Jahrhunderts, geschrieben von einem, der dabei war; ein Epos aus den Knochenmühlen und Glutöfen, gewaltig, ergreifend, erschütternd, wahrhaftig und unbestechlich. Grossmans Roman, der erst lange nach seinem Tod veröffentlicht werden konnte, spielt in Stalingrad, in den Folterkellern der Lubjanka, im Gulag, in deutschen Vernichtungslagern, in den Eisenbahnwaggons, die ihnen entgegenrollen, und im sowjetischen Hinterland. Es ist ein Epos über das russische Volk, in das die kommunistischen und nationalsozialistischen Bestien gleichzeitig ihre mörderischen Fänge geschlagen haben; man liest es mit zugeschnürter Kehle.

Gustave Flaubert: *Die Erziehung der Gefühle*

Der erste und zugleich illusionsloseste aller modernen Entwicklungsromane, der uns die Entwicklung als jene Regression vorführt, auf die es wohl meistens hinausläuft: die Verwandlung hochfliegender Träume in Indolenz und Resignation. *Frédéric Moreau, c'est moi.* Wir Schriftsteller stehen sowieso alle in Flauberts Schuld. Aber wer schreibt heute noch Sätze wie: »Mein Herz flog wie Staub hinter ihren Schritten auf«?

Albert Vigoleis Thelen: *Die Insel des zweiten Gesichts*

Auf dieses groteskerweise fast vergessene neunhundertseitige Sprachkunstwerk aus dem Jahre 1953 bin ich durch Botho Strauß gestoßen, der es mir mit den Worten empfahl, es handele sich um eine »Pflanz- und Pflegestätte der deutschen Sprache«. Das Buch spielt unter Exilanten in den 1930er Jahren auf Mallorca, firmiert unter dem Etikett »Schelmenroman« und ist dort ganz gut aufgehoben, kann mit einem »Plot« kaum aufwarten, ist dafür von einer Formulierungsversponnenheit und ungezügelten Detailausschmückungslust, für die kaum ein Gegenstück existiert. Auf jeder Seite gibt es neue Worte zu entdecken, sogar für den, der schon recht viele zu kennen meint. Der Erzählstil ist von jener Heiterkeit, die sich über alle Fährnisse hinwegsetzt: »Beatricens Tag war nicht ganz ohne Glanz in die Brüche gegangen.«

Giuseppe Tomasi di Lampedusa: *Der Gattopardo*

Dieses Opus wurde hier zuletzt mehrfach gepriesen. Es ist *der* Sizilienroman, ein Gesellschaftsroman – was die tiefe Einsicht in zwischenmenschlich-gesellschaftliche Konstellationen angeht, bewegt sich dieses Buch durchaus auf einer Ebene mit Prousts »Recherche« –, ein Epochenwechsel- und Endzeitroman. Lampedusa erzählt vom grandiosen Stoizismus des Fürsten Salina, der mit einer Mischung aus Grandezza, Melancholie und Untröstlichkeit unter der glühenden Sonne Siziliens dem Untergang seiner Klasse zuschaut.

Richard Yates: *Zeiten des Aufruhrs (Revolutionary Road)*

Ein illusions- und gnadenloser Falkenblick auf das Vorstadt-Individuum in seiner satten und entsetzlichen Daseinsöde. Ein Buch, in dem jedes Wort sitzt, in dem man kein Komma ändern könnte.

Leo Perutz: *Nachts unter der steinernen Brücke*

Je spannender die Handlung, desto unaufmerksamer gemeinhin der Leser, doch diese ist dermaßen raffiniert, mysteriös und durchtrieben, dass man gar nicht anders kann, als denjenigen zu bewundern, der sich das ausgedacht hat. In vierzehn Kapitel entrollt sich eine Geschichte, aber bis zum letzten Kapitel weiß der Leser nicht, dass und wie die Teile zusammenhängen, es könnten auch Geschehnisse sein, die sich unabhängig voneinander vollziehen. Erst im vierzehnten Kapitel ist es, als liefen unterirdische Fäden ineinander, und die Teile verbinden sich zu einem zusammengehörigen Geflecht. Nachahmungen dieses Musters gibt es zuhauf, etwa Kehlmanns *Ruhm* oder der Film *Babel*, doch die Komplexität der Perutz'schen Partitur bleibt unerreicht. Man hat für dieses Buch den früher eigentlich für die Lateinamerikaner abonnierten Terminus »Magischer Realismus« in Vorschlag gebracht (schon wieder ein europäisches Copyright!), und in der Tat sind die Vorgänge nicht ganz geheuer. Am Ende des ersten Kapitels läuft der Rabbi Löw zum Ufer der Moldau, wo unter der steinernen Brücke ein Rosenstrauch und ein Rosmarin eng ineinander verschlungen stehen, wie Liebende; er trennt die Pflanzen, gräbt den Rosmarin aus und wirft ihn ins Wasser. In dieser Nacht endet die Pest in der Prager Judenstadt. In dieser Nacht stirbt die schöne Jüdin Esther Meisl, und Kaiser Rudolf II. fährt mit einem Schrei aus dem Bett …

Vladimir Nabokov: *Lolita*

Der Meister schlechthin. Besser schreiben geht nicht. Nabokov lesen und danach selber etwas »zu Papier bringen«, dafür musst du entweder völlig stumpfsinnig, geldbedürftig oder ein Masochist sein.

»›Paß auf, Lo. Laß uns das ein- für allemal klarstellen. Im rein praktischen Sinn bin ich dein Vater. Ich bin voller Zärtlichkeit für dich. In Abwesenheit deiner Mutter bin ich für dein

Wohlergehen verantwortlich. Wir sind nicht reich, und solange wir unterwegs sind, werden wir gezwungen sein ... werden wir ziemlich eng miteinander zu tun haben. Zwei Menschen, die ein Zimmer teilen, geraten unweigerlich in eine Art von ... wie soll ich sagen ... eine Art ...‹

›Das Wort lautet Inzest‹, sagte Lo.«

»Ich hasse das Theater, weil es, historisch gesprochen, eine primitive und angefaulte Kunstform ist; eine Form, die nach Steinzeit-Riten und Gemeinschaftsunfug schmeckt, trotz gewisser individueller Genie-Injektionen wie beispielsweise die elisabethanische Poesie, die ein Leser in seinen vier Wänden automatisch aus dem Zeug herausfiltert.«

»Ich konnte mich nicht überwinden, ihn anzurühren, um mich zu vergewissern, daß er wirklich tot war. Er sah ganz so aus: Ein Viertel seines Gesichts war weg, und zwei Fliegen konnten ihr unglaubliches Glück noch gar nicht fassen.«

Vladimir Nabokov: *Pnin*

Dasselbe *da capo*, unübertrefflich geschrieben, nur diesmal mit rührender Hauptfigur, was bei Nabokov eine Ausnahme ist.

Laurence Sterne: *Leben und Ansichten des Tristram Shandy, Gentleman*

Der »freieste Schriftsteller aller Zeiten« (Nietzsche) und »schönste Geist, der je gewirkt hat« (Goethe) machte 1759 die Leinen los und fuhr mit vollen Segeln hinaus aufs Meer der Sprache, um dort von Tristram, seinem Vater Walter Shandy und seinem Onkel Toby das Hohelied der Abschweifung anstimmen zu lassen. Ein Festmahl und göttliches Geplauder. Ein starkes Antidepressivum. Und ein schönes Exempel dafür, dass die Moderne ein alter Hut ist, der schon mal besser passte.

Eckhard Henscheid: *Dolce Madonna Bionda*

Unter allen Fabeltieren ist mir der Picaro am liebsten, weshalb hier die pikaresken Romane anteilmäßig in CDU-Stärke vertreten sind. Wie Sterne und Thelen gehört auch Henscheid ins fidele Detachement derer, die sich der Selbstbefreiung des Schreibens aus der Klammer einer vermeintlichen Publikumserwartung, aber sonst nie verschrieben haben. Wenn der *Joseph* Manns Nibelungen-Tetralogie ist, dann ist die süße Blondfrau Henscheids *Così fan tutte*. Der 46-jährige Feuilletonist Dr. Bernd Hammer befindet sich auf der Suche (wobei das schon fast zuviel gesagt ist; er befindet sich einfach) nach einer Verflossenen, und zwar in Bergamo. In diesem Roman passiert praktisch nichts, doch nie hat ein Autor so liebevoll, penibel und hochkomisch dargelegt, dass der Mensch, wie intelligent er auch sein mag, die meiste Zeit seines Daseins dazu verdammt ist, Schwachsinn zu denken. Dieser Schwachsinn erblüht Satz für Satz, und jeder dieser Sätze ist ein literarisches Unikum.

18. Oktober

Aus dem Eisenbahnfenster sehen, wie die Nebelschleier unter den Strahlen der Morgensonne aus den Wiesen steigen und die Wipfel kleiner Baumgruppen beinahe zärtlich umhüllen, Couperins *Pièces de Clavecin* in den Kopfhörern, Nabokov auf dem Schoß, der Kaffee im ICE ist ein Greuel, für Wein ist es viel zu früh, kein Glück ist vollkommen, aber doch: Glück …

19. Oktober

Man kann davon ausgehen, dass überall dort, wo die sogenannte geschlechtergerechte Sprache durchgesetzt wurde, die geistige Entwicklung praktisch beendet ist.

* * *

Der Unrechtspopulist Heiko Maas – –

* * *

Ich lese gerade in einem mir freundlicherweise zugesandten Essay über das Bild des jüdischen Arztes in der deutschen Literatur, Ruth Klüger habe »nicht von ungefähr« darauf hingewiesen, dass Dr. Sammet aus *Königliche Hoheit* (1909) »neben allen Leo Naphtas, Fitelbergs, Rosenstiels und anderen jüdischen Gestalten die einzige sympathische im Werke Thomas Manns ist (abgesehen von seinen biblischen ›Joseph‹-Figuren)«. Die – mit Verlaub: betäubend triviale – soziologische Erklärung wird sogleich angefügt: »Zum Zeitpunkt der Niederschrift des Romans ›Königliche Hoheit‹ herrschte in den bürgerlich-intellektuellen Kreisen noch der Optimismus vor, daß vollständige Assimilation die baldige ›Lösung der Judenfrage‹ herbeiführen könne.«

Dass man so grundverschieden empfinden kann! Ich halte den Impresario Saul Fitelberg für eine der rührendsten Gestalten Manns, während die »knochige Jüdin« Kunigunde Rosenstiel, die Adrian Leverkühn glühend verehrt und wohlgesetzte Briefe an den Komponisten schreibt, eine der typischen, halb mit Verständnis, halb mit Ironie geschilderten Randfiguren ist, die, wie ihr biodeutsches Pendant Meta Nackedey und übrigens das Gros des Mannschen Personals, weder besonders sympathisch noch unsympathisch »rüberkommt«, zumal der Mensch als solcher eben objektiv nicht sympathisch sein kann und die subjektiven Eindrücke divergieren. Der düstere Klerikalkommunist Leo Naphta nämlich ist mir weit angenehmer als der gönner- und tantenhafte Ludovico Settembrini, was mit meiner verkorksten Sozialisation zusammenhängen mag, aber auch mit jener allgültig-weisen Maxime, die Arnold Schwarzenegger in *Last Action Hero* statuierte: »Worauf darf man nicht gehen? Auf den Keks!«

* * *

Lassen Sie uns über den alltäglichen Sexismus reden.

Als dessen Eisberg darf seit kurzem Harvey Weinstein gelten. Über ihn muss hier kein Wort verloren werden; zarte Gemüter mögen darüber befinden, ob er ein Schwein ist oder sich bloß wie eines benommen hat. Freilich lebt und waltet der nunmehrige Ex-Produzent in einer Entfernung zum WDR oder zum *Spiegel,* die ungefähr jener gleicht, welche uns von Fukushima trennt. Haben wir in Deutschland vergleichbare Probleme? Aber ja doch! Die Berliner Senatsangestellte Sawsan Chebli sollte bei der Jahreshauptversammlung der Deutsch-Indischen Gesellschaft eine Rede halten. Über die Details des daraus erwachsenden Eklats kursieren verschiedene Darstellungen, eine schrecklicher als die andere, und für meine literarisch-realistische Phantasie stellt sich die Sache so dar: Chebli tritt ein, fühlt sich nicht hinreichend beachtet, setzt sich auf einen Platz in der ersten Reihe, der nicht für sie vorgesehen ist, und als der Vorsitzende, ein Ex-Botschafter, sagt: »Die Staatssekretärin ist nicht da. Ich würde sagen, wir fangen dennoch an«, antwortet Chebli, wahrscheinlich halb vor Zorn, halb vor Wichtigkeit bebend, sie sei sehr wohl da und sitze vor ihm. Der Vorsitzende will seinen Fauxpas wiedergutmachen und gesteht, er habe keine so junge und außerdem noch schöne Frau erwartet. Chebli teilte später mit, sie sei »geschockt« gewesen (bzw. sei es immer noch), und stieß damit eine breite gesellschaftliche Debatte über »Alltagssexismus« an. Bei der *Zeit* etwa macht sich eine Autorin tiefgründige Gedanken darüber, wann ein Kompliment sexistisch ist und wann erst recht. Nach meiner Beobachtung finden vor allem diejenigen Frauen Komplimente sexistisch, denen keine gemacht werden, aber ich kann mich irren.

Beiseite gesprochen: Die junge Frau aus palästinensischer Familie ist »Bevollmächtigte des Landes Berlin beim Bund und Staatssekretärin für Bürgerschaftliches Engagement und Internationales«, und für einen Menschen, der mit den Usancen der parlamentarischen Negativauslese unterm Tabernakel der Antidiskriminierung nicht allzu vertraut ist, dürfte es in der Tat eine heikle Aufgabe sein, die Trägerin dieses Phantasie- und Operettentitels – »Staatssekretärin für Internationales«! –, in welcher Stuhlreihe auch immer sie ihrem Entdecktwerden entgegenfiebert, allein anhand ihres Erscheinungsbildes zu identifizieren, vor allem wenn es sich um einen Diplomaten alten Schlages handelt, der sich für subalternes Politologenpersonal weder interessiert noch nach ihm googelt. Einschub beendet.

Gleichzeitig kann man tagtäglich lesen, dass überall da draußen im Land »Männer« oder »Gruppen« Mädchen, Frauen, ja sogar Seniorinnen belästigen, sie bedrohen, begrapschen, einzeln und in Gruppen zwangsmauseln, verprügeln und bisweilen sogar in enthemmter Geilheit richtig totmachen, ohne dass Frau Chebli oder eine ihrer *#aufschrei*-Mitschwestern – die ehrwürdige Alice Schwarzer ausgenommen – deshalb eine Kampagne anzetteln. So ereignete sich etwa folgender Vorfall nur wenige Kilometer von Frau Cheblis Dienstsitz entfernt: Drei »junge Männer« verletzten am Alexanderplatz einen 23-Jährigen mit Messerstichen am Rücken und schlugen ihm mehrere Zähne aus. »Einer der drei mutmaßlichen Täter soll nach den Ermittlungen ein Mädchen oder eine junge Frau belästigt haben. Daraufhin soll der 23-Jährige eingegriffen haben, um die Frau zu beschützen. Dann mischte sich eine größere Gruppe von etwa 30 Männern in den Streit ein. Im Lauf der Auseinandersetzungen kam es dann zu den Gewalttätigkeiten.« So bunt geht es zu in der Hauptstadt! Und das regelmäßig! »Am Alexanderplatz, im Bereich zwischen dem Fernsehturm und dem Neptunbrunnen vor dem Rathaus, versammeln sich seit längerem an vielen Abenden in der Woche große Gruppen junger Männer, vor allem Flüchtlinge aus arabischen Ländern. Regelmäßig kommt es zu Streitereien und Gewaltausbrüchen. Die Polizei kontrolliert inzwischen regelmäßig dort mit einem größeren Aufgebot und beleuchtet dafür das Gelände mit großen aufgestellten Scheinwerfern«, berichtet die *Berliner Zeitung* weiter. »Im September gab es dort mehrfach Massenschlägereien und Messerstechereien zwischen Gruppen junger Männer. Beteiligt waren jeweils etwa 30 Männer aus Afghanistan, Pakistan und Syrien. Sie griffen sich mit Messern und Reizgas an. Ein 18-Jähriger musste nach einer Stichverletzung am Rücken notoperiert werden. *Auch Übergriffe gegen Frauen, aus denen wiederum Auseinandersetzungen folgen, kommen öfter vor* (Hervorhebung von mir – M.K.).«

Die Klientel, die hier die Vergewaltigungs- und Belästigungsstatistik explodieren lässt, ist mit Teddys und Willkommenstransparenten begrüßt worden, und zwar ziemlich exakt von jener Spaßguerilla, die heute aufschreit, wenn ein alter weißer Mann ein falsches Kompliment macht, und jeder, der auf dieses doch beachtliche Missverhältnis hinweist, ist als Rechtsradikaler zu exkludieren. Warum das so ist, habe ich mehrfach beschrieben – die Feiglinge wollen sich auch mal als couragiert aufspielen und ihre Heiligenscheine aufpolieren. Die wohlfeile Simulation endet sofort, wenn die Wirklichkeit ihre raue Seite offeriert: Einen »Zwischenfall in Köln«, vermeldet die *Welt*. »Ein Filmteam des ZDF ist am Ebertplatz bedroht worden. Die Crew musste daraufhin die Dreharbeiten für die Krimiserie *Heldt* beenden – und alarmierte die Polizei.« Wieder wurden »Gruppen« vorstellig, und »besonders die Komparsinnen, die als Prostituierte auftreten sollten«, reagierten »verängstigt« auf die offenen Drohungen und versteckten Komplimente. Fällt aber nicht unter Sexismus, sondern unter »Flüchtlingsdrama«.

* * *

Apropos: Vor vielleicht zwanzig Jahren – die Sache ist also verjährt und darf erzählt werden – betrat ich die Teeküche meiner damaligen Firma, wo eine aparte Kollegin damit beschäftigt war, einen Obstsalat zuzubereiten, und sich dabei eines ziemlich gefährlich aussehenden Messers bediente. »Um Gotteswillen, meine Liebe, sei vorsichtig, dass du dir nicht in den Finger schneidest«, rief ich aus, »in diesem Falle müsste ich dir das Blut von den Fingern lecken.« – »Oh«, versetzte sie, »dann sollte ich mich besser woandershin schneiden.« Es war ein klarer Punktsieg für sie und zugleich irgendwie auch für mich. Aber wer hat nun wen belästigt?

21. Oktober

»Nachdem der Lehrer der Jugendlichen ermöglicht hatte, mit ihren Freunden zu chatten, suchte er das Gespräch mit den Eltern

– gemeinsam mit einer Kollegin. Die Mutter kam voll verhüllt. Der Vater verweigerte der Kollegin den Handschlag. Auf den Hinweis, dies sei in Europa ein Akt der Unhöflichkeit, erwiderte der Vater kühl, das interessiere ihn überhaupt nicht, sein Gesetz sei der Koran und der Handschlag mit einer unreinen Frau ein Tabu. Alles andere als der Koran interessiere ihn sowieso nicht. Die Mutter, so die Schilderung des Lehrers weiter, sagte, es gehe nicht, dass Mädchen und Jungen in einer Klasse säßen. Als sie das Klassenzimmer verlässt, zischt sie zum Lehrer: ›Du Nazi.‹« Erzählt auf Bayern 2. Ich empfehle dem ZDF in Anlehnung an das DDR-Fernsehen – von der DDR lernen! – die Etablierung einer Reality-Show namens »Ein Hexenkessel Buntes«.

* * *

Ein Jura-Professor erzählt in trauter Runde, dass er neuerdings von Erstsemestlern Mails erhalte, die mit der Anrede »Hallo Prof« anheben. Dass viele Studenten, ungefähr seit sie »Studierende« heißen, nicht mehr sinnerfassend lesen und sinnvermittelnd schreiben können und nicht wissen, wohin ein Komma gehört, genügt nicht, auch die Umgangsformen wollen verlernt sein.

* * *

Obwohl sie Physikerin ist, behauptet unsere Sonnenkanzlerin, es gebe bei »Flüchtlingen« keine Obergrenze. Ich gestatte mir einen Widerspruch. Der Staatshaushalt der Bundesrepublik weist für 2016 Gesamtausgaben in Höhe von 317,4 Milliarden Euro aus. Das heißt, wenn die ca. 1,5 Millionen sogenannten Flüchtlinge optimistisch geschätzte 30 Milliarden im Jahr kosten, dann liegt die maximale und gutherzigste Obergrenze derzeit ungefähr bei 15 Millionen Neubürgern, sofern *Kalt-*

land parallel zu den Sozialschutzsuchenden nicht neue Staatschulden aufnimmt. Das sind auf jeden Fall weniger, als unsere Willkommenskönigin in ihrer obergrenzenlosen Fernstenliebe verheißt. Wenn man überdies in Rechnung stellt, dass allein Ägypten jährlich einen Bevölkerungszuwachs von einer reichlichen Million produziert, also ein einziges nordafrikanisches Land ausreicht, sämtliche deutsche Willkommensbestrebungen zu absorbieren, während Schwarzafrika noch weit erheblicheren Segnungen entgegeneilt, sind Merkels Verheißungen gar nicht mehr so friedensnobelpreiswürdig, sondern fallen eher unter Angeberei. Das muss doch mal gesagt werden, Herrgottsakra!

23. *Oktober*

»Wann werd ich es so satt sein,
Daß ich es satt bin aufzuschreiben, wie
Satt ich es bin?«
Peter Hacks

* * *

»Genau besehen ist noch nichts Besseres erfunden worden als Frankreich.«
Charles de Gaulle am 5. März 1958 gegenüber Albert Camus

* * *

Nun – endlich! – hat erstmals eine *Spiegel online*-Kolumnistin und nicht eben unbekannte Schriftstellerin zu Gewalttaten gegen Rechtsintellektuelle sowie deren Verlage aufgerufen, ein bisschen vermurkst und verdruckst zwar, doch mit hinreichender Deutlichkeit. Sibylle Berg, ein skurril-kentaurisches Wesen aus großartiger Romanautorin und närrischer Kolumnistin, bezeichnet die Petition der Dresdner Buchhändlerin Susanne Dagen gegen den linken Vandalismus auf der Frankfurter Buchmesse (*Acta diurna* vom 17. sowie 13. Oktober) als eine Aktion »für das Recht der Rechten, ungestört Menschenhass zu verbreiten«, und die darin erhobene Forderung, bei der intellektuellen Auseinandersetzung zivilisierte Standards einzuhalten, verhöhnt sie als einen Ruf nach »Zonen der Ruhe, damit Rechte sich entfalten können und Feuerchen vor Heimen legen und Juden angreifen« – weil ja Manuscriptum-Autoren wie z.B. der Verfasser dieser besinnlichen Zeilen speziell Jüdinnen dermaßen auf die Pelle zu rücken pflegen, dass es einen Goj graust.

Nachdem sie sich solcherart in Kampfeslaune versetzt hat, legt unsere Walküre vom Zürichsee ihr eigenes Feuerchen mit den Worten: »Vielleicht ist der Schwarze Block, die jungen Menschen der Antifa, die Faschisten mit dem einzigen Argument begegnen, das Rechte verstehen, die einzige Bewegung neben einem digital organisierten Widerstand, die eine Wirkung hat. Es wird nichts mehr von alleine gut. Die Regierung wird uns nicht retten. Allein eine Neudefinition des Begriffs linker Aktivismus kann den Schwachsinn des Hasses und der Menschenverachtung stoppen. (...) Die Zeit des Redens ist vorbei. Es geht um die Rettung der Menschlichkeit.«

Davon abgesehen, dass die zur Hatz anfeuernde Antifa-Schildmaid die ersten 22 Jahre ihres Lebens in der DDR verbracht hat und als Intellektuelle bei menschheitsanmenschelnden Erlösungsfloskeln das totalitäre Gras wachsen hören müsste, davon ferner abgesehen, dass die Formulierung, eine Heilsbewegung begegne »Faschisten mit dem einzigen

Argument, das Rechte verstehen«, semantisch ungefähr so stimmig ist wie der Satz, ein Skinhead begegne Katrin Göring-Eckardt mit dem einzigen Argument, das Boris Palmer versteht, und überdies noch davon abgesehen, dass zumindest für Mad. Berg die Zeit des Redens leider nicht vorbei sein, sondern sie ihre immergleichen Kolumnen in ennuyierender Zähigkeit Woche für Woche hervorkreißen wird, anstatt Romane zu schreiben und die Hasskommentare einer Kanaille wie Georg Diez zu überlassen, der im Gegensatz zu ihr ja nichts anderes kann (und bei Lichte besehen auch das nicht wirklich hinreißend) ... – ich erlaube mir, neu anzusetzen: Von all dem abgesehen ist unsere schneidige Schwertleite also der Ansicht, dass einzig eine rote SA die von ihr halluzinierte Wiederkehr der braunen Stiefschwester zu verhindern und jene Menschlichkeit zu retten imstande sei, welche derzeit speziell bei der ungebremsten Einfuhr von u.a. Antisemiten, Frauenauflauerern, Schwulenklatschern, Antänzern, Messerstechern und wallebärtigen Glaubenszweifelzerstreuern ihre Opferfeste feiert.

Was genau begehrt die wonnige Maid? Saalschlachten? Bürgerkrieg? Schwimmkurse im Landwehrkanal? Aber wo! Frau Berg, Friede sei mit ihr, *fingiert* ja nur, das reale Verhältnis der Kräfte nicht zu schnallen, sie weiß sehr wohl, dass die Gegenseite, AfD, Pegida et al., allein schon aus Altersgründen ostentativ friedfertig auftritt (die Nazis waren eine allzeit handgemengetaugliche *Jugendbewegung*, doch nach dem zweiten Bandscheibenvorfall mischt sich niemand gern in ein solches), was ja im Falle unserer Niveauspagat-erprobten *Spiegel*-Gerhilde mühelos daran zu erkennen ist, dass sie sich überhaupt traut, eine solche Gewaltanfeuerung in die Öffentlichkeit zu tröten. Tatsächlich kann sie sich sicher sein, dass ihr und all den anderen so ungeheuer couragierten Kolumnisten »gegen rechts« nach dergleichen Maulheldenmutbekundungen außer Beifall von den Kollegen buchstäblich nichts droht – ich bitte den geneigten Besucher meines kleinen Eckladens um Pardon, dass ich mich zu gewissen Wiederholungen genötigt sehe –, weil der »Kampf gegen rechts« eine garantierte Überzahlveranstaltung ist, mit Lob von allen offiziellen Seiten sowie einem kleinen *Shitstorm* seitens derer mit den Bandscheibenschäden, welchen unsere zeitgeistgeschützten Zündler dann als jene Gefahr verkaufen, der sie mutig die Stirn geboten haben. Von H. Maas bis zwar nicht mehr ganz an die Memel, aber immerhin an den Zürichsee verschanzen sich diese Held*innen hinter ihrer schwarzgekleideten Bodentruppe, deren Treiben sie mit der klammheimlichen Freude des versetzten Täters verfolgen, der selber weder zur Tat taugt noch eine einzige Attacke aushalten würde. In Frau Bergs Tagträumen sind die »Rechten«, vor denen sie so schneidbebend warnt, die einzigen Ziele von Gewalt. Womöglich muss man sogar ein bisschen Mitleid mit unseren einstigen Wortführern und linken Lautsprechern haben, Brexit, Trump-Wahl, AfD-Einzug in alle Parlamente und der nun doch – Hunde wie Bellen beißen nicht – stattgehabte Rechtsruck in Österreich, das ist alles ein bisschen viel gewesen für unsere Weltheilsplandurchschauer i.R. (Wir werden es beim mählichen Erstarken des radikalen Islam in den nächsten Jahren beobachten, dass diese Couragesimulanten bei einer echten Gefahr keinen Mucks von sich geben; das ist deren Art von »Islamophobie«.)

Als Freund des *Fairplay* finde ich diese Kräftekonstellation ein bisschen ungerecht. Zwar hat bislang die Polizei im Rahmen der ihr von sozialdemokratischen Innenministern gestatteten Möglichkeiten AfD-Veranstaltungen solide geschützt, doch solange die von Frau Berg ganz unnötigerweise aufgehetzte

Seite kein Risiko eingeht, ist es doch langweilig. Wenn die feminisierten biodeutschen Jünglinge nichts mehr taugen, müssen auf der Rechten eben Auxiliarkräfte rekrutiert werden, Russlanddeutsche, Osteuropäer, Sachsen, Kurden, Israelis, Hooligans, Rocker und Assassinen. Oder was meinen Sie, Frau Berg? Und wissen Sie, von welchem großen Humanisten der Satz »Pas de liberté pour les ennemis de la liberté«, den Sie ja hier in Variation vortragen, eigentlich stammt?

* * *

Wie es sich wohl anfühlen mag für eine Künstlerin, öffentlich im Gesinnungsgaleerentakt dieselben Ansichten vorzutragen, die auch alle Parteien (außer der schlimmen), TV-Sender, Zeitungen, Gewerkschaften, Kirchen, Verbände, NGOs, Universitäten, Theater, Kabarettisten, Schauspieler, Räte und Zentralräte vortragen bzw. heucheln? »Es sollte all jenen, die heute die leichte Zunge haben und das Sagen, nicht erspart bleiben, einmal in ihrem Leben unter den Schock des Ausgeschlossenseins zu geraten, einmal von der Kultherrschaft Andersgestimmter, die niemanden verfolgt, sondern nur ausschließt, verweist, exkommuniziert, entnetzt – es sollte ihnen einmal das Gefühl, nicht dazuzugehören, bestimmt werden.« (Botho Strauß)

* * *

In ihrer nämlichen Kolumne verlinkt Frau Berg auf einen Artikel, der sich mit rechtsextremen Gewalttaten beschäftigt. Ich werde mich hier nicht dazu erniedrigen, die allerselbstverständlichsten Selbstverständlichkeiten auszusprechen; ich will aber darauf hinweisen, dass solche Taten nicht in Relation und Bezug zu jenen der Linksextremen gesetzt werden sollten, denn beide geschehen weitgehend unabhängig voreinander; die eigentliche Bezugsgröße sind die Gewalttaten von Einwanderern und sog. Flüchtlingen. Wenn man in Rechnung stellt, dass es sich bei der momentanen Masseneinwanderung um eine der größten Landnahmen in der deutschen Geschichte und die opulenteste seit dem Zweiten Weltkrieg handelt – man schaue nur auf die aus den Reihen der uns so zahlreich Zugelaufenen erstehende Kriminalitätsbilanz –, dann sind 692 Verletzte (man wüsste bei dieser Kategorie gern genauere Details) bei 80 Millionen Menschen erstaunlich wenig, dann ist, um mit einem womöglich bereits etwas abgegriffenen Vergleich zu argumentieren, die Wahrscheinlichkeit, sich bei einem Haushaltsunfall zu verletzen, ungleich höher, dann bezeugt diese Zahl eher eine außergewöhnliche Friedfertigkeit und thymotische Erschlaffung dieses zügig vergreisenden Schlaf- und Schafsvolkes, in das immer mehr Wölfe einbrechen und die komplementäre Verletztenbilanz in die Höhe treiben.

* * *

Wer heutzutage in einer politischen Debatte den Begriff »Nazi« gegen wen auch immer ins Feld führt, ist aus ethischer Sicht ein Lump, aus historischer Sicht ein Verharmloser, aus intellektueller Sicht eine Null.

* * *

»Ohne Religion kann man nicht leben, und doch können wir nicht glauben.«
Tolstoi

24. Oktober

»Zu hören, wie man die Welt verändern könnte, wer die Bösen und die Guten waren, um danach selbstgefällig zu seinen kleinen Verrichtungen zurückzufinden, hatte etwas so Lächerliches, dass ich es kaum ertrug.«
Sibylle Berg, *Der Mann schläft*

25. Oktober

Ein vorerst letztes Wort zu Fräulein Berg. Selbstredend hat Ellen Kositza recht, wenn sie das Personal der düsteren, nihilistischen Romane der Schriftstellerin mit den Worten beschreibt: »Der Mensch ist bei Berg eine lächerliche, nichtswürdige Kreatur (...) Er hechelt nach Liebe, durchaus in echter Sehnsucht, er verfehlt sie zuverlässig. Aus allen Bergwerken spricht eine schier unerschütterliche Menschenfeindschaft, oder freundlich gesagt, eine spröde Melancholie, die nach einem Hoffnungsflämmchen schielt, das vielleicht noch glüht, aber meist nur eine matte Illusion ist. (...) In Bergs Romanen leidet genau jener Menschenschlag, als dessen Personifizierung man sich beispielsweise die linke SpOn-Kolumnistin Sibylle Berg vorstellen mag. Kinderlose, bittere Halbalte, deren verknöchertes, mediokres Dasein ein Warten auf den Tod ist.«

Dieser Menschenschlag hat sich in den vergangenen Jahrzehnten hierzulande vor allem im Kulturbetrieb breitgemacht, und die hässlichen Folgen lassen sich in den Theatern und Vernissagen besichtigen. Politisch und intellektuell agiert der besagte Typus gemeinhin als ein Fernstenliebe simulierender, den Nächsten, sofern es sich um den Landsmann handelt, eher verachtender, an Traditionen und ihrer Weitergabe naturgemäß desinteressierter, sein eigenes Aussterben als das Ende aller Dinge begreifender, sich in lichten Momenten zutiefst selbst hassender, aber durch und durch egozentrischer, egoistischer, glücksgeiler *letzter Mensch*. Was, um auf Frau Berg zurückzukommen, nichts über die Qualität ihrer Prosa sagt, die ich, der ich mir in Sachen Misanthropie von niemandem und erst recht von keinem Mädchen etwas vormachen lasse, wie gesagt durchaus schätze. Kant, Nietzsche, Kierkegaard, Kafka oder Proust hatten auch keine Kinder (aber Céline, das größte Ekel von allen, immerhin eine Tochter), womit ich keineswegs Frau Berg ein Pedigree andichten will, das nicht ihres ist, sondern nur auf die anderen Gesetze verweisen will, welche in der Sphäre der Künste gelten.

* * *

»Denke ich an die Begierde, Etwas zu thun, wie sie die Millionen junger Europäer fortwährend kitzelt und stachelt, welche alle die Langeweile und sich selber nicht ertragen können, – so begreife ich, dass in ihnen eine Begierde, Etwas zu leiden, sein muss, um aus ihrem Leiden einen probablen Grund zum Thun, zur That herzunehmen. Noth ist nöthig! Daher das Geschrei der Politiker, daher die vielen falschen, erdichteten, übertriebenen ›Nothstände‹ aller möglichen Classen und die blinde Bereitwilligkeit, an sie zu glauben. Diese junge Welt verlangt, von Aussen her solle – nicht etwa das Glück – sondern das Unglück kommen oder sichtbar werden; und ihre Phantasie ist schon voraus geschäftig, ein Ungeheuer daraus zu formen, damit sie nachher mit einem Ungeheuer kämpfen könne. Fühlten diese Nothsüchtigen in sich die Kraft, von Innen her sich selber wohlzuthun, sich selber Etwas anzuthun, so würden sie

auch verstehen, von Innen her sich eine eigene, selbsteigene Noth zu schaffen. Ihre Erfindungen könnten dann feiner sein und ihre Befriedigungen könnten wie gute Musik klingen: während sie jetzt die Welt mit ihrem Nothgeschrei und folglich gar zu oft erst mit dem Nothgefühle anfüllen! Sie verstehen mit sich Nichts anzufangen – und so malen sie das Unglück Anderer an die Wand: sie haben immer Andere nöthig! Und immer wieder andere Andere!«
Nietzsche, *Die fröhliche Wissenschaft*, Erstes Buch, 56

* * *

Eine Landtagsabgeordnete der AfD reagiert entrüstet auf die Nachricht, dass sich der Betreiber einer großen Stuttgarter LED-Werbefläche nach den üblichen Boykottdrohungen und anderen sozialen Erpressungsmaßnahmen zum Einknicken gezwungen sieht und keine AfD-Spots mehr sendet. »Mach dir doch nichts daraus«, beruhigt sie ein Mitarbeiter. »Wer hat behauptet, dass es einfach würde? Wenn es einfach wäre, stünde doch FDP drauf.«

26. Oktober

Soziale Isolation ist das Zusammengeschlagenwerden auf Raten.

* * *

Leser *** merkt an, dass Wolfgang Schäuble auf der konstituierenden Sitzung des Bundestages, die in der Presse breit diskutiert worden ist, einen entlarvenden Satz fallen gelassen habe, nämlich:

»So etwas wie Volkswille entsteht überhaupt erst in und mit unseren parlamentarischen Entscheidungen.«

Mag sein, dass man nach viereinhalb Jahrzehnten Parlaments- und Ausschusshockerei tatsächlich wähnt, den Volkswillen zu verkörpern, ach was, als dessen Epiphanie durch die Lande und Gaue zu rollen, und dass man irgendwann jedes Gefühl dafür verliert, von fremder Leute Steuern zu leben (muss man wohl aus Gründen der Selbstwertstabilisierung sogar), und wahrscheinlich würde Seine Eminenz sich mit dem Argument aus der Sache winden, es habe sich um eine unglückliche Formulierung gehandelt, er habe bloß sagen wollen, dass sich der Volkswille erst im Parlament zur politischen Entscheidung forme – wie es dem Volkswillen zur Masseneinwanderung oder zur permanenten Euro-«Rettung« via ESM etc. oder zur Renten-Besteuerung oder zur Nullzinspolitik oder zur Internet-Bespitzelung oder zum EEG oder zur »Ehe für alle« ja widerfuhr –, und so lange das Volk diesen Politikern, die es aussaugen, bevormunden, als Schicksalsgemeinschaft verhöhnen und als Souverän verhohnepiepeln, nicht eine außerparlamentarische Bedenkzeit verschafft, hat der bittere Alte auf seine Weise sogar recht.

»Die Einen regieren aus Lust am Regieren; die Andern, um nicht regiert zu werden: – Diesen ist es nur das geringere von zwei Übeln.« (Nietzsche, *Morgenröte*, III/181) Einer ausführlicheren Begründung bedarf meine neuerdings stattfindende politische Betätigung nicht.

* * *

Die *Welt* meldet: »Die Goethe-Universität in Frankfurt hat einen geplanten Vortrag des umstrittenen Vorsitzenden der Polizeigewerkschaft, Rainer Wendt, abgesagt. Vorher hatte sich Widerstand dagegen formiert.«

Allein indem sie das Eselswort »umstritten« einsetzt – jeder, der sich hierzulande exponiert, jede Nichtnull ist heutzutage »umstritten« –, macht sich die Zeitung zum Komplizen derer, die das elementarste aller Grundrechte, die Meinungsfreiheit, demolieren.

»Laut Polizeigewerkschaft«, erläutert die Gazette, »gebe es hinsichtlich der Veranstaltung Sicherheitsbedenken. Man rechne mit einem möglicherweise eskalierenden Protest linksalternativer Gruppierungen.« (Muss es nicht heißen: »linksalternativlos«?) »Rund 60 Wissenschaftler schrieben dem Frankfurter Forschungszentrum Globaler Islam (FFGI), das den Vortrag organisiert hatte, einen offenen Brief« und forderten »die Absage der Veranstaltung«. Ich wette meine Perücke, dass sich unter diesen »Wissenschaftlern« kein einziger befindet, der eine Wissenschaft treibt, die in irgendeiner Weise etwas der Allgemeinheit Nützliches oder sie Erbauendes produziert. »Die Universität dürfe den diskriminierenden Äußerungen des Gewerkschaftschefs keine Plattform bieten«, welche darin bestehen, dass er zu den wenigen Offiziellen gehört, die die ethnisch-kulturell determinierte Bereicherung der Kriminalstatistik zu thematisieren sich erfrechen. »Kritiker« nennt die oppositionskritische *Welt* jene tristen Sechzig, die den Aufruf verfasst haben. Ihre Realitätsphobie mögen diese Bescheidwissenschaftler ja noch mit ihrem guten Willen zu rechtfertigen suchen, aber nichts entschuldigt die immergleichen autoritären Worthülsen, dieses gefinkelte Quadratschädeldeutsch, mit dem sie nichts Geringeres zu begründen suchen als den Marsch in eine linkstotalitäre Gesinnungsöffentlichkeit, in der nur noch diejenigen vor Publikum auftreten dürfen, die von solchen Lemuren nicht bedroht oder attackiert werden.

29. Oktober

Ich hatte hier gestern den Versuch unternommen, das Buch *Mit Linken leben* von Caroline Sommerfeld und Martin Lichtmesz zu loben, aber dessen Gegenstand gleichzeitig als langweilig zu verwerfen –, denn was könnte es Langweiligeres geben, als mit Linken zu leben? vielleicht mit Salafisten zu trinken? –, was gründlich danebenging, woraufhin ich die kurze Notiz getilgt habe. Wenn ein talentierter Fotograf in immer neuen Variationen die Steppe ins Bild setzt, bleibt es doch die Steppe und nichts als das. Sommerfeld und Lichtmesz beschäftigen sich hingebungsvoll und akribisch, sarkastisch und humorvoll mit der umfassendsten geistigen Öde unseres Epöchleins: der westlichen, speziell natürlich deutschsprachigen Linken, die keinen Daseinsgrund mehr besitzt, weil längst sogar die Kanzlerin linke Politik macht und eine noch linkere Opposition eine noch linkere Politik nicht wirklich fordert, sondern dies nur fingiert, weil selbst der linkeste Linke nach dem Zusammenbruch der UdSSR kapiert hat, dass man die Kuh, die man melken will, nicht umbringen darf. Es geht um eine Linke, die keine Bewegung mehr ist, erst recht keine Avantgarde (sofern sie das je war), sondern eine abgestillte, pappsatte, dröge, dumpfe, aggressive, machtgeschützte, medial mit einheitsparteilicher Verve unterstützte, von der evangelischen Kirche bis zum DFB, von der *taz* bis zur Bertelsmann-Stiftung getragene, eine umfassende Mentalitätsherrschaft ausübende Großclique, die keine Köpfe und Ideen mehr hervorbringt, dafür scharenweise Denunzianten und Mitläufer, die keinen Esprit mehr produziert, sondern buntbemalte begriffliche Stacheldrahtverhaue, die nicht provoziert, sondern wittert und Lunte riecht, die nicht protestiert, sondern verbietet, die an den Universitäten das freie

Denken abgeschafft und durch einen grotesken Theoriekrieg gegen die Realität ersetzt hat, die sich im »Kampf gegen rechts« zum Endaufklärungs-Thing und Totemdienst versammelt und deren Bodentruppen jeden schikanieren, der aus der Reihe tanzt und rote Linien überschreitet – wobei die gesamte Chose sofort zusammenbräche, käme eine Regierung an die Macht, die nichts weiter täte als das System der staatlichen Alimentierung abzuschaffen, sprich GEZ-Gelder weg, Staatsknete für den »Kampf gegen rechts« und alle seine Antonio-Amadeu-Afterstiftungen weg, Bühnensubventionen weg, Kulturförderung für alles Zeitgenössische weg, Kirchensteuer abschaffen etc.

»Wir müssen mit Linken leben und sie mit uns«, hebt das Buch menschenfreundlich an. »Die linke Ideologie ist heute in sämtliche Ritzen der Gesellschaft gedrungen«, konstatieren Sommerfeld/Lichtmesz, und so leuchten sie auch noch die Ritzen aus und führen den Leser durch den gesamten begrifflichen und vor allem affektiven Raum ohne Volk, der heute von linksdrehenden, links sprechenden, links empfindenden, links heuchelnden Figuren bevölkert wird. Die Autoren definieren die verschiedenen Spielarten des Linksseins (»Statuslinke«, »Ressentimentlinke«, »Gefühlslinke«, »Alt-68er« etc. *ad nauseam* pp.); ihr Glossar reicht vom »Virtue signalling« (= Tugendprahlerei) über das »Gaslighting« (= die Alltagserfahrungen der Menschen zur subjektiven Wahrnehmungsstörung erklären) bis zum »Cuck«, dem effeminierten westlichen Schrumpfmann, einer Parodie des Mannes, der gern »authentisch« ist und sich schämt und weint – wie mein journalistischer Zweitlieblingsnarr Hannes Stein, dem durch die Trump-Wahl das bergende überseeische Gesäß abhanden kam und der seine temporäre metapolitische Obdachlosigkeit in einem durchaus legendären Kommentar in der *Welt* beschrieb mit den geflügelten Worten: »Ich nahm ihre Hand (die seiner Frau – M.K.), dann weinte auch ich. ›Unser Sohn, unser Sohn‹, sagte ich.« Und dann wechselte sie die Windeln und er machte das Bett, zog couragiert in den Kampf ins Büro, und abends traf man sich wieder zum seligen Aufeinandereinschluchzen … –

Sommerfeld und Lichtmesz analysieren all jene Phobien, die angeblich Rechte befallen und Linke nie, liebevoll widmen sie sich den Ängsten, die immer unbegründet bzw. »geschürt« sind, dem »Gedankengut«, das immer rechts ist, dem Hass und der »Menschenverachtung«, das eine in der öffentlichen Wahrnehmung so originär »rechts« wie das andere und so fort. Zur Widerlegung des »gängigen Narrativs: daß ›die Rechten‹ so etwas wie ein homogener, geschlossener Block von frustrierten Querulanten, Provokateuren und ›Abgehängten‹ scien«, zitieren die Autoren »starke Eideshelfer« (Th. Mann), wobei das schönste, decouvrierendste Zitat von Jack Donovan stammt und lautet: »Wenn ein Mann mir versichert, er sei gegen Rassismus oder Sexismus oder Xenophobie oder Transphobie oder was auch immer gerade angesagt ist, dann ist alles, was ich sehe: Angst. Er hat Angst, seinen Job zu verlieren. Er hat Angst, seine Kunden zu verlieren. Er hat Angst, von der Schule geschmissen zu werden. Er hat Angst, von den Medien angeschwärzt zu werden. Er hat Angst, verklagt zu werden. Er hat Angst, sein Haus zu verlieren. Er hat Angst, seine Freundin oder Ehefrau zu verlieren. Er hat die Dienstvorschriften unterzeichnet (…), er kennt die Regeln, und er hat gesehen, was mit denen passiert, die gegen sie verstoßen haben. Viele Männer haben Angst, die Gedanken auch nur zu denken, die zu den Worten führen könnten, die ihnen Ärger einbringen können. Es ist gruslig. Ich verstehe es.«

Es ist vor allem immer und immer wieder abstoßend und öde und langweilig, und so bekam ich denn nach der Hälfte des

Buches einen Wutanfall, schmiss das arme Ding in die Ecke, summte mit Johannes Gross: »Links zu sein bedarf es wenig« vor mich hin und schrieb besagte Kurzkritik des o. gen. steppenabholden Tenors, pardon, pardon. Denn selbstverständlich, geneigter Leser, sollten Sie dieses Buch lesen, sofern Sie sich nicht den Luxus leisten können, ohne Linke zu leben, doch wer kann das schon?

* * *

Die Grundidee der Eurozone lässt sich gut beschreiben als die Übertragung des deutschen Länderfinanzausgleichs auf einen Kontinent. Bayern und Baden-Württemberg alimentieren Bremen, Berlin und NRW; Deutschland als ganzes (also wieder Bayern und Baden-Württemberg) alimentiert Griechenland, Portugal, Polen, Ungarn usw. Die Dankbarkeit der Nehmer hält sich in Grenzen; ähnlich wie Berlin den Bayern mit seiner Geldverschleuderung eine Nase dreht, pfeifen die Griechen auf die Stabilitätskriterien und die Osteuropäer auf den edlen Vorschlag, Merkels afrikanische Gäste bei sich einzuquartieren.

Die sogenannte europäische Idee bestand ursprünglich darin, den über Jahrhunderte in blutige Konflikte verstrickten Kontinent, dessen Nationen sich in der ersten Hälfte des 20. Jahrhunderts bis in die geopolitische Bedeutungslosigkeit gegenseitig demoliert hatten, zu befrieden, zu versöhnen und die ehemaligen Feinde in Partner zu verwandeln. Nie hätten die Gründer der EU, hätten ein de Gaulle oder ein Adenauer gedacht, dass ihre Idee der Aussöhnung in den wüstesten Zentralismus in der Geschichte ihres Kontinents führen würde. Nie hätten sie sich alpträumen lassen, dass führende Funktionäre dieses Gebildes wie Frans Timmermans, der Vizepräsident der EU-Kommission, versuchen würden, die bunten europäischen

Völker in eine graue multikulturelle Gesellschaft, die vielfältigen nationalen Kulturen in eine einheitliche Superkultur zu verwandeln. Nie hätten sie sich schwanen lassen, dass linke und neoliberale antirassistische Rassisten von der Umwandlung der europäischen Völker in eine homogene Mischethnie träumen und den Barbaren die Tore öffnen würden (gewiss, ein Richard Coudenhove-Kalergi hatte solche Visionen schon in der Zwischenkriegszeit, und Oswald Spengler umgekehrt auch, doch das waren Außenseiter).

Die Frage, ob die EU-Imperialisten am Lostreten der sogenannten Flüchtlingskrise mitgewirkt haben oder sie sich nur zunutze machen wollen, sei Historikern oder Verschwörungstheoretikern überlassen. Dass sie dabei sind, die Völker in ihrem Machtbereich durch Vermischung zu »verdünnen« (Joseph »Joschka« Fischer), um nationale Widerstände zu brechen und ihre Herrschaft zu erweitern, haben innerhalb Deutschlands viele und außerhalb Deutschlands inzwischen Mehrheiten begriffen. Die Zahl der Widerstandsnester gegen den Superstaat wächst.

Dieser Widerstand tritt in den verschiedensten Formen zutage, er ist weder von oben geplant noch koordiniert, sondern entsteht urwüchsig und basisdemokratisch. Eines ist all diesen gallischen Dörfern gemeinsam: Ihre Bewohner haben die Herrschaft der Zentralisten, Bevormunder und Gleichmacher satt. Sie wollen ihre Heimat behalten oder zurückbekommen.

Unbeirrt treibt die britische Regierung den Brexit voran. Unbeirrt bestehen die Polen und Ungarn darauf, selber zu entscheiden, wer in ihr Land kommt – »Beschützt lieber eure Frauen statt unsere Demokratie«, stand auf einem Transparent im polnischen Zuschauerblock einer deutsch-polnischen Sportveranstaltung nach der Kölner Silvesterkirmes zu lesen –, und

Ungarns Staatschef Victor Orbán hat soeben Osteuropa zur »migrantenfreien Zone« erklärt, wobei klar sein dürfte, welche Migranten er meint. Die Tschechen haben mit der Wahl von Andrej Babis die Eurokraten dorthin getreten, wo es wehtut. Auch die Österreicher entschieden sich für den heilsamen »Rechtsruck«; ÖVP-Chef Kurz will mit der FPÖ koalieren. In Dänemark beschloss vor einigen Monaten die konservativ-liberale Venstre-Partei unter dem Aufheulen der deutschen Journaleska den Einsatz von Soldaten zur Sicherung der Grenze zu Deutschland. In den Niederlanden musste Premierminister Rutte fast alle Positionen seines Kontrahenten Wilders übernehmen, um die Wahl zu gewinnen. Die »rechtspopulistischen« Einschläge rund um Deutschland kommen immer näher.

Die wirtschaftsstarken italienischen Regionen Lombardei und Venetien haben in Referenden für mehr Autonomierechte gestimmt. Der Wunsch vieler Katalanen, ihr Land von Spanien zu lösen, führte zu gewalttätigen Überreaktionen der Staatsgewalt. Auch hier zeigt sich ein Trend: Weg vom Zentralismus, hin zur Selbstbestimmung. Von Ostdeutschland und Polen über Bayern, Tschechien, die Slowakei, die Schweiz, Österreich, Ungarn und Oberitalien, überall greifen störrische Separatisten nach der Macht.

Nur wenn Superstaaten groß genug sind, bestehen gute Chancen, den in ihnen lebenden Völkern das Gemeinschaftsempfinden auszutreiben, sie abzustumpfen gegen Gewalt, Verwahrlosung und den Import kulturfremder, bildungsferner Sozialfälle, um sie schließlich in einem von bindungslosen Scheinindividuen besiedelten Wirtschaftsgroßraum aufzulösen, von dem linke und neoliberale Nivellierer in absurder Einhelligkeit träumen. Deshalb haben die ungleichen Partner das Konzept des »Multikulturalismus« verschärft, deshalb soll Europa intellektuell, kulturell, religiös und ethnisch Fremde in so großer Zahl aufnehmen, dass jeder Zusammenhalt zerstört wird. Die europäischen Völkerverschiebungen waren beinahe immer Binnenwanderungen; wenn sich auf diesem Kontinent Völker vermischten, handelte es sich um ethnisch-kulturell ähnliche Völker. Nur deshalb – und weil es keine Sozialhilfe gab – verlief auch die Assimilation der Einwanderer erfolgreich.

Mehr Sezession wagen, lautet das Motto unserer Tage. Es ist übrigens egal, wie groß die Gebiete sind, die sich zur Autonomie entscheiden oder einen Nationalstaat anstreben wie derzeit die Katalanen. San Marino mit seinen 30 000 Einwohnern ist nicht Mitglied der EU, wie auch das reichlich doppelt so große Andorra nicht – und die deutlich größere Schweiz auch nicht. Die EU ist gewiss kein Schicksal.

Man wird den Europäern Angst machen vor der menschengemachten Erderwärmung oder den Rechtspopulisten oder dem Terror oder dem wirtschaftlichen Abstieg durch Globalisierungsverweigerung, aber keine dieser Hausaufgaben wird die EU besser erledigen als autonome, mit ihren Nachbarn in freundschaftlicher Kooperation lebende, sich selbst verteidigende, ihre eigene Kultur und Lebensart pflegende Länder, die ihre Probleme lösen müssen statt sie zu delegieren. Die EU der Zentralisten geht ihrem Ende entgegen.

2. *November*

Er liebe Händels Orgel- und Cembalo-Stücke, erzählt *** beim Weine, und er stelle immer wieder mit Erstaunen fest, dass sogenannte Musikkenner sie geringschätzten. Wenn er Händel höre, stünde ihm immer ein heiterer Mensch vor Augen, der nach der Niederschrift seiner Kompositionen in die Gastwirtschaft gehe, gut esse und trinke und auch mal eine Zote reiße. Höre er dagegen beispielsweise Mahler, denke er an einen auf verkrampfte Weise ernsthaften Menschen, der überall Probleme sehe. »Überhaupt«, resümierte ***, sei es »äußerst unvornehm, andere Menschen mit Problemen zu behelligen«.

3. November

Neues Kriterium für Mittelmaß und Erfolglosigkeit: niemand beklagt sich, von einem sexuell belästigt worden zu sein.

* * *

Der *Zeit* entnehme ich, dass unser Wahrheitsausschüttungsschamane Claus Kleber »in einem bis auf den letzten Platz besetzten Hörsaal der Heidelberger Universität« einen Vortrag über die Rolle und Bedeutung der Medien gehalten habe und in der anschließenden Diskussion auf den Vorwurf eingegangen sei, die via Zwangssteuer staatlich alimentierten und von staatlich dominierten Rundfunkräten kontrollierten Öffentlich-Rechtlichen seien am Ende gar nicht wirklich unabhängig vom Staat. Ironisch – bzw. »parodistisch«, wie das Hamburger Weltblatt schreibt – habe der Premiumjournalist diese Unterstellung abschmettern wollen. Natürlich gebe es keine direkten Anweisungen, habe er gesagt, aber »es sei doch völlig klar, sich mit der Kanzlerin oder eben ihrem Sprecher abzustimmen, sich auch mal beibiegen zu lassen, wann ein paar kritischere Töne in der Flüchtlingspolitik nötig seien; und wann man die Dauerkritik an Erdogan und Putin ein wenig zurückzufahren habe. Denn schließlich würde Putin für den Frieden gebraucht und Erdogan für die Lösung des Flüchtlingsproblems. Für die Öffentlich-Rechtlichen im Besonderen und für die Presse insgesamt sei es nur selbstverständlich, auf vitale Interessen des Staates Rücksicht zu nehmen; das sei einfach ihr Job.« Bei diesen Worten habe Kleber hoffnungsfroh in die Runde geschaut, ob etwa jemandem seine Ironie entgehe.

Und?

»Kein Protest aus dem Publikum, keine Kritik, nicht mal Rückfragen, stattdessen diffuse Zustimmung«, ächzt die *Zeit.* Ein »Schock« sei es für ihn gewesen, »dass die versammelten Bürgerinnen und Bürger selbstverständlich davon ausgingen, dass Journalismus nun mal als von Politikern gelenkte Meinungsmache funktioniere«, flunkerte der moderate Tor vom ZDF, schrieb stracks ein Büchlein namens *Rettet die Wahrheit,* das vom Publikum und von den Print-Kollegen sogar noch wärmer aufgenommen wurde als das ähnlich lautende Pasquill von H. Maas, und vermochte womöglich bereits bei der Niederschrift den Schock zu mildern.

Ich habe hier keineswegs vor, das »berufliche Selbstverständnis«, wie es im Plastikzeitalter-Rotwelsch heißt, einer Sardine, die über ihre Seitenlinie die Kommandos des Schwarmes entgegennimmt, aber vorgibt, keine zu empfangen, irgendeiner näheren Betrachtung zu unterziehen, weil es ja vollkommen egal ist, ob Kleber glaubt, was er da erzählt, so lange er nur tut, was er tut. Weit interessanter als die Darlegungen dieses Opportunisten, der unter jedem Regime der Welt (außer einem fröhlichen) die Abendnachrichten vortragen könnte, ist die Reaktion des Publikums, welches zum Großteil aus Studenten bestanden haben dürfte. Kein Protest, keine Kritik, nicht mal Rückfragen, stattdessen diffuse Zustimmung. Tja. Wie DDR-Studenten, wie sowjetische Studenten, wie chinesische Studenten: dressiert, zugerichtet, gleichgeschaltet, atomisiert, führungsgläubig; bestenfalls bloß unter der täglichen Propaganda abgestumpft und jenem kühlen Egoismus folgend, der jeden Schritt auf seinen Nutzen und mögliche Schäden abwägt; denen könnte man auch erzählen, dass demnächst Dresden oder Budapest bombardiert werden, sie würden nur aufstöhnen, wenn sie zufällig eine Reise dorthin gebucht hätten. Die Universität als Produktionsstätte einer gesellschaftlichen Nutztierherde, die ohne Murren in die ihr zugewiesenen Gatter strömt. Im besten Deutschland, das es je gab.

* * *

»Im Bundestag ist kein Platz für Hass«, sagte dem *Spiegel* und gegen die AfD gerichtet Claudia Roth, Vizevorsitzende des Parlaments von Deutschland, diesem miesen Stück Scheiße.

* * *

Immer noch nicht als soziale Konstrukte enttarnt:
der Urmeter
das Plancksche Wirkungsquantum
die Raumzeit
der Koran
der Mondzyklus
das Klima
der Elfmeter
der verminderte Septakkord
Buntheit und Toleranz
der weibliche Orgasmus
die Würde des Menschen

die Demokratie
der Grünen-Vorstand

* * *

Freund *** schreibt:

»Beim Blättern in älteren acta fiel mir ein weitverbreiteter historischer Irrtum auf. Anders als gern behauptet, war die Absicht der europäischen Völker keineswegs, sich nach zwei Kriegen lieb in den Arm zu nehmen und Europäer zu werden. Man war vielmehr heilfroh, Deutschland endlich zerquetscht und im Staube zu sehen und begehrte alles andere als einen freundschaftlichen Bund mit diesem auf ewige Zeit. Das sind Sonntagsreden. Das Realproblem war: Die USA befinden sich jenseits des Atlantiks und dahin kehrten die Jungs haste was kannste zurück. Die SU begann an der Elbe und dort blieben die faktischen siegreichen Truppen erstmal stehen. Die Europäer hatten entweder mit Deutschland kollaboriert oder waren ihm äußerst schmählich erlegen. Die USA begannen im August 1944, die deutsche Festung Europa aufzurollen, nachdem die Rote Armee die Wehrmacht bis zur Weichsel gejagt und zerschlissen hatte. Es war nur noch ein Schatten der Kampfkraft übriggeblieben und selbst die vermochte den versammelten Westen noch ein Dreivierteljahr aufzuhalten, ehe er am Rhein stand. Wer davon hätte denn Stalin aufhalten können, falls der zum Atlantik wollte? Und aufhalten *wollen*! In Frankreich und Italien waren die KPs die stärksten Parteien. Nach dem Ausgreifen der SU nach Griechenland und in die ČSSR beschlossen die Amis, Europa selbstverteidigungsfähig zu machen.

Dazu gehörten ein wehrwirtschaftlicher Zusammenschluß, ein Ende der Knebelung Deutschlands und Wiederaufbaukredite. Wie die Debatte um die Europäische Verteidigungsgemeinschaft

(EVG) und ihr Scheitern bewiesen, war insbes. Frankreich scharf dem Wiedererstehen einer deutschen Wehrbarkeit abhold. Mit einem Satz: Der Europagedanke war als politisches Projekt ein Ziel der USA, um nicht auch noch den Westteil des Kontinents an die SU zu verlieren, nachdem man Asien an Mao Tse-tung verloren hatte. Als mit dem Zusammenbruch der SU die Europäer mit ihrem politischen Talent und Geschwafel sich selbst überlassen waren, wurde diese bürokratisierte und verzankte Bruchbude erschaffen, die gegenwärtig ihrer wirtschaftlichen Agonie und der konzentrierten Attacke der wilden Paupers auf die Restguthaben, die weißen Schlampen und die Ungläubigkeit ausgeliefert ist. Nachdem Europa sich in den zwei Weltkriegen als Abbruchunternehmen qualifiziert und anschließend von seiner erwachsenen Tochter United als Reha-Station künstlich hat reanimieren lassen, kommt der unwiderstehliche Sterbewunsch wieder empor. Man hat die Bahn mit beispiellosen Kulturleistungen durchlaufen, ist steril und einfallslos geworden, blickt tränend auf die Erbschaft der Titanenzeit zurück, ist nur noch müde und permissiv und möchte es nun endlich hinter sich gebracht haben. Alles in allem ein grundnormaler Vorgang von Werden und Vergehen.«

6. November

Ein »persönlicher Lernprozess«, so offenbarte die öffentlich-rechtliche Spitzentörin Anja Reschke, Leiterin der Abteilung Innenpolitik beim NDR und Moderatorin des Bildungsmagazins *Panorama*, habe für sie darin bestanden, »zu verstehen, dass die demokratischen Grundwerte, die etwa in der Aufklärung und der französischen Revolution erkämpft worden sind, nicht automatisch in allen Köpfen drin sind«. Speziell in den rechtzeitig vom Rumpf getrennten nicht.

* * *

Mittlerweile im Tagestakt werden in jenem Deutschland, in dem nicht nur Sie gut und gerne leben, Joggerinnen in Gebüsche gezerrt, wo ihnen Vielfaltsvervielfältiger keck den Willkommensdank abstatten. 226 000 Ausländer sind in besagtem Deutschland, in dem auch sie inzwischen halbwegs gut und gerne leben, als ausreisepflichtig eingestuft – eine verblüffend kleine Zahl bei ca. 1,5 Millionen Zugelaufenen seit Merkels »Grenzöffnung«, die man korrekterweise Grenznichtschließung nennen muss (die Frau hat ja Rechte). Nicht einmal jeder Zehnte davon wurde abgeschoben oder reiste freiwillig aus. Die *Welt* meldet: »Fachleute schätzen, dass die Zahl der untergetauchten Ausländer ohne Behördenkontakt in den vergangenen Jahren zugenommen hat. Die Migrationsforscherin Dita Vogel von der Universität Bremen geht in ihrer jüngsten Schätzung aus dem Jahr 2014 davon aus, dass zwischen 180 000 und 520 000 ›irregulär aufhältige‹ Ausländer in Deutschland lebten.«

Allein diese Zahlen belegen, dass erstaunlich wenige Joggerinnen zwangsbeglückt werden. Es brennen auch erstaunlich wenige Asylantenheime, was am eklatanten Nazimangel liegen mag. Bisweilen bemühen sich die Insassen selber, aber nicht oft genug; am vergangenen Wochenende etwa gab es nur drei Brände ohne Beteiligung von Außenstehenden, also verzeihliche, in Rüthen, Ettringen und Jürgenstorf.

Wäre doch gelacht, wenn die Schulen im Buntheitstaumel nicht auch Vergleichbares hinbekämen, wie jene Grundschule in Frankfurt-Griesheim, deren Leiterin in der Welt mit den

Worten zitiert wird: »Wir müssen vollverschleierte Mütter daran hindern, auf dem Schulhof fremde Kinder zu agitieren. Viele Kinder werden von zu Hause weder zum Lernen angehalten noch dazu, den Lehrer zu respektieren, der der Klasse etwas zu erklären versucht. Gruppenarbeit, individualisiertes Lernen – das können Sie unter solchen Bedingungen vergessen. (...) Die Kommunalpolitik hat uns irgendwann aufgegeben. Das Gebäude ist schon seit Jahren immer noch nicht verwahrlost genug für eine Renovierung«. Anzünden! Einfach anzünden!

Dass Bundeswehr-Strategen in ihren Planspielen mit dem Zerfall der EU rechnen – wer mag der Gegner für ihre geschlechtergerechten Einsätze sein? Katalanen? Sachsen? das Gold aus den Schiffen? –, dass Buntheitsgaranten hier ihre Konflikte austragen und Beamte verletzen, dass sich ständig »Gruppen« Straßenschlachten liefern, dass öffentliche Plätze als Reviere markiert und erobert worden sind, von denen sich Eingeborene besser fernhalten sollten, dass Clans ganze Stadtgebiete beherrschen und folkloristisch ausschmücken, dass Einwanderergruppen Straßen blockieren, um zu feiern, und dabei schon mal begeistert in die Luft schießen und wieder andere gerade noch am Feuerwerk gehindert werden, das gab es erstens alles früher schon und ist zweitens eben so, oder wollen Sie sich abschotten und »in Inzucht degenerieren« (W. Schäuble)? Wie entspannt 'schland inzwischen mit dergleichen Petitessen umgeht, demonstrierte ausgerechnet das verspießerte München resp. die Berichterstattung über ein Vorkommnis dortselbst, nämlich den ulkigen Zwischenfall, dass der Ostbahnhof zeitweilig gesperrt werden musste, weil eine Schar fideler Migranten per Güterzug aus Italien eingetroffen war und auf den Gleisen herumsprang. Selbst ein polizeilicher Großeinsatz und die zeitweilige Sperrung eines ganzen Bahnhofes fanden weder bei ARD noch bei ZDF in den Abendnachrichten irgendeine Erwähnung. So geht locker!

* * *

Die EU verliert an Einfluss und manipulativer Kraft, die Völker sind störrisch – was tun? Man muss sie verdünnen, man muss neue, dumme, alimentierungsbedürftige Wählergruppen importieren, den Zusammenhalt zerstören und zugleich Unsicherheit schaffen, auf dass die Menschen nach Schutz rufen und man zugleich die Zügel der Überwachung, der Zensur und der Kontrolle anziehen kann. Das ergibt doch, aus der Sicht eines amtierenden Eurokraten, durchaus Sinn, oder?

8. November

»Es gibt nicht nur Menschenrechte, sondern auch Eselsrechte, unveräußerliche Eselsrechte. Ein Grundrecht jedes Esels ist z. B. das Recht auf einen toten Löwen, dem er nach Herzenslust Fußtritte versetzen kann.«
Carl Schmitt, *Glossarium.*

* * *

Das deutsche Gefängnisgewerbe brummt, die Knäste sind voll, das Gold aus den Schiffen füllt immer mehr Zellen. Viele Delinquenten müssen gar nicht mehr einfahren, weil im Kittchen kein Platz frei ist. Freund *** hat eine gute Idee, die Lage zu entspannen: Man sollte, schlägt er vor, Vergewaltigung künftig einfach zur Ordnungswidrigkeit erklären. Außer natürlich bei Canaillen mit falscher Hautfarbe wie Harvey Weinstein.

* * *

Ursula von der Leyen, die restdeutsche Verteidigungsministerin, hat in der Talkshow von Frau Illner über die Opposition in Polen gesagt: »Dieser gesunde, demokratische Widerstand der jungen Generation, den muss man unterstützen.« Naturgemäß war man beim Nachbarn nicht amüsiert über diese durchaus dummdreiste Äußerung einer ja immerhin – auch wenn man's nicht glaubt – Ministerin, aber gottlob kommandiert Frau von der Leyen nicht die Wehrmacht, sondern bloß einen Bund deutscher Mädel (und neuerdings auch Muselmanen), so dass sich die Reaktionen in den Grenzen von 1989 hielten und in dem Vorwurf erschöpften, die Moralherrenmenschin mische sich in die inneren Angelegenheiten Polens ein. Als ob es so etwas Anachronistisches wie innere Angelegenheiten noch irgendwo gäbe!

»Polens rechtspopulistische Regierung tut schockiert und freut sich doch über einen kleinen Ausrutscher von Verteidigungsministerin von der Leyen«, schrieb – beinahe hätte ich »berichtete« geschrieben, aber die drucken ja nur noch Meinungsbeiträge ab – *Spiegel online*. »Begleitet wurde das Gezeter der nationalkonservativen Politiker von empörten Berichten regierungstreuer Medien und der öffentlich-rechtlichen Anstalten.« Na so was. Regierungstreue Medien – Genossen, mal ohne Gezeter und Getue: Ist das kein Pleonasmus? Doch davon ganz abgesehen: Stellen wir uns vor, ein polnischer Minister hätte im TV gefordert, man müsse den demokratischen Widerstand von Pegida und der Identitären Bewegung gegen die permanenten Rechtsbrüche der Bundesregierung unterstützen – wie wären die Reaktionen von CDUSPDFDPGrünen darauf wohl ausgefallen? Zeternd? Aber das wäre ganz was anderes! Die Bundeswehreffeminierungsministerin hat doch ausdrücklich vom »gesunden, demokratischen« Widerstand gesprochen. In Deutschland ist die Regierung gesund und demokratisch, die Opposition indes ist krank und alt, selbst wenn sie jung ist, und missbraucht die Demokratie, indem sie mehr davon einklagt. Widerstand leisten ausschließlich diejenigen, die sich diesem opponierenden Pack engagiert entgegenstellen!

* * *

Die Wahrheits- und Qualitätsmedien versuchen derzeit mit erhöhtem Druck, Ängste zu schüren und die Bevölkerung zu hysterisieren, indem sie den Klimawandel als menschengemacht und als größte Gefahr für das Menschengeschlecht darstellen. Das Motiv ist klar; man will die ungleich größere Gefahr, die von der Bevölkerungsexplosion in den zivilisatorisch etwas zurückgebliebenen Weltgegenden ausgeht, und die daraus resultierende Völkerwanderung kleiner ausschauen lassen. Während ein minimaler Anstieg der Durchschnittstemperatur oder der Kohlendioxidkonzentration Anlass für Alarm ist und auch Veränderungen bei der zweiten Stelle hinter dem Komma mit Schreckensrhetorik kommentiert werden, gelten Grenzwerte bei der Einwanderung als inhuman, bewegen sich zweistellige Prozentzuwächse bei den importierten Vergewaltigern, Räubern, Gefängnisinsassen, Sozialhilfebeziehern und Analphabeten im tolerablen Bereich. »Jeder regt sich über die Klimaerwärmung auf, aber keiner kümmert sich um die sinkende Intelligenz«, wundert sich seinerseits Hadmut Danisch, und recht hat er.

* * *

Die bizarren Zustände bei der Berliner Polizei haben es heute sogar in die *Tagesschau* geschafft, wo irgendein SPD-Senator (wahrscheinlich für Inneres) gesagt hat, jetzt würden sämtliche arabisch- und türkischstämmigen Polizisten »unter Generalverdacht gestellt« (wer tut das? Man muss jedem, der diese Formulierung verwendet, zutiefst misstrauen). Bei Berliner Politikern weiß man nicht, ob sie selber irgendwo mit drinhängen oder ob sie vielleicht erpresst und bedroht werden, ansonsten versucht der Mann nichts weiter, als seine Verantwortung zu verleugnen und einen auf Rassismus-Detektor zu machen; man hat bei den jahrelangen Gruppen- und Massenvergewaltigungen im englischen Rotherham gesehen, wie weit solche Figuren beim Verleugnen und Rassismus-Unterstellen gehen. Ein NDR-Autor namens Kaveh Kooroshy schlug schlug in Anja Reschkes Regierungskanal *Panorama* ähnliche Töne an: »Es ist schon absurd, was derzeit in Berlin passiert. Polizeiausbilder verunglimpfen Polizeischüler mit Einwanderungshintergrund in rassistischer Weise, und das wird – und das ist das wirklich Absurde – von weiten Teilen der Politik und den Medien wie ernstzunehmende Sachkritik ›geprüft‹. Geprüft heißt hier, dass den anonymen Vorwürfen von angeblichen Polizeiausbildern nachgegangen wird.« (Dass Journalisten anonymen Informationen nachgehen, ist bekanntlich nur im »Kampf gegen rechts« erlaubt.)

Hadmut Danisch hat die Sache in seinem Blog beharrlich verfolgt und ist auf die bemerkenswerte Tatsache aufmerksam geworden, dass es zwischen der NDR-Redaktion, die zur Verfolgung der *Whistleblower* aufruft, und einem sog. Bildungswerk, das Migranten mit defizitären Fähigkeiten (jedoch womöglich anderen Fertigkeiten, von denen erst vage Vorstellungen bestehen) in die Berliner Polizei schleust, personelle Verbindungen bestehen:

»Dieses Bildungswerk hat also direkt die Finger drin, Migranten, die jetzt in der ›Bestenauslese‹ nicht so dolle Karten haben, zusammen mit der Berliner Polizei in die Ausbildung zu hieven. Die machen ihr Geschäft damit, das ist eine GmbH, irgendwoher muss das Geld ja kommen. Und jetzt geht die Sache schief, es gibt einen Skandal, noch dazu geht es um Prüfungsbetrug und Drohungen gegen Prüfer, mangelnde Deutschkenntnis, mangelndes Allgemeinwissen. Und was passiert? Ein Absolvent dieses ›Bildungswerks‹ hockt bei Reschkes *Panorama* und hetzt frontal gegen ›besorgte Bürger‹, die seien das Problem der Polizei, nicht Migranten. So sieht's aus beim NDR. Und dann empören die sich, dass jemand denken könnte, sie würden politisch gesteuert. Wer glaubt denen noch was?«

Tatsächlich wird es im NDR-Propagandakorps bald so aussehen, dass die Reschkes nicht mehr die Banditen schlimm finden, sondern die Erwähnung von deren ethnisch-kultureller Herkunft (wir sind doch alles Menschen!), wie man das ja in Schweden, dem sozialdemokratischen Musterland, schon erleben kann. Nicht der Vergewaltiger ist dann der Schuft, sondern die Frau, die eine rassistische Täterbeschreibung abgibt.

9. November

Absurde aktuelle Stunde im Stuttgarter Landtag auf Antrag der Grünen. Titel: »Kunst ist eine Tochter der Freiheit – eine Debatte aus Anlass des Falls ›Serebrennikov‹ in der Oper Stuttgart«. Falls Sie den »Fall« nicht mitbekommen haben: Kirill Serebrennikow ist ein russischer Theaterregisseur, der an der Oper Stuttgart Humperdincks *Hänsel und Gretel* inszeniert hat (es handelt sich um eine ausgesprochen trendige Inszenierung mit zwei schwarzen Titelfiguren), zugleich Leiter des Moskauer Gogol-Zentrums, und steht seit

August wegen (angeblicher) Veruntreuung von Staatsgeldern in Höhe von rund einer Million Euro unter Hausarrest. Was an dem Vorwurf dran ist, wird sich zeigen oder auch nicht. Absurd war die Landtagsdebatte aus einem anderen Grund: Es war ein Steinewerfen aus dem Glashaus – und ich habe den Redebeitrag der Grünen noch nicht einmal gehört, weil mein Zug Verspätung hatte. Ich lauschte immerhin Petra Olschowski, der Staatssekretärin im Ministerium für Wissenschaft, Forschung und Kunst, sowie dem FDP-Abgeordneten Nico Weinmann. Beide zogen gegen die Einschränkung der Kunst- und Meinungsfreiheit in Putins Russland zu Felde, und entweder bemerkten sie es nicht oder sie sind wirklich so abgezockt, aber fast alles, was sie an Russland kritisierten, müssten sie auch an Deutschland rügen: die immer mehr um sich greifenden Zensur, die in der Bevölkerung wachsende Angst, seine Meinung zu äußern, die schleichend strangulierte Freiheit von Wissenschaft und Kunst, die Ächtung von Andersdenkenden …

Es ist ja gerade mal zwei, drei Monate her, dass der *Spiegel* seine Bestellerliste fälschte, um Rolf Peter Sieferles *Finis Germania* verschwinden zu lassen, dass Buchhändler dieses Buch boykottierten, dass eine gesamte Sachbuchjury seinetwegen aufgelöst wurde. Und erinnern wir uns daran, dass die Katzenkrimis des Akif Pirinçci praktisch für seine politischen Bücher in Sippenhaft genommen und eingestampft wurden und aus manchen Bibliotheken verschwanden.

Oder nehmen wir einen gerade aktuellen Fall aus Berlin. Das Gedicht »avenidas« von Eugen Gomringer, das auf der Fassade der Alice-Salomon-Hochschule in Hellersdorf steht, soll entfernt werden, weil der Asta und der Zeitgeist es so wollen, denn, so heißt es in einem offenen Brief, dieses Gedicht vertrete »eine klassische patriarchale Kunsttradition, in der Frauen* ausschließlich die schönen Musen sind, die männliche Künstler zu kreativen Taten inspirieren« und erinnere »zudem unangenehm an sexuelle Belästigung, der Frauen* alltäglich ausgesetzt sind« (ich habe keine Ahnung, was die Sternchen im Text bedeuten sollen, aber es scheint etwas eminent Bedeutendes zu sein). Zwar beschreibe Gomringer in seinem Gedicht »keineswegs Übergriffe oder sexualisierte Kommentare, und doch erinnert es unangenehm daran, dass wir uns als Frauen* nicht in die Öffentlichkeit begeben können, ohne für unser körperliches ›Frau*-Sein‹ bewundert zu werden. Eine Bewunderung, die häufig unangenehm ist, die zu Angst vor Übergriffen und das konkrete Erleben solcher führt.« Wetten, dass diese Hochbegabten zugleich für die »Willkommenskultur« trommeln?

Das 1953 verfasste Gedicht des bolivianisch-schweizerischen Schriftstellers ist lediglich eine puristische, minimalistische Beschreibung dessen, was ein Flaneur halt so sieht:

avenidas
avenidas y flores
flores
flores y mujeres
avenidas
avenidas y mujeres
avenidas y flores y mujeres y
un admirador

Blumen und Frauen in einem Atemzug! Sah ein Knab' ein Röslein stehn, wie? Na der soll nach Russland gehen mit seinen sexistischen Phantasien!

Erinnern wir uns ferner an das Wandgemälde im Beruflichen Schulzentrum für Wirtschaft in Chemnitz, 30 Quadratmeter groß, das 2010 übermalt wurde, weil der Künstler, Benjamin Jahn Zschocke mit Namen, Mitarbeiter der Stadtratsfraktion von »Pro Chemnitz« war und bei seinem Stadtpanorama-Gemälde die Kuppel der Markthalle mit einem Keltenkreuz versehen hatte, angeblich ein Nazi-Symbol. Oder, um wieder in die Gegenwart zu wechseln: In der Mensa der Uni Göttingen wurden jetzt nach Beschwerden bei der Gleichstellungsbeauftragten die Bilder der Ausstellung »Geschmackssache« entfernt, angeblich waren sie »sexistisch« und diskriminierend ohnehin, weil sie allzu perfekte Frauenkörper zeigten. (Aber es gibt doch keine anderen!)

Überall ist in den vergangenen Jahren der Gesinnungsdruck gestiegen, in den Schulen, an den Universitäten, in Kirchen, Parteien, Medienhäusern, Vereinen, überall herrschen Bekenntniszwang und der Eifer, auf der richtigen Seite zu stehen. Wer den immer enger werdenden Korridor des Erlaubten verlässt, ist schnell seine Reputation oder gleich den Job los, wird nicht mehr eingeladen, muss sehen, wie er seinen Lebensunterhalt bestreitet. Erinnern wir uns all der Hexenjagden auf unangepasste Professoren von Nolte bis Baberowski, all der Anschläge auf Oppositionspolitiker und ihre Häuser, Büros, Autos, an das Netzwerkdurchsetzungsgesetz und so fort. Aber die Landtagsredner erwähnten nichts dergleichen, sondern es ging ausschließlich um Russland. Der FDP-Mann warf Putin vor, dass er die Meinungsfreiheit auf Umwegen einschränke, weil Zensur in Russland ja verboten ist. Aber genau dasselbe passiert doch auch hier! Im Internet hat Justizminister Maas mit massiven Strafdrohungen Unternehmen wie Facebook die Zensur aufgebürdet, um diese verfassungswidrige Drecksarbeit nicht direkt dem Staat zu überantworten, und im Alltag übernimmt die sog. Zivilgesellschaft diese Mission, auf dass sich die Oberzensoren jederzeit herausreden und auf die vermeintliche Freiwilligkeit der täglichen Gesinnungshatz verweisen können, während von ihnen bewilligte Millionenbeträge in den »Kampf gegen rechts« und all die anderen Töpfe fließen, aus denen die modernen Spitzel und Inquisitionszuarbeiter alimentiert werden.

Der FDP-Redner entblödete sich ferner nicht, die Hürchen von »Pussy Riot« als Zeugen für Putins Einschränkung der Kunstfreiheit aufzuführen. Was würde unser Schelm wohl sagen, wenn das Trio sein nächstes »Punk-Gebet« – O-Ton: »die Kirche ist die Scheiße Gottes« – in einer deutschen Moschee (oder Synagoge) zelebrierte? Auch ein Alexej Nawalny muss für die Verfolgung der Opposition in Russland herhalten. Was ist dann aber umgekehrt mit den »Reichsbürgern« oder der NPD in Deutschland?

Eine Besonderheit des baden-württembergischen Abgeordnetenrechts gibt fraktionslosen Parlamentariern die Möglichkeit, zu jeder Debatte für zwei Minuten das Wort zu ergreifen. Das tat der Abgeordnete Wolfgang Gedeon auch diesmal, und er brachte das Problem auf den Punkt: »Sie reden hier von Kunstfreiheit, tatsächlich geht es um Geopolitk und die Isolation Russlands«, sagte er. Und was den Herrn Nawalny betrifft: der befände sich »so weit rechts von der NPD, der würde hier im Gefängnis sitzen«. Aber auch das wäre etwas ganz anderes. Im Gegensatz zu Russland werden hier nur Leute verfolgt und mundtot gemacht, die es verdient haben.

10. November

»Ce qui constitue une République, c'est la destruction totale de ce qui lui est opposé.«
Saint-Just

* * *

Ich fühle mich, indem ich als Michael Klonovsky gelten muss, in meinen Persönlich*keits!rechten verletzt. Ich heiße so aufgrund elterlicher Willkür, empfinde mich aber wahlweise als Uschi Glas und/oder als der hl. Paulus. Indem man mich z.B. bei der Wahlbenachrichtigung oder der Facebook-Sperrung als jene Per*son anspricht, mit der ich mich nicht identisch fühle, verstößt der Staat gegen seine Pflicht zur Durchsetzung des allgemeinen Per*sön!! lichkeits*rechtes von Personen mit einer oder mehreren von ihrer Zwangsidentität abweichenden Persönlich*keit(en). Art. 1 Abs. 2 GG gewährt aber jedem das Recht auf freie Entfaltung der PersönlIch*keit, also auch der Persönlichkeit**enx.

Die PersönlI(!)chkeits_*zugehörigkeit spielt in den allgemeinen Lebensvorgängen eine wichtige, um nicht zu sagen die entscheidende Rolle. Dass ich mich wahlweise als Uschi Obermaier und/oder als der hl. Franziskus empfinde, ist konstitutiver Bestandteil meiner P_ersönlichkeit. Indem das geltende Recht mich dazu zwingt, als eine Person! zu leben, als die ich mich nicht empfinde, verletzt es meine Persönlichkeitsrecht*e. Natürlich habe ich einen an der Waffel, aber ich werde Sie verklagen, wenn Sie das irgendwo öffentlich machen. Überhaupt werde ich klagen. Ich will mein Recht!

* * *

Er war ein praktischer Mensch und sah keinen Widerspruch darin, aus Gründen der Aufgeklärtheit das Christentum abzulehnen und aus Gründen der Feigheit den Islam willkommenzuheißen.

* * *

Mozarts da Ponte-Opern, *Figaro, Così, Don Giovanni,* handeln alle vom selben Thema: der skandalösen Normalität sexueller Belästigung. Insbesondere dieser Don Giovanni! »Und in Spanien schon tausendunddrei!« *Me too!*

15. November

Das Verhältnis zwischen ethnisch-kulturellen und sozialen Ursachen der Gewaltkriminalität ist ein Thema für die Gesellenprüfung. Die Magisterarbeit sollte sich der Frage widmen, inwieweit ethnisch-kulturelle Ursachen dazu führen, dass Gesellschaften an die Monokausalität sozialer Problemerklärungen glauben.

* * *

Nach einem »sexistischen Kameraschwenk« über die nackten Beine von Verona Pooth entschuldigte sich jetzt die ARD, näherhin das »Anne-Will-Team«, bei der – mir fehlt ein klassifizierungstauglicher Begriff für die Dame, also jedenfalls bei jener aus TV und Boulevardpresse für ihr Dasein bekannten Frau Pooth. / Schnitt. / »Barbie geht mit der Zeit«, meldet die *Welt.* Der US-amerikanische Spielwarenhersteller Mattel hat eine Puppe vorgestellt, die am Modell der US-Säbel(!)fechterin Ibtihaj Muhammad entworfen wurde. Die Muslimin trägt einen

Hidschab, also ein Kopftuch, das Haare, Hals und Brust bedeckt, und die Beine sind es selbstverständlich auch.

Haben diese beiden parallelen Nachrichten etwas miteinander zu tun? Ich meine schon.

Was die Barbie betrifft, müssen wir uns zunächst der rechtspopulistischen Fortschrittsfrömmlerei erwehren, die darin besteht, im Mit-der-Zeit-gehen von Mattel etwas Rückschlägiges zu wittern und rhetorisch zu fragen, ob Modelle der Puppe jetzt auch in der Tracht einer mittelalterlichen Nonne oder eines Burgfräuleins mit Keuschheitsgürtel in Serie gehen oder nach einer Barbie im Niqab zu rufen und den Folgemodellen Accessoires wie Sprengstoffgürtel oder ein paar Steine im Kopf (Fremdgeh-Barbie) zu empfehlen.

Sodann registrieren und vergessen wir sofort den Vorwurf des Verhältnisschwachsinns, der in etwa lautet: Dieselben Leute, die den Mund halten, wenn im Strom der sogenannten Flüchtlinge ganze Scharen von notgeilen Grapschern, Brachialflirtern und Vergewaltigern das Land invadieren, regen sich über einen Kameraschwenk auf; wie bigott ist das denn!

Wir gelangen zum Aspekt des *quid pro quo*, etwa im Statement der austriakischen Mimin Nina Proll (sic!), welche zu Protokoll gab: »Ich kenne diese ganzen Schauspielerinnen, die auf den Galas und irgendwelchen Preisen und Events herumlaufen und ihre Möpse irgendwelchen Produzenten unter die Nase halten, sich auf Schöße setzen und hinterher behaupten, sie sind sexuell belästigt worden. Ich kenne doch diese ganzen Kolleginnen, die jetzt posten *#metoo*, ich weiß doch wie die sich ›zubehaun‹ zu den Produzenten.« Alles, was auf der Besetzungscouch stattfindet, gehöre zum Casting, verkünden solche libidinösen Veristen, Frauen hätten zu allen Zeiten ihren Körper eingesetzt, um gesellschaftlich voranzukommen, und wenn ein Produzent sage: Für gewisse Gefälligkeiten bekommst du die Rolle, sei das keine sexuelle Belästigung, sondern ein Geschäftsangebot. Niemand sei gezwungen, es anzunehmen. Hier werden Opfer der Gesellschaft zu Mittäter_innen gemacht. Pfui Teufelin!

Noch ist die Lösung des Problems nicht in Sicht, also weiter denn, tränenden Auges! Dass sich ein TV-Sender bei einer Frau wie Verona Pooth, ehemalige Feldbusch (und im verfluchenswürdigen Scherz vom V.I.P.-Chefredakteur Joseph Rosentreter »Geldmusch« genannt), die 1968ff. mitbefreit wurde (auch wenn sie damals noch nicht auf dieser sexistischen Welt weilte) und die ihre sogenannte Karriere ausschließlich dem Umstand verdankt, dass sie sexy ist, dafür entschuldigt, dem Publikum ihre Beine präsentiert zu haben, dafür haben doch die 68er nicht gekämpft und in Konzentrationslagern gelitten! Die Befreiung der Frau zum Sexsubjekt war ohne ihre Befreiung zum Sexobjekt nicht zu haben. Da steckt sie nun fest, die moderne Frau. Was tun?

Betrachten wir vor diesem Hintergrund noch einmal die Barbiepuppe im Hidschab, stellen wir fest, dass in ihr die Lösung sämtlicher *#metoo*-Probleme Spielzeug geworden ist. Diese Barbie offenbart uns den Ausweg. Sie zeigt eine sexuell nicht belästigbare Frau. Keine Anmache an der abendlichen Bar mehr, keine Anzüglichkeiten über ihr Dekolleté, keine Besetzungscouch mehr, keine unzüchtigen Kameraschwenks. Fremdgehen fällt sowieso aus. Dafür sorgen die Sitte, der Ehemann, die Brüder und die Scharia-Polizei. Diese Barbie verkörpert das Ende des Sexismus.

Hier pflegen einige Uralt-Emanzen und AfDler gemeinhin einzuwenden, es sei doch das Allersexistischste, die Frau mittels vorgeschriebener Körperbedeckung zu stigmatisieren und als Eigentum des Mannes zu deklarieren. Ja als was denn sonst! Man sieht doch, wohin es führt, wenn die Mädels herrenlos bleiben und aus eigenem Antrieb an ihrem Leben herumbasteln. Sie bekommen keine Kinder mehr. Sie fordern Bevorzugung durch Quoten und bejammern ihr Los, wenn auch das nicht hilft. Sie bieten fremden Völkerschaften ihr Land als Beute an, um edel und sozial intelligent zu erscheinen. Sie beklagen sich darüber, angemacht zu werden, und sie beklagen sich, wenn sie nicht angemacht werden. Sie schreiben Kolumnen. Sie haben Verständnis für ihren Vergewaltiger, sofern er nicht weiß ist und sozial unter ihnen steht. Sie beginnen Techtelmechtel mit zwergwüchsigen Ministern, statt den Kerl zum Casting für den nächsten Nazifilm zu schicken. Sie feminisieren die Politik. Sie zerstören die Logik. Sie denken sich irgendwelche Nahrungsmittelunverträglichkeiten und Allergien aus, um die Männer dafür anzuklagen. Nein, die Mädels müssen einfach unter Hidschab, Tschador, Niqab oder Burka, und alles wird gut!

16. November

In den »sozialen Netzwerken« ist man »gerührt« vom Fall der 14-jährigen Hannah aus Pinneberg bei Hamburg. Hannah ist eine Schülerin mit Down-Syndrom, und sie mag das Wort »Schwerbehindertenausweis« nicht, weshalb sie sich einen »Schwer-in-Ordnung-Ausweis« gebastelt hat. Ein Junge gleicher Artung fand ihre Idee gut und beantragte einen solchen Ausweis beim Hamburger Versorgungsamt. Offenbar will die Behörde das Dokument ausstellen.

Das Down-Syndrom (oder Trisomie 21) entsteht durch eine Genommutation. Menschen mit Down-Syndrom sind in ihren kognitiven Fähigkeiten eingeschränkt und gelten als geistig behindert. Früher nannte man sie halb abschätzig, halb mitleidig »Mongos«, das war die Kurzform der offiziellen Bezeichnung »Mongolismus«. Er oder sie sei »mongoloid«, lautete die gängige Formulierung, die aufgrund der typischen Augen- und Gesichtsform jedermann einleuchtete, heute aber aus taktvoller Rücksichtnahme auf das Reiter- und Steppenvolk ungebräuchlich ist.

In meiner Jugend waren »Mongos« ein normaler Anblick. Wenn ich zur Berufsschule fuhr, saßen immer einige von ihnen im Bus – die Sonderschule befand sich in direkter Nachbarschaft der von mir frequentierten sozialistischen Baukaderschmiede. Ich erinnere mich speziell an einen, der sich stets auf den Platz hinter dem Fahrer setzte, während der Fahrt an seinem imaginierten Lenkrad mitsteuerte und abgeklärt die entgegenkommenden Busfahrer grüßte. Richtig »down« sind die »Downies« (so lautet heute die saloppe Bezeichnung) ja nicht, sondern im Gegenteil fast immer gut gelaunt. Der Begriff hat auch nichts mit Niedergeschlagenheit zu tun, sondern folgt aus dem Namen des Arztes, der das Syndrom als erster beschrieb. Es gehört zu den Merkwürdigkeiten der Menschenwesen, dass ein niedriger IQ in der Regel mit einer höheren Daseinszufriedenheit verbunden ist, was ja insofern stimmig erscheint, als intelligente Menschen inmitten jenes Ozeans von Problemen, in dem unsere Gattung zu schwimmen versucht, ein paar drohende Gefahren mehr identifizieren können (oder müssen) als weniger intelligente. Das mag auch *einer* der Gründe sein, weshalb in Umfragen die Gesamtzufriedenheit in Drittweltländern trotz der elenden Verhältnisse dort regelmäßig höher ausfällt als in sogenannten Industriestaaten.

Menschen mit Down-Syndrom gehörten früher, wie gesagt, zum normalen Stadtbild, heute sind sie selten, und bald wird es sie in der westlichen Welt wohl nicht mehr geben. Dafür sorgt die Pränataldiagnostik. Trisomie 21 ist ein häufiger Abtreibungsgrund. In den sozialen Netzwerken ist das kein Thema (und ich gestehe frank und frei, dass ich kein Kind mit dieser Behinderung bekommen hätte). Nur in christlichen Milieus, wo Abtreibung, egal in welchem »Stadium«, als Todsünde gilt, werden solche Kinder geboren oder adoptiert. Besagte Milieus gelten bekanntlich als ewiggestrig und bekämpfenswert. Demonstrationen von »Lebensschützern« rufen verlässlich die geschmacklosesten Proteste hervor. Desto mehr ist das Netz gerührt, wenn einigen Überlebenden der gängigen Praxis »Schwer-in-Ordnung-Ausweise« ausgestellt werden.

Wunderlich verlogene Welt. Und mittendrin Hannah, 14, Vertreterin einer aussterbenden Spezies.

* * *

Vor ein paar Tagen eine *Tagesschau*-Journalistin, die in der Hauptsendung vom 10. November anlässlich der Einweihung einer an den Ersten Weltkrieg erinnernden Gedenkstätte am elsässischen Hartmannsweilerkopf verkündet hatte: »In Frankreich ist der Krieg bis heute sehr gegenwärtig. In Familien, in der gesamten Gesellschaft. Deutlich mehr als in Deutschland, das den Nachbarn überfallen und diesen Krieg angezettelt hatte.«

Sicherlich haben sich daraufhin viele Zuschauer über die Geschichtsklitterung beschwert. Leser *** schickte mir einen Brief, in dem die ARD-Frau auf die Kritik antwortet. Ich erlaube mir, ihn hier vollständig zu zitieren:

»Sehr geehrter Herr Dr. ***,
vielen Dank für Ihr Interesse an unserer Berichterstattung. Zu Ihrer Zuschrift nehme ich gerne wie folgt Stellung:

Das deutsche Kaiserreich gilt – vor dem Hintergrund seiner politischen und ökonomischer Machtinteressen, sowie bestehender Bündnisverpflichtungen – als zentraler Akteur für das Zustandekommen des 1. Weltkriegs. Richtig, und von keinem seriösen Historiker weltweit anders dargestellt, ist:

In der Folge des Attentats von Sarajewo, bei dem am 28. Juni 1914 der österreichische Thronfolger Franz-Ferdinand und seine Frau Sophie erschossen wurden entwickelt sich die sogenannte Julikrise in der mehrere europäische Mächte sich auf einen Krieg vorbereiten. Kaiser Franz-Joseph bittet den Deutschen Kaiser Wilhelm II. um Unterstützung und erhält Anfang Juli die erbetene Unterstützung als ›Blankoscheck‹. Wilhelm II. und Reichskanzler Bethmann-Hollweg sagen ›bedingungslose Unterstützung‹ zu.

Auf der anderen Seite sichert sich Serbien die Unterstützung des russischen Zaren, der sich wiederum am 20. Juli der Allianz mit Frankreich versichert. Frankreich erklärt, Russland im Kriegsfall gegen Deutschland zu unterstützen.

Am 28. Juli 1914 erklärt Österreich-Ungarn Serbien den Krieg. Es handelt sich damit zunächst um einen Regionalkonflikt. Das deutsche Kaiserreich macht in der folgenden Woche aus dem Regionalkonflikt einen Weltkrieg: Es erklärt am 1. August 1914 Russland, und am 3. August 1914 Frankreich den Krieg und marschiert am dem 4. August in das neutrale Belgien ein, um so (dem Schlieffen-Plan folgend) die französischen Stellungen zu umgehen. Der Einmarsch ins neutrale Belgien verursacht zudem den Kriegseintritt der belgischen Garantiemacht Großbritannien.

Damit ist der 1. Weltkrieg als solcher begonnen und ›angezettelt‹. Kein ernstzunehmender Historiker bezweifelt oder bestreitet diese Folge. Was – zu Recht – diskutiert wird ist die Frage einer deutschen ›Alleinschuld‹, also: Inwieweit kam den anderen beteiligten großen Staaten der Krieg nicht ganz unrecht, oder sogar zupass, um eigene ökonomische Interessen weltweit durchsetzen zu können (Stichworte: ökonomische Vormachtstellung in Europa, Neuverteilung von Kolonien).

Mit freundlichen Grüßen
Sabine Rau
Télévision Allemande ARD
Studio Paris WDR«

Die fragliche Formulierung lautet: »Deutschland, das den Nachbarn überfallen und diesen Krieg angezettelt hat«. Auf »überfallen« geht die Holde gar nicht erst ein – wie sie ja auch die russische Generalmobilmachung vom 30. Juli weglässt –, weil sie weiß, dass der Terminus nicht zu halten ist. »Überfallen« bedeutet: einen arglosen, unvorbereiteten Nachbarn attackieren, sonst sagt man: »angreifen«. Da Frankreich im selben Maße kriegsbereit war wie das Kaiserreich und dem Angriff eine Kriegserklärung vorausging, ist der Begriff »überfallen«, wie ich hier bereits schrieb und gern wiederhole: deutschfeindliche Hetze *as ad nauseam usual.* Nicht einmal Belgien wurde »überfallen«, denn das Reich stellte diesem Nachbarn das sogar halbwegs freundliche Ultimatum, wenn man den deutschen Truppen den Durchmarsch gestatte, werde Deutschland für sämtliche eventuell entstehenden Schäden aufkommen.

Kommen wir zu »angezettelt«. Das Etymologische Lexikon schreibt dazu: »Ursprünglich Ausdruck der Webersprache: die Zettel (Längsfäden) eines Gewebes vorbereiten, dann übertragen für anstiften, in der Regel im negativen Sinn«. Anzetteln heißt: etwas in böser Absicht vorbereiten oder herbeiführen. Man kann zum Beispiel eine Verschwörung anzetteln. Wer einen Krieg anzettelt, ist sein Verursacher. Wer anzettelt, ist schuldig.

Es ist immer *einer* (im Sinne von: eine Partei, eine Seite), der anzettelt. Ich habe noch nie von einer kollektiven Anzettelung von was auch immer gelesen. Der Dummenfangversuch, Serbien und Österreich für den Regionalkonflikt, Deutschland aber für den Weltkrieg verantwortlich zu machen, wird vor diesem Hintergrund erst recht deutlich.

Fassen wir zusammen: Wer einen Krieg »anzettelt« und seinen Nachbarn »überfällt«, ist der alleinschuldige Schurke. Exakt das hat die *Tagesschau* am 10. November verkündet, und ich habe keinen Zweifel, dass es genau so intendiert war. Aus der Sache kann sich die Mamsell mit einem Kurzreferat aus der historischen Klippschule nicht winden ...

PS: »Folge ich der Dame Rau«, notiert Leser ***, »könnte der deutsch-polnische Konflikt, die Krise von 1939, dann nicht auch als ein regionaler interpretiert werden«, der erst durch die Kriegserklärungen Frankreichs und Englands zum Weltkrieg eskalierte? Und unterlägen die Bündnisse zwischen den Staaten von 1939 – »übrigens auch Blankoschecks, wie z.B. der von England an Polen – anderen Kriterien als der von 1914 an Österreich? Von den Drangsalen, die die deutsche Bevölkerung unter polnischer Herrschaft zu ertragen hatte, ganz zu schweigen.«

Für meine Begriffe begann der Zweite Weltkrieg ohnehin mit dem japanischen Angriff auf China im Juli 1937. Bekanntlich endete er auch erst mit der Kapitulation Japans am 2. September 1945.

18. November

Heimat ist, wo einen die Kellner grüßen.

* * *

Neue Begriffe: Willkommensbulgur. Willkommenskuffur. Still-Kommens-Kultur.

* * *

Zu meiner Notiz über Menschen mit Down-Syndrom erreichten mich mehrere Zuschriften. Stellvertretend soll deren Tenor Leser *** zusammenfassen, welcher schreibt:

»Das mediale Aufsehen fällt in eine Zeit, in der der Ausdruck ›Behinderter‹ in der emanzipatorischen Behindertenarbeit als diskriminierend verschrien ist, man wenigstens ›Mensch mit Behinderung‹ sagen soll und wo die ›Abteilung Behindertenhilfe‹ nach langen Überlegungen nun ›Teilhabe mit Assistenz‹ heißt, wo der Slogan verbreitet wird: ›Behinderung gibt es nicht, behindert wird man gemacht‹. Hannahs Wunsch erschien zunächst in einer Zeitschrift, die sich die Inklusion auf die Fahnen geschrieben hat. Trotzdem kann der Wunsch nach einem supergleichstellerisch-positiven Ausdruck davon unabhängig von ihr ganz alleine gekommen sein.

Die Behinderten sind aber ein willkommenes, weil wehrloses Ersatzproletariat der Achtundsechziger gewesen. Man versucht sie zur Teilnahme auf Demonstrationen für Behindertenrechte zu überreden, zur ›politischen Partizipation‹ usw. Das Ergebnis ist ein widerstrebendes gelangweiltes Mittun. Viel Lärm, viel Getue, umständliche gequälte Sitzungen, aufgebauschte Resultate. Die wirklichen Wünsche der geistig Behinderten sind viel zu unscheinbar, um in den Augen ihrer Bevormunder etwas hermachen zu können. Eine ungeschminkte Darstellung der Wirklichkeit in den Familien, Heimen und Werkstätten fehlt, ebenso eine kritische Darstellung der emanzipatorischen Behindertenarbeit, die zwar über ihre Vorgänger den Stab bricht, aber auch Opfer hervorgebracht hat. Und nie sieht man auf den Geburtstagen der selbsternannten und bezahlten Emanzipatoren Behinderte, obwohl deren Inklusion doch sonst flammend von ›der Gesellschaft‹ gefordert wird.

Ich habe die verweinten, viel zu früh ernst gewordenen Gesichter der Mütter von Behinderten gesehen, weiß von am Kind gescheiterten Ehen und gesunden Geschwistern, die zu kurz gekommen sind. Ich kenne Berufskollegen, die verdrießlich geworden sind. Und die Behinderten verkläre ich bestimmt nicht. Aber, Herr Klonovsky, so wie ich mich z.B. mit Ihrem Eckladen von den Behinderten erhole, so erhole ich mich auch bei den Behinderten, gerade bei denen mit Down-Syndrom und noch viel schwerer Gehandicapten, gewissermaßen von Ihrem Eckladen. Die unerschütterliche Daseinsgewißheit und Daseinsfreude, das Vertrauen, der unverstellte Ausdruck der Gefühle sind eine lebendige Predigt für die scheinbar in allen Belangen Überlegenen und ein starkes Heilmittel gegen Weltekel und Lebensüberdruß, das einem sehr lieb werden kann.«

19. November

Die Sonntage immer ...!

»Ich, Welt- und Menschenfeind ...« – mit diesen Worten beschrieb Anton Bruckner sich selbst. Unter allen armen Spielmännern führte der Vollender der abendländischen Symphonik wahrscheinlich das erbärmlichste Leben. Er war ein gottbegnadeter und gottgeplagter Schrat, ein wunderliches Zwitterwesen aus »halb Genie, halb Trottel«, wie Hans von Bülow es in seiner drastischen Art formulierte. Bruckner sprach einen starken oberösterreichischen Dialekt, seine Umgangsformen waren provinziell, er betete, beichtete und fastete unablässig, begegnete seiner Mitwelt rangunabhängig mit Devotion und neigte zu Ergriffenheitsanfällen; Zeitzeugen berichteten von Tränenausbrüchen, Handküssen, tiefen Verbeugungen, Kniefällen. Als er 1882 Bayreuth besuchte, sank der fast 60-Jährige vor Richard Wagner in die Knie, küsste ihm die Hand und sagte: «Meister, ich bete Sie an!» An allen zeitgenössischen Themen, an dem, was «im Gespräch» war, zeigte er ein völliges Desinteresse. Die Wiener Gesellschaft war befremdet und riss Witze über ihn. Ein Bekannter nannte ihn einen «Anti-Bürger» und seine Musik ein «gesellschaftliches Ärgernis».

Bruckner hatte früh den Vater verloren und war von der Mutter als Sängerknabe ins Stift Sankt Florian geschickt worden, wo er auch Musikunterricht erhielt. Johannes Brahms, sein Wiener Konkurrent, nannte ihn einen armen Verrückten, den die Pfaffen von St. Florian auf dem Gewissen hätten. In gewissem Sinn war Bruckner ein frommer Ordensbruder, den es in eine europäische Metropole verschlagen hatte, wo dieser Musikant Gottes unter Spott und Anfeindungen sein Missionswerk verrichtete.

Bruckner hat zeitlebens pausenlos gearbeitet, als Musiker – er galt als der beste Orgelspieler seiner Zeit –, schlecht bezahlter Kompositionslehrer und Komponist. Im Mai 1867 erlitt er einen Nervenzusammenbruch. In einem Brief beschrieb er seinen Zustand als »gänzliche Verkommenheit und Verlassenheit – gänzliche Entnervung und Überreiztheit«. Ein Linzer Arzt prophezeite ihm den Irrsinn. Bruckner litt unter Zählzwang (Arithmomanie), er glaubte, er müsse die Blätter der Bäume, die Sterne oder die Perlen auf einem Kleid zählen. Eines Tages wurde er im untersten, damals noch nicht begehbaren Teil der »Wolfsschlucht« gefunden, wohin er sich verkrochen hatte, und man musste ihn mit Leitern und Seilen bergen.

Nie hat ein Frauenkörper diesen Mann gewärmt. Zeitlebens blieb Bruckner enthaltsam, auch wenn er einigen jungen Frauen auf gravitätische Art Heiratsanträge schrieb, die allesamt abschlägig beschieden wurden. 1874 besuchte ihn ein Bekannter und fragte angesichts des Zustands seiner Wohnung, wann er sich um geordnete häusliche Verhältnisse zu kümmern gedenke. Des Tonsetzers in Stein zu meißelnde Antwort lautete: »Ich habe keine Zeit, ich muss ja meine Vierte schreiben!«

Fremdheit und Einsamkeit waren die Leitmotive seines Lebens. »Meine einzigen Freunde sind meine Symphonien«, erklärte Bruckner. Bis zu seinem sechzigsten Lebensjahr wurden seine Werke allerdings kaum aufgeführt; sie galten als viel zu lang und sowohl für das Publikum als auch die Instrumentalisten schwer zu bewältigen, was die vielen Bearbeitungen und die verschiedenen Versionen erklären mag. Mit der Dritten verdarb er es sich mit der Wiener Kritik, vor allem weil er das Werk Richard Wagner gewidmet hatte. Ihre Uraufführung in Wien am 16. Dezember 1877 war ein Fiasco, in Scharen verließ das Publikum nach jedem Satz den Saal. Der Wagner-Hasser Eduard Hanslick, eine Art Reich-Ranicki der Musikkritik, nach dessen Ratschluss Brahms als der Größte zu gelten hatte, verfolgte auch Bruckner mit seinen Infamien und Intrigen, und die restlichen Tintenbuben schlossen sich an.

Bruckners Fünfte wurde zu seinen Lebzeiten in Wien nicht gespielt, von der Sechsten nur die mittleren Sätze. Der Komponist führte das darauf zurück, dass Hanslick und die Wiener Presse eine Kampagne gegen ihn führten und die Dirigenten sich aus Angst vor den Kritikern gegen seine Werke sperrten. »Man kann heute die Rezensionen, die Hanslick (*Neue Freie Presse*), Kalbeck (*Presse*) und Dömpke (*Allgemeine Zeitung*) über Bruckners Werke schrieben, nur mit Staunen und Erschütterung lesen, und zwar nicht nur, weil sie ihn als Komponisten nicht ernst nehmen, sondern vor allem, weil sie ihn lächerlich machen wollten«, notiert der Bruckner-Biograph Constantin Floros. Dömpke etwa schrieb: »Bruckner komponiert wie ein Betrunkener«; Hanslick fand sich (in der Achten) »zwischen Trunkenheit und Öde hin und her geschleudert«.

Aber sogar Gustav Mahler, der den älteren Kollegen öffentlich immer verteidigte (er war übrigens derjenige, der, damals 18-jährig, den Klavierauszug der Dritten anfertigte), äußerte sich abschätzig über den Mann, in dessen Spuren er wandelte. Vier Jahre nach Bruckners Tod vertraute er Natalie Bauer-Lechner an, man könne Bruckners Symphonien in den philharmonischen Konzerten nicht aufführen, »das kann man dem Publikum wirklich nicht zumuten, diese Musikfetzen und ärgsten Absurditäten anzuhören, von allerdings oft göttlichen Einfällen und Themen unterbrochen«. Die Neunte, die, wenn man diesem albernen Kriterium folgen will, »modernste« und harmonisch am weitesten in die Zukunft weisende Symphonie, von der speziell er, Mahler, am meisten zehrte, nannte er den »Gipfelpunkt des Unsinns«.

Elf Jahre vor seinem Tod, am 10. März 1885, endete Bruckners Zeit als ein Verkannter mit der Uraufführung der Siebenten, freilich in München. Stabführer war Hermann Levi, der Dirigent der Uraufführung des *Parsifal*. Bezeichnenderweise versuchte Bruckner, Hans Richter daran zu hindern, die Symphonie auch in Wien aufzuführen: »Die siebente bekommt er nicht! Hanslick!!!« Wenn Richter eine Symphonie von ihm darbieten wolle, möge er eine von denen nehmen, »die Hanslick ohnehin schon ruiniert hat; die kann er noch mehr zu Grunde richten«. Dass ein Künstler versucht, eine Aufführung seines eigenen Werkes zu verhindern, dürfte ein beispielloser Vorgang in der Kunstgeschichte sein. Die Symphonie wurde trotzdem gespielt, am 21. März 1886, und es war ein, wie man sagt, überwältigender Erfolg. Doch mit der Achten, dem Schlussstein der abendländischen Symphonik, begannen die alten Probleme von Neuem. Bruckner schickte die Partitur an seinen Gönner Hermann Levi, doch der konnte mit dem gigantischen Opus nichts anfangen und wollte es nicht einstudieren. Levis Ablehnung versetzte den armen Tonsetzer in die nächste schwere Seelenkrise.

Natalie Bauer-Lechner hat überliefert, dass Gustav Mahler von der »unglaublichen Bescheidenheit und Herzensdemut« Bruckners tief beeindruckt war. Mahler habe erzählt, dass der alte Mann, wenn er ihn besuchte, ihn beim Abschied vom dritten Stock bis hinunter zur Straße begleitete, um seinen Gast zu ehren. In seinem Handexemplar des *Te Deum* hatte Mahler die Worte »für Chor, Soli und Orchester, Orgel ad libitum« ausgestrichen und ersetzt durch: »für Engelszungen, Gottselige, gequälte Herzen und feuergeläuterte Seelen!«

Dieser gottselige Gequälte hat das jauchzendste Schöpfungslob seit Bach gesungen.

22. November

Jüdischer Humor, x-te Folge. »Wann ist es denn soweit mit eurem Kind?«, fragt die Gattin einen israelischen Freund, dessen Frau zum ersten Mal schwanger ist.

»Ach, weißt du«, versetzt der, »wir sind grün und progressiv, bei uns kommen die Kinder, wann sie wollen.«

* * *

In einer »einstimmig verabschiedeten« Stellungnahme teilt der Senat der Universität Leipzig mit, dass er die via Twitter veröffentlichten Meinungen des Jura-Professors Thomas Rauscher »aufs Schärfste« missbillige. »Das durch diese Äußerungen gezeichnete menschenfeindliche Weltbild widerspricht dem Leitbild und dem Selbstverständnis der Universität als weltoffenem und tolerantem Ort der Wissenschaft«, heißt es in einer Pressemitteilung. Es sei nicht auszuschließen, »dass diese Einstellungen auch in der Forschung und Lehre Prof. Rauschers Ausdruck finden«. Daher begrüße der Senat die von der Universität eingeleitete Prüfung dienstrechtlicher Schritte.

Es ist *menschenfeindlich,* sich gegen die fortgesetzte Masseneinwanderung kulturfremder Analphabeten auszusprechen, die den deutschen Steuerzahler jedes Jahr zweistellige Milliardensummen kosten und sich als gesellschaftliche Fremdkörper etablieren werden. Es ist *menschenfeindlich,* wenn man nicht sukzessive verdrängt werden will. Es ist *menschenfeindlich,* den parallel dazu stattfindenden »Einwanderungsdschihad« (Michael Ley) nicht so richtig toll zu finden, statt ihn zu leugnen und kleinzureden (das wäre ja logischerweise menschenfreundlich). *Menschenfeindlich* argumentiert, wer als Europäer unter überwiegend Europäern leben und in guter Nachbarschaft in den nächsten Generationen ethnisch-kulturell überleben möchte. Selbsterhaltung ist *menschenfeindlich.* Die *Menschenfeindlichkeit* ist defensiv geworden. Das haben die Senatoren der Uni Leipzig in Einstimmigkeit – ich kenne übrigens nichts Menschenfeindlicheres, zumindest nichts Barbarischeres als die Einstimmigkeit, so hoch denke ich vom Menschen (hört, hört!) – feige beschlossen.

* * *

»Als Frau muss man heute nicht mehr Angst vor sexuellen Übergriffen haben als noch vor ein paar Jahren«, frotzelt die

FAZ. »Die allgemeine Sicherheitslage in Deutschland hat sich nicht verschlechtert. Die Mehrzahl der sexuellen Übergriffe ereignet sich nach wie vor nicht im öffentlichen Raum, sondern im privaten Umfeld. Aber die Fälle, wo Frauen in der Öffentlichkeit sexuelle Gewalt erfahren, haben einen großen Effekt auf das Sicherheitsgefühl der Gesellschaft.«

Sprich: Ein paar tausend Frauen hatten in den vergangenen beiden Jahren so unangenehme wie statistisch vernachlässigbare Erlebnisse, die einen viel zu großen Einfluss auf das Sicherheitsgefühl der anderen Frauen nahmen. Sie können unbehelligt nachts durch jeden Park gehen und jede Bahnlinie benutzen, ein paar *FAZ*-Journalistinnen werden demnächst mit Bodycams nächtliche Großstädte durchstreifen und den Beweis antreten.

»Allerdings hat sich die Zahl der Sexualstraftaten, die in Gruppen verübt wurden, 2016 im Vergleich zum Vorjahr verdoppelt.«

Was aber keinen Einfluss auf die allgemeine Sicherheitslage hat. Gruppen bündeln nur einzelne Einzelfälle zum kollektiven Einzelfall.

»Der Statistik des Bundeskriminalamtes zufolge waren knapp 15 Prozent der Tatverdächtigen, die im vergangenen Jahr wegen Vergewaltigung und schwerer sexueller Nötigung angezeigt wurden, Zuwanderer, ein überproportionaler Anteil.«

Überproportional viele Sexualdelikte werden von Typen verübt, die vor dem Herbst 2015 noch gar nicht hier waren, doch die allgemeine Sicherheitslage hat sich trotzdem nicht verschlechtert. Es muss Magie sein. Harvey Weinstein würde rasend gern einen Dokumentarfilm darüber produzieren.

»Diese Zahl ist mit Vorsicht zu betrachten. Die Flüchtlinge, die schon anerkannt wurden, fehlen.«

Na so was! Wo sind sie denn hin? Es fehlen übrigens auch diejenigen Tatverdächtigen, die noch nicht wirklich lange, aber schon ein bisschen länger hier leben und sich einen deutschen Pass haben ausstellen lassen. Deswegen lautet die von den Kartellparteien angestrebte Lösung ja auch: So viele wie möglich einbürgern! Das Tätermerkmal »Ausländer« würde mehr und mehr verschwinden, bis sich schließlich die Deutschen auch prozentual an die Spitze der Kriminalstatistik setzen. Die Forderung, die Herkunftsethnie von Tatverdächtigen statistisch zu erfassen, können dann nur noch anspeienswürdige Rassisten erheben.

»Außerdem hängt die Anzeigebereitschaft der Frauen stark davon ab, wie fremd der Täter ist. Der unbekannte Mann im Park wird häufiger angezeigt als der Arbeitskollege, der nach der Betriebsfeier übergriffig geworden ist.«

Außer in den – extrem seltenen – Fällen, wo es kein Danach mehr gibt. Ansonsten wage ich die These, dass die jährliche Zahl nichtangezeigter versuchter oder sieghaft vollzogener Vergewaltigungen durch Arbeitskollegen nach Betriebsfeiern landesweit ungefähr im Bereich der momentan erzielten Tore des 1. FC Köln liegt und nach *FAZ*-Feiern sogar bei Null.

»Kann man dann die Frage, ob Flüchtlinge überproportional viele Sexualstraftaten begehen, überhaupt beantworten? Schon, aber die Antwort bleibt ungenau. Man müsste vergleichen können, wie hoch der Anteil von deutschen Sexualstraftätern ist (im Verhältnis zur deutschen Bevölkerung) und wie hoch der Prozentsatz der Flüchtlinge ist, die Sexualstraftaten begehen, im Verhältnis zu ihrer Gesamtzahl. Die kennt man aber gar nicht so genau.«

Da ich über dieses Thema bereits speioft geschrieben habe, mache ich's kurz: Jemand, der hier eine Frau vergewaltigt oder sich andere Gewalttaten zuschulden kommen lässt, ist kein »Flüchtling«, spätestens ab diesem Moment nicht mehr. Wer irgendwo Schutz sucht, benimmt sich dort nicht wie ein Konquistador. (Strenggenommen bestünde die exakte Vergleichsgruppe übrigens aus deutschen Einwanderern im Ausland, also der Frage, für wie viele Sexualdelikte gegen Frauen des Aufnahmelandes Männer aus dieser Gruppe verantwortlich sind; das Ergebnis würde allerdings bloß Vorurteile erzeugen bzw. bestätigen.) Warum aber kennt »man«, also der Staat, dessen Hauptaufgabe der Schutz des Staatsvolkes und die Sicherung der Landesgrenzen ist, die Gesamtzahl der Einwanderer bzw. -dringlinge nicht genau? Wäre die Anprangerung dieser – im Wortsinn – Ungeheuerlichkeit nicht ein journalistisches Dauerthema?

»Wenn man aber davon ausgeht, dass Flüchtlinge in Deutschland ein bis zwei Prozent der Bevölkerung stellen, bei schweren Sexualstraftaten aber knapp 15 Prozent der Tatverdächtigen, dann ist das eben deutlich überproportional.«

Womöglich will die *FAZ*-Journalistin ja unter der Hand Tacheles reden und absolviert diese ganzen Verrenkungen nur, damit die Chefs ihren Text nicht rauskegeln; in diesem Fall bitte ich diskret um Pardon.

»Dabei muss man, neben der höheren Anzeigebereitschaft der Opfer, Folgendes beachten: Die meisten Asylbewerber, die ab 2015 nach Deutschland kamen, sind junge Männer. Das ist die Bevölkerungsgruppe, die überall auf der Welt die meisten Straftaten begeht. Wenn diese jungen Männer dann noch losgelöst von Familienstrukturen und Autoritäten gemeinsam mit Gleichaltrigen unterwegs sind, steigt das Risiko, das von ihnen ausgeht. Der Kriminologe Pfeiffer drückt es so aus: ›Ihnen fehlt das zivilisierende Element der Ehefrauen, Schwestern und Mütter. Sie kommen aus Machokulturen und sind das freie Verhalten von deutschen Frauen nicht gewöhnt. Sie empfinden es schon als ein provokatives Verhalten, wenn eine Frau im Sommer mit kurzem Rock und T-Shirt herumläuft.‹«

Sie wollen den immergleichen Sermon anscheinend so oft abspulen, bis die einen ihn glauben und der Widerspruch der anderen ermüdet! Die höhere Anzeigebereitschaft ist eine Hypothese, die empirisch nicht gedeckt ist und es nie sein wird, was an den Tücken dieser Art Statistik liegt, die ohne das sogenannte Dunkelfeld nicht auskommt. Also möge die Maid nicht so tun, als stünde dergleichen bolzenfest. Wenn nun aber junge Männer überall auf der Welt die meisten Straftaten begehen, warum lässt man dann hunderttausende von ihnen ins Land, ohne dass dieses Land davon parallel einen z.B. wirtschaftlichen, kulturellen oder wenigstens kulinarischen Nutzen hätte, der die Kollateralschäden aufwöge? Und, nebenbei: Warum begehen junge ostasiatische oder (bio-)deutsche Männer im Schnitt weniger Gewaltstraftaten als zum Beispiel Nordafrikaner oder Afghanen? Und wenn die besagten jungen Importmänner über die von ihnen ohnehin ausgehende Gefahr hinaus obendrein Frauen im kurzen Rock als »Provokation« empfinden, also als freche Wesen, die man sexuell demütigen und bei Gelegenheit zwangsmauseln soll oder muss, warum dürfen sie da nach Deutschland kommen? Aus Frauenfeindlichkeit? Macht sich derjenige, der solche Figuren hereinlässt und zum Teil sogar einlädt, nicht der Beihilfe zu diversen Straftaten gegen Leib und Leben von deutschen Staatsbürgern schuldig?

Und *last but not least*: Wie verträgt sich die Tatsache, dass Angehörige eines Alterssegments, aus dem heraus überall die meisten Straftaten verübt werden und die im speziellen Fall aus Machokulturen stammen, weshalb sie Frauen, die sich westlich kleiden, als Provokation – tatsächlich ja, wie das Land insgesamt, als Beute – betrachten, scharenweise in unser Land strömen, wenn, wie sogar der Gefälligkeitsgutachten-Apportierer Pfeiffer zugibt, ein Risiko von ihnen ausgeht, wie verträgt sich, frage ich, diese Tatsache mit der den Artikel einleitenden Behauptung, als Frau müsse man heute nicht mehr Angst vor sexuellen Übergriffen haben als noch vor ein paar Jahren, die allgemeine Sicherheitslage in Deutschland habe sich nicht verschlechtert? Ich kann mich nicht erinnern, dass Joggerinnen früher von der Polizei aufgefordert wurden, abends nicht allein zu laufen. Ich kann mich auch nicht entsinnen, dass die Polizei früher ganze Stadtgebiete als »Angsträume« bezeichnet und vor deren Betreten gewarnt hat.

Gibt es wirklich Leute, die diesen *DDR light*-Medien noch irgendetwas glauben?

* * *

Eine treffliche Erklärung, welche Funktion der *taz* im medialen Biotop zufällt, gibt Wolfgang Röhl: Sie sei »als linker Dachschadensanzeiger unverzichtbar«.

23. November

Der Rassismus-Vorwurf ist das Bäuerchen des Linken. Der Linke ruft »Rassist!«, um sich zu erleichtern. Die angemessene Antwort lautet: »Prosit! Geht es Ihnen jetzt besser?«

* * *

Die multimedialen Aburteilungen Christian Lindners, dem eine Art Verrat am Großenganzen vorgeworfen wird, offenbaren einmal mehr die konsenssehnsüchtige, kollektivistische, »völkische« Stimmung, die in diesem Land herrscht, die Mentalität eines Mittellagevolkes, die Bekundung des Willens, sich um Kanzlerin, »Tatort«-Kommissar und Nationaltrainer zu scharen. Da sich in Umfragen eine deutliche Mehrheit gegen Neuwahlen und für die Fortsetzung von Koalitionsverhandlungen ausspricht, hat die FDP quasi Landesverrat begangen. Dabei hat Herr Lindner nichts weiter getan, als mit seiner Partei in Koalitionsverhandlungen zu gehen und am Ende eine Koalition abzulehnen – die normalste Sache der politischen Welt. Sie müssen im Geschäft bekanntlich nicht jeden Anzug kaufen, den Sie anprobieren. Aber in einer anständigen Volksgemeinschaft kriegen Sie die Klamotten verpasst, irgendwie werden Sie da schon reinwachsen.

24. November

Die Horrorclowns vom »Zentrum für politische Schönheit« (ZPS) haben eine Bonsai-Version des Berliner Holocaustdenkmals vor dem Wohnhaus von Björn Höcke aufgestellt und als Nebeneffekt ihrer »Aktion« den autoritären Kern des Gedenkdienstes erfrischend verdeutlicht, welcher da lautet: Du hast kein Recht, dich zu entziehen, du hast kein Recht darauf, in Ruhe gelassen zu werden, du hast täglich erinnert zu werden, wir schneiden dir die Augenlider des historischen Vergessens weg, welches für alle anderen Verbrechen der Menschheit gilt, denn diese Wunde soll immer schön frisch und eiternd gehalten werden, das schlechte Gewissen, von dessen Bewirtschaftung wir unser erbärmliches Dasein fristen, darf niemals enden.

Typisch dafür ist das Stasi-artige Vorgehen der, wenn's denn stimmt, ausschließlich via *crowdfunding* finanzierten ZPS-

Lemuren, die sich im Nachbarhaus – nach eigener Darstellung schon seit zehn Monaten, aber das kann PR-Prahlerei sein – einmieteten, um Höcke zu bespitzeln. »Angeblich wissen sie nun, wann ihr ungeliebter Nachbar sein Holz hackt, welche Verlage ihm Broschüren schicken, wie es seinen Schafen geht«, schreibt *Spiegel online*. »All das wollen sie öffentlich machen – es sei denn, der AfD-Mann leistet Abbitte und kniet vor dem Bornhagener Holocaust-Mahnmal nieder.« Wenn Höcke nicht kniet, veröffentlichen sie Oben-ohne-Fotos seiner Mutterschafe! Einer sagte: »Gegen Nazis wenden wir Nazimethoden an.« Auch das ist nur Prahlerei; bei echten Nazis würden diese Maulhelden sofort wegrennen, ihr Meutenschneid setzt voraus, dass ihnen nichts passieren kann, wenngleich man ihnen eine gewisse Nazi*mentalität* nicht absprechen mag.

Beiseite gesprochen: Dass die ermordeten Juden diesen trostlosen Figuren völlig egal sind (was man in der Regel an ihrem Verhältnis zum Staat der lebenden Juden studieren kann), dass dieses Denkmal, Original wie Kopie, in Wahrheit nicht den Ermordeten errichtet worden ist, sondern bloß eine obszöne Selbstfeier der Gedenkdauerpartyveranstalter sozusagen in Beton festgehalten wurde, und dass die wirklich angemessene Art des Holocaust-Gedenkens darin besteht, Israel beispielsweise U-Boote zu liefern, habe ich hier wiederholt dargelegt, obwohl und so wahr ich nicht Heribert, Claus, Anja oder Sibylle heiße.

Die »Aktion« entlarvt also weniger Herrn Höcke, der ja aus dem, was ihm da gelegentlich unsortiert durch die Rübe rauscht, öffentlich (leider) kein Geheimnis macht, sondern die Akteure, wie sogar ein Kommentator von *Spiegel online* bemerkt hat: »Was die Rechten immer behaupten – die Erinnerung an den Holocaust würde instrumentalisiert, um Deutsche zu demütigen – macht das ZPS jetzt tatsächlich: Sie (sic!) instrumentalisiert ein Holocaust-Mahnmal, um einen oberdeutschen (nochmals: sic!) Politiker zu demütigen. Das kann man für eine ›herrliche Bestrafung‹ halten, wie die Mitinitiatorin des Berliner Holocaust-Mahnmals Lea Rosh erklärt hat. Doch es scheint eher eine dubiose Machtfantasie zu sein.«

O ja, unsere Gedenkdomina Rosh, eine Wunschjüdin, die eigentlich Edith Renate Ursula Rosh heißt (aber mit »Lea« schon einen passablen Alias-Namen gewählt hat, den Namen der von Jaakob Ungeliebten, Ungewollten, Illegitimen, ihm Untergeschobenen, welche freilich und gottlob und im Gegensatz zu Edith Renate Ursula fruchtbar war und dem Erzvater sechs Söhne vulgo Stämme und eine Tochter, die arme Dina, schenkte, die zu Sichem ... – ich schweife ab), diese »Lea« wollte »bestrafen«, und ähnliche Phantasien hegen und hecken die Betroffenheitssimulanten vom ZPS, wobei man sich fragt, woher sie ihre Legitimation nehmen, andere zu nötigen und zu terrorisieren; ich erinnere an das ewiggültige Bonmot Odo Marquards: »Legitimeren Sie sich! – Bitte nach Ihnen!« Vielleicht wickelt denen im Gegenzug mal jemand ein bisschen symbolischen GULag-Stacheldraht ums Haus oder wuchtet ihnen überlebensgroße Betonnachbildungen der zermalmten Opfer vom Breitscheidplatz oder der zu Tode geschändeten Maria Ladenburger in den Vorgarten?

Rein juristisch dürfte die Sache ganz einfach sein: Wer anderen Müll vors Haus kippt, muss ihn wieder wegräumen. Aber offenbar haben ja genug Deppen dafür gespendet, dass diese Freaks sich wichtig machen können. Denn wie sprach der Oberfreak: »Kunst muss wehtun.«

* * *

Im Tierpark von Kaliningrad (Königsberg) ist ein Tiger über eine Pflegerin hergefallen, die in seinem Gehege arbeitete und die Tür zum Nachbargehege zu schließen vergessen hatte. Um der Frau zu helfen, bewarfen Zoobesucher die Raubkatze mit allem, was sie zu fassen kriegten: Pflastersteine, Mülleimer, Stühle und eine Bank (!) flogen über das Gitter. Mit Erfolg: Der Tiger ließ von seiner Beute ab, die Frau konnte sich schwer verletzt aus dem Käfig schleppen. Russen eben. Ich fürchte, wäre ein vergleichbarer Vorfall in einem deutschen Zoo passiert, hätten wir ein paar Händi-Aufnahmen und ganz viele vor Entsetzen gelähmte Augenzeugen, die psychologische Hilfe bräuchten.

26. November

Die Sonntage immer den Kü(h)nsten!

Aus dem Nichts, der neue Film von Fatih Akin, fällt unter die Kategorie Thriller und ist der erste Spielfilm, der den NSU zum Gegenstand hat. Mit Diane Kruger spielt ein leibhaftiger sogenannter Hollywood-Star die Hauptrolle. Diese Figur heißt Katja Sekerci, ist mit einem Kurden verheiratet, der vor der Geburt des gemeinsamen Kindes sein Geld als Drogendealer verdiente. Ihr Mann und ihr fünfjähriger Sohn werden bei einem Bombenanschlag getötet. Die Polizei vermutet einen Racheakt unter Drogenhändlern vor dem Hintergrund von Auseinandersetzungen verfeindeter ausländischer Organisationen. Später fassen die Fahnder zwei Verdächtige ganz anderer Art: ein junges Neonazi-Paar. Die Staatsanwaltschaft erhebt Anklage, doch die Neonazis werden aus Mangel an Beweisen freigesprochen. Katja ermittelt auf eigene Faust weiter und nimmt Rache, indem sie einen Selbstmordanschlag auf die Täter verübt.

Ich habe *Aus dem Nichts* nicht gesehen, weil mich Thriller nicht interessieren, hoffe allerdings, dass es nicht der einzige Film zum Thema bleibt. Ich wünschte mir beispielsweise, jemand näherte sich im Modus von Oliver Stones *JFK – Tatort Dallas* den vielen Ungereimtheiten im Zusammenhang mit den Morden, die dem Neonazi-Trio angelastet werden. Die spektakulärsten, in der aktuellen *Cato*-Ausgabe zusammengefassten Widersinnigkeiten lauten: Drei Typen von nicht eben überragender Intelligenz schaffen es, 13 Jahre unentdeckt im Untergrund zu leben und zu morden, obwohl sie zur Fahndung ausgeschrieben und von V-Leuten förmlich umzingelt sind; an keinem der 27 Tatorte und an keiner Tatwaffe findet sich auch nur eine einzige DNS-Spur der angeblichen Täter; diese extrem professionellen und kaltblütigen Serienmörder verlieren angesichts eines thüringischen Streifenwagens die Fassung, setzen ihr Wohnmobil in Brand und bringen sich um, aber in den Lungen findet sich nicht ein Rußpartikel. Sieben Tage nach dem Doppeltod zu Eisenach beginnt im Bundesamt für Verfassungsschutz eine große Aktenvernichtungsaktion, andere Akten werden für sage und speie 120 Jahre gesperrt, aber bevor irgendein Ermittlungsergebnis auch nur im Ansatz feststeht, weiß die Bundesregierung, was diese beiden Figuren alles veranstaltet haben und dass sie die Täter in diversen, bislang dem kriminellen Milieu zugeschrieben Morden waren, und die Kanzlerin überträgt stracks die Schande für den ausländerfeindlichen Terror auf das ganze Land. Welch ein Stoff für einen Polit-Thriller! Und für eine Mediensatire obendrein, denn die freie Presse fraß brav die offiziellen Darstellungen und verbreitete sie in aller offenbar gebotenen Devotion.

Warum unseren Genossen Medienschaffenden all diese Bizarrerien kaum einen Einwand wert waren, ist bekannt, und aus demselben Grund würde auch kein Regisseur einen solchen Film drehen, kein Produzent würde ihn finanzieren, kein Verleih in die Kinos bringen, allein der Versuch würde zur Stigmatisierung der Beteiligten und ihrer Exkommunikation aus der Fördermittelverteilung und dem Kulturbetrieb überhaupt führen, denn hier geht es nicht um Wahrheit und Legende, um Glauben und Skepsis, sondern um Gut und Böse. Schon der Verdacht, an der offiziellen Version könne etwas nicht stimmen – der auch dann in einem freien Land legitimerweise geäußert werden darf, wenn sie am Ende doch stimmt –, fiele unter Neonazi-Verharmlosung, Ausländerfeindlichkeit, Verschwörungstheorie, Regierungskritik und was der aktuelle Lasterkatalog sonst noch an Schandkriterien bereithält. So sieht das geistige Klima am Ende bzw. im letzten Viertel der Ära Merkel aus.

Nachtrag: Viele Leser weisen mich darauf hin, dass es doch einen Versuch gegeben hat, die wunderlichen Ungereimtheiten um den NSU zum Gegenstand eines Films zu machen, sogar GEZ-finanziert, nämlich den Krimi oder eben Thriller *Dengler – Die schützende Hand* von Lars Kraume nach dem Buch von Wolfgang Schorlau.

27. November

Jemand sagte: »Ich lebe jetzt abwechselnd in Brüssel und Paris, weil ich dort das allmähliche Verschwinden der ursprünglichen Bevölkerung besser ertrage. Es schmerzt mich, wenn ich deutsche Städte sehe, in denen sich Orientalen und Schwarzafrikaner ausbreiten, ohne einen Bezug zur Geschichte, zur Lebensart und zur Architektur derer herzustellen, die seit Jahrhunderten dort leben. Im Ausland ist es mir inzwischen egal. Das ist meine Form des Patriotismus.«

* * *

Leser *** sendet mir ein Kompendium von Epigrammen, wofür ich herzlich danke. Ich gestatte mir, eine Auswahl zu zitieren:

Jetzt, statt das System zu ändern,
Darf er Substantive gendern.

Eine Linke? Heute wär
Sophie Scholl identitär.

Wo's der Denunziant zum Held schafft,
Da blüht die Zivilgesellschaft.

Heißt die Geißel unsrer Zeit
Schlechterdings Weltoffenheit?

Gestern grüßten sie den Führer.
Heut beschleimen sie die Syrer.

So zog die Jugend von Tenochtitlan
Cortes entgegen im Willkommenswahn.

Frauen joggen unbegleitet,
Bis ein »Mann« auf ihnen reitet.

Die Gesellschaft, die zivile,
Droht dem Einen: Wir sind viele.

Papa seine Meinung sagt,
Bis der Elternbeirat tagt.

Eine Neuheit bei Ikea
Ist das Gartenmahnmal »Lea«.

Zart hat er sie am Knie berührt.
Seitdem ist sie traumatisiert.

***

Immer mindestens auf der Höhe der Zeit ist *Spiegel online*. »Gewaltopfer bei G20-Gipfel: ›Beklemmendes Gefühl, wenn ich Polizisten sehe‹«, hebt ein Beitrag an. Das war exakt mein erster Gedanke, als ich damals die Bilder der brennenden Autos und der Steinewerfer im TV sah.

28. November

Früher, beispielsweise bei Tische mit einer hinreißenden Maid und vor dem Problem stehend, womit sie am eindrücklichsten zu unterhalten sei, hat unsereins immer die gereiften und gebildeten Herren dafür bewundert, was sie alles wussten, wen sie alles kannten, was sie alles zu erzählen hatten. Dabei ist es eine normale Sache – sofern man zu jenem Tausendstel zählt, das über eine frei flottierende Intelligenz verfügt, sich ein gewisses Interessenspektrum erschlossen und die Unschuld des ungefilterten Wahrnehmens bewahrt hat (besessen hat sie einmal jeder): Je länger du da bist, desto mehr weißt du, desto beschränkter kommen dir die juvenilen

Klugscheißer vor; jener, der du selber warst, inclusive. Gott weiß nur deswegen alles, weil er von Anfang an dabei ist. Mit 80 bist du klüger als mit 40, sofern dein Gehirn nicht löchrig geworden ist, wie es der HErr weise eingerichtet hat (und die Gentechnik nun zu revidieren versucht), damit eine gewisse Indolenz den körperlichen Verfall begleitet und vermutlich auch erleichtert. Wenn man 1 000 Jahre alt würde, wüsste man nicht nur alles über seine präferierten persönlichen Interessensgebiete, sondern hätte auch *alles begriffen* und würde darüber wahnsinnig. Der Jüngling, der hinter den Vorhang zu Sais blickt, verliert deshalb den Verstand, weil es *zuviel auf einmal* für ihn ist. –

Übrigens würden bereits ca. 200 Jahre Erdenwandel ausreichen, um jeden Allerweltsliberalen in einen militanten Konservativen oder terroristischen Fortschrittsfeind zu verwandeln, weil er die kulturelle und technische Abräumgeschwindigkeit unserer Tachokratie nicht mehr ertrüge. Wer immer genetisch am Menschen herumwerkelt, sollte diesen Aspekt bedenken. Diese Gattung ist von ihrer mentalen Ausstattung her nicht für die Unsterblichkeit geschaffen. Nur eine Intelligenz, die sich vom Herz, vom Zwerchfell, von den Hormondrüsen und von den Ganglien gelöst hat, vermag nach der Ewigkeit zu greifen. Der anderen verbleiben der Trost der Demenz und jener »sensorischen Herabminderungen«, von denen Ludovico Settembrini gegenüber Hans Castorp spricht, welche – hoffentlich – den Abschied dermaleinst weniger schmerzhaft gestalten.

* * *

Dieses Schreiben zirkuliert derzeit im Netz:

»Rauscht Ab! - Studierendenzusammenschluss überreicht Petition ans Rektorat

Am vergangenen Dienstag haben wir auf dem Campus klare Kante gegen Professor Rauscher und seine menschenverachtenden Äußerungen zum Ausdruck gebracht. Damit haben wir gezeigt, dass für Diskriminierung und Ungleichheitsideologien an unserer Uni kein Platz ist. Aber es muss weitergehen:

Unsere Petition hat in kürzester Zeit über 15 000 Unterschriften erreicht. Das ist für uns ein Zeichen, weiterhin Druck auf die Universität auszuüben.

Unsere Forderungen lauten weiterhin:

- Professor Rauscher muss sofort aus seinem Amt als Erasmusbeauftragter enthoben werden!
- Die Uni muss sofort eine Alternativ-Veranstaltung für seine Pflichtübung »BGB für Fortgeschrittene« anbieten!
- Dienstrechtliche Schritte gegen Professor Rauscher müssen eingeleitet werden!
- Mehr Verfahrens-Transparenz von der Uni, die Studierenden müssen über den Prozess Bescheid wissen!

Wir rufen alle Student*innen, (wissenschaftlichen) Mitarbeiter*innen, Dozent*innen, Professor*innen und andere Interessierte auf, sich am Dienstag, 28.11.2017 um 11:45 Uhr auf dem Innenhof des Universitäts-Campus zu treffen um die Petition gemeinsam dem Rektorat vorzulegen.

Kontakt:«

etc.

Also ich habe es jetzt dreimal gelesen: Ich finde das »Heil Hitler!« nicht. Sehen Sie's irgendwo?

* * *

Während die aktuelle Bundesregierung von der Kanzlerin bis zum Reichsführer Facebook mit der importierten Gewaltkriminalität nullkommanix zu tun hat, geschweige dafür verantwortlich ist, weil es diese Kriminalität erstens gar nicht gibt und zweitens schon immer gegeben hat, macht Linken-Katja Kipping die AfD mitverantwortlich für die Attacke auf den Bürgermeister von Altena, Andreas Hollstein (CDU), also für den seit vielen Monaten einzigen von einer Kartoffel begangenen und dementsprechend dilettantisch ausgeführten Messerangriff inmitten all der anderen z.T. weit folgenreicheren und professionelleren Darbietungen mit Migrationsvordergrund. »Wer wie die AfD agitiert, muss sich vorwerfen lassen, Gewalttäter wie in Altena regelrecht zum Handeln zu ermutigen«, rief Kipping aus Berlin in Richtung Zeppelinwiese. »Gewaltverbrechen wie gegen Andreas Hollstein sind auch die Folge einer ständigen rechtspopulistischen Hetze.« Wer jetzt den Umkehrschluss zieht, Gewalt gegen AfD-Politiker sei eine Folge der ständigen linken Hetze, ist mutmaßlich selber ein rechtspopulistischer Hetzer. Wer aber mag all jene Messerfachkräfte zum Handeln ermutigt haben, die noch nicht so lange hier leben, aber trotzdem mit lockerer Hand ihr Debüt und mitunter auch schon Folgevorstellungen gaben? Leider hat der Journalist nicht nachgefragt, Frau Kipping hätte bestimmt eine Theorie oder wenigstens eine Invektive auf der Pfanne bzw. Schnute gehabt.

Eine andere linke Sahneschnitte hat im Bundestag gestern klargestellt, dass die AfD eine rassistische Partei ist, und auf die (bei den Öffentlich-Rechtlichen weggeschnittene) Zwischenfrage eines dieser rechten Kobolde, was am Programm der AfD denn rassistisch sei, gab sie zur Antwort: die Haltung zum Islam und zu Afrika. Merke: Der Islam ist zwar keine Rasse – es gibt ja sowieso keine Rassen, nur manchmal Unruhen zwischen ihnen –, aber wenn man ihn ablehnt, ist das mindestens Rechtsstaatsrassismus gegenüber all jenen, die diese Erfindung der Weißen, also den Rechtsstaat mit seinem ganzen Gewaltenteilungs-, Religionsfreiheits- und Frauengleichberechtigungsquatsch, kritisch sehen. Und wer nicht will, dass Europa so lange den afrikanischen Bevölkerungsüberschuss aufnimmt, bis es selber ein Teil Afrikas geworden ist, ohne dass dort kein Bevölkerungsüberschuss mehr herrschte, kann doch nur ein Rassist sein!

In der nächsten Folge beschäftigen wir uns mit der sexistischen Energiepolitik der AfD, mit ihrer homophoben Haltung zur Nato sowie der rassistischen Einstellung der Partei gegenüber Plebisziten, Waldflächen und Mindestlohn.

1. Dezember

Der *hashtag* »Me too« markiert gewissermaßen eine neue Art der Psychoanalyse, wobei es diesmal nicht um die Aufarbeitung verdrängter sexueller Gefühle aus der Kindheit geht, sondern sämtliche Frauen (außer Beate Zschäpe) sind gehalten zu entdecken, dass und wie oft und in welchem Alter sie sexuell belästigt wurden, um dieses nachträglich offengelegte Trauma dann durch summarische öffentliche Anklageerhebung gegen praktisch alle Männer zu bewältigen. Wie die feministische Grundlagenforschung empirisch bewiesen hat, haben zwölf von neun Frauen irgendwann in ihrem Leben ungewollt irgendwas Unangenehmes oder richtig Schlimmes mit Sex und Männern erlebt; ähnlich wie bei der klassischen Psychoanalyse umfasst die potentielle Klientel also wirklich alle, in diesem Fall mit Ausnahme der Männer, aber die zählen sowieso nicht mit.

O *Dramma eroicomico*! Während im Tagestakt noch nicht hundertprozentig integrierte virile Neumitbürger mit viel Elan, aber oft noch ohne Empathie und Fingerspitzengefühl eingeborenen Weibern an die Wäsche gehen, sie beispielsweise in Gebüsche zerren, am Rande von Bevölkerungsfesten oder auf Domplatten verräumen, ihnen auf nächtlichen Heimwegen spontan Gesellschaft leisten, das »Du« anbieten und bisweilen mit dem Kosewort »Schlampe« ergänzen, während in Schwimmbädern flinke Finger mit Migrationshintergrund minimalinvasive Kontakte knüpfen, aus denen oft unnötiges Gekreisch resultiert, während sich viele Frauen aus übertriebener Vorsicht nachts nicht mehr auf die Straßen oder in öffentliche Verkehrsmittel trauen, verschaffen ihnen engagierte Mitschwestern eine Kompensationsbeschäftigung für einsame Abende daheim: Forsche in deiner Vergangenheit nach Momenten, wo dich ein weißer Mann gegen deinen Willen verbal belästigt/mit sogenannten Komplimenten sexistisch gedemütigt/auf dein Aussehen reduziert/zum Beischlaf aufgefordert oder dir ohne dein Plazet ans Knie/an den Schenkel/an den Po/an die Brust gefasst hat. Wenn du nichts findest, fahnde weiter! Es muss passiert sein! Du hast es nur verdrängt!

Ich, um ein wenig aus der Schule zu plaudern, hatte lange Zeit eine gute beste Freundin, es waren vor allem die musischen und literarischen Interessen, die uns verbanden, wir waren zusammen in eine Klasse gegangen, wir schrieben uns ellenlange Briefe, als ich bei der Nationalen Volksarmee Anthropologie, Sozialkunde und den artilleristischen Vollkreis studierte, besuchten uns *vice versa*, hörten gemeinsam Musik und so fort, wobei zwischen uns unausgesprochene Klarheit darüber herrschte, dass wir im erotischen Sinne nicht füreinander existierten. Eines Tages – es regierte noch Erich der Einzige – machte sie mich brieflich mit der Tatsache bekannt, dass sie zu einer speziellen und manchen als prekär geltenden Kategorie der

Frauen gehöre und nun eine Lebenspartnerin gefunden habe; wenn mich das störe, sei das schade, aber sie müsse mich eben in Kenntnis setzen. Selbstverständlich störte es mich nicht. Es bestand, wie erwähnt, auch kein Anlass zur Eifersucht meinerseits, weil sie, wie man sagt, nicht mein Typ war, obwohl ich gerade in diesem Belang der Vielfalt tatsächlich holder bin als jeder Grünling, der es in der Regel ohnehin bloß fingiert. Das Sexuelle war schlechterdings kein Thema zwischen uns, und das einzige, was ihr *Coming-out* bei mir ausgelöst hatte, war die Erkenntnis, warum der »Rosenkavalier«, speziell der erste Akt, bei musisch empfänglichen Lesben große Popularität genießt. Oder genoss. Darauf kommt eine Allerweltshete ja von selber nicht!

Aber das gute Mädchen geriet später offenbar in fortschrittliche Kreise, verschrieb sich beruflich dem Zeitgeist (ich will hier aus Gründen der Diskretion nicht ins Detail gehen) und offenbarte mir eines Tages, dass ich ihr, noch in der Schule, etwas Übles angetan habe. Ich hätte ihr nämlich – an die Brust gefasst. Einfach so. Darunter habe sie lange gelitten. Das Wort »Trauma« fiel nicht, doch anscheinend lief es darauf hinaus.

Hier tat sich ein Abgrund auf, erstens ohnehin, zweitens in meiner Erinnerung. So sehr ich auch stöberte, sie wollte sich nicht einstellen. Bekanntlich fasst ein Jüngling während der Pubertät viele Brüste an, naheliegenderweise auch jene von Mitschülerinnen, oft spontan, oft mit deren Zustimmung, ganz genau weiß man's vorher ja nicht. Meistens ist Alkohol im Spiel, der die Begierde befeuert und zugleich die Erinnerung an die genauen Umstände eintrübt. »Warum haben Sie Schwester Duckett an die Brust gefasst?«, fragt in *Catch 22* der Militärarzt, ein Psychoanalytiker, einen im Lazarett liegen Soldaten. »Bloß weil sie eine hat?« In der Tat, ich kann nicht leugnen: Eine Brust hatte sie. Und wo eine Brust ist, da ist auch ein Motiv.

In meiner Jugend war es jedenfalls entsetzlich normal, dass man den Mädels probehalber auch mal an die Wäsche ging, natürlich nicht um sie zu vergewaltigen, sondern nur um zu testen, ob das der Beginn oder das Ende eines schönen Abends sein würde, es hatte einem schließlich keiner beigebracht, wie man dem anderen Geschlecht formvollendet zu nahen hatte, die Sozialisten hüben wie drüben und die 68er hatten die bürgerliche Erziehung ja vorsätzlich abgeschafft, und ich kann mich beispielsweise an Poolpartys im Ferienlager erinnern, bei denen ich glatt als traumatisierter syrischer unbegleiteter Minderjähriger mit verlorenem Pass hätte durchgehen können, o là là! Es gab dort freilich auch umgekehrte Konstellationen, etwa jene wonnige Maid, die ohne zu fragen in mein Zimmer kam, die Bettdecke wegschob und mich aufs Liebenswürdigste belästigte. Und von Traumatisierung später keine Spur! (Aber vielleicht bei ihr?)

Heute redet man den Mädels ein, dass Männer Wüstlinge seien, die ihre Macht sexuell missbrauchen wollen, man redet ihnen ein, dass sie sich sexuell belästigt fühlen sollen, wenn sie ein Kompliment bekommen, dass sie sich nicht zurechtmachen sollen, weil sie damit Geschlechterstereotypen folgen, dass sie sich nicht sexy kleiden und keinesfalls auf Stöckelschuhen gehen sollen, weil sie damit den männlichen Sexismus bedienen, dass sie sich selbst verwirklichen und, wenn es nicht klappt, diskriminiert fühlen und Quoten fordern sollen, dass Geschlecht ein Konstrukt sei, außer bei diesen priapischen weißen Wüstlingen, und dem ganzen Kinderwunschgedöns nichts Biologisches, sondern patriarchalische Zwangsstrukturen zugrunde lägen. Ich frage mich, wie diese Mädels überhaupt noch normale Beziehungen mit einem Mann hinbekommen sollen.

Auf der anderen Seite werden sie aufgefordert, applaudierend und mit einer Armlänge Abstand hilfsbereit dabeizustehen, wenn immer mehr maskuline Orientalen und virile Drittweltler ins Land strömen, die das Mann-Frau-Problem auf ihre Art behandeln und lösen. Denn das immerhin tun die Frommen unter unseren Neumitbürgern ja, den Trieb bringen sie unter Kontrolle, jedenfalls innerhalb von Umma, Stamm, Clan und Familie; was hinter verschlossenen Türen stattfindet, geht dort niemanden etwas an, das werden die roten und die grünen Weiber schon noch lernen. Die wunderschöne europäische Flirt-, Anharf- und Techtelmechtelwelt, die Welt der offenen Haare, der kurzen Röcke, der High-heels, der Bars, Tanzschuppen und Kaffeehäuser, der Rendezvous und Liebesbriefe, die Welt der Flaniermeilen und der öffentlichen Plätze, auf denen die Männer den Frauen hinterherschauen, all das geht zu Ende. Die exponierte Rolle der Frau war eine originär westliche Erfindung. Der Westen brachte die Dame hervor. Das gesellschaftliche Ritual kreiste um dieses Zentrum. Das Werben der Männer um die Frauen hat die wirtschaftliche, technische und kulturelle Entwicklung des Abendlands mindestens ebenso sehr angetrieben wie die protestantische Ethik. All das wird jetzt zermahlen und zerrieben von feministischen Hysterikerinnen, Gender-Tussen und Lesbokratinnen auf der einen, muslimischen Sittendurchsetzern auf der anderen Seite. Welche Partei am Ende den Kampf zwischen diesen beiden Weltbildern gewinnen wird, ist so logisch wie langweilig; vielleicht hausen sie aber auch in einem grotesken Zugleich nebeneinander: hier Polygamie, Zwangsheirat, Verschleierung und abendliche Blondinen- bzw. wahlweise Schwulenhatz, dort Trigger-Warnungen, Belästigungsklagen fürs auf-den-Po-Schauen,

Sexistenverfolgung und ein neues Geschlecht nach dem anderen.

Was bin ich froh, dass ich die Sache halbwegs hinter mir habe.

* * *

Jutta Allmendinger, die Präsidentin des Wissenschaftszentrums Berlin für Sozialforschung, tat in einem Zeitungsinterview kund und zu wissen:

»Es hält sich hartnäckig der Glaube, dass wenn Personen mehr Anreiz haben, sie dann auch mehr zu leisten bereit sind. Quasi ohne jedes Limit. Diese Annahme ist wissenschaftlich widerlegt.«

Mit einem Lächeln hören wir eine Soziologin von Wissenschaft reden. Gerade unsereins weiß, dass es nur eine Gesellschaftstheorie gibt, die diesen Anspruch anmelden darf, den wissenschaftlichen Kommunismus nämlich. Die Soziologie aber ist keine Wissenschaft. Speziell deutsche Soziologen arbeiten für eine »Traumfabrik« (Alexander Wendt), in der politisch erwünschte Illusionen produziert werden. Sobald ein Soziologe sich in einem Organ der Wahrheits- und Qualitätspresse äußert, sollen wir manipuliert werden. Die Soziologie ist allenfalls die Wissenschaft der Dekadenz – wenn nicht gar, wie Norbert Bolz formulierte, die Dekadenz als Wissenschaft.

Diese Soziologin verkündet nun den unglaublichen Blödsinn, es sei »wissenschaftlich« widerlegt, dass mehr Anreize zu mehr Leistung führen, und der Interviewer hakt nicht nach, sondern lässt es einfach stehen. Frau Allmendinger – in ihrem Namen steckt die Allmende, es muss eine Art Entelechie sein, die sich durch sie hindurch zu Wort meldet – verwirft mit diesen Worten praktisch die gesamte Marktwirtschaft. Sie beklagt, dass es in diesem am meisten gleichgemachten Deutschland seit den

Tagen der DDR, dessen Bewohnern jedes Distinktionsgefühl und jedes Elitedenken ausgetrieben wurden, immer noch zu wenig »Bildungsgerechtigkeit« gebe, weil die soziale Herkunft die Bildung beeinflusse. Also will sie die sozialen Unterschiede noch mehr planieren. Aber wie? Ihr Vorschlag lautet: Diejenigen, so da besser – also zu viel – verdienen, sollen kein Kindergeld mehr bekommen. Diejenigen, die nicht oder nur wenig arbeiten, stattdessen aber vergleichsweise viele Kinder in die Welt setzen, denen wiederum die Bildungsgerechtigkeit verwehrt bleibt, zumal unsere Sonnenkanzlerin immer mehr von ihnen ins Land holen will (wir hören, es kämen weniger »Flüchtlinge«, aber wenn etwas hinzukommt, wie kann es da weniger werden?), die sollen mehr Kindergeld bekommen. Was aber kein Anreiz ist, nicht mal ein negativer. – Es gehört zu den elementaren Glaubensartikeln der Soziologie, dass sich menschliches Verhalten in Ziffern, Bilanzen und Tortengrafiken ausdrücken und durch Vereinheitlichung der Lebensumstände seinerseits vereinheitlichen ließe; kulturelle, mentale und genetische Unterschiede kommen in dieser Welt der Reihenhäuser und Konfektionsgrößen nicht vor, Charles Manson und Mutter Teresa unterscheiden sich einzig in ihrem Freizeit- und Konsumverhalten.

»Was lesen Sie aus dem Wahlergebnis der AfD?«, fragen die Interviewer. Antwort: »Dass es uns nicht gelungen ist, den Menschen die Furcht vor Neuem zu nehmen, sie zu öffnen für das Unbekannte. Und dass wir jetzt zu spüren bekommen, dass es immer weniger Orte und Anlässe gibt, wo die Menschen zusammenkommen. Früher war der Firm- oder Konfirmandenunterricht so ein Ort. Oder der Sportklub, der Musikverein, die Theatergruppe. Am allerstärksten merkt man es in den Grundschulen. Schauen Sie sich die Segregation an. Als ich in die Grundschule kam, traf sich da die ganze Gesellschaft. Und heute? In den Großstädten? Ist das längst vorbei. Wir erleben eine unglaubliche Entflechtung der Gesellschaft, die ich als das größte Problem überhaupt ansehe.«

Allein dieses gefinkelte »uns« im ersten Satz ihrer Replik entlarvt die Gevatterin, die übrigens SPD-Mitglied ist, aber das hat der aufmerksame Leser längst bemerkt, als Propagandistin. Und das verkauft sich als »Wissenschaft«! Dass sie mit keiner Silbe auf die Ursachen sowohl der von ihr beschriebenen Entwicklung als auch der Bildungsmisere eingeht, linke Ideologie und Analphabetenimport, versteht sich von selbst; sie würde sonst nicht interviewt.

Wikipedia listet die Mitgliedschaften der Gevatterin auf. Jutta Allmendinger gehört der Berlin-Brandenburgischen und der Bayerischen Akademie der Wissenschaften an, lustigerweise auch der Deutschen Akademie der Naturforscher Leopoldina sowie der Deutschen Akademie der Technikwissenschaften Acatech. Sie war Mitglied des Sozialbeirats für die Rentenversicherung der Bundesregierung, des Hauptausschusses für Mindestarbeitsentgelte der Bundesregierung sowie der High Level Economic Expert Group »Innovation for Growth« der Europäischen Kommission. Sie ist Mitglied im Kuratorium der Stiftung Bildung, im Kuratorium der Stiftung der Deutschen Wirtschaft und des Goethe-Instituts. 2015 war sie gemeinsam mit Klaus Wowereit Vorsitzende der Kommission »Gleiche Rechte – gegen Diskriminierung aufgrund des Geschlechts« der Antidiskriminierungsstelle des Bundes. Sie ist Mitglied im Aufsichtsrat der Berliner Stadtreinigung und gehört zum fünfköpfigen Herausgeberrat der Wochenzeitung *Die Zeit*, zwei artverwandte Jobs quasi, die einen reinigen die Straßen, die anderen versuchen, die Gehirne auszufegen. Eine typische, vom Betrieb getragene Netzwerkerin dieser späten Republik also. Mal sehen, wann sie dem ersten Islamrat beitritt und sich für geschlechtergerechte Geschlechtertrennung im Beruf sowie feste Gebetszeiten in der deutschen Wirtschaft einsetzt.

* * *

Niemand hat die Absicht, Europa zu islamisieren! Die *Welt* meldet: »Der muslimische Anteil an der Bevölkerung Europas wird sich in den kommenden Jahren massiv erhöhen – und möglicherweise sogar vervielfachen. Das prognostiziert eine Studie der Denkfabrik Pew Research Center. Nach einem von drei zugrunde gelegten Szenarien könnte sich der Anteil der Muslime in Deutschland gar mehr als verdreifachen, nämlich von rund sechs Prozent (2016) auf knapp 20 Prozent (2050).« Spätestens dann ist Schluss mit den Pegida-Lügen!

»Mehr Muslime in Deutschland – Chance oder Risiko?«, fragte gestern Abend irgendeine öffentlich-rechtliche Anstalt, um sich überraschend auf die Version »eher Chance« festzulegen. Na was denn sonst! Überall, wo Muslime in großer Zahl leben, steigt die Toleranz gegenüber Vertretern anderer Konfessionen, werden Frauen auf Händen getragen, genießen Gender-Mainstreaming und Feminismus hohe Ehren, herrschen Freiheit, Vielfalt, Buntheit und Ordnung, steht der Rechtsstaat auf soliden Füßen, ist das öffentliche Leben heiter und entspannt, wird gearbeitet, geforscht, gebastelt, gebaut, musiziert, philosophiert, meditiert, flaniert, saniert, karikiert, rasiert, serviert, konsumiert, diskutiert, gelehrt, gescherzt, geschäkert, gefeiert, beschnitten und das Leben genossen. Nun freue dich, Deutschland!

5. Dezember

Ludwig XV. erkundigte sich bei einem Höfling, wie spät es sei. »So spät, wie es Eurer Majestät beliebt«, erwiderte dieser.

* * *

»Was tun, wenn andere Eltern AfD-Positionen vertreten? Der 13-jährige Sohn hat einen neuen Schulfreund. Der Junge ist nett, die politische Einstellung seiner Eltern erschreckend. Wie erklärt man dem Kind, dass man nichts mehr mit ihnen zu tun haben will? Unsere Familienexperten antworten.« Der *Süddeutsche Beobachter* nähert sich seinem heimlichen Vorbild immer mehr an.

6. Dezember

»Von zwanzig Personen, die über uns sprechen, sagen neunzehn Schlechtes, und der zwanzigste, der Gutes sagt, sagt es schlecht.«
Antoine de Rivarol

* * *

Was anständig gebliebene Mitarbeiter der Qualitätspresse gegenüber dem Facebook-Pöbel vor allem auszeichnet, ist ihr Sinn für das Angemessene. Sie bleiben immer sachlich. Zum Beispiel schreibt ein solcher Qualitätsjournalist keineswegs Verniedlichungen wie: »Entgegen der ersten Meldung über einen Messerangriff auf den Bürgermeister von Altena trug der Politiker dabei nur eine leichte oberflächliche Verletzung davon. Im Gegensatz zu den ursprünglichen Berichten handelte der alkoholisierte Täter aus persönlichen Motiven. Nach dem Erkenntnisstand der Staatsanwaltschaft geschah die Tat auch nicht geplant, sondern spontan.«

Sondern er setzt direkt unter das Foto, das den Bürgermeister Hollstein mit einem ca. 5 Zentimeter Wunde bedeckenden Pflaster am Hals bei der Pressekonferenz einen Tag nach dem Angriff zeigt, die Zeile: »Bürgermeister bei Messerattacke schwer verletzt. Die 15 Zentimeter lange Schnittwunde musste notärztlich versorgt werden. Der Täter handelte aus fremdenfeindlichen Motiven.«

Oder er schreibt unter ein Foto vom »Pegida-Galgen« für Frau Merkel und Herrn Gabriel: »Das Original war riesig, furchteinflößend. Das Werkzeug eines Lynch-Mobs. Bei einer Pegida-Demonstration in Dresden am 12. Oktober 2015 brachte ein Teilnehmer den lebensgroßen Galgen auf den Theaterplatz mit.«

Der Terminus »lebensgroß« ist, wie man sieht, eine Art Passepartout. Lebensgroß ist auch eine Krawattennadel. Der »riesige, furchteinflößende« Galgen trüge allenfalls eine Katze, ohne einzustürzen. Der »Lynch-Mob«, in dessen Mitte er auftauchte, versammelt sich seit zwei Jahren, ohne dass ein Tröpfchen Blut floss, ausgenommen das von engagierten antifaschistischen Gegendemonstranten vergossene. Was bleibt, ist eine Flegelei und Unappetitlichkeit, die ein Premiumjournalist aber nicht durchgehen lassen darf, denn »schon damals war für viele erstaunlich, dass die Staatsanwaltschaft Dresden ihre Ermittlungen gegen den namentlich bekannten Mann einstellte. Jetzt findet die Geschichte eine Fortsetzung. Die sächsische Justiz hat auch den Verkauf kleiner Nachbildungen der Merkel-Galgen gebilligt, als Polit-Souvenirs. Das heißt, die Galgen dürfen in Serie gehen.«

Ist das komisch? Nein, ist es nicht. Komisch war allenfalls die Parole »Tötet Helmut Kohl!«, über die Christoph

Schlingensief, dem der geniale Claim einfiel, im *Spiegel* erklärte: »Wenn ich sage ›Tötet Helmut Kohl‹, bewahre ich ihn davor, weil ich das Bild ausspreche. Bei meiner Festnahme in Kassel haben ein paar Zuschauer gerufen ›Tötet Christoph Schlingensief!‹ Das fand ich gut, damit haben sie mich bewahrt.« Na ja, bei seiner Aktion »Tötet Möllemann!« hat das mit dem Bewahrtwerden nicht ganz geklappt, aber immerhin schrieb der *Spiegel* damals – das war im Juni 2002, bis zum Selbstmord des Politikers sollte oder musste noch ein ganzes Jahr vergehen –, Schlingensief habe es »tatsächlich geschafft, Jürgen Möllemann aus der Reserve zu locken und auf die Palme zu bringen«. Ins Flugzeug? Nein, nein, auf die Palme. Und dann war da noch die Kunstaktion »Tötet Roger Köppel!« im Herbst 2015, die Philipp Ruch veranstaltete, der legendäre Gründer des »Zentrums für politische Schönheit«, Holocauststelenaufsteller, Höckehausbelagerer und Zivilgesellschafts-IM. Der meinte das aber nicht so.

Nun also der »Merkel-Galgen«, in Worten ausgedrückt: »Tötet Angela Merkel!« Die sächsische Justiz hat das bislang gültige Muster übernommen, dass es sich um eine polemische Überspitzung handele, die von der Kunstfreiheit gedeckt und nicht wörtlich zu nehmen sei. Und das wollen wir doch hoffen! Gott schenke auch Frau Merkel ein langes Leben!

* * *

»Es beweist die Überlegenheit Bonapartes über Lannes, Ney, Soult, Moreau, Bernadotte, daß sie ihm dienen, statt ihn zu beseitigen.«
nochmals *Rivarol*

7. Dezember

Die deutschen Hochschulen »werben offensiv um ausländische Studenten. Mit Erfolg. Doch es gelingt bisher nicht, gerade die besten Absolventen im Land zu halten«, meldet die *Welt*. »Laut einer Untersuchung des Sachverständigenrats deutscher Stiftungen für Integration und Migration haben ausländische Absolventen mit einem Notenschnitt, der besser ist als 1,5, eine doppelt so hohe Neigung, Deutschland zu verlassen, wie jene mit lediglich durchschnittlichen Noten«, schreibt die Zeitung. Na so was! »Die jungen Menschen orientieren sich dahin, wo es für sie die besten Arbeitsplätze gibt. Und das scheint oft nicht Deutschland zu sein.«

Mit der Masseneinwanderung von Fachkräften, die anderen Ausländern zwar nicht die Arbeitsplätze wegnehmen, aber eventuell die Lust, dort weiterzuleben, wo sie sich staatsfinanziert ausbreiten und ihre rustikalen Sitten durchsetzen – mit einem schönen Wort: das Zukunftsvertrauen –, hat das natürlich nichts zu tun.

* * *

In amerikanischen Medien wird über Trumps Geisteszustand spekuliert, das »D-Wort« macht die Runde. Spekulationen über Merkels Geisteszustand verbitten wir uns aber.

* * *

»Der Führer hat mit einer Kriegslist die Russen bis nach Polen gelockt, um sie dort einfacher besiegen zu können.«
(Quelle unbekannt)

* * *

Laut Polizeilicher Kriminalstatistik stammten 2016 79 774 Tatverdächtige aus Afghanistan. Sie stellten damit 15 Prozent der nichtdeutschen Tatverdächtigen. 2014 waren es noch 2,2 Prozent. Ohne ausländerrechtliche Verstöße haben Afghanen im vergangenen Jahr 22 747 Straftaten begangen bzw. werden dessen verdächtigt; wahrscheinlich sind es weit mehr, wahrscheinlich haben sie sich in diesem Jahr noch gesteigert. Mord, Totschlag und Vergewaltigung listet die PKS leider nicht im olympischen Nationen-Ranking auf; bei den Körperverletzungen kommen afghanische Tatverdächtige auf 8 001 Fälle; sind halt richtige Kerle. – Im *stern*-Interview fordert der ehemalige afghanische Präsident Hamid Karzai einen Abschiebestopp in sein Land mit den ergreifenden Worten: »Schickt unsere Jugend nicht zurück in die Gefahr.« Aber wo werden wir denn! Die Jungs haben doch hier zu tun!

* * *

Nun kriecht auch der gute Slavoj Žižek zu Kreuze: »Es gibt Hunderte Arten, Frauen sexuell auszunutzen«, schreibt er in der *Neuen Zürcher Zeitung*. »Frauen bringen jetzt die dunkle Kehrseite unserer öffentlichen Behauptungen von Gleichheit und gegenseitigem Respekt ans Tageslicht. Dadurch sehen wir uns plötzlich mit der Einsicht konfrontiert, wie heuchlerisch und einseitig unsere in Mode gekommene Kritik an der Unterdrückung der Frauen in muslimischen Ländern war und ist: Nun müssen wir uns der eigenen Realität von Unterdrückung und Ausbeutung stellen.«

Wir wollen uns hier gar nicht auf den Verhältnisschwachsinn einlassen, der die Unterdrückung der Frauen in Pakistan, Saudi-Arabien oder im Sudan mit der angeblichen im Westen vergleicht, die sich wesenhaft in Quoten, Gleichstellungsbeauftragten, Frauenförderung, Frauenparkplätzen, Frauengesundheitsprogrammen, Gender-Professorinnen, geschlechtergerechter Sprache, der Bevorzugung weiblicher Bewerber bei gleicher Qualifikation, der beruflichen Vernichtung von Männern durch Sexistenprozesse und Rufmord etc. pp. zeigt, sondern nur hinzufügen: Es gibt auch Hunderte Arten, Männer sexuell auszunutzen. So funktionieren strukturell binäre Gesellschaften eben. Die Mädels, die mit Harvey Weinstein in die Kiste gingen, kamen deutlich weiter voran als diejenigen, die es nicht taten. (Und seien wir mal ehrlich: Einige der besten Filme wurden doch von ihm produziert.) Sex ist ein Deal. Übrigens auch unter Lesben. Es gibt keine Gleichheit der Geschlechter, und sie ist auch nicht erstrebenswert, weder kulturell noch sittlich. Es gibt aber ein Strafrecht – nur dass die sog. Zivilgesellschaft gerade versucht, es mit der Revitalisierung der barbarischen Ineinssetzung von Anklage und Schuldspruch, mit der Etablierung moderner Hexerjagden auszuhebeln. Das ist der eigentliche Skandal. Fragen Sie Herrn Kachelmann. Und auch im Casus Weinstein sind wir über das Stadium der reinen Beschuldigung nicht hinaus. In Rede steht »einvernehmlicher Sex« zum Zwecke beruflichen Fortkommens der einen sowie der Stillung sexuellen Verlangens der anderen Seite. Ein Deal. Bis zur Verurteilung gilt unter Zivilisierten die Unschuldsvermutung.

Interessanterweise hat zu Zeiten schlimmster patriarchalischer Herrschaft (im Westen, nur im Westen) die einfache Ohrfeige fast immer ausgereicht, um einen aufdringlichen Kerl zur Besinnung zu bringen, und dessen Furcht vor einem Skandal (und vor anderen Männern) genügte, um die Sache zu erledigen. Kriegen die Schwestern das heute nicht mehr hin? (Außer abends beim Joggen, wenn der Neumitbürger aus dem Gebüsch kommt, da lässt frau es besser, da schadet es eher.)

Wie immer erzählt Žižek aber auch eine reizende Anekdote: »Kürzlich übernachtete ich in einem Hotel in Skopje. Meine Begleitung (einvernehmlich? – M.K.) fragte, ob das Rauchen in unserem Zimmer gestattet sei. Die Antwort, die ihr vom Personal an der Rezeption gegeben wurde, war köstlich: ›Selbstverständlich nicht, das ist von Gesetzes wegen verboten. Aber es gibt Aschenbecher auf ihrem Zimmer, also sollte das kein Problem sein.‹ Als wir das Zimmer betraten, stand tatsächlich auf dem Tisch ein gläserner Aschenbecher. Auf seinen Boden war ein Zeichen mit einer durchgestrichenen Zigarette gepinselt.«

Im Grunde ist das auch eine schöne Illustration zum Problem der noch vor kurzem »Anmache« genannten sexuellen Belästigung (die Tölpel hören jetzt mal weg): Sie ist inzwischen nahezu verboten – aber machen Sie ruhig, wenn Sie gewisse Signale spüren. Meistens klappt's.

10. Dezember

Die Sonntage immer …!

Der elementarsten aller Künste wurde hier bislang noch nicht gedacht; höchste Zeit denn also. Vor kurzem geriet mir in einem Stuttgarter Geschäft ein Buch in den Blick, dessen Titel *Grundzüge des gastronomischen Anstands* als Imperativ auf mich wirkte, sofort zuzugreifen. Bekanntlich hege ich ein Faible für alles Anständige und anständig Gebliebene, der Ausruf »Dies alles verzehrt zu haben und, mit vereinzelten Ausnahmen menschlicher Schwäche, dabei anständig geblieben zu sein!« erklang vor meinem inneren Ohr – eine Art Tourette, geneigter Leser –, und sofort erwarb ich das Werk.

Es heißt im Original ganz anders und stammt natur- bzw. kulturgemäß aus der Feder eines Franzosen, der noch die späten Ausläufer des Ancien Régime erlebt hatte, eines vom Schicksal Begünstigten und zugleich hart Geschlagenen. Alexandre Balthazar Laurent Grimod de la Reynière kam im November 1758 als Spross einer wohlhabenden Familie – seine *Maman* war eine Nachfahrin des Bischofs von Orléans – in Paris zur Welt, allerdings als Krüppel. »Seine kurzen Armstummel«, schreibt der Herausgeber, der bekannte Cousinier Vincent Klink, »endeten in Krallen, die an einen jungen Hahn erinnerten.« Das Kind wurde in der Öffentlichkeit verleugnet, in Fürsorge gegeben und später im schlossartigen Stadtpalais der Familie versteckt. Der Vater beauftragte einen berühmten Schweizer Uhrmacher und Mechanikus, dem Jungen künstliche Hände zu schaffen. Das Ergebnis war eine Prothese, die wohl keine Konkurrenz mit ihren heutigen Schwestern zu scheuen bräuchte. Jeder Finger ließ sich einzeln bewegen, Grimod lernte, mit seinen Metallhänden zu schreiben und zu zeichnen, »später galt er als glänzender Fechter und als geradezu virtuoser Trancheur bei Tisch«.

Der Jüngling studierte zu Reims die Rechte, entwickelte aber vor allem eine unbezähmbare Neigung zur Feinschmeckerei. Die von ihm veranstalteten Bankette genossen einen legendären Ruf, zumal er eine bizarre Freude daran hatte, die Feier des Lebens am Tische mit Zeremonien des *Memento mori* zu verbinden, etwa die einzelnen Gänge von Bediensteten, die wie Friedhofsangestellte gekleidet waren, auf Totenbahren in einem schwarz ausgeschlagenen Saal servieren zu lassen. Parallel zu seinem Gaumen schulte Grimod de la Reynière seinen Schreibstil und wurde ein gefürchteter Pamphletist. Nach der Revolution, die er überlebte, weil er zuvor eine Reihe von Prominenten des gestürzten Regimes mit seinen Schmähschriften überzogen und deshalb seine Zulassung als Advokat verloren hatte, fühlte er sich berufen, seiner Nation den Weg zurück in die gastronomische Hochkultur zu weisen. Von 1803 bis 1812 gab er den *Almanach des gourmands* heraus, 1808 veröffentlichte er das *Manuel des Amphytrions,* das auf deutsch unter dem oben erwähnten Titel erschienen ist und worin er unter anderem notierte:

»So sehr wir übrigens für unsere eigene Person Ursache hätten, die französische Revolution zu verwünschen, so sind wir noch weit entfernt davon, die Verwirrung, die zur Zeit im Kodex des gastronomischen Anstands herrscht, das Verschwinden einer Menge von Rücksichten und Verbindlichkeiten, die früher das Wesen der Beziehungen zwischen Gastgebern und Gästen ausmachten, sowie den Umschwung, der sich in den herkömmlichen Bräuchen der Eßkunst vollzogen hat, der Revolution allein zur Last zu legen. Ohne Zweifel hat sie großen Anteil daran gehabt, einen Teil jener Veränderung aber muß man unbedingt den gegenwärtigen Lebensgewohnheiten zuschreiben.«

Das Buch oder vielleicht auch nur diese Neuauflage setzt sich aus zwei Teilen zusammen, dem genannten Regelwerk sowie einem Küchenkalender, der sich, dem Rhythmus des Jahres folgend, den Zubereitungsarten sämtlichen Getiers und Gemüses widmet und den der kulinarisch Empfängliche schwerlich lesen kann, ohne dass ihn ein gargantuesker Appetit heimsucht. Ersteres setzt sich aus sinnvollen Ratschlägen zusammen wie etwa:

»Die einzige Art und Weise, eine von der Dame des Hauses angebotene Schüssel zurückzuweisen, ist die Artigkeit, sich ein zweites Stück von der vorangegangenen zu erbitten.« – »Wenn ein Gast dem anderen eine Schüssel reicht, muß man sich beeilen, sie ohne Zögern anzunehmen, denn jeder Wettstreit um den lächerlichen Vorrang, wer von den zweien zuerst zugreifen soll, führt zum Erkalten der Speisen, wodurch man sich gegen sich selbst wie gegen alle Anderen so hart versündigt, daß uns niemand Dank weiß.« – »Schwere Krankheit, Kerker oder Tod sind die einzigen annehmbaren Entschuldigungen« (für das Fernbleiben nach einer angenommen Einladung).

Sehr in meinem Sinne empfiehlt la Reynière, dass der Wein der Verfügungsgewalt des Personals entwunden und auf dem Tische in Reichweite der Gäste platziert werden soll, und er rät überdies davon ab, die Weinflaschen »in Kristallkaraffen umzugießen«, also zu dekantieren, denn das bedeute, »sie um ihre Blume und um einen Teil ihres Geistes zu bringen«.

Etwas komplizierter würde es, wollte man heute noch seinem Vorschlag folgen, den Mittrunk folgendermaßen zu servieren: »Ein junges Mädchen von 15 bis 19 Jahren mit blondem Haar ohne jeden Schmuck auf dem Haupte und mit bis über die Ellbogen hinauf entblößten Armen macht, in der Rechten das Gläserbrett, in der Linken die Flasche tragend, die Runde um die Tafel und bedient der Reihe nach jeden einzelnen Gast. Die Tischgenossen dürfen sich keinerlei Freiheit gegen diese Hebe erlauben, da man zu dieser Rolle immer eine Jungfrau wählt, falls eine solche zu haben ist, denn die 19-jährigen Jungfrauen sind in Paris verteufelt selten.«

Womit wir zum Küchenkalender kommen. Ich gestatte mir nun, ein paar Passagen zu zitieren, denn es bereitet ein erhebliches Vergnügen, diesem Wollüstling des Wortes und des Schmeckens zu lauschen (Robert Habs heißt übrigens der erwähnenswerte Übersetzer):

»Das Schwein ist der König der unreinen Tiere, sein Reich ist das umfassendste, und seine Vorzüge gehören zu den am wenigsten bestrittenen in der Welt. (…) Seine frisch eingesalzene Brust, sein gebratenes Vorderviertel, sein zu Koteletts verschnittenes Rippenstück, sein ausgebeinter und eingesülzter Kopf bieten sich täglich unseren befriedigten Blicken dar, ohne weiter das Gefühl der Dankbarkeit bei uns zu erregen. Ja, man hat die Undankbarkeit so weit getrieben, daß man aus dem Namen des Tieres, das nach seinem Tode von allergrößtem Nutzen für den Menschen ist, ein grobes Schimpfwort gemacht hat.«

»Nun aber dürfte es Zeit sein, des Fasans zu gedenken, dieses wahrhaft königlichen Vogels, der aus Kolchis stammt, aber schon längst das Bürgerrecht bei uns erworben hat. Obgleich er eines der ersten Opfer des seit 1789 in Frankreich zur Herrschaft gelangten demokratischen Systems war, findet man doch noch bisweilen einige Exemplare, die glücklich den revolutionären Verfolgungen entgangen sind. Der Fasan wird zunächst, mit einem Blatt Papier umbunden, das in diesem Fall mindestens einem epischen Gedicht entnommen sein muß, am Spieß gebraten. Dann nimmt man ihn davon ab, um ihm ein schönes Äußeres zu geben, und gibt ihm endlich eine Sauerweinsauce mit Pfeffer und Salz zur Begleitung, wobei bisweilen auch, um den gefiederten Monarchen auf angemessene Weise zu ehren, der saure Traubensaft durch Orangen ersetzt wird. Zur Zeit, als die Fasanen noch häufiger waren, servierte man sie auch geschmort, mit Karpfensauce, als Mörbraten und sogar als warme Pastete. Heutzutage macht jedoch ihre Seltenheit einen solchen Luxus unmöglich, und sogar zur Höhe eines gebratenen Fasans vermögen nur wenige Geldbeutel sich zu erheben.«

»Der Hecht wird auf zahllos viele Arten zubereitet (...) Die vornehmste Weise aber besteht darin, daß man ihn, zur Fastenzeit mit Aal, zur Fleischzeit mit Speck gespickt, am Spieß brät. Dabei muß man ihn, während er gedreht wird, mit gutem

Weißwein, Essig und Pomeranzensaft befeuchten, und will man dann die Sache noch rührender machen, so richtet man ihn, obschon er gebraten ist, mit einer Fleischsaftsauce an, in der man gleichsam auf Abschlag einige Sardellen hat zergehen lassen und in der Austern mit weißem Pfeffer und Kapern abgebrüht worden sind. Kein Gericht ist vornehmer und prächtiger als ein auf diese Weise zubereiteter Hecht – doch muß er, wie selbstverständlich, um diese Ehre zu verdienen, von mehr als mittlerer Größe sein.

Mit dem Gevatter Karpfen macht man nicht so viele Umstände …«

Bon Appétit!

11. Dezember

Und weiter mit den immergleichen Sermoni (resp. Sermonibus)!

»Deshalb sage ich allen, die auf solche Demonstrationen gehen: Folgen Sie denen nicht, die dazu aufrufen! Zu oft sind Vorurteile, ist Kälte, ist sogar Hass in deren Herzen!« Mit diesen Worten reagierte die inzwischen Größte Amtierende Kanzlerin aller Zeiten (GröAmKan*Z) bekanntlich in ihrer Silvesteransprache am 31. Dezember 2014 auf den grölenden Mob von Pegida, der Moscheen, Synagogen und zwergwüchsige Minister angriff, öffentlich die Fahnen praktisch sämtlicher nichtdeutschen Nationen verbrannte und für ungezählte Messerattacken auf vor allem abendlandfeindliche Politiker verantwortlich war. – Angesichts der friedlichen Schweigemärsche moderater Islamisten gegen die Schreckenspolitik bzw. Existenz Israels, veranstaltet am vergangenen Wochenende in Berlin und anderen bunten Städten, übte sich die Kanzlerin in orientalisch weiser Zurückhaltung, wahrscheinlich auch aus Rücksichtnahme auf Recep den Prächtigen und Wolfgang Gedeon.

PS 14.14 Uhr: Nun hat sie sich doch zu Wort gemeldet, elegant und formvollendet wie immer. »Wir wenden uns gegen alle Formen des Antisemitismus und des Fremdenhasses«, sagte die Kanzlerin nach einer Sitzung des CDU-Vorstands in Berlin. »Der Staat muss mit allen Mitteln des Rechtsstaats dagegen einschreiten.« Merkel sprach von »gravierenden Ausschreitungen«. Dass »Strafdelikte in Deutschland verboten« seien, sagte sie diesmal nicht; auch von »Schande« war keine Rede (wahrscheinlich weil es sich bei den Fahnenabfacklern nicht um Deutsche handelte), von Hass und sich davon Fernhalten sowieso nicht. Wer die größte Antisemiten-Importspedition der jüngeren deutschen, ach was, europäischen Geschichte leitet, darf keine allzu große Lippe riskieren, gerade als Naturwissenschaftlerin nicht, denn als solche weiß Frau Dr. Merkel, dass es absurd ist, eine explosive Substanz in ein System einzuspeisen und sich danach zu wundern, wenn es knallt. Was die GröAmKan*Z wiederum mit »allen Mitteln« des unter ihrer Ägide gründlich demolierten Rechtsstaates meint, werden wir in den kommenden Wochen und vor allem Jahren studieren dürfen. Warum sie überhaupt erst eine Problemgruppe importiert und dann gegen eine der kalkulierbarsten Nebenwirkungen »einschreiten« will, gehört zu jenen Mysterien, um deretwillen man die Beichte, das Exil, die Aktensperrfrist und internationale Gerichtshöfe erfunden hat.

* * *

Dass Feministinnen nicht die allerhellsten Kerzen auf der Menschheitstorte sind, dieser Verdacht ist gelegentlich geäußert und prompt niedergezetert worden, doch die Empirie erledigt mitleidlos ihr beweisführendes Werk. In Stockholm werden jetzt Feministinnen von radikalen Muslimen aus den von letzteren kontrollierten Vierteln vertrieben, denn was wäre eine anständige muslimische Landnahme, wenn diese übergeschnappten Weiber dort unbehelligt ihre gottlose Propaganda treiben könnten?

»Jahrelang kämpften sie für den Zuzug und die Rechte von MigrantInnen, wiesen Kritik am immer radikaleren Islam als Rassismus und Islamophobie zurück und waren überzeugt, Menschen mit völlig anderen Lebensweisen in die westliche Welt ›hineinstreicheln‹ zu können. Ein tragischer Irrtum, wie sich nun herausstellt. Genau von diesen Leuten werden sie jetzt bedroht, als ›Aufwiegler‹ von muslimischen Frauen beschimpft und vertrieben.«

Nein, tragisch ist daran wahrlich nichts, denn die Mädels hatten allzeit eine Wahl. Wir befinden uns längst im Satyrspiel.

»Nalin Pekgul ist eine ehemalige Parlamentarierin der linken schwedischen Sozialdemokraten. Sie lebte seit mehr als 30 Jahren unbehelligt in Tensa, einem Vorort Stockholms. Jetzt will sie nur mehr weg. ›Ich fühle mich hier nicht mehr sicher. Die muslimischen Fundamentalisten haben den Bezirk übernommen und ich kann nicht mehr ins Zentrum gehen, ohne belästigt zu werden. Ich bin dort bekannt, und ich will keine Probleme‹, sagte sie.«

Diese Spinnerinnen bekommen exakt das, was sie bestellt haben – insofern ist auf die willkommenskulturell fellationierten Neumitbürger Verlass –: Zuerst nimmt man ihnen ihre angemaßte Klientel weg, danach kommen sie selber an die Reihe. Die frommen Diener Allahs haben wenig übrig für emanzipatorisches Gefuchtel. Der gemeinsame Feind verbindet eben doch weniger, als sich so ein zurechtgegendertes Köpfchen ausmalt. Da die einen sehr viele und die anderen quasi keine Nachkommen haben, muss über den Ausgang dieses Geplänkels nicht weiter spekuliert werden.

* * *

Zur Erinnerung: »In den vergangenen 50 Jahren sind über zwei Billionen Dollar an Hilfen von den reichen an die armen Länder geflossen. Aber dieses Modell hat nirgendwo auf der Welt wirtschaftlichen Aufschwung gebracht. Dabei wissen wir, wie es geht. Wir haben gesehen, welche Konzepte die Armut in China, Indien, Südafrika und Botsuana vermindert haben. Diese Länder haben auf den Markt als Motor für Wirtschaftswachstum gesetzt. (...) Der Handel mit China ist vielversprechender als Fair Trade mit Europa. (...) Im Westen sehen viele die Chinesen als Kolonialisten, die Afrika ausbeuten. Das ist nur Neid. Der auf Mitleid und Almosen basierte Ansatz der westlichen Entwicklungshilfe ist gescheitert. Das chinesische Modell hat in Afrika innerhalb von fünf bis zehn Jahren mehr Arbeitsplätze und Infrastruktur geschaffen als der Westen in 60 Jahren.«

Also sprach die afrikanische Autorin, promovierte Ökonomin, Harvard- und Oxford-Studentin, Weltbank- und Goldman Sachs-Mitarbeiterin Dambisa Moyo 2009 im *FAZ*-Interview.

* * *

»... der Abwurf der amerikanischen Atombomben auf die japanischen Städte Fukushima und Nagasaki.«
(Aus einem deutschen Abituraufsatz)

14. Dezember

Kaum ein Tag vergeht, an welchem wir nicht in der Wahrheits- und Qualitätspresse mit neuen Ungeheuerlichkeiten über den Sexismus weißer Männer konfrontiert werden. Unter einem mit der Überschrift »Salma Hayek über Harvey Weinstein: ›Er war mein Monster‹« betitelten Artikel – die Schauspielerin ist dort in einer dezidiert antisexistischen Pose abgebildet – hat *Spiegel online* einen reizenden Pranger eingerichtet, wo sich der Leser durch die Belästigungs-Delinquenten aus dem überseeischen Showbiz und der amerikanischen Politik klicken kann, beginnend mit dem Schauspieler Ben Affleck, der vor 14 Jahren einer MTV-Moderatorin an die Brust gefasst und sich dafür entschuldigt hat – »Konsequenzen: keine bekannt« (Sex-Verbrechen verjähren nie!). Die Rubrik »Konsequenzen« ist hochinteressant, denn was viele Vorfälle eint, ist die Tatsache, dass sie welche hatten; in der Regel verlor der Beschuldigte seinen Job, und zwar ohne Beweisaufnahme oder Gerichtsurteil, nur aufgrund von Vorwürfen. Für die Zukunft weiblicher Karrieren ist das eine gute Nachricht. Job nicht bekommen? Ich bin belästigt worden! Rolle bekommen? Ja, aber erst nachdem ich belästigt worden bin! Kennen Sie den Witz, wo einer Blondine am Bankschalter mitgeteilt wird, dass ihre Kreditkarte nicht gedeckt sei? »Hilfe, ich bin vergewaltigt worden!« Sogar den alten George W. Bush haben sie dort gelistet, der heute 93-Jährige soll irgendwann, wahrscheinlich gab es damals die Sowjetunion noch, Frauen begrapscht haben. Also beim Führer gab es so etwas nicht!

Wissen Sie übrigens, was »wohlwollender Sexismus« ist? Bei der *Zeit* erfährt man's: »Ich bekam zum Beispiel schon oft zu hören, dass Frauen doch so viel diplomatischer als Männer seien. Oder dass bei Umräumarbeiten im Büro ausschließlich Männer gebeten werden, Tische zu verrücken.« Hier ist gut zusammengefasst, dass direkt nach der Biologie die Manieren für den Sexismus verantwortlich sind; deswegen ist es dem eigenen Vorankommen z.B. an der Universität förderlich, keine zu haben (und deswegen gibt es wahrscheinlich auch kaum echten Sexismus unter minderjährigen unbegleiteten »Flüchtlingen« jedweden Alters).

Wer jetzt nach einer exakten Definition von Sexismus verlangt, ist wahrscheinlich männlich, will Frauen mit seinem Herrschaftsanspruch auf vermeintlich logische Argumentation demütigen und die Dunkelziffer leugnen. Aber wir haben ja die Fachpresse und das Fachpersonal für solche Fragen! Im *Zeit*-Interview gibt die Sozialpsychologin Charlotte Diehl – ausweislich ihres beigefügten Konterfeis übrigens eine aparte Person, was im neuen Gewerbe der Belästigungs-Detektorinnen ja eher ungewöhnlich und deshalb aus sexistischer Sicht festhaltenswert ist – Auskunft: »Sexismus heißt, Sie reduzieren eine Person auf ihr Geschlecht«. Was ich nie getan habe oder tun würde, ich habe z.B. beim Mauseln, auch wenn es hektisch wurde, stets gedacht: Vergiss nicht, sie ist Lehrerin, Journalistin, Theologin, IT-Spezialistin, Grafikerin, Musikerin, Köchin, Ehefrau, die ist sogar promoviert (kaum zu glauben bei diesem Anblick!). Trotzdem will ich, sozialpsychologisch unterstützt, die These wagen, die ich einst keck Alice Schwarzer entgegenschleuderte: Sex ist sexistisch! Gerade wenn er gut wird! Ohne Sexismus stürbe die Menschheit aus. Aber womöglich bin ich zu pingelig.

Unsere Sozialpsychologin hat übrigens auch promoviert, nämlich an der Universität Bielefeld zum Thema, na was schon?, sexuelle Belästigung. Momentan arbeitet sie an einem Handbuch »Sexuelle Belästigung am Arbeitsplatz«, das sich

»speziell an Personalverantwortliche« richtet. Lauschen wir ihr also, denn sie verkündet die Zukunft:

»Laut dem Allgemeinen Gleichbehandlungsgesetz handelt es sich bei jedem unerwünschten sexuellen Verhalten, das die Würde einer Person verletzt, um sexuelle Belästigung. Das können Berührungen und Blicke sein, aber auch Worte.«

Blicke? Blicke! Die Kollegin trägt ihre Brüste auffällig zur Schau, der Mann muss hinschauen – erwischt! Abmahnung! Oder sie zeigt gar nichts zum Hingucken, und er schaut auch nirgendwo hin. Betriebsfriedensziel erreicht. Wenn er Pech hat, behauptet sie trotzdem: »Kollege K. hat mir auf die Brust geschaut!« »Aber Frau Prantl-Eckardt, Sie haben doch gar keine!« Zack, der Chef ist auch mit dran!

»Sexismus entsteht oft, weil Männer Angst haben, ihre Aufstiegschancen mit Frauen teilen zu müssen. Und er ist ein Werkzeug, mit dem sie ihre Macht sichern können – weil sie ihr Gegenüber auf diese Weise einschüchtern. Es kann aber auch vorkommen, dass dem Kollegen tatsächlich nicht bewusst ist, dass sein Spruch gerade nicht in Ordnung war. Sexistische Verhaltensmuster sind oft auch unbewusst.«

Frauen können inzwischen Macht erlangen mit der Unterstellung, Männer versuchten, ihre Macht mit sexistischem Verhalten zu sichern. Ich will hier keineswegs all den Tölpeln und plumpen Heinis ein Fest machen, die nicht wissen, wie sie eine Frau anzusprechen haben. Ich habe einige davon kennenlernen müssen, in den verschiedensten sozialen Milieus übrigens, und wahrscheinlich war ich dann und wann selber einer. Aber ich habe nie erlebt, dass die Frauen sich nicht dagegen zu wehren wussten, und in der Regel steht der Kerl dann als der Trottel da, der er offenbar ist. Es ist ja keineswegs so, dass sich »die Männer« gegen »die Frauen« zusammenschließen, auch in der Werkstatt nicht, sondern sie konkurrieren um deren Gunst. Mit einem treffenden Satz Martin van Crevelds: »Für jeden Mann, der jemals eine Frau unterdrückt hat, steht ein anderer bereit, sie zu befreien.« Was wir gerade erleben, ist tatsächlich ein Machtkampf, einige engagierte Schwestern haben eine ideale Möglichkeit entdeckt, an die Jobs der Männer zu kommen, nämlich die Denunziation. Dieser Weg ist insofern ideal, als die Vorwürfe ja auch gelegentlich stimmen – die Kriterien für sexuelle Belästigung (»Worte«, »Blicke«) sind in den vergangenen Jahren dermaßen geändert worden, dass ich nicht »oft« schreiben mag; es ist wie das immer stärkere Absenken von Grenzwerten bei angeblichen oder tatsächlichen Umweltgiften. Wer nach oben will, musste zu allen Zeiten einiges aushalten, aber auch hier wollen einige mittelhochbegabte Mädels künftig den roten Teppich ausgerollt bekommen. Ich wünsche viel Glück.

Merke: Wer einer Frau ein Kompliment macht oder ihr auch nur an der Tür den Vortritt lässt, reduziert sie auf ihr Geschlecht und ist also ein Sexist. Frauen sind dazu geschaffen worden, vom Mast der »Gorch Fock« zu fallen. Ende der Durchsage.

* * *

Mein Ältester studiert, wie erwähnt, Physik an einer Münchner Universität. Nicht nur 90 Prozent der Studenten sind männlich, auch sämtliche Profs sind Männer. Hier können wirklich nur noch Quoten helfen.

* * *

Zwei entlarvende Arten, den soeben veröffentlichten »Welt-Ungleichheitsbericht« zu interpretieren:

Auf der einen Seite die ideologisierte, ja nahezu verhetzte Perspektive eines unkontrollierten, herrenlosen Bloggers, wie

Alexander Wendt ihn idealtypisch verkörpert: »Nirgends sind Einkommen so ungleich verteilt wie im Nahen Osten. Die Agitation gegen Israel dient arabischen Staaten vor allem zum Übertünchen ihrer sozialen Widersprüche«.

Auf der anderen Seite der ausgewogene, sachliche Blick eines Qualitätsmediums: »Deutschland ist so ungleich wie vor 100 Jahren. – Weltweit hat die Einkommensungleichheit seit 30 Jahren zugenommen, besonders rasant in den USA, China, Indien und Russland«. Meldet die *Süddeutsche.*

* * *

In seiner Rede in Warschau am 6. Juli 2017 sagte Donald Trump unter anderem:

»Wir schreiben Symphonien. Wir streben nach Neuem. Wir feiern unsere alten Helden, schätzen unsere zeitlosen Traditionen und Bräuche und versuchen, immer neue Grenzen zu überschreiten. Wir belohnen herausragende Leistungen. Wir streben nach Exzellenz und schätzen inspirierende Kunstwerke, die Gott zur Ehre gereichen. Wir schätzen den Rechtsstaat und schützen das Recht auf freie Meinungsäußerung. Wir stärken Frauen als Säulen unserer Gesellschaft und unseres Erfolgs. Wir setzen Glauben und Familie, nicht Regierung und Bürokratie, in den Mittelpunkt unseres Lebens. Wir diskutieren über alles. Wir fordern alles heraus. Wir wollen alles wissen, damit wir uns besser kennenlernen können.

Und vor allem schätzen wir die Würde jedes menschlichen Lebens, schützen die Rechte jeder Person und teilen die Hoffnung jeder Seele auf ein Leben in Freiheit. Das ist es, wer wir sind. Das sind die kostbaren Bande, die uns als Nationen, als Verbündete und als Zivilisation vereinen. Was wir haben, haben wir von unseren Vorfahren geerbt, dieser unglaublichen Gruppe von Menschen, und so etwas hat es in diesem Maß noch nie gegeben. Und wenn wir daran scheitern, es zu bewahren, wird es nie wieder existieren. Also dürfen wir nicht scheitern.«

Ich kann mich an keinen westlichen Politiker erinnern, der in den vergangenen Jahrzehnten so dezidiert darauf hingewiesen hat, wie einzigartig, kostbar und zugleich unwahrscheinlich die abendländische Zivilisation ist, dass nur sie das Recht des Individuums auf Selbstbestimmung, die individuelle Freiheit und den Rechtsstaat hervorgebracht hat, dass nur der Westen die Gleichberechtigung kennt und als deren Voraussetzung die privilegierte Frau – die Dame – erzeugt hat (während die Frau in Afrika, Asien und im Orient eher als eine Kombination aus Lastesel und Gebärmaschine gilt), dass die westliche Zivilisation für die industrielle Revolution verantwortlich ist, dass das heutige Level der Technik und der exakten Wissenschaften ausschließlich vom Westen geprägt worden ist (auch wenn praktisch alles zuerst von den Arabern und zuweilen auch den Chinesern erfunden wurde), zu schweigen von der abendländischen Hochkultur, ihrer Musik, ihrer Literatur, ihren Palästen, Theatern und Kathedralen. Ja, und nur der Westen hat einen Sozialstaat hervorgebracht. – All das wird derzeit durch die Bundesregierung, durch die EU, durch die entfesselten Teile der Finanzwirtschaft, durch Globalisten vom Schlage der Frau Clinton und des Herrn Soros mit einer hemmungslosen Förderung einer *No-Border-One-World,* mit der Anzettelung einer globalen Osmose zum ausschließlichen Nutz' und Frommen einer Handvoll *Global Player* in ihren *Gated Communities* aufs Spiel gesetzt. Trump spricht aus, wie hoch der Einsatz ist. Allein dafür sei der Mann gepriesen. Dass diese Worte in Warschau fielen, besitzt eine gewisse Symbolik: Die Polen immerhin scheinen begriffen zu haben, dass kulturelle Selbsterhaltung wichtiger ist als ein paar Brosamen von der bereits ziemlich abgespeisten EU-Tafel, die ohnehin nur für die Beherbergung von kulturfremden Vollversorgungsforderern, also zur Finanzierung einer in Westeuropa zu besichtigenden schleichenden Selbstzerstörung abfallen.

15. Dezember

Gestern Abend haben die *Tagesthemen* gemeldet, dass britische Kinder wegen des Brexits in diesem Jahr weniger Weihnachtsgeschenke bekommen. Nicht nur jeder Statistiker, auch jede Putzfrau weiß, dass diese Nachricht unverifizierbar ist, es liegt weder eine empirische Studie vor, die das belegen könnte – zumal Weihnachten ja noch vor der Tür steht –, noch gäbe es, sofern die Kinder tatsächlich weniger geschenkt bekommen, einen nachweisbaren kausalen Zusammenhang zum britischen Ausstieg aus der EU; sie könnten ebenso gut behaupten, es werde weniger geschenkt, weil Mum und Dad das Geld für Pfefferspray oder eine neue Alarmanlage brauchten. Die eigentliche Meldung lautet, dass die Inflation auf der Insel wächst, den Rest haben sie sich in der Redaktion ausgedacht (ungefähr wie sie sich den Zusammenhang zwischen einem inmitten einer konstanten Population verhungernden Eisbären und dem Klimawandel ausgedacht haben, als ob nicht zu allen Zeiten Raubtiere verhungern würden).

Der kleine Doktor wäre gewiss stolz, wenn er erführe, dass sie es im Ministerium für Volksaufklärung immer noch drauf haben, dem perfiden Albion heimzuleuchten.

* * *

Der Einwanderungs-Endsieg rückt immer näher. In München dürfen Sozialarbeiter nicht mehr unbegleitet in sog. Flüchtlingsheime gehen, weil das »zu gefährlich« ist; in Saarbrücken hat das Kollegium einer Schule einen Hilferuf an die Landesregierung geschickt, weil die Lehrer Angst vor den Schülern haben, die Beleidigungen und die Gewalt ständig zunehmen und Unterricht kaum noch möglich ist; dieselben Probleme – keine Lernbereitschaft, fehlende Sprachkenntnisse, Radikalisierung von muslimischen Schülern – macht die Leiterin einer Schule in einem sogenannten Problembezirk in Frankfurt öffentlich; immer mehr Bahnmitarbeiter werden verbal oder tätlich angegriffen, die Bahn will sie mit Notrufgeräten und Pfefferspray ausrüsten; dasselbe gilt für Rettungssanitäter; in vielen Städten wird der Sicherheitsdienst der Bahn mit stichfesten Schutzwesten ausgestattet; Köln bereitet sich mit einem Riesenpolizeiaufgebot auf die Silvesternacht vor; in einem Hallenbad in Hannover drohten die Frauen beim Muslima-Badetag – dass es so etwas überhaupt gibt! –, ihre Männer und Brüder zu rufen, wenn die Mitarbeiter sie weiter mit der Hausordnung nervten, bloß weil sie die Klos mit Müll verstopfen, Babywindeln im Becken entsorgen und Picknicks am Beckenrand veranstalten. Und so weiter und immerfort.

Gestern wurde Alexander Gauland im Bundestag ausgebuht, weil er forderte, endlich die deutschen Grenzen zu sichern, über die nach wie vor täglich neue Asylbegehrer strömen. Ein sogenannter Innenexperte der Merkeltruppe erklärte, Gauland verstünde die Komplexität der Probleme nicht, sie – die Blockparteien – wollten helfen, die AfD nicht, man könne die Grenzen ohnehin nicht schließen, und die einzig richtige Politik bestünde darin, die Fluchtursachen zu bekämpfen.

Ich gebe dem Mann insofern recht, als dass diese Typen, die ohnehin nichts hinbekommen, auch die Grenzen nicht vernünftig schützen könnten. Sie kriegen keine Regierung gebildet, ohne auf miesesten Wortbruch zu spekulieren, sie bekommen keinen Hauptstadtflughafen fertig, sie kriegen kein schnelles Internet und kein stabiles Funknetz hin, sie können nicht verhindern, dass die Infrastruktur in den Kommunen verrottet, sie können die Lehrer, Sozialarbeiter, Schaffner und Notärzte nicht schützen, geschweige die Frauen im öffentlichen Raum bei Nacht, sie können nicht verhindern, dass die Zahl der Messerattacken und Gewaltexzesse von »Gruppen« explodiert, dass IS-Rückkehrer hier untertauchen und immer mehr radikale Moslems in 'schland agitieren, sie stellen Merkellegosteine um alle Weihnachtsmärkte auf, die jeder Lkw locker wegschieben würde, und malen sie bunt an, damit keiner Angst haben muss, aber die Bundeswehr haben sie so weit demoliert, dass sie kaum mehr einsatzfähig ist, die Panzer können nicht mehr fahren, die Hubschrauber nicht mehr fliegen, sie können nicht einmal verhindern, dass nur ein paar Kilometer vom Reichstag entfernt die No-Go-Areas wuchern, aber sie wollen die Probleme eines Kontinents lösen, der pro Monat mehr neue Menschen produziert, als Deutschland seit dem Herbst 2015 aufgenommen hat, und die dem Land über Generationen als Klotz am Bein hängen werden.

Diese trostlosen Figuren, die Geld ohne Ende verschwenden, erklären allen Ernstes, eine Grenzschließung würde viel zu viel kosten. Diese Gestalten, die keinen stringenten Gedankengang formulieren können, behaupten von sich, sie verstünden die Komplexität der Welt. Diese Karyatiden des Parlamentarismus, die sich ohne Leibwächter, Polizei und Pressemeute nicht in einen Problembezirk wagen, behaupten einfach, dass es solche Bezirke gar nicht gibt und die Probleme nichts mit ihrer Politik, sondern mit der Komplexität der Welt zu tun haben (die nur sie verstehen und auf die nur sie angemessen reagieren).

16. Dezember

Jetzt machen sie sogar schon beim *Tatort* Reklame für die AfD. Im aktuellen Sonntagabendkrimi muss, wie ich *Spiegel online* entnehme (ich habe in meinem Leben ca. zweieinhalb *Tatorte* gesehen) der Kommissar Falke die Spitzenkandidatin einer rechtspopulistischen Partei beschützen, also quasi Frauke Petry – auch wenn die nicht mehr dabei ist, aber so schnell reagiert man beim Fernsehen allenfalls, wenn ein Belästiger exkommuniziert werden muss –, worauf die Besetzung mit Anja Kling, einer attraktiven, nahezu gleichaltrigen gebürtigen Ostdeutschen hindeutet. Die Partei heißt »Neue Patrioten« und tut etwas, was der *Spiegel*-Filmrezensent bei politischen Parteien anscheinend noch nie erlebt hat: »Ihre prominenten Mitglieder spielen geschickt die unterschiedlichen gesellschaftlichen Gruppen gegeneinander aus.«

Solch spalterischer Frevel bleibt naturgemäß nicht folgenlos. »Die Spitzenpolitikerin erhält anonyme Morddrohungen, im Netz kursieren martialische Jagdaufrufe gegen sie, und es wird über weite Strecken des Krimis nicht klar, ob hinter der Bedrohung linksradikale Aktivisten oder Verschwörer aus den eigenen Reihen stecken. Dies ist ein *Tatort* mit unklaren Frontverläufen.«

Wie das ja auch in der Wirklichkeit nicht ganz klar ist, ob die ewigen Anschläge auf die Autos, Büros und Häuser von

Rechtspopulisten und die Überfälle auf Plakatkleber nicht von Verschwörern aus den eigenen Reihen organisiert werden, damit ihre Partei sich in der Öffentlichkeit besser als Opfer darstellen kann. Ich wette, dass dies der *Tatort* mit den klarsten Frontverläufen seit Ewigkeiten ist, doch das nur am Rande.

»Umso stärker ist der konkrete Schlagabtausch, den sich die Galionsfigur der Neuen Rechten, Nina Schramm (Anja Kling), und der Billstedter Prolet Thorsten Falke (Wotan Wilke Möhring) in einer Szene über den Dächern von Hamburg liefern«, fährt unser *Spiegel*-Beobachter fort. Und weil sich in der besagten Filmpassage angeblich »beispielhaft sowohl die Ausgrenzungsrhetorik der einen als auch die Solidaritätsbeschwörungen der anderen« offenbaren, zitiert *Spiegel online* sie »in ihrer ganzen Pracht und Niedertracht«. Nämlich:

»Politikerin Schramm: ›Jetzt seien Sie doch mal ehrlich, Herr Falke. Sie werden andauernd dazu angehalten, Probleme mit bestimmten Tätergruppen zu vertuschen, weil die Politiker Angst haben. Angst vor der berechtigten Wut der Bürger vor einer verfehlten Einwanderungspolitik. Gleichzeitig streichen dieselben Politiker bei der Polizei Stellen und schaffen damit rechtsfreie Räume. Und Sie wundern sich wirklich, dass das Volk diesen Gestalten in der großen Mehrheit nicht mehr traut?‹

Polizist Falke: ›Wo ich aufgewachsen bin, hier im wunderschönen Hamburg, in Billstedt, da gab es immer schon mehr Ausländer als Deutsche, vor allem Türken. Und natürlich habe ich immer wieder auf die Schnauze bekommen, als Ungläubiger, als Kartoffel. Wissen Sie, was ich gemacht habe? Ich habe mich im Boxclub angemeldet und da waren auch die Jungs, die mir vorher aufs Maul gehauen haben. Aber als die gesehen haben, dass ich mich da angemeldet habe, waren die ganz stolz, dass ein Deutscher mit ihnen trainieren will. Der Boxclub hieß Vorwärts-Wacker 1904 e.V. Den gibt es noch immer. Der Vorsitzende heißt Ali, ist ein Freund von mir, die Trainer heißen Yusuf, Milan und Kenbala, alle ehrenamtlich, und seit 15 Jahren trainieren da auch Mädchen, viele Muslima, einige sogar mit Kopftuch. Das ist mein Deutschland.‹«

Es bedarf keiner hermeneutischen Schulung, um zu erkennen, dass diese beiden Statements nicht das Geringste miteinander zu tun haben; die Politikerin stellt eine faktische, auf Verallgemeinerbarkeit zielende Frage, die der Polizist nicht beantwortet, stattdessen moralisiert er mit autobiografischem Bezug. Das kennt man aus hiesigen Debatten zum Thema Einwanderung; Diskutant A sagt, dass laut Statistik ein Viertel aller Türkenbuben keinen Schulabschluss schaffen, Diskutant B entgegnet, das könne nicht sein, er kenne sogar türkische Professoren. Beide sagen nichts Falsches, aber der eine redet über die Obsternte, der andere über den Geschmack einer Apfelsorte. Insofern ist der *Tatort*-Dialog typisch für deutsche Debatten.

Er ist dies noch aus einem anderen Grunde, nämlich weil dem Moralisierer stets die bessere Position zugestanden wird. Im *Spiegel*-Sprech wird dessen Replik zu einer »Rede von sentimentaler Schönheit als Antwort auf subtile Infamie« erhoben. Die Tatsachen sind für solche Gesinnungsstreber immer infam (»Desto schlimmer für die Wirklichkeit!«). Zunächst einmal ist Falkes Antwort in der Tat eine Art Rede, nicht unbedingt »subtil«, sondern eher sentimental, jedenfalls kein Versuch, einen sachlichen Dialog zu beginnen, sondern ihn emotional abzuwürgen. Mit der Frage nach der Wahrscheinlichkeit, dass irgendein realer deutscher Polizist je eine solche Gauckiade absondert, wollen wir uns nicht aufhalten. Die Politikerin hat den Beamten suggestiv gefragt, ob die Polizei angehalten ist, in

Statistiken die Herkunft gewisser Täter zu vertuschen, und dass es sich so verhält, ist bis in deutsche Mainstreammedien mehrfach durchgesickert, kann also als gesichert gelten – der *Spiegel*-Mann hätte vollkommen recht, das infam zu finden. Sodann spricht die Frau von einer falschen Einwanderungspolitik, womit bei einem deutschen Film anno 2017 lediglich eine spezielle Grenzöffnung bzw. -offenlassung gemeint sein kann, welche nicht nur bei hiesigen Rechtspopulisten, sondern weltweit unter Zurechnungsfähigen für Kopfschütteln gesorgt hat, und stellt die Glaubwürdigkeit der dafür verantwortlichen Politiker zur Disposition. Nur ein Medium, das sich seit einigen Jahren der Oppositionskritik verpflichtet fühlt, kann das für niederträchtig erklären, muss es vielleicht sogar.

Auf beide Aspekte geht der Polizist nicht ein. Er kontert vielmehr mit der Behauptung, in einem Hamburger Stadtteil habe es »schon immer« mehr Ausländer gegeben als Deutsche, vor allem Türken. Dann war die Operation »Gomorrha« 1943 wohl ziemlich türkenfeindlich, wie? Dieses »schon immer« beschreibt das neudeutsche Geschichtsbild. »Schon immer« beginnt etwa um 1968, alles davor war triste, graue Vorgeschichte, danach beginnt der große Aufbruch in die bunte Gesellschaft. Und Polizist Falke kann sagen, er sei dabeigewesen!

Als Zwischenschritt haben die Türken der ungläubigen Kartoffel immer mal wieder auf die Schnauze gehauen. Diese spezielle spätere Polizeikartoffel ist dann zum Boxklub gegangen, während die anderen Kartoffeln, die nicht boxen wollten, weiter auf die Schnauze bekommen haben. Dass die Türken »stolz« waren, weil eine Kartoffel, der sie vorher auf die Fresse gehauen haben, mit ihnen trainieren wollte, leuchtet mir allerdings nicht ganz ein. Warum extra Boxhandschuhe überziehen? Aber gut, die türkischen Jungs sind insofern normal geblieben, als man sich bei ihnen Respekt verdienen kann, wenn man zurückhaut. Dass Muslimas boxen, ist längst die Regel, die Sportklubs sind voll von ihnen, jeder weiß das, und auch Boxen mit Kopftuch ist völlig normal (wenn auch etwas unpraktisch), zumindest seit es Zeina Nassar, 19, gibt. (Frauenboxen ist nicht so mein Ding, aber seitdem ich, damals noch unter Ostberliner Proleten, einmal eine Keilerei zwischen zwei Mädels erlebt habe, bin ich ganz froh, wenn sie vorher Handschuhe anziehen.) Das sozialromantische Pathos, welches der Polizist beschwört, ist gleichwohl nicht aus der Luft gegriffen. Speziell das Ruhrgebiet galt einmal als ein Musterland der Integration von masurischen, polnischen, italienischen, türkischen Einwanderern. Der Unterschied zu heute war: Die haben damals richtig gearbeitet, als Bergleute oder Stahlkocher. Die waren echte Malocher. Die kamen nicht ins Land und richteten sich auf Hartz IV ein. Die haben sich integriert. Deshalb wurden sie auch akzeptiert. So wie heute auch jeder akzeptiert wird, der – egal woher – in dieses Land kommt, um auf eigene Rechnung zu leben und irgendetwas zum Gedeihen dieses Landes beizusteuern. Pikanterweise werden gerade solchen Einwanderern erhebliche Hindernisse in den Weg gestellt, weil die Asylindustrie an ihnen nichts verdienen kann.

Kehren wir aber zur Pracht und Niedertracht des Samstagabendprogramms zurück und halten wir als Resümee fest: In jenem Deutschland, welches *Tatort*-Polizist Falke bzw. der von *Spiegel online* beklatschte Drehbuchautor, der sicherlich auch nur versucht, genug Geld zusammenzugaunern, damit er nicht in der Nähe allzu migrantischer Stadtteile siedeln muss, trendkonform für ihres halten, heißen die Bewohner Ali, Yusuf, Milan und Kenbala, tragen die Mädchen Kopftuch, und nichtboxende Ungläubige bekommen was auf die Zwölf. Wenn sie mögen, bitte!

Mein Deutschland ist es nicht (obwohl mir Ali, Yusuf, Milan und Kenbala menschlich und wahrscheinlich sogar intellektuell näher stehen als der durchschnittliche *Spiegel online*-Redakteur). Und die drei bis neun Polizisten, die bislang noch nicht AfD gewählt haben, werden hoffentlich diesen Film gucken.

18. Dezember

»Ich habe nie verstanden, warum es vielen so unerträglich ist, sich lächerlich zu machen.«
Sibylle Berg, *Der Mann schläft*

* * *

DDR-Vergleiche sind heutzutage ja naheliegend, um sich in der Zivilgesellschaft Maßstäbe und Orientierungshilfe zu verschaffen. Lange habe ich gemeint, speziell in puncto Infantilisierung sei jenes Land konkurrenzlos, in dem erwachsene Menschen im Chor »Die Partei, die Partei, die hat im-mer recht« sangen oder »De-De-Err, un-ser Va-ter-land!« skandierten. Aber nicht einmal die Genossen hätten es fertiggebracht, Frauen vorzuschlagen, sie sollten, wenn sie Angst vor Vergewaltigungen haben, einfach ein weißes Armbändchen mit dem Wort »Respekt« tragen – pardon, es richtet sich ja nicht an Eingeborene und heißt deshalb: »Respect« –, oder eine Armlänge Abstand zu unbekannten Jungs halten. Nein, das hätten Honni & Genossen dem Zonenvolk doch nicht anzubieten gewagt, so dreist waren sie nicht, das bekommen nur Bonzen der bunten Republik hin. – Gerechterweise muss man hinzufügen, dass auch unser aller Vorbild Schweden ein vergleichbares Armband-Experiment gestartet hat, mit wenig durchschlagendem Erfolg, wie man liest und hört; vielleicht sollten sie die Dinger vor dem Einsatz sicherheitshalber noch extra in Schweineblut tauchen …

20. Dezember

Kurze Durchsage des Forschungsministeriums: Es ist richtig, dass Kriminalität, speziell Gewaltkriminalität, mit dem sozialen Status der Täter korreliert. Noch mehr aber korreliert sie mit fehlender Intelligenz.

(Und womit die korreliert, ist so bekannt, dass man's besser nicht sagt.)

* * *

Während sich die Wahrheits- und Qualitätspresse in bewährter Penibilität mit einem »Nazi-Emblem« bei der sächsischen Polizei beschäftigt, dem nur noch Reichsadler und Hakenkreuz fehlen, dann sähe es wie ein Emblem mit Reichsadler und Hakenkreuz, also wie ein Nazi-Emblem aus, ist zu Nürnberg eine 72-jährige Frau von einem kohlpechrabenschwarzen Zeitgenossen, der nur mit einer Unterhose bekleidet und anscheinend ohne konkrete Pläne für den weiteren Tagesverlauf auf der Straße stand, niedergeschlagen und danach mehrfach gegen den Kopf getreten worden, ohne dass dieser Exzess, der in jedem Land, in dem man nicht gut und gerne lebt, einen Lynchmord ausgelöst hätte, aber in 'schland vorbildlich mit der Herbeirufung der Polizei endete, von den Genossen Medienschaffenden bei *Spiegel online, Süddeutscher, stern, FAZ, Zeit* etc. pp. als meldenswert befunden wurde (korrigieren Sie mich, wenn ich etwas übersehen habe), weil es in ihrer journalistischen Verantwortung liegt, unnötigen Verallgemeinerungen vorzubeugen, damit nicht noch mehr Steine auf die Mühlen der AfD fliegen. Hätte Heribert Prantl vielleicht zum x-ten Male darauf hinweisen sollen, dass es wahrscheinlicher ist, sich beim Rückwartseinparken den Halswirbel zu brechen, als Mitte Dezember am helllichten Tag in einer deutschen Stadt auf einen nahezu nackten Mohren zu treffen, der einem obendrein noch den Schädel eintritt? Und der Vorfall war ja nun wirklich nur von regionaler Relevanz!

* * *

Im *FAZ*-Interview sagte die französische Philosophin und Feministin Elisabeth Badinter: »Noch vor fünf Jahren konnte ich mich in Aubervilliers oder La Courneuve als Frau unbesorgt in ein Straßencafé setzen. Das ist vorbei. In den Cafés sitzen einfach keine Frauen mehr. Die Verschleierung der Frauen hat rapide zugenommen. Sie tragen das, was ich die Uniform der Muslimbruderschaft nenne. Das betrifft natürlich nur einige, ganz bestimmte Viertel. Aber ich beobachte, dass inzwischen schon kleine, fünf Jahre alte Mädchen mit einem Schleier verhüllt werden. Das Burka-Verbot ändert leider nichts daran.«

Und unsere längst zur Nazisse *upgegradete* Alice Schwarzer setzt hinzu: »Man muss sich das mal vorstellen: Wir, Elisabeth Badinter und ich, werden beide wegen unserer kritischen Position zum politisierten Islam – dessen erste Opfer übrigens Muslime sind – von einem Teil der Linken und manchen jüngeren sogenannten intersektionellen Feministinnen als islamophobe Rassistinnen diffamiert, als weiße, bürgerliche Feministinnen, die nicht das Recht hätten, andere Kulturen zu kritisieren. Ich stand am Pranger, weil ich gewagt hatte, auf den Fakt aufmerksam zu machen, dass es überwiegend Männer aus dem Maghreb waren, die in der Silvesternacht in Köln Frauen sexuell belästigt hatten. Aber wie wollen wir die Realität ändern, wenn wir sie nicht benennen dürfen?«

* * *

Beim großen Rennen um den Titel des närrischsten Volkes Europas – wenn nicht der Erde – hat Schweden wieder einmal mächtig vorgelegt. Während der Ebba- oder Agnes-Normal-Schwedin schon mal ein so deftiger wie zustimmungsfreier Gang-Bang blüht oder eine Bande ihrer Vagina Brandwunden zufügt, wie es einer gruppenvergewaltigten 17-Jährigen eben in Malmö widerfuhr, hat die Regierung für diejenigen Schweden, die einstweilen noch schon länger dort leben, das Sexualstrafrecht verschärft. Premierminister Stefan Löfven erklärte: «Sex sollte freiwillig sein. Und wenn er nicht freiwillig ist, ist er ungesetzlich.» Es habe in diesem Herbst zu viele Geschichten von Frauen gegeben, die sexuell belästigt wurden. «Er meint damit die große Debatte, die der Skandal um US-Filmproduzent Harvey Weinstein auch in Schweden losgetreten hat», berichtet die *Süddeutsche Zeitung*. »Dort war die Reaktion besonders flächendeckend. Tausende Frauen meldeten sich in verschiedenen Foren zu Wort, im Internet, in Zeitungen, bei Protesten auf der Straße. Eine Branche nach der anderen wurde erschüttert: Theater, Film, Musikindustrie, Justiz, Sport und Politik. Sogar die schwedische Nobelpreis-Akademie hatte ihren Skandal: Der Ehemann eines ihrer Mitglieder soll Frauen bedrängt haben.« Soll! Bedrängt! Haben! »Die Regierung in Stockholm hatte während der Enthüllungswelle versprochen, mehr gegen sexuelle Belästigung zu unternehmen.«

Fehlt da nicht etwas?

PS: Leser *** stellt die verschwiemelte Frage, warum keinerlei »mehto«-Gelärme aus den weiblichen Reihen des Staatsfernsehens und anderer öffentlich-rechtlicher Parteidienststellen ertönt, »was nach der Gaußschen Normalverteilungskurve, aus wissenschaftlicher Sicht, völlig unmöglich ist. Kann es sein, dass da etwas verschwiegen wird?«

* * *

Ist es nicht drollig, dass keineswegs nur eine ehemalige FDJ-Sekretärin für Agitation und Propaganda diesem Land vorsteht, sondern auch eine ehemalige SED-Genossin, studierte DDR-Juristin, die 1986 mit einer Arbeit über den »Rechtsverkehr in Strafsachen zwischen den sozialistischen Staaten« promoviert wurde, danach an der Universität Leipzig, dem sog. »Roten Kloster« Medienrecht lehrte, und zwar am Institut für Internationale Studien, einem Ort, an dem Westdeutschland ungefähr jene Rolle spielte, die im Vatikan dem Antichrist zufällt, und die mit einem DDR-Militärstaatsanwalt verheiratet war, ist es nicht niedlich, sage ich, dass jene Person, die überdies, wie die Schrottsammelstelle *Wikipedia* informiert, »zusammen mit einem Geheimdienstoffizier im besonderen Dienst«, also einem Stasi-Mann (OibE?), einen Bericht über eine Internationale Konferenz zum Revanchismus (= Wiedervereinigungsforderung) in der BRD schrieb, worin u.a. zu lesen sei: »Im politischen und ideologischen Arsenal der aggressivsten und reaktionärsten Kräfte des Monopolkapitals nimmt der Revanchismus einen gewichtigen Platz ein«, was eine der üblichen ostzonalen Propagandafloskeln gewesen ist, ungefähr wie man heute »Buntheit« und »Vielfalt« trötet, um sich bei den Bonzen beliebt zu machen … – ist es, sage ich also, nicht sau-, ja geradezu säuisch komisch, dass diese klassenkämpferische Person heute nicht nur die Intendantin des MDR, sondern zugleich die Vorsitzende der ARD ist und über ihre dortige Aufgabe – Bekämpfung des Revanchismus! – sagt, sie bestehe darin, »den Positionen der AfD den Boden zu entziehen«? Karola Wille heißt die Genossin, und sie sagt diesen Satz im Interview mit der *Süddeutschen*, und sie enthüllt desweiteren, dass die »Menschen hier im Osten«, also diejenigen, die dort noch schon etwas länger leben, 1989 auf die Straße gegangen seien – Genossin Wille wahrscheinlich mittenmang oder vorneweg –, »damit man nicht mehr desinformiert und vormundschaftlich behandelt wird«, und nur der öffentlich-rechtliche Rundfunk garantiere, dass dergleichen nicht wieder passieren werde. Satireblock beendet.

* * *

Apropos Schweden: Ich lese in einem sog. sozialen Netzwerk, ein schwedischer Richter habe sich gegen die Abschiebung eines somalischen Vergewaltigers mit den hiermit geflügelten Worten ausgesprochen, dass der Mann ja dann somalische Frauen gefährden werde und eine somalische Frau nicht weniger wert sei als eine Schwedin. Wie recht der brave Mann hat! Hätte man, wie weiße Hetzer im Nachhinein fordern, beispielsweise diesen Anis Dingenskirchen abgeschoben, dann hätte der Märtyrer eben einen Sattelschlepper in einen syrischen, ägyptischen oder saudi-arabischen Weihnachtsmarkt gelenkt, vorher dem, sagen wir mal, marokkanischen Fahrer die Kehle durchgeschnitten und Menschen, die schon länger in Syrien, Ägypten oder Saudi-Arabien leben, zu Brei gefahren. Und diese Menschen sind nicht weniger wert als diejenigen, die er in Berlin aus dem Verkehr zog. Ist das endlich verstanden worden?!

22. Dezember

»Ich bedauere Marat. Er hatte kein Glück … Wo er sich ein einziges Mal baden wollte!«
Rivarol

* * *

Zu den existentiellen Grundsatzfragen gehört die, welcher Wein an Heilig Abend auf den Tisch kommt. Strenggenommen stellt sich diese Frage an jedem Tag, den Gott werden lässt, aber manche Tage verlangen gebieterischer nach einem Zeichen als andere. Heiligen wir sie alle! Ich habe mich ziemlich konventionell für einen Bordeaux entschieden. Einen Roten selbstredend. Er enthält nämlich, völlig unabhängig davon, was Winzer und Kellermeister sonst mit ihm anstellten, Resveratrol, Polyphenole und oligomere Proanthocyanidine. Vor allem das Resveratrol soll für das sogenannte *french paradox* verantwortlich sein, die positive Wirkung von Rotwein auf den menschlichen Organismus. Der Terminus *french paradox* machte in den Neunzigern die Runde, er spielte auf das aus amerikanischer Westküstenperspektive groteske, geradezu ungerechte Verhältnis zwischen den französischen Ess- und Trinkgewohnheiten sowie dem Gesundheitszustand und der Lebenserwartung der Bewohner von Gottes anderem Land an. Wie konnte es sein, fragte man sich bestürzt, dass besonders die Südfranzosen viel fetter essen, viel mehr saufen und viel weniger Sport treiben als die Amerikaner und trotzdem älter werden und weniger Herzerkrankungen bekommen? Die verblüffende Antwort lautete schließlich: Es liegt am Rotwein. Nicht trotzdem, sondern wegen. In einigen Regionen dieses Planeten, besonders dort, wo man mehrmals täglich vorm Spiegel überprüft, ob die Bauchmuskulatur hinreichend »definiert« ist, abends »nur noch ein paar Peptide« zu sich nimmt und Wasser zur Trennkost trinkt, brach eine Welt zusammen. Das ganze Konzept des gesund Sterbens geriet ins Wanken.

Wenn Weintrinken tatsächlich gesundheitsförderlich war, warf sich die Folgefrage auf, wieviel man trinken sollte. Die anschließende Diskussion habe ich nur quellenfrei in der Erinnerung; es stand sofort die Unterstellung im Raum, alle Studien seien von der Weinlobby gesponsert, obwohl die vorgeschlagenen Tagesdosen – allein dieses Wort! Man sollte mindestens von Rationen sprechen – nicht eben üppig waren: zwei Gläser für ihn, eines für sie (wie immer wurden die Frauen benachteiligt und Intersexuelle bzw. Transgender gar nicht erst berücksichtigt). Wenn ich mich recht entsinne, war es eine Studie aus der Weinnation Dänemark, welche die Relationen wieder geraderückte (eine Flasche pro Kopf und Tag). Die Amis, auch in ihren Narreteien immer sehr konsequent, haben auf ihre Weise reagiert und sogar Pillen entwickelt, mit denen man sich die positiven Wirkstoffe des Weins konzentriert und frei vom Zellgift Alkohol verabfolgen kann. Polyphenole, oligomere Proanthocyanidine und vor allem Resveratrol. Was für eine prosaische Vorstellung: Ich nehme einige aus einem in jahrtausendelanger Kulturtradition hergestellten, aber leider giftigen Genussmittel extrahierte Substanzen zu mir, und schon fühle ich mich wie Gott in Frankreich. Wer so denkt, dem würde auch die Gleichung einleuchten, dass Michelangelos David zu 40 Prozent Kunst sei und zu 60 Prozent Marmor.

Das *french paradox* ist kein Phänomen der Ernährungsphysiologie, sondern der Lebensart und der Kultur. Es ist ein Gesamtkunstwerk. Die Leute sind nicht gesund – oder treffender gesagt: wohlauf –, weil sie Resveratrol zu sich nehmen, sondern weil sie gut leben und sich nicht mit Überlegungen verrückt machen, ob sie eventuell etwas Falsches, Ungesundes und Schädliches tun, wenn sie ihr Dasein genießen. Der Schaden, den eine Politikerrede, eine Regietheateraufführung oder ein Vortrag über Nahrungsmittelunverträglichkeiten in Ihrer Seele anrichten kann, entsteht nicht, wenn Sie stattdessen ganze Weinkeller leertrinken. Sela, Psalmenende.

* * *

Der *Spiegel* bzw. *Spiegel online* hat anderthalb Handvoll Kolumnisten, die, mit einer Ausnahme, alle ungefähr dasselbe denken und schreiben, jedenfalls aus einer recht ähnlichen Perspektive auf die von ihnen traktierten Themen blicken. Der *Spiegel* ist ein privatwirtschaftliches Unternehmen, ich muss ihn nicht kaufen, wenn ich diese Sichtweise nicht teilen oder nicht einmal lesen mag, also ist das völlig in Ordnung.

Anders verhält es sich bei den öffentlich-rechtlichen Sendern, dort gibt es nicht einmal den einen Quertreiber, aber der Kunde wird sowieso nicht gefragt, ob er das Produkt kaufen will, sondern dazu gezwungen (inzwischen verweigern Abertausende die Zahlung, täglich werden es mehr, und das ist gut so). Nehmen wir als Beispiel die einflussreichen politischen Talkshows. Ich bin ein Freund der Nuance und ein Wahrnehmungserotiker ohnehin, doch es ist mir unmöglich, einen Unterschied in der Weltsicht (das Bestimmungswort »Welt« hier sacht ironisch verwendet), der Themenwahl, der Gästezusammenstellung, der politischen Ausrichtung der Fragen sowie der Art der Moderation zwischen Plasberg, Maischberger, Will, Illner und Lanz festzustellen; wahrscheinlich fände man in einem beliebigen Dorf mehr individuelle Charaktere und mehr Meinungsvielfalt als unter den gebührenfinanzierten deutschen Polit-Talkern. Und das nennt sich keck »Grundversorgung«.

* * *

Gestern Abend erfuhr mein überraschter Jüngster, 8, durch *Kika,* dass Mädchen und Frauen in Deutschland für dieselben Waren und Dienstleistungen mitunter mehr zahlen müssten als Jungs und Männer. Zum Beispiel seien Rasierer feil, blau für ihn, rosa für sie, ansonsten absolut gleich, aber der in Rosa sei teurer. Fragt der Bub: »Warum kaufen sie dann nicht den blauen?«

* * *

Zu der im Netz zirkulierenden, aus dem allgemeinen Buntheitsverstetigungsgeschwafel noch herausragenden Behauptung, von einem Christstollen bliebe ohne Zutaten aus »fremden Kulturen« bloß ein Brot übrig, bemerkt Alexander Wendt trocken: »In Saudiarabien ist die gesamte technische Moderne aus dem Westen und Asien importiert, vom iPhone bis zum Panzer. Nach der linken Korrektness-Lehre wäre das wahhabitische Königreich also eine westlich-chinesische Mischkultur.«

* * *

Focus online meldet: »Nach der Autoattacke in der australischen Großstadt Melbourne hat sich der Fahrer erstmals zu seinen Motiven geäußert. Der 32-jährige Verdächtige habe angegeben, die Tat wegen der ›schlechten Behandlung von Muslimen‹ verübt zu haben, sagte Regierungschef Malcolm Turnbull am Freitag. Nach derzeitigem Ermittlungsstand gebe es aber keine Hinweise auf einen Terrorakt.«

Ich sage doch: Man kann heute keine Satiren mehr schreiben; einzig der Hinweis, dass es sich um eine handele, würde sie als Satire kenntlich machen.

* * *

Die *Frankfurter Rundschau* wiederum teilt mit: »Angriffe auf Flüchtlingsunterkünfte sind in Deutschland weiter Alltag: Bis Mitte Dezember zählte das Bundeskriminalamt (BKA) in diesem Jahr 264 solcher Straftaten. Das entspricht im Schnitt fast einer Tat pro Tag (man muss bei den Deutschen immer nur die Werktage rechnen – M.K). Das BKA macht dafür in 251 Fällen rechtsextreme Täter verantwortlich. In 13 Fällen könne eine politische Motivation noch nicht ausgeschlossen werden. Bei den erfassten Fällen geht es um Propagandastraftaten (84), Sachbeschädigungen (65) und um Gewaltdelikte (39), darunter 16 Brandstiftungen und zwei Sprengstoffanschläge.«

Vergeblich sucht der Leser nach Angaben zu den Opfern. Wie viele Tote und Verletzte hatten die Anschläge zur Folge, welche Sachschäden entstanden? Was heißt »Sprengstoffanschlag«? Da es sich bei dieser Angelegenheit letztlich um einen asymmetrischen molekularen Bürgerkrieg mit überwiegend unbeteiligten Opfern handelt, würden wir doch gern über die Bilanzen beider Seiten informiert werden. Die Gewaltschneise, die sogenannte Flüchtlinge durch Deutschland ziehen, ist ja über jeden Zweifel erhaben. Und wenn die Insassen der Heime selber zur Sache kommen, ihre Herbergen zerlegen, sich Gruppenschlägereien liefern, Mitinsassen, Wachpersonal oder Helfer attackieren, niederschlagen, erstechen oder vergewaltigen und große Polizeiaufgebote vorstellig werden müssen, die Gemüter zu beruhigen, erfährt man das zum Teil sogar aus Polizeiberichten, oder es steht irgendwo weiter hinten in den

Zeitungen. Und siehe, am Ende des Artikels kommt noch etwas: »Aus Antworten des Bundesinnenministeriums auf regelmäßige Kleine Anfragen der Linken im Bundestag geht hervor, dass in den ersten drei Quartalen 2017 mehr als 200 Menschen bei mehr als 1000 politisch motivierten Übergriffen gegen Flüchtlinge außerhalb ihrer Bleibe oder gegen ehrenamtliche Helfer verletzt worden.« Von Vorfällen mit Messern, Eisenstangen, Intensivstationseinweisungen oder zertrümmerten Seniorinnenschädeln las man allerdings in den Gazetten nichts (stellen Sie sich vor, eine auch bei Pegida gesichtete Kartoffel hätte einer greisen Syrerin den Schädel eingetreten wie jener Mohr zu Nürnberg einer Deutschen, wir kämen aus der Sondersendungsschleife kaum mehr heraus). Bilde sich jeder seine Meinung selber, von welcher Gruppe die größere Aggression ausgeht und ob es so etwas wie einen kausalen Nexus gibt (den festzustellen übrigens etwas anderes ist, als ihn gutzuheißen).

* * *

Angesichts einer gewissen Monomanie, welche in den *Acta diurna* walte, erklärt mir ein Wohlmeinender, man erkenne Verrückte daran, dass sie zwanghaft immer über dasselbe Thema reden müssten.

Gewiss. Aber manchmal auch daran, dass sie es zwanghaft nicht tun.

24. Dezember

»Endchrist endchrist du wurdest zum spott
Statt deiner kommt der Fliegengott.
Larven aus faulenden hirnen gekrochen

Sind nun ins leben hereingebrochen
Breiten sich dreist über alle gassen:
»Das reich ist unser: wir kommen in massen.
Der geht noch aufrecht – reisset ihn um
Der hat noch ein antlitz – zerret es krumm!
Der schreitet noch – er schleiche und hinke
Der schaut noch – macht dass er schiele und zwinke!
Kein arm: wir brauchen nur taster und greifer
Kein blut: wir brauchen nur gallert und geifer.
Hinweg mit seelen mit höhen und himmeln
Wir brauchen nur staub: wir die kriechen und wimmeln.«
Stefan George (1919)

25. *Dezember*

Erinnern Sie sich noch an die gebremste Empörung, die Alexander Gauland vor drei Monaten mit seinen Extemporationen zum Existenzrecht Israels auslöste? – Gebremst deshalb, weil sich zwar von der Springerpresse bis zu V. Beck, dem Statthalter der Staatsräson auf Erden, unwilliges Gegrummel ausbreitete, die Linkspresse aber ausnahmsweise schwieg, denn das Interesse unserer rotgrünen Humanisten gilt speziell toten Juden, weil die im Kampf gegen »rechts« und Dunkeldeutschland besser zu gebrauchen sind als patriotische, quicklebendige, in ihrem Beharren auf Grenzen, Staatlichkeit und ethnischen Zusammenhalt geradezu völkische Israelis.

Am 25. September sagte Gauland auf einer Pressekonferenz im Wortlaut: »Entschuldigung, wenn ich es mal so deutlich sage, weil ich immer das Gefühl hatte, hier wird etwas ausgedrückt, was sehr toll klingt und wohinter man auch stehen kann, aber wenn es wirklich zum Schwur kommt, wird es schwierig. Sie müssen ja dann, wenn sie sagen, das Existenzrecht Israels gehört zur Staatsräson Deutschlands, dann müssen wir auch bereit sein, deutsche Soldaten zur Verteidigung des jüdischen Staates einzusetzen. Wenn Sie das unsere Politiker fragen, dann bekommen Sie auf die Frage nämlich keine klare Antwort. Deshalb habe ich ein gewisses Problem damit. Ja natürlich ist das Existenzrecht Israels für uns ein ganz wichtiger Punkt, und natürlich stehen wir auch an der Seite Israels. Nur das zur Staatsräson zu machen, wissen Sie, das klingt so einfach, aber in Israel gibt es dauernd Krieg. Zur Staatsräson müsste dann gehören, dass wir auch wirklich bereit sind, unser Leben für den Staat Israel einzusetzen, und das spüre ich nicht.«

In einem Interview präzisierte der AfD-Vorsitzende später: »Ich habe meine Probleme damit, mir vorzustellen, dass diese deutsche Gesellschaft wirklich weiß, was das bedeutet. Nämlich dass deutsche Soldaten an der Seite von israelischen Soldaten kämpfen und sterben müssten.«

Die meisten Deutschen würden schließlich nicht einmal für das Land kämpfen, in dem sie schon länger gut und gerne leben und in dem die Welt zu Gast bei Freunden ist. In einer Gallup-Umfrage anno 2015 erklärten nur 18 Prozent der befragten Krauts, dass sie bereit wären, ihr Land zu verteidigen (ein paar Vergleichszahlen: Marokkaner 94 Prozent, Pakistanis und Vietnamesen 89 Prozent, Finnen 74 Prozent, Türken 73 Prozent, Israelis 66 Prozent, Russen 59 Prozent, Amis 55 Prozent; nur Japaner und Niederländer zeigten sich noch verteidigungsunwilliger). Es handelt sich bei den offiziellen deutschen Schutzbekundungen für Israel um symbolpolitisches Kikeriki, für das sich die Israelis nicht weiter interessieren, denn sie besitzen im Gegensatz zu ihren deutschen Maulwerksverteidigern sowohl Atomwaffen (im Megatonnenbereich) als auch eine der passabelsten Armeen der Welt. Netanjahu könnte sich im Gegenzug den Scherz gönnen, das Existenzrecht von *Old Germany* zur Staatsräson des Judenstaates zu erklären. Allerdings haben die Israelis längst kapiert, dass die Staatsräson dieser moralisierenden Narren im Herzen Europas inzwischen die ethnisch-kulturelle Selbstauflösung einschließt – in der zugegeben grandiosen Hoffnung, der gesamte Gesellschaftsbau werde, unter täglich neu auszuhandelnden Bedingungen sowie mit sukzessive ausgetauschtem und in Rütli-Schulen veredeltem Personal, einfach weiterbestehen, sogar auf dekarbonisierter Energiebasis – und man besser Distanz zu ihnen hält.

Immerhin bleibt ein welthistorisches Kuriosum festzuhalten: Das Land, zu dessen militärischer Niederringung im dreißigjährigen Krieg 1914–1945 sich zweimal praktisch die gesamte Welt verbünden musste, und das im Rücken der besten Soldaten die übelsten Schlächter aufmarschieren ließ, die unter anderem mehrere Millionen Juden ermordeten, dieses Land ist heute, trotz zehnfach größerer Bevölkerungszahl, dem Judenstaat militärisch eindeutig unterlegen, erklärt aber dessen Sicherheit zur eigenen Staatsräson. Die Eunuchen garantieren dem Priapos die Erektion – welch ein Schauspiel!

Wie ernst es den Eunuchen damit ist, ließ sich seit jeher an den Fingern abzählen. Wir durften zuletzt erfahren, dass zwar das Existenzrecht Israels, aber nicht jenes der Hauptstadt zur deutschen Staatsräson gehört. Nicht zur deutschen Staatsräson gehört es ferner, gegen aufgebrachte Moslems vorzugehen, die auf öffentlichen Plätzen im Land der Täter Israel-Fahnen oder den

Davidstern verbrennen und die Vernichtung des Judenstaates wünschen. Der Grund dafür ist simpel: Deutschland hat leider weder Personal, solche Veranstaltungen gewaltsam aufzulösen, noch den politischen Willen dazu. Hierzulande leben inzwischen um die sechs Millionen Muslime, aber keine hunderttausend Juden. Das politische Personal hat sich innerlich auf die Seite derer geschlagen, die mehr Wählerstimmen versprechen und außerdem viel plausibler drohen können. Warum diesen Personenkreis mit der Anerkennung Jerusalems gegen sich aufbringen? Das täte doch kein verantwortungsvoller, vertrauenswürdiger, prinzipientreuer, verlässlicher Politiker.

26. Dezember

»Erst der Tod, dieser unerwartete schmähliche Tod, erst das Kreuz, das im Allgemeinen bloß für die Canaille aufgespart blieb, – erst diese schauerlichste Paradoxie brachte die Jünger vor das eigentliche Räthsel: ›wer war das? was war das?‹ – (…) Offenbar hat die kleine Gemeinde gerade die Hauptsache nicht verstanden, das Vorbildliche in dieser Art zu sterben, die Freiheit, die Überlegenheit über jedes Gefühl von ressentiment: – ein Zeichen dafür, wie wenig überhaupt sie von ihm verstand! An sich konnte Jesus mit seinem Tode nichts wollen, als öffentlich die stärkste Probe, den Beweis seiner Lehre zu geben … Aber seine Jünger waren ferne davon, diesen Tod zu verzeihen, – was evangelisch im höchsten Sinne gewesen wäre; oder gar sich zu einem gleichen Tode in sanfter und lieblicher Ruhe des Herzens anzubieten … Gerade das am meisten unevangelische Gefühl, die Rache, kam wieder obenauf. Unmöglich konnte die Sache mit diesem Tode zu

Ende sein: man brauchte ›Vergeltung‹, ›Gericht‹ (– und doch, was kann noch unevangelischer sein, als ›Vergeltung‹, ›Strafe‹, ›Gericht-Halten‹!).«
Nietzsche, *Der Antichrist*, 40

Bei der Wiederlektüre fiel mir peinlich berührt auf, dass ich diesen Passus überlesen hatte oder er mir entfallen war; ich habe an dieser Stelle zu Weihnachten 2015 den erheblichen Unsinn verbreitet, Nietzsche habe sich nicht bis zu der Erkenntnis durchgerungen, dass Jesus nicht nur frei von Ressentiments, sondern vielleicht sogar der ressentimentfreieste Mensch gewesen ist. Ich bitte hiermit um Pardon.

29. Dezember

Ein mysteriöses Frauensterben hält die Republik in Atem. Meistens stechen »Männer« auf sie ein, bevorzugt in aller Öffentlichkeit, und irgendwie kannte man sich in der Regel schon vorher. In Halle ist jetzt ein »49-Jähriger» verhaftet worden, weil er dringend verdächtig ist, in einem Einkaufszentrum eine Frau umgebracht zu haben, mit der er in irgendeiner rätselhaften Beziehung stand. Eine Nacht vor dem Geburtstag des Propheten Īsā ibn Maryam hat ein »16-Jähriger« in Darmstadt seine Freundin niedergestochen. Am 20. Dezember versuchte ein junger Afghane in Berlin, seine 17-jährige Ex-Freundin in der Havel zu ertränken, wobei er selbst fast umkam (was nicht witzig ist!).

Am meisten beschäftigt die Öffentlichkeit mit Ausnahme der Öffentlich-Rechtlichen derzeit aber der Einzelfall, der sich im südpfälzischen Kandel zutrug. Ein, angeblich, 15-jähriger Afghane hat in einem Supermarkt ein gleichaltriges Mädchen erstochen. Wie man an einem inzwischen überall kursierenden Foto des Jünglings sieht, sind verhaltensauffällige 15-jährige Afghanen bisweilen körperlich ungefähr so entwickelt wie 20-jährige Deutsche, was sie aber mit ihrer geistigen Entwicklung oft zu korrigieren wissen. Polizei und Staatsanwaltschaft haben bekanntgegeben, dass es sich um einen unbegleiteten minderjährigen Asylsuchenden und um den Ex-Freund des Mädchens handelt.

Hat irgendwer etwas falsch gemacht? Gehen wir den Fall durch.

Auf *Focus online* fand sich ein Experte, der auf die Frage: »Könnte das Frauenbild, das er aus seiner Heimat mitgebracht hat, eine Rolle spielen?«, folgendes kund und zu wissen gab: »Ich denke nicht, dass es irgendeine Rolle gespielt hat. Denn grundsätzlich ist das Frauenbild von jungen Afghanen von Wertschätzung geprägt. Die Mutter hat in der Familie die Hosen an. Diese Wertschätzung gilt ebenfalls jüngeren Frauen oder Gleichaltrigen.« Die Burka, ein originär afghanisches Accessoire, ist das modische Symbol dieser Wertschätzung, denn was einem lieb und teuer ist, verbirgt man besser vor den Augen der anderen.

Ich zitiere, was ich an dieser Stelle schon einmal zum Ruhme des afghanischen Mannes und seines Frauenbildes zitiert habe (am 17. Dezember 2016): »In spite of major achievements, women remain one of the most marginalized segments of the Afghan population. (…) *Violence against women and girls is exceptionally high in Afghanistan and is almost at a pandemic level, with up to 87.2 percent of women having experienced some form of violence* (Hervorhebung von mir – M. K.) such as physical, psychological, sexual, economic violence, social abuse as well as forced and early marriage.« Also sprach Phumzile Mlambo-Ngcuka, seit 2013 Präsidentin von »UN Women«.

Mohammad Musa Mahmodi, geschäftsführender Direktor der Unabhängigen Menschenrechtskommission für Afghanistan, erklärte: »Diskriminierung von Frauen und die Gewalt gegen sie sind seit Jahrhunderten in der afghanischen Gesellschaft verankert.« *Amnesty International* gab bekannt: »Seit über einem Jahr werden vor allem aus den ländlichen Regionen Afghanistans wieder vermehrt Fälle gemeldet, in denen Frauen und Mädchen geschlagen, verstümmelt, entführt oder getötet werden.« Nochmals *Amnesty International*: »Nach einer Statistik des afghanischen Gesundheitsministeriums wurden für das Jahr 2014 offiziell 4 466 Selbstmordversuche durch Gifteinnahme und 2301 durch Selbstanzünden erfasst. (...) Als wichtigster Grund für die Selbstmordversuche bei Frauen galt geschlechtsspezifische Gewalt.« (Auch wenn die zitierten Organisationen ideologischen Agenden folgen mögen, können die Aussagen im Kern nicht falsch sein.)

Der Experte für Asylbetrugsbegleitgeschwafel, Abwiegelung und Anbiederung heißt übrigens Andreas Dexheimer. Merken Sie sich den Namen.

Hat vielleicht das Mädchen etwas falsch gemacht? Aber hatte die Kleine eine Wahl? Nachdem unsere Sonnenkanzlerin erst Hunderttausende junger Männer aus vormodernen Kulturen ins Land gelassen und »Wir schaffen das!« als Tagesparole und Endsiegverheißung ausgegeben hatte, hat sich eben das eine oder andere Landeskind auf einen der temperamentvollen Schutzsuchenden eingelassen, die naturgemäß nach Frauen Ausschau halten und, da sie kaum Partnerinnen der gleichen Artung finden, sich mit deutschen Mädchen zu paaren suchen. Die wiederum haben von *Kika* und Schule und *Tagessthemen* und Kirchen und Merkel und Grünen nichts anderes als fromme Gauckiaden über die Zugelaufenen zu hören bekommen, sie wissen nicht, dass sie mit dem ersten Kuss quasi in den Besitz des männlichen Neubürgers übergehen, dessen Ehre es nicht zulässt, dass die Frau eigene Entscheidungen trifft und ihm wieder davonläuft. Tja, und dann kommt es eben zu interkulturellen Missverständnissen, die sich aber in den nächsten hundert Jahren moderieren werden, vielleicht sogar schneller, je nachdem, welches Frauenbild die Oberhand behält. Die Zahl der Opfer bleibt überschaubar; der Blogger Oliver Janich hat soeben ein Buch über Ausnahmefälle wie in Kandel veröffentlicht, und das ist 765 Seiten dick (ich sagte ja: überschaubar; und die meisten Fälle endeten nicht einmal tödlich). Im Grunde müsste sich die Bundeszentrale für politische Bildung dafür interessieren, doch dort ist man noch nicht so weit, Deutsche als Opfer ins Programm zu nehmen; müssen sie erst noch lernen.

Hat die Polizei etwas falsch gemacht? Medienberichten zufolge »stalkte« der observierte Stolze sein abspenstiges Besitztum. Der *Mannheimer Morgen* berichtet: »Die Eltern des Opfers hatten den mutmaßlichen Täter bereits vor zwei Wochen wegen Beleidigung, Nötigung und Bedrohung angezeigt. (...) Nach der Anzeige sei der Jugendliche der Vorladung der Polizei mehrfach nicht gefolgt. Daraufhin hätten Polizisten ihm noch am Tattag die Vorladung am Vormittag persönlich ausgehändigt. Bereits zuvor hatte die Polizei eine sogenannte Gefährderansprache gemacht – und den Jugendlichen auf sein Verhalten angesprochen und ihn gewarnt. ›In aller Regel fruchten solche Ansprachen auch‹, sagte der Ludwigshafener Polizeivizepräsident Eberhard Weber.«

»In aller Regel« meint: bei Zivilisierten. Bei einigen von Merkels Gästen haben die rührenden Behörden mit dem Instrumentarium des Rechtsstaates offenkundig das sogenannte Ende der Fahnenstange erreicht. Eine gewisse Klientel ist davon nicht beeindruckbar. Diese fidelen Kreaturen werten die Bemühungen um ihre Sozialisation als Eingeständnis von Schwäche. Bewährungsstrafen interessieren sie nicht, sondern ermuntern sie eher, Geldstrafen können sie eh nicht bezahlen, Haftstrafen bringen keinen Imageverlust, weil sie kein bürgerliches Image kennen und es meist keinen Arbeitgeber geben wird, der nachschaut. Wie man mit ihnen ein gedeihliches Zusammenleben organisiert, darüber sollten Sie den Jürgen Habermas befragen, der in migrationsfreundlichen Kreisen als bedeutendster lebender deutscher Denker gilt und 1995 in seiner Paulskirchenrede verkündet hat: »Aus den gewiß konfliktreichen und schmerzhaften Prozessen des Übergangs zu multikulturellen Gesellschaften geht eine bereits über den Nationalstaat hinausweisende Form der sozialen Integration hervor«. Die »gemeinsame Bindung an historisch errungene republikanische Freiheiten« sowie »eine im historischen Bewußtsein verankerte Loyalität zu einer überzeugenden politischen Ordnung« seien es, die »über alle subkulturellen Differenzen hinweg das wechselseitige Einstehen der Bürger füreinander motivieren«.

Keiner hat etwas falsch gemacht. Auch die Medien nicht. Die *Tagesschau* erklärte auf anscheinend vielfache Anfrage: »Nach allem, was wir bisher wissen, handelt es sich um eine Beziehungstat. So schrecklich sie gewesen ist, vor allem für die Eltern, Angehörigen und Bekannten – aber *tagesschau* und *tagesschau.de* berichten in der Regel nicht über Beziehungstaten.«

Stimmt. Es handelt sich um eine Beziehung: die deutsch-afghanische nämlich.

* * *

Es ist schon komisch genug, dass ein ausweislich seines Konterfeis in den Fünfzigern stehender *Spiegel online*-Kolumnist einen Kommentar darüber schreibt, dass viele Deutsche deshalb »so wütend« seien (»obwohl es der Wirtschaft so prima geht«), weil »wir gerade einfach zu viele Menschen Anfang 50 haben« und es wissenschaftlich erwiesen sei, dass in jenem Alter die Unzufriedenheit am vehementesten vorstellig werde. Wie ich an dieser Stelle gelegentlich schrieb, sind fast alle Nobelpreisträger in den seriösen Sparten Männer in den Fünfzigern. Wenn diese Altersgruppe über Nacht aus Deutschland verschwände, bräche so einiges zusammen. Die wütende Unzufriedenheit besitzt anscheinend auch Vorzüge gegenüber z.B. der quietschenden Indolenz der Grünen Jugend. Ich kenne solche Kommentare aus der DDR; je schlechter die Stimmung im Lande wurde, desto heftiger beschwor die Propaganda die Erfolge des Sozialismus. Auch der *Spiegel*-Mann will uns einreden, dass nicht die herrschenden Zustände die Stimmung eintrüben, sondern die Biologie (was eigentlich sehr unspiegelig ist). Dass die nationale Gemütslage keineswegs primär aus dem Alter der Bevölkerung resultiert, so mäklig eine nach dem Muster der deutschen Bevölkerungspyramide geschichtete Gesellschaft auch sein mag, beweist nicht nur die Wut auf die Bonzen damals, also in der DDR, und allmählich heute auch und gerade unter jungen Menschen, sondern zum Beispiel recht anschaulich die miserable Stimmung, die in der 6. Armee ab November 1942 herrschte. Sie zog sich zwar durch alle Altersgruppen, aber die meisten der Unzufriedenen waren Anfang Zwanzig.

Übellaunigkeit kann sehr anstachelnd und produktiv sein. Man muss ja nicht gleich noch über die Kapitulation hinaus weiterkämpfen.

* * *

Die Nazi-Mentalität auf Nazijagd, x-te Fortsetzung: Der Präsident des Bundesliga-Clubs Eintracht Frankfurt, Peter Fischer, will verhindern, dass Mitglieder seines Vereins gewissermaßen hinter seinem Rücken die AfD wählen (wie genau er die Falschvotierer überführen will, darüber schweigt der Edle). Aus Heidelberg wiederum berichtet Leser ***, dass bei der Aufführung des Theaterstücks *Kleiner Mann – was nun?* (nach Falladas gleichnamigem Roman) einer der Darsteller statt der üblichen Nazi-Armbinde eine weiße Armbinde mit der Aufschrift »NSAfD« getragen habe.

Dieser Schneid! Dieser Wagemut! Dieser Widerstandsgeist! Diese Zivilcourage! Stäche endlich mal ein »Nazi« seine Ex öffentlich ab, ich wette, man hörte noch weit Kühneres von ihnen! In den Worten von Brechts Herrn Keuner: »Deine Haltung sehend, interessiert mich dein Ziel nicht.«

31. Dezember

Letzte Durchsage für 2017: Eine Chronik ist eine Chronik. Der Chronist ist verantwortlich für den Stil seiner Notizen, nicht aber für deren Gegenstände. Ich verbitte mir jederlei Genöle über meine Themen; frei nach der Feldmarschallin aus dem »Rosenkavalier«: Ich schaff mir meine Themen nicht an. Wem sie nicht passen: Das weite Feld der Wahrheits- und Qualitätsmedien liegt offen vor Ihnen.

Wie Sie den Statements führender Astrologen, Politiker sowie der Tagespresse entnehmen können, ist Deutschland sicherer geworden: Es werden inzwischen Schutzzonen für Frauen geschaffen und sogar Domplatten bewacht.

Für das neue Jahr fassen die Leute gern Vorsätze. Manche Leser fragen, was sie tun sollen, um Deutschland noch schöner, aber vielleicht da und dort ein kleines bisschen weniger bunt zu machen. Nun, ich kann nicht raten, sondern nur abraten. Vertrauen Sie den Regierungs- und Blockparteien! Wählen Sie auf keinen Fall Rechtspopulisten! Kämpfen Sie stattdessen gegen »rechts« und engagieren Sie sich für Flüchtlinge! Folgen Sie nicht den Angstmachern und feindlich-negativen Kräften! Bewaffnen Sie sich nicht wegen ein paar Einzelfällen, das ist hysterisch, verboten und unnötig! Treten Sie keinesfalls in Schützenvereine ein! Wenn Sie, was unbegründet ist, abends Angst um ihre Tochter haben, dann setzen Sie ihr einfach ein Kopftuch auf, probehalber! Am besten, sie bleibt nach Einbruch der Dunkelheit zu Hause. Sollten Sie auch tun, bei den Öffentlich-Rechtlichen läuft immer etwas Sehenswertes und vor allem Beruhigendes. Zahlen Sie pünktlich Ihre Gebühren! Apropos Zuhause: Kaufen Sie auf keinen Fall eine Immobilie außerhalb der EU! Und hören Sie auf, Alkohol zu trinken! Meiden Sie Massenaufläufe, öffentliche Verkehrsmittel nach 20 Uhr und Schulen in falschen Wohngegenden! Treiben Sie sich nicht auf den falschen Webseiten herum und lesen Sie nicht die falschen Bücher! Überprüfen Sie Ihre Energiebilanz und sparen Sie Heizkosten! Seien Sie optimistisch! Ein glorreiches 2018 steht ins Haus!

PERSONENREGISTER

MICHAEL KLONOVSKY, geboren 1962 im Erzgebirge, ist Romanautor, Essayist und Publizist. Bis zum Mauerfall lebte er in Ost-Berlin, wo er als Maurer, Gabelstapelfahrer, Sportplatzwart und Korrekturleser tätig bzw. eher untätig war. Von 1992 bis 2016 war er in verschiedenen Positionen beim Magazin *Focus* beschäftigt, inzwischen arbeitet er als politischer Berater. Den Prozess der deutschen Wiedervereinigung beschrieb er in seinem Roman *Land der Wunder* (2006). Letzte Buchveröffentlichung: *Schilda wird täglich bunter* (Acta Diurna 2016).

Edition Sonderwege

Satz: Achim Schmidt, Graphische Konzepte, Mettmann. Gesetzt aus Arno Pro
Umschlag: Frank Ortmann, freies grafikdesign, Potsdam
Druck und Bindung: Finidr, Český Těšín, Tschechien

Printed in Germany
ISBN 978-3-944872-76-6
www.manuscriptum.de